ESCOLAS E TEORIAS DE RELAÇÕES INTERNACIONAIS

Hegemonia
Estruturalismo
Sociologia
RI
Integração Mundial
Cooperação
História
Idealismo
Economia
Interdependência
Sistema Mundial
Poder
Construtivismo
Ideias
Integração Regional
Neoliberalismo
Existencialismo
Ordem

Christiane Itabaiana Martins Romeo
Lier Pires Ferreira
Ricardo Basílio Weber
Organizadores

ESCOLAS E TEORIAS DE RELAÇÕES INTERNACIONAIS

Uma Abordagem Didática

Freitas Bastos Editora

Maria Augusta Delgado Livraria, Distribuidora e Editora

Editor: *Isaac D. Abulafia*
Capa e Diagramação: *Jair Domingos de Sousa*

DADOS INTERNACIONAIS PARA CATALOGAÇÃO
NA PUBLICAÇÃO (CIP)

E74

Escolas e teorias de relações internacionais: uma abordagem didática / organizado por Christiane Itabaiana Martins Romeo, Lier Pires Ferreira, Ricardo Basílio Weber. – Rio de Janeiro: Freitas Bastos, 2022.

428 p. ; 16cm x 23cm.

ISBN: 978-65-5675-084-2

1. Relações internacionais. I. Romeo, Christiane Itabaiana Martins. II. Ferreira, Lier Pires. III. Weber, Ricardo Basílio. IV. Título.

2021-4108 CDD 327 CDU 327

Freitas Bastos Editora

freitasbastos@freitasbastos.com
vendas@freitasbastos.com
www. freitasbastos.com

AUTORES

Aparecida Maria Abranches

Beatriz Rodrigues Bessa Mattos

Bruna Coelho Jaeger

Bruno Rosi

Carlos Maurício Ardissone

Christiane Itabaiana Martins Romeo

Débora Sol F. Freire

Juan Claudio Epsteyn

Leandro Lapa

Leonardo Paz Neves

Lier Pires Ferreira

Marcos Vinicius Mesquita Antunes de Figueiredo

Monica Heinzelmann Portella de Aguiar

Ricardo Basílio Weber

Theotonio dos Santos

Tiago Nasser Appel

Vladimyr Lombardo Jorge

PREFÁCIO

É com enorme prazer que prefacio este livro, muito apropriadamente intitulado "Escolas e Teorias de Relações Internacionais - Uma Abordagem Didática". O título descreve muito bem o conteúdo do campo das Relações Internacionais, desde os seus primórdios no início do século XX, quando se formula um pensamento próprio da esfera internacional, até o final do século XX, quando o campo se tornou rico em teorias, momento em que tive a oportunidade de desfrutar dos ensinamentos de Morton Kaplan, Charles Lipson, John J. Mearsheimer e Duncan Snidal, na Universidade de Chicago nos anos 80.

Os organizadores incluem o subtítulo "uma abordagem didática" o que mostra a preocupação deles em organizar adequadamente tal repertório de forma clara e inteligível, apontando para a vocação do livro de ser também uma obra apropriada para o uso em sala de aula, no ensino superior, podendo ser utilizada em todos campos de saber que dialogam com o rico mundo das relações internacionais.

Por outro lado, compraz-me escrever estas palavras pelo fato de conhecer os organizadores – e alguns dos autores – há bastante tempo, desde a sua graduação no final dos anos 80, início dos 90, acompanhando-os na trajetória da formação pós-graduada, até o doutoramento e/ou na pesquisa de pós-doutoramento. Com maior ou menor proximidade, estive com eles nas suas bem-sucedidas carreiras, passando por algumas empreitadas conjuntas.

Tenho ainda o prazer de registrar que muito desta profícua convivência tem ocorrido em torno da Universidade Federal Fluminense (UFF), em Niterói, RJ – de onde sou oriundo – e do Núcleo de Estudos dos Países BRICS e Governança Global, o NuBRICS, que coordeno.

Devo dizer, por último, que a finalização de um livro com estas qualidades, em plena pandemia, mostra como o esforço de alguns pode vencer as quase insuperáveis adversidades que nos assolam, tornando esta tarefa de prefaciar tão valioso trabalho, como uma verdadeira recompensa que a mim é oferecida. Recomendá-lo neste crítico momento é uma oportunidade inestimável, pelo que fico muito agradecido.

Eduardo Rodrigues Gomes,
Professor, UFF

APRESENTAÇÃO

O livro ***Escolas e Teorias de Relações Internacionais - Uma Abordagem Didática*** traz uma contribuição salutar ao estudo das Relações Internacionais no Brasil. A iniciativa começou a ser gestada há alguns anos, quando nos defrontávamos com os dilemas concretos relativos à escolha de materiais didático-pedagógicos a serem adotados em cursos de graduação em Relações Internacionais, Comércio Exterior, Ciências Sociais, Direito e outras áreas que dialogam com as teorias internacionalistas. Se, por um lado, havia materiais de alto nível, sobretudo importados, quase sempre a qualidade da tradução ou o foco adotado pelos autores dificultavam o trabalho em sala de aula com alunos brasileiros. De outro lado, havia poucos materiais de produção nacional, mas, esses, em muitos casos, possuíam conteúdo bastante aligeirado ou pouco satisfatório, alguns exemplos consistem no debate tradicionalismo x behaviorismo e no caso da perspectiva idealista nas Relações Internacionais, dentre outros.

Assim, gradualmente foi tomando forma a construção de uma obra que refletisse o cotidiano das salas de aula e os desafios das transposições didáticas postas em prática pela maioria dos professores. Essa construção foi sendo amadurecida por meio de encontros e debates, sempre visando a tornar claro o formato e o conteúdo que melhor conviriam ao intento de construir um manual com foco nos alunos e professores da graduação. A partir desse esforço, incorporamos acadêmicos comprometidos com a mesma meta e capazes de trazer a lume textos ao mesmo tempo didáticos e representativos sobre alguns dos principais autores da teoria internacional. Essa foi a base que nos permitiu realizar escolhas oportunas, recaídas sobre os demais parceiros dessa obra.

O êxito de nossa iniciativa, contudo, não foi colhido de pronto. Algumas intempéries o postergaram até o momento presente. No entanto, observando a trajetória da obra pelo retrovisor, verificamos que o tempo foi determinante para amadurecer algumas escolhas, corrigir ímpetos e colher da estrada aquilo de melhor que ela nos ofertara: o amadurecimento do projeto que jamais adquiriria o formato presente, caso algumas circunstâncias inerentes ao mercado editorial brasileiro tivessem se revelado mais generosas ou benevolentes.

Sendo assim, plenos de confiança na qualidade do volume que ora ofertamos a docentes e discentes, queremos, neste momento, agradecer a todos os autores que responderam ao nosso chamado. A generosidade e a confiança destes parceiros de vida e trajetória acadêmica foi fundamental, para que, apesar de transcorrido um prazo deveras dilatado em relação ao nosso cronograma inicial, pudéssemos, agora, apresentar a obra ao público leitor. A esses autores, que se mantiveram disponíveis, proativos e solidários aos nossos objetivos em comum, urge, agora, que reconheçamos sua decisiva contribuição para o sucesso dessa edição.

A importância e a veracidade dessas palavras reverberam em cada página do presente volume. O primeiro artigo, de ***Ricardo Basílio Weber,*** tem como tema o idealismo do primeiro debate das Relações Internacionais, num texto que busca apresentar os dois autores mais popularmente associados a essa perspectiva, Woodrow Wilson e Norman Angell. Consoante nossos objetivos, buscou-se explorar a compreensão geral desses autores, a partir da sua vinculação ao contexto internacional profundamente conturbado da sua aparição, que deu origem a emergência de um pensamento sobre o internacional da parte de autores que sequer buscavam construir teorias sobre as Relações Internacionais, mas antes de tudo intervir na política nacional dos seus dias.

No segundo capítulo, ***Vladimyr Lombardo Jorge***, ***Leandro Lapa*** e ***Aparecida Maria Abranches*** deram corpo e espírito ao tema da Revolução Behaviorista e o Segundo Grande Debate das Relações Internacionais, suprindo uma lacuna fundamental na literatura didática em português, pois a organização do capítulo resgata uma dimensão fundamental desse debate que consiste na sua origem na Ciência Política, afinal a própria dinâmica de autonomização e construção de um campo das Relações Internacionais ocorrerá posteriormente. Nesse sentido, uma carência muito flagrante dessa literatura que viemos suprir consiste na fidedignidade das condições históricas, com repercussões diretas sobre a possibilidades de compreensão do debate em si e dos argumentos em jogo, para ambos os contendores.

No capítulo seguinte, que versa sobre o pensamento realista em política internacional, ***Juan Claudio Epsteyn*** protagoniza uma iniciativa original, na qual o realismo clássico, o neorrealismo e o realismo neoclássico são abordados em linha de continuidade e por uma perspectiva didática muito atraente para os estudantes e professores. Inicia-se por um mergulho nas origens do que é o realismo em política, por meio de uma visita a 2001: Uma Odisseia no Espaço. Em seguida, a compreensão do seu significado originário será explorada pela apresentação dos pensadores mais seminais associados a essa tradição, conformando um texto rico, objetivo, didático, que poderá ser usado em sala de aula em diferentes momentos da formação teórica dos alunos, nos cursos de Teoria das Relações Internacionais.

Mônica Heinzelmann Portella de Aguiar e ***Beatriz Rodrigues Bessa Mattos*** respondem pelo capítulo sobre Interdependência e Neoliberalismo Institucional. Nessa oportunidade, as autoras expuseram as alterações a que se submeteu a perspectiva liberal na busca da convergência com alguns pressupostos do neorrealismo para compartilharem uma agenda comum de pesquisa. A continuidade da abordagem as conduz ao inevitável: ao satisfazer os critérios de maior rigor científico daquela perspectiva, os liberais perdem até certo ponto uma das suas grandes virtudes, que consiste na capacidade de lidar com a mudança e se sujeitaram a muitas críticas, oriundas das chamadas viradas sociológica e linguística das Relações Internacionais.

Carlos Mauricio Pires Albuquerque Ardissone nos brinda com um capítulo sobre as teorias da integração regional, no qual aborda o federalismo, o funcionalismo, o neofuncionalismo, o intergovernamentalismo e o transnacionalismo. Essas vertentes frequentemente se equivocaram no que diz respeito a sua capacidade de previsão ou antecipação de eventos políticos no tempo. Não obstante, elas foram sempre bem-sucedidas na inspiração de insights acerca da gestão da política internacional e na disseminação de uma perspectiva liberal de olhar para o fenômeno internacioviva.

Já ***Mônica Aguiar*** foi a responsável por nos trazer uma contribuição fundamental à teoria das Relações Internacionais, abordando os meandros do equilíbrio entre ordem e anarquia internacionais, para descortinar a racionalidade por trás da operação das Relações Internacionais baseadas em valores e interesses compartilhados pelos Estados. Dessa articulação se depreende o conceito central de uma Sociedade Internacional que envolve vínculos recíprocos e princípios observados, como a independência dos Estados, o respeito aos acordos e a limitação ao uso da força.

A Teoria da Dependência nos chegou pelas mãos de um de seus mais consagrados expoentes, ***Theotonio dos Santos***. Esse texto, póstumo, adaptado por ***Mônica Bruckmann***, a partir de um artigo anteriormente publicado por Theotonio dos Santos. Quem melhor para tratar do tema senão o próprio autor da Teoria? Neste sentido, a adaptação que ora se apresenta brinda o leitor com a eternidade e a renovação que tornam a obra de Theotonio dos Santos sempre viva.

A Teoria do Sistema-Mundo, por sua vez, veio da lavra de ***Bruna Coelho Jaeger*** e ***Tiago Nasser Appel***. Trata-se de uma perspectiva surgida na primeira metade dos anos 1970 em resposta aos desafios impostos ao sistema internacional face ao recrudescimento da Guerra Fria. Dialogando com os teóricos da Economia Política Internacional e com diferentes dimensões da Teoria da Dependência, a Teoria do Sistema-Mundo de Immanuel Wallerstein é uma das grandes expressões do neomarxismo nas Relações Internacionais, ocupando-se privilegiadamente de temas como as desigualdades socioeconômicas e as relações centro-periferia. Inovando na interpretação do capitalismo e dos ciclos hegemônicos que o caracterizam, a Teoria do Sistema-Mundo opera uma verdadeira revolução epistemológica, na qual conceitos-chave como Estado, mercado e hegemonia são ressignificados.

As reflexões sobre o construtivismo nos foram legadas por Christiane Itabaiana Martins Romêo e ***Débora Sol F. Freire***. Essa importante vertente teórica, que marca a virada dos anos 1980 para os anos 1990, traz em seu bojo as grandes transformações da ordem internacional pós-guerra-fria. Partindo da premissa de que a realidade social está em permanente construção, o construtivismo contrapõe-se à racionalidade hegemônica do mainstream e permite refletir sobre temas até então alheios ao núcleo das teorias dominantes, como a questão da subjetividade e o papel da cultura e das ideias no cenário internacional.

A perspectiva "pós-moderna" também não poderia ser esquecida neste Livro. Assim, ***Bruno Rosi*** trata de uma das correntes mais interessantes do fim do século XX. No momento em que, após 100 anos de grandes movimentações bélicas, mudanças geopolíticas e nas estruturas de poder parecem destruir "muros" e "cortinas de ferro" de certezas, os pós-modernistas contribuem com uma pitada de incerteza que confere mais leveza e fluidez ao mundo. Ou não? Fato é que o pós-modernismo pode ser considerada uma abordagem de menor popularidade ou disseminação nas Relações Internacionais, reforça o autor. Fundamentalmente, o pós-modernismo, se posiciona em oposição às teorias positivistas e pós-positivistas, propondo a desconstrução do mito do cientificismo que ditou as "verdades cientificamente comprovadas" desde o fim do século XX. A objetividade dá lugar à análise subjetiva e denuncia as diversas formas possíveis de dominação.

Já a Teoria Crítica é apresentada por ***Lier Pires Ferreira***, que nos oferece sua apreciação dessa abordagem radical, de inspiração neomarxista, e que busca, sobretudo, ser fidedigna ao espírito do pensamento marxiano, mesmo que para isso precise romper com muito daquilo que o próprio Marx escreveu. Surgida nos anos 1980 e tendo como principais referências Robert Cox e Andrew Linklater, o pensamento crítico se insere como parte das muitas expressões do neomarxismo e das epistemologias pós-positivistas, problematizando da sua perspectiva os grandes paradigmas teóricos vigentes nas Relações Internacionais, questionando o caráter conservador das teorias dominantes e apontando para a construção de um conhecimento emancipatório, de caráter social e histórico, com franco comprometimento com processos efetivos de transformação e mudança social.

Marcus Vinicius Figueiredo traz à discussão tema essencial para a compreensão da política contemporânea: no mundo habitado por entidades independentes, como pensar poder e dominação? O autor reforça que a dominação econômica hoje convive com outras formas de exercício de poder. As diversas lógicas da ação política no mundo "pós-colonial" perpassam questões identitárias até então não abordadas sistematicamente, porém essenciais para a compreensão e para a superação da mentalidade colonial. O texto leva o leitor às principais influências que contribuíram para o "pós-colonialismo", servindo-se de conceitos de autores basilares para a formação dessa linha de pensamento.

Por fim, o debate sobre o feminismo nas Relações Internacionais nos trouxe a contribuição de ***Leonardo Paes Neves***, que discorre acerca dessa abordagem pós-positivista, surgida ao final dos anos 1980 e que parte do reconhecimento de que há amplas desigualdades entre homens e mulheres na vida social, desigualdades essas que impactam, também, a esfera internacional. A tradição feminista oferece ao debate teórico das Relações Internacionais uma perspectiva mais inclusiva, que, progressivamente, abarca outras minorias e grupos tradicionalmente marginalizados. A partir de uma produção plural, que engloba liberais, marxistas, pós-modernistas e outros segmentos, o feminismo nos permite visões alternativas sobre a ordem internacional, bem como ressignificar conceitos chaves como Estado, Poder e Segurança Internacional.

Com esses treze capítulos, acreditamos que estudantes e professores terão em suas mãos um material didaticamente organizado e coerentemente estruturado, que será de grande valia para o trabalho em sala de aula. Estamos cientes de que nem todas as tradições teórico-metodológicas das Relações Internacionais estão presentes. Por se tratar de um manual, optamos por privilegiar aquelas mais fortemente inscritas nos diferentes currículos e programas universitários. É com o espírito do "chão de sala" que convidamos todos a conhecerem e utilizarem essa obra, trazida à lume pela centenária editora **Freitas Bastos**.

SUMÁRIO

Capítulo 3
O REALISMO NAS RELAÇÕES INTERNACIONAIS
Juan Claudio Epsteyn

Capítulo 4
INTERDEPENDÊNCIA E NEOLIBERALISMO INSTITUCIONAL: O DEBATE NEO-NEO E A REAÇÃO DAS VIRADAS SOCIOLÓGICA E LINGUÍSTICA
Beatriz Rodrigues Bessa Mattos
Monica Heinzelmann Portella de Aguiar

Capítulo 5
AS TEORIAS DE INTEGRAÇÃO REGIONAL
Carlos Maurício Pires Albuquerque Ardissone

Capítulo 6
A ESCOLA INGLESA DE RELAÇÕES INTERNACIONAIS: HEDLEY BULL, A SOCIEDADE ANÁRQUICA E A ORDEM INTERNACIONAL
Mônica Heinzelmann Portella de Aguiar

Capítulo 8
A TEORIA DO SISTEMA-MUNDO: IMMANUEL WALLERSTEIN NA ECONOMIA POLÍTICA INTERNACIONAL
Bruna Coelho Jaeger
Tiago Nasser Appel

Capítulo 9
O CONSTRUTIVISMO
Christiane Itabaiana Martins Romeo
Débora Sol Ferreira Freire

Capítulo 10
O PÓS-MODERNISMO NAS RELAÇÕES INTERNACIONAIS
Bruno Rosi

Capítulo 13
O DEBATE SOBRE FEMINISMO NAS RELAÇÕES INTERNACIONAIS
Leonardo Paz Neves

Capítulo 1

O LIBERALISMO INTERNACIONALISTA: IDEALISMO E RELAÇÕES INTERNACIONAIS

Ricardo Basílio Weber[1]

Introdução

Tradicionalmente, relata-se o desenvolvimento da disciplina de Relações Internacionais no século XX tendo ocorrido através de uma sucessão de debates entre diferentes escolas, originando-se de uma contenda inicial entre Realistas versus Idealistas, resultando em hipotética "vitória" dos primeiros, que teriam se mostrado mais capazes de fornecer instrumentos de análise e compreensão da realidade internacional, marcada por duas grandes guerras até meados do século.

Essa visão, sobretudo didática, não será discutida aqui, mas ela chama a atenção para uma das formas assumidas pelo pensamento liberal aplicado às Relações Internacionais no início do século, o Liberalismo Internacionalista ou "Idealismo", frequentemente associado à pretensa ingenuidade de seus postulantes mais conhecidos, o presidente norte-americano Woodrow Wilson e o jornalista, político e articulista, Norman Angell, ambos agraciados com o prêmio Nobel da Paz.

A metáfora de um primeiro debate entre escolas também nos é útil para explicar que, apesar de ter havido duas perspectivas claramente opostas acerca do que são as Relações Internacionais, ainda não havia[2] a sistematização de um conhecimento propriamente teórico, coerente e

1 Graduado em Ciências Sociais (UERJ), Mestre em Ciência Política (UFF), Doutor em Relações Internacionais (PUC-RIO) e Pós-Doutor em Ciência Política (UFF). Foi professor titular e Coordenador Adjunto do Curso de Relações Internacionais do IBMEC-RJ, havendo também lecionado e coordenado o curso de Relações Internacionais do IUPERJ-UCAM. Atualmente é pesquisador do Grupo de Pesquisa dos Países BRICs do Departamento de Ciência Política da UFF.

2 Não havia durante o período em que esses autores publicaram suas obras.

articulado, que atendesse aos critérios mais rígidos de cientificidade. Sequer essa pretensão, de construção de um conhecimento teórico sobre as Relações Internacionais, fazia parte das ambições e da atuação política do presidente Woodrow Wilson.

No caso de Sir Norman Angell, a pretensão de fazer ciência sobre a política internacional equivalia, sobretudo, a transpor ou extrapolar para as relações entre Estados o conhecimento formulado por outra ciência, a Economia Clássica Liberal[3]. Além disso, ambos autores foram políticos engajados com o grande tema do seu tempo na política internacional, a questão da Guerra e da Paz.

Esses esclarecimentos se fazem necessários para ilustrar a relevância do contexto da política internacional em inícios do século XX para a compreensão do pensamento e do legado desses autores. Em outras palavras, são autores que respondem ao contexto político e são impactados por ele, principalmente sob a forma da compreensão do significado e do julgamento posteriores do seu legado, de uma forma muito mais direta e fundamental do que autores acadêmicos e pesquisadores posteriores, que buscaram formular obras teóricas com maior rigor metodológico e formal, distanciando, até certo ponto, sua obra do contexto político e ideológico de sua aparição.[4]

Sendo assim, precisamos compreender o início do século, quando se deu a entrada em cena desses autores na política internacional, como um período em que predominava a lógica do equilíbrio de poder, egressa do século XIX, conforme a última iniciativa bem-sucedida de pacificação e rearranjo das relações internacionais do Congresso de Viena (1815).

Naquele contexto, o centro da política internacional se situava na Europa, representando sua História o cerne das conquistas territoriais, tanto no entorno quanto alhures, sendo as conquistas legitimadas sobretudo pelo equilíbrio do poder entre as potências que deveria ser mantido no interesse da manutenção do sistema. Segundo essa lógica, a posse de colônias, que não eram consideradas Estados, pois não eram

3 Ressalte-se que aplicar o conhecimento econômico para a compreensão das relações entre Estados pode satisfazer algumas exigências, quanto aos objetivos de se produzir conhecimento e compreensão sobre o internacional, mas faz-se referência, sobretudo, à falta de sistematização e de critérios mais formais nessa empresa.

4 "distanciamento que cresce na razão direta da pretensão de cientificidade e consequente ambição de generalização das teorias".

possuidoras de soberania, era perfeitamente legítima e legal, devendo os seus interesses se curvarem à mesma lógica do poder.

Foi nesse cenário que se deu a irrupção das ideias dos autores que apresentaremos nesse capítulo. Eles foram classificados como idealistas, muitas vezes em tom pejorativo, aludindo a uma grande idealização que estaria por trás do seu desejo de alterar a realidade conflituosa da política internacional, para torná-la pacífica, a partir da intervenção humana, criadora de instituições e regras.

No entanto, como observa Magnoli (2005), a tradição idealista é bem anterior e se origina do pensamento iluminista, ressaltando a presença e o papel de normas, regras e ideias no sistema internacional, associando-se profundamente ao Direito Internacional, implicando na definição de justiça como arcabouço da relação entre Estados. A referência incontornável consiste no pensamento de Grotius (1583-1645), que deu a lume o livro *The Rights of War and Peace*, enquanto pilar da jurisprudência internacional da Europa e do mundo.

A escola idealista parte da inspiração iluminista de uma sociedade perfeita, enquanto objetivo moral que molda a perspectiva reformista desses autores, sempre ciosos de conformar a política internacional aos imperativos do Direito e da Justiça. Os 14 pontos de Wilson e os princípios que orientaram a criação da Liga das Nações consistem em exemplos claros do idealismo na política internacional.

Para o jurista suíço Emmerich de Vattel (1714-1767), autor de *The Law of Nations*, o idealismo afirma que as nações estão sob a estrita obrigação de observar a justiça em suas relações recíprocas, evitando o que quer que seja que possa violá-la (VATTEL apud MAGNOLI, 2005). Cada nação deve franquear às outras o que pertence a elas, fazendo cumprir e lhes assegurando a fruição pacífica desses direitos. O uso ocasional da força se justifica apenas quando dirigido pelo objetivo de extinguir a força do interior do sistema, preservando a justiça internacional das agressões daqueles que não aderem às regras pactuadas.

Exemplos do idealismo se manifestando nas Relações Internacionais vinham surgindo ao longo do tempo, embora não houvessem ainda sido capazes de patrocinar a reorganização das relações internacionais, como fizeram pela primeira vez em 1919. Assim, Jeremy Bentham (1748-1832) e John Stuart Mill (1806-1873) defenderam a criação de tribunais internacionais que interpretassem a Lei e gerassem decisões como uma etapa fundamental para se chegar a uma ordem internacional estabilizada e pacífica (NOGUEIRA; MESSARI, 2005).

Ao final do século XIX, quando a ordem de Viena não se encontrava mais operando satisfatoriamente, os Estados passaram a adotar novamente a lógica de *balancing*, houve esforços coordenados, visando a manutenção da paz, a partir da compreensão de que a cooperação[5] poderia ser mais efetiva para a produção desse objetivo se ela fosse institucionalizada, ou seja, buscasse orientar o comportamento dos Estados para se moldarem a regras e procedimentos: assim, foram realizadas as conferências internacionais de Haia, em 1899 e 1907, buscando restringir o aumento de efetivos das forças armadas e a fabricação e utilização de armamentos (NOGUEIRA; MESSARI, 2005). Essas iniciativas inspiraram os criadores de futuras organizações internacionais, além de promover a consolidação de princípios de direito humanitário e originar a Corte Internacional de Arbitragem.

O cenário político em que esses autores surgem na Política Internacional combina, assim, elementos do Realismo Político e do Idealismo, que progressivamente vinham se afirmando. Exatamente por isso, esses são autores que precisam sustentar suas posições no debate político, a cujo serviço sua obra se presta. Ambicionaram exercer protagonismo na história do seu tempo, mas para isso lutaram contra grandes obstáculos e opositores ferrenhos: Wilson buscou alterar o curso da política internacional, tornando-a pacífica, mas esbarrou no revanchismo francês e na sua exigência de humilhação da Alemanha, como queria Clemenceau, algo que não pôde evitar e que pavimentou o caminho para o fracasso dos seus ideais.

Norman Angell lutou francamente com as armas de que dispunha para conscientizar a opinião pública europeia de que a Guerra não consistia num objetivo político que fosse vantajoso para quem quer que fosse, entretanto, suas palavras não encontraram ouvidos atentos, pelo menos não na proporção necessária para evitar que o pior ocorresse.

---

5 A realização e os resultados obtidos no Congresso de Viena (1815) deixaram o legado de que seria possível atingir resultados importantes na política internacional, a partir da cooperação internacional (IDEM).

1. Sir Ralph Norman Angell Lane

Autor que foi nomeado cavaleiro (1931) e condecorado com o Prêmio Nobel da Paz (1933), Sir Ralph Norman Angell Lane (1872-1967) exerceu muitos ofícios, tornando-se célebre como escritor e político britânico, havendo estudado na Universidade de Genebra e emigrado para os Estados Unidos jovem, aos 17 anos, tornando-se jornalista na Califórnia e, depois, editor do jornal Daily Mail (1905-1912), em Paris. De volta à Inglaterra, ingressa no Partido Trabalhista, tornando-se membro do parlamento (1929-1931), havendo trabalhado no conselho do Real Instituto de Assuntos Internacionais, participado como membro executivo do Comitê Mundial contra a Guerra e o Fascismo e se tornado membro do Comitê Executivo da Sociedade das Nações, chegando mesmo a exercer a presidência desta organização (NOBEL PRIZE, 2021).

Essa breve e incompleta nota biográfica basta para buscarmos compreender a relevância do legado angelliano para as Relações Internacionais, pois dentre todas as suas obras[6] foi o livro *A Grande Ilusão* aquela de maior fortuna crítica e responsável pela celebridade e maior homenagem prestada a si em vida, o prêmio Nobel da Paz, equivalendo ao seu ingresso no panteão dos pacifistas da política internacional do Século XX.

Em verdade, uma versão original – e bem mais breve da tese desenvolvida nessa obra – foi publicada originalmente em 1909, sob o título de *Europe's Optical Illusion* (*A Ilusão de Ótica da Europa*), atingindo enorme repercussão na sociedade europeia e nos meios de comunicação (sobretudo jornais) da época do pré-guerra. Naqueles anos, nosso autor foi o mais engajado publicista e debatedor que buscava alertar o eleitorado dos países democráticos a não apoiarem líderes comprometidos com o belicismo ascendente naquelas sociedades e que terminariam por protagonizar o maior e mais dramático conflito que a humanidade já experimentara.

Em outras palavras, Norman Angell previra a tragédia que poderia se abater sobre o mundo e que acabou ocorrendo em 1914, buscando exercer influência redentora sobre o cenário de Paz Armada na Europa,

6 Dentre suas obras, figuram: *Patriotism under Three Flags: A Plea for Rationalism in Politics (1903); Europe's Optical Illusion (1909); The Great Illusion, The Fruits of Victory (1921); The Money Game (1928); The Unseen Assassins (1932); The Menace to Our National Defence (1934); Peace with the Dictators (1938); The Steep Places (1947) e After All (1951).*

no qual as potências, embora não diretamente envolvidas em hostilidades, engajavam-se crescentemente numa corrida armamentista que dirigia os interesses das nações a buscarem suplantar os arsenais dos seus parceiros continentais. Mais tarde, no entre guerras, foi o reconhecimento ao protagonismo de Angell a favor do pacifismo, que lhe valeu o Nobel da Paz, em 1933. Antes disso, em 1921, a coletânea dos seus artigos e debates na Imprensa foi sistematizada e organizada a favor do aperfeiçoamento e desenvolvimento dos argumentos originais, dando origem ao livro que conhecemos hoje como A Grande Ilusão.

Quais são esses argumentos, em que sentido deveriam atuar, como se relacionam ao contexto das Relações Internacionais e como eles singularizam o autor frente aos demais defensores da paz e da guerra são questões fundamentais que seremos capazes de compreender após uma breve visita ao contexto político ideológico da emergência das teses angellianas.

2. O Debate da Questão da Guerra e da Paz

Ao final do século XIX, a Europa já não se envolvia em guerras entre a maior parte dos Estados, desde o Congresso de Viena (1815), permitindo que surgisse a crença de que uma irrupção generalizada da violência no cenário internacional se tornara improvável, por incompatível com o grande desenvolvimento técnico, científico, econômico e civilizacional alcançado pelo continente que simbolizava e concretizava em si o progresso do capitalismo ocidental.

No entanto, alguns sinais evidenciavam que o equilíbrio de poder de Viena, baseado numa lógica sistêmica de alianças móveis e flexíveis não operava do mesmo modo na Europa. Um dos elementos centrais para a operação do concerto de Viena consistia na *Realpolitik Bismarckiana*, que mantinha o engajamento desse país com a estabilidade na Europa, adotando a postura de uma 'potência saciada`. Com o afastamento de Bismarck (1890) e a inauguração da *Weltpolitik* do Kaiser Guilherme II, o caminho estaria aberto para o crescente abandono da lógica sistêmica no relacionamento entre as potências.

Paulatinamente, disputas ressurgem entre as potências, como é o caso do colonialismo no final do século, conforme restringem-se as possibilidades de novas áreas de expansão colonial na África e na Ásia. Esse quadro é agravado pelos novos *players*, que ascendem para disputar influência na política internacional, como foi o caso dos EUA e do Japão.

Novas forças ideológicas também contribuíram para reconfigurar a política internacional naqueles anos, pois a disputa imperialista contou com um impulso fundamental do Nacionalismo, enquanto expressão liberal oriunda da Revolução Francesa que se transformava progressivamente de um ideário de defesa do Direito das Nacionalidades para um pensamento reacionário que contrapunha as nações à própria democracia, a partir do culto da força e do 'sagrado egoísmo' (ANGELL, 2002).

Isso decorria, em grande parte, do entusiasmo que as sociedades ilustradas europeias atribuíam ao desenvolvimento científico, personificado em uma das mais célebres teorias científicas, como a da Evolução das Espécies, do naturalista inglês Charles Darwin, com a publicação do seu livro A Origem das Espécies, em 1859. A ideia central consistia na máxima da "*Survival of the Fittest*" (sobrevivência dos mais adaptados), que explicava a evolução das espécies na biologia pelo sucesso de algumas mutações em promover maior adaptação dos organismos vivos ao meio em que disputam entre si pela sobrevivência.

Ora, essa lógica foi impropriamente – e de forma oportunista – importada da biologia para as Relações Internacionais, por políticos que buscavam construir sua liderança na política doméstica dos seus Estados, a partir do incentivo da rivalidade entre as nações. Segundo essa ideologia, a ciência mostrava que seriam as nações / povos mais fortes/ adaptadas aqueles que prevaleceriam na História, relegando os mais vulneráveis a perecer, como resultado inevitável do modo de ser do real: a disputa entre as espécies/nações/povos, revelada à observação pelo conhecimento científico. Sobre isso não haveria nada a fazer.

Essa forma enviesada de compreensão da Teoria da Evolução ficou conhecida como Darwinismo Social e passou a insuflar a competição entre as nações pelo apoio dos respectivos eleitorados nacionais aos líderes políticos comprometidos com o darwinismo social e que foi responsável por converter, crescentemente, o nacionalismo de matriz liberal em nacional-militarismo. Líderes nacional-militaristas ascendiam ao poder pela disseminação dessas ideias dando origem a uma das perspectivas que se inseria num grande debate acerca da questão da Paz e da Guerra.

Desde o final do século XIX, os valores da força, da violência e da competição conduziria muitas sociedades europeias a acreditarem que as nações não teriam escolha a não ser triunfarem ou sucumbirem numa trajetória evolutiva que reservava espaço privilegiado aos que prevalecessem através da força sobre os fracos e menos capazes, condenados a perecer.

O que tornava o nacional-militarismo um forte contendor frente aos defensores da paz e do desarmamento consistia na sua associação ao conhecimento científico, que emprestava à violência e à busca do poder um viés racionalista, axiologicamente neutro, vinculado ao progresso da razão, por mais desoladoras que pudessem soar as suas conclusões. No entanto, muitas vezes esse não foi o caso, pois a exaltação da força e da violência que caracterizam muitas narrativas culturais - implicadas nas construções dos mitos de fundação nacional - contribuíram para que a ascensão dessas forças fosse saudada, por vezes, em júbilo festivo.

Em oposição ao nacional-militarismo, havia também um grande movimento pela paz e pelo desarmamento que buscava se contrapor à ascensão dos partidários da guerra, por meio da criação de organizações, sobretudo nos EUA e na Inglaterra, que vinha crescendo desde o início do Concerto Europeu (1815). Essas instituições eram, geralmente, embasadas na fé de homens e de ordens religiosas, mas também sustentadas pelos partidários do livre comércio, que se dispunham a financiar as campanhas pela paz.

O tema do desarmamento das potências chegou a ser apreciado em congressos pela paz, entre 1843 e 1848. Essa causa ganha ainda mais fôlego após a Guerra da Crimeia (1854-1856), chegando ao final do século XIX com a operação concomitante de cerca de 400 organizações pacifistas (PARADISO, 2002).

Paralelamente, intelectuais, políticos e juristas passam a defender o Direito Público e a prática da arbitragem nos conflitos entre as nações e os Congressos pela Paz passam a ocorrer com periodicidade regular, a partir de 1892. Além disso, um *International Peace Bureau*, contando com secretariado próprio e funcionários permanentes foi instalado em Genebra, para buscar concretizar esses objetivos (PARADISO, 2002).

Essa breve exposição não busca ilustrar a História do período que antecede à Primeira Guerra Mundial de 1914, mas apenas retratar a dinâmica e características básicas das principais perspectivas ideológicas que se contrapunham quanto à questão da Guerra e da Paz, no contexto de Paz Armada Europeia.

Este termo busca reproduzir a corrida armamentista do pré-guerra, que decorria do crescimento da adesão da opinião pública das potências europeias ao nacional-militarismo, resultando num período de paz, sem nenhuma ameaça previsível ou causas substantivas para a irrupção da guerra entre as potências, mas que, não obstante, caracterizava-se por uma competição generalizada e irrefreável entre elas pela superação dos arsenais das demais, envolvendo, principalmente, Inglaterra e Alemanha, mas não exclusivamente.

Foi nesse debate polarizado, em meio ao crescimento do nacional-militarismo, que arrastaria as nações para a guerra em 1914, que a contribuição do pensamento de Norman Angell se inseriu, pois até então os pacifistas se basearam em princípios de ordem moral, sobretudo religiosos, como justificativa para o compromisso e defesa da paz.

A resposta desses pacifistas ao porquê seria inconcebível, reprovável, o engajamento na prática da violência internacional, visando exterminar outras nações, não conseguia se articular a uma perspectiva científica, racional, que justificasse nas cores da modernidade e do seu compromisso com a razão e a defesa da paz. Em contrário, a ascensão do nacional-militarismo se conjugava a uma perspectiva racional, como conquista do pensamento científico moderno.

Norman Angell irá interferir de forma definitiva nesse debate ao promover o pacifismo, por meio de um argumento racional, promovendo a defesa da paz como corolário da aplicação do conhecimento científico da economia liberal à análise das Relações Internacionais daquele período.

3. 1914: Uma Grande Ilusão

Norman Angell foi um pioneiro na perspectiva liberal ao empreender uma análise das Relações Internacionais comprometida com critérios científicos (OLIVEIRA; GERALDELLO, 2016), perseguindo, inclusive metodologicamente, esse objetivo: pela formulação precisa das questões, a partir dos problemas científicos e de hipóteses consistentes, testando-as mediante validação empírica, da qual resultou sistematização lógica das causas que conduziram a determinados fatos e movimentos das Relações Internacionais da sua época (OLIVEIRA; GERALDELLO, 2016).

Analisando racional e sistematicamente as Relações Internacionais, surge a explicação da causa da Primeira Guerra Mundial, conforme aparece no livro A Grande Ilusão (1933): segundo Angell, a causa da Guerra foi uma grande ilusão, enquanto percepção equivocada da opinião pública europeia e das suas lideranças, que atribuíam a grandeza de uma nação e o bem estar da sua população ao seu poder político, enquanto capacidades militares que possibilitassem prevalecer sobre as demais (inclusive expandindo-se territorialmente), mediante o uso da força.

Resgatando o velho liberalismo econômico de Adam Smith, que serve de base para a sua visão das Relações Internacionais, a ideologia do nacional-militarismo representa uma ilusão de ótica, pois essa perspectiva reproduz um ideal e concepção políticos que eram verdade no passado, mas não no início do século XX. Para Angell, "o poder político e militar é economicamente inútil; ou seja, em nada contribui para a prosperidade e o bem-estar daqueles que o detêm". (ANGELL, 2002: 26)

Sua perspectiva da guerra era diversa daquela dos pacifistas, pois apesar da sua franca oposição, ele jamais defendeu a não resistência, muito menos o desarmamento unilateral. Angell entendia que Direito e Moralidade não podiam jamais estar dissociados, por isso ideais ou ideologias, tanto políticas, quanto religiosas, jamais promoveriam o bem-estar da população. Nesse sentido, reconhece que a luta consiste em condição de sobrevivência da humanidade, porém sempre a luta contra o meio e jamais a luta de homens contra outros homens, pois lutando contra as partes do mesmo organismo (social) o homem caminharia para a aniquilação.

Na sua perspectiva, importava provar que todas as guerras atuam sempre na contramão dos interesses da humanidade, diminuindo o bem-estar das populações, cujos recursos financiam tais morticínios. As guerras apresentam invariavelmente esse resultado, pois devastam as bases da prosperidade econômica, financeira e comercial das nações civilizadas, extinguindo o crédito, os contratos e as finanças internacionais. A noção de uma grande interdependência econômica entre as nações, conforme nos ilustram as leituras do pensamento econômico clássico e liberal, consiste em um elemento fundamental do pensamento de Angell.

O grande desenvolvimento do capitalismo, estimulando e sendo estimulado por grandes avanços científico-tecnológicos possibilitou grande evolução das comunicações, dos negócios, das novas formas de transporte e de serviços financeiros, tornando a prosperidade de cada nação civilizada intimamente dependente do sucesso das demais. Essa nova economia do início do século XX, derivada da divisão do trabalho e da complexificação da sociedade industrial, conformava um mundo econômico muito mais integrado e interdependente, diferente do anterior.

Esse conhecimento que estava presente no pensamento dos economistas, sobre os quais Angell se baseia, orienta diretamente a construção do seu pensamento. Isso se torna claro ao examinarmos 7 proposições que ele reputa elementares, mas suficientes para provar que as guerras e a violência não contribuem para a prosperidade de nenhuma nação, muito em contrário. Angell começa negando a possibilidade de destruição do comércio de uma nação por outra, pelo uso da força, pois o comércio deriva da presença de riquezas naturais e de uma população que se aproprie delas.

A única possibilidade de êxito seria pelo extermínio da população, o que:

> "... é impraticável, e, se fosse possível exterminar a população, o exterminador estaria destruindo o seu próprio mercado, real ou potencial, o que, do ponto de vista comercial, corresponderia a um suicídio" (ANGELL, 2002:23).

Em seguida, afirma que caso a Inglaterra fosse invadida pela Alemanha, isso não equivaleria à "ruína total do Império", pois nesse caso o capital alemão também se esvaneceria, por meio do impacto de uma tal hecatombe sobre o crédito internacional, graças ao estágio atual de internacionalização das finanças e da indústria, vinculando indissociavelmente os interesses das diversas nações.

O crédito representa a base fundamental dessa interdependência financeira e econômica, sendo assim o confisco de diversas formas de propriedade privada: "ações, títulos, barcos, minas ou objetos valiosos de modo geral, além de joias e móveis, qualquer das coisas que formam a parte íntima da vida econômica de um povo por um invasor influenciaria negativamente de tal forma as finanças do invasor que o prejuízo causado pelo confisco excederia em boa parte o valor da propriedade confiscada. De tal modo, o sucesso da Alemanha como nação conquistadora demonstraria objetivamente a esterilidade econômica da conquista" (ANGELL, 2002:23).

Justamente devido aos vínculos acima expostos, a imposição de tributos a um país derrotado na guerra se mostraria uma impossibilidade econômica, revelando-se custosas e contraproducentes economicamente as cobranças de indenizações de guerra. Postula, então, que os prejuízos decorrentes dessas hipotéticas tentativas de extinção do comércio, invasão, confisco de bens ou imposição de tributos e indenizações só poderiam ser praticados pelo Estado opressor mediante expressivos prejuízos econômicos, em seu desfavor, restringindo as possibilidades da sua ocorrência a "um empenho desinteressado e caro de provocar um desastre pelo prazer de provocá-lo" (ANGELL, 2002:24).

A próxima proposição nega a possibilidade de um país apossar-se economicamente do comércio exterior de outro país, empregando a força, pois um conquistador não conseguiria extinguir a competição comercial de uma nação pela anexação, pois seus nacionais não deixariam, por isso, de competir:

> (...) se a Alemanha conquistasse a Holanda, os comerciantes alemães precisariam continuar a enfrentar a competição dos comerciantes holandeses – competição mais forte do que antes, pois os holandeses fariam parte do regime aduaneiro alemão. A ideia de que é possível eliminar a competição dos rivais conquistando-os é uma das manifestações da curiosa ilusão em que se fundamenta o equívoco de que falamos. (ANGELL, 2002:24).

Na sexta proposição, Angell argumenta que uma evidência de que a prosperidade econômica de uma nação independe do seu poder político e militar consiste no caso das pequenas nações, afinal Suíça, Holanda, Bélgica, Dinamarca e Suécia apresentam níveis de bem-estar e de prosperidade em nada inferiores aos exibidos por Alemanha, Rússia, Áustria-Hungria e França.

Emerge aqui uma visão da paz, a partir do exemplo dos países pequenos, nos quais haveria se processado uma modificação do ódio entre os países, em prol de um desenvolvimento pacífico, a partir do fim da crença na relação entre prosperidade econômica e poder militar.

Nesse sentido, Angell analisa o comportamento dos capitalistas e investidores nos mercados financeiros e mostra como os títulos dos países menores não se encontram menos valorizados do que o das grandes potências militares, ilustrando como essa percepção já se encontra presente nas estimativas de investimentos. No longo prazo, a crescente interdependência econômica e a educação fariam a guerra ser considerada irracional e não civilizada.

Finamente, refere-se a posse de colônias, negando qualquer vantagem prática da conquista das colônias britânicas:

> (...) a Grã-Bretanha não sofreria qualquer prejuízo material se as perdesse, por lamentável que fosse essa perda no aspecto sentimental e por mais que afetasse a cooperação social entre povos afins e as respectivas vantagens. O próprio exemplo da palavra "perda" é enganoso. Com efeito, a Grã-Bretanha não "possui" suas colônias. Na realidade, elas são países independentes, aliados da Mãe Pátria, e para esta não representam uma fonte de tributos ou de ganhos econômicos, exceto na medida em que qualquer nação estrangeira poderia sê-lo, pois as relações econômicas recíprocas não são determinadas pela Mãe Pátria, mas pelas colônias. (ANGELL, 2002:25).

Para Norman Angell, o conhecimento aprendido dos autores clássicos da economia liberal, permite compreender como a violência entre os povos e o comportamento social conflituoso, que eram necessários para disputar recursos escassos, indispensáveis para a sobrevivência humana no passado, seriam incompatíveis com o desenvolvimento do capitalismo e da economia e finanças modernas. Segundo o seu pensamento, o progresso não tornou as guerras impossíveis de ocorrerem, mas as converteu em algo inútil de que nem mesmo os vencedores seriam capazes de auferir benefícios.

A guerra decorreu, portanto, de uma ilusão de ótica, enquanto engano na apreensão da realidade por parte de vastas parcelas da opinião pública europeia, seduzidas pelos argumentos anacrônicos dos líderes do nacional-militarismo, que não encontravam correspondência com a realidade da Relações Internacionais Contemporâneas.

Nesse sentido, nosso autor é frequentemente considerado como um "idealista" do primeiro grande debate das Relações Internacionais, justamente devido ao seu papel histórico: o que a trajetória de sucesso do livro A Grande Ilusão demonstra é que o seu autor fez jus ao Prêmio Nobel da Paz por haver buscado evitar a ocorrência da guerra, engajando-se nos debates prévios a sua irrupção. Angell considerava que era o ambiente intelectual daqueles anos - anacrônico pela sua perspectiva dominante - que poderia arrastar o mundo ao conflito.

A partir disso, considerava ser possível no plano das ideias reverter essa situação e demonstrar, convencer e ilustrar a opinião pública daqueles países de modo a torná-la consciente do estágio atual do desenvolvimento do capitalismo internacionalizado e interdependente, que fazia da guerra uma prática inútil e contraproducente aos interesses de todos os homens e nações. Para Angell, "[...] o império do impulso irracional e irrestrito alcança sua maior intensidade quando está associado à ignorância [...] e só cede diante de um progresso geral das ideias" (ANGELL, 2002: 283). Sua crença no conhecimento como forma de alterar o curso da política internacional é inequívoca.

4. Presidente Thomas Woodrow Wilson

O fim da Primeira Guerra Mundial se dá com a celebração da Paz de Paris (1919), em que participam 27 nações, que se haviam coligado contra a Alemanha, sendo, por isso, considerada uma paz de vencedores. Este termo foi cunhado a partir de uma crítica liberal à forma como foram excluídas a Alemanha e a União Soviética das negociações de paz.

O Presidente Woodrow Wilson foi contrário a esse formato de negociações, pois entendia que compromissos estabelecidos entre nações, sob a base da humilhação de uma potência como a Alemanha e do grande descontentamento da Itália[7] não trariam a estabilidade política espe-

---

7 Segundo Cantarelli e Perez (2018:01): "*Em 1915, um ano após o início da Grande Guerra, a Itália assinou o Tratado de Londres e declarou guerra às Potencias Centrais: Alemanha e Império Austro-húngaro. A Itália, parte da Tríplice Entente, saiu vence-*

rada. Desde abril dc 1917 (ARARIPE, 2008), ele advogara a necessidade de salvaguardas indispensáveis à garantia da democracia, defendendo uma paz "sem vencedores ou vencidos". Essa concepção de como deveria ser a paz, e as bases da reorganização da ordem internacional do pós-guerra, Wilson já vislumbrava antes mesmo do ingresso dos EUA na guerra, para o que o presidente desempenhou papel central.

> Em 2 de abril de 1917, enviou mensagem ao Congresso pedindo-lhe declarar guerra à Alemanha. "O mundo deve ser tornado seguro para a democracia... Os Estados Unidos farão a guerra pela liberdade e pela paz", anunciou. (Palavras que soam familiares...) O Congresso declarou guerra quatro dias depois e os americanos aplaudiram. Em fins de 1917, a guerra estava no seu terceiro ano e as baixas de lado a lado contavam-se em milhões... Wilson julgou ter chegado o momento para expor suas ideias de como deveria ser a paz duradoura e diferente de todas as outras que o mundo havia conhecido. Apresentou-as ao Congresso norte-americano, no discurso dos "Catorze Pontos", um repertório de questões específicas e princípios, numa linguagem que traduz o grau de obrigatoriedade que Wilson lhes conferia, assinala o especialista em relações internacionais Henry Kissinger. Eles estariam presentes ao longo das negociações de paz, ainda que raramente observados. (ARARIPE, 2008:208).

Woodrow Wilson sustentava uma perspectiva da ordem internacional inovadora, pois elevou as instituições à categoria de dispositivos capazes de evitar a ocorrência de uma nova guerra entre as potências,

---

dora da Primeira Guerra Mundial. Todavia, os acordos de paz firmados em Versalhes não condiziam, segundo os italianos, com o esforço de guerra por eles realizado. Assim, um clima controverso e de insatisfação formou-se no país". No entanto: "[...]*a Itália possuía um tratado secreto com a França, datado de 1902, que lhe prometia futuras concessões territoriais. Dessa forma, em 1915 a Itália declarou guerra à Tríplice Aliança após a assinatura do Tratado de Londres. O tratado previa, em caso de vitória, a obtenção, por parte da Itália de territórios como o de Trento, a Dalmácia e o Trieste*" (CANTARELLI e PEREZ, 2018:02).

como a que ocorreu em 1914. Esse foi o objetivo que levou à criação da Liga das Nações (1919-1946) no pós-guerra, que figurava como um dos 14 pontos, e que deveria funcionar como fórum permanente de ações diplomáticas, diálogo e negociações para solução dos litígios internacionais, atendendo também à necessidade de transparência nas relações entre Estados.

Wilson acreditava que publicizar a diplomacia praticada pelos Estados na seara internacional teria o efeito de inibir as práticas de hostilidade e violência, ao submetê-las ao escrutínio dos respectivos eleitorados nacionais dos países democráticos, que deveriam repudiar os políticos que assim procedessem.

Como bom liberal, o presidente norte-americano se inspirava em Kant e partia da premissa da teoria da paz democrática, que sustenta que as democracias não fazem guerra umas contra as outras, sendo, assim, fundamental para o seu pensamento que os Estados sejam livres e democráticos, pré-condição para a operação de uma ordem internacional sustentada sobre princípios liberais.

A própria segurança dos EUA se faria tributária da construção de um sistema de segurança coletiva, a partir da adesão dos Estados às instituições, conformando um mundo seguro. Corolário importante desse pensamento seria que ele representa a expressão mais direta da tradição liberal norte-americana de construir sobre a base dos seus valores políticos domésticos as fundações para a construção e funcionamento da ordem internacional.

A lógica wilsoniana tinha base na premissa de acabar com as guerras, tornando-as desnecessárias, a partir da adesão dos Estados aos princípios do liberalismo. No entanto, o presidente norte-americano encontraria muitos obstáculos que tornaram impossível que suas pretensões se concretizassem plenamente, pois essas negociações inauguraram uma clivagem central e de amplas repercussões futuras entre as chamadas potências europeias satisfeitas, França e Grã-Bretanha, e as potências insatisfeitas, Alemanha e Itália – que, apesar de participar das negociações de paz do lado dos aliados não se conformara por não haver recebido os territórios da chamada Itália Irredenta – Trieste, Dalmácia, Trento e Ístria (CANTARELLI; PEREZ, 2018). Em outras palavras, consistia numa paz de vencedores, dominada por alguns Estados que conduziam as negociações:

> Esses Quatro, que realmente decidiam, eram os Estados Unidos, França, Grã-Bretanha e Itália. O Conselho fora anteriormente denominado Conselho Supremo, nome conservado como alternativo ao "dos Quatro"; entre esses, houve o Conselho dos Dez, com a participação do Japão. No Plenário tinham assento os 27 Estados-membros da Conferência, entre eles o Brasil. Meia centena de Comitês, presididos por um delegado de potência do Supremo Conselho, tinham incumbências específicas: ao da Liga das Nações, presidido por Wilson, cabia a elaboração de seu estatuto, o Covenant (ARARIPE, 2008:211).

Na Conferência de Paz foram assinados 5 tratados: Versalhes, Trianon, Neuilly, Sèvres e Saint-German, cada um deles era celebrado entre as 27 nações em conjunto e uma das potências derrotadas. O Tratado de Versalhes foi assinado com a Alemanha e se caracteriza pelo revanchismo francês[8], que impõe uma paz muito dura a esse país com pesadíssimas indenizações, além da assinatura do artigo 241 do Tratado de Versalhes, que afirmava que a culpa da guerra cabia ao Kaiser Guilherme II. Além disso, a Alemanha perde 1/7 do seu território[9] e 1/10 da sua população, sendo ocupada e desmilitarizada (GREELANE, 2021).

Desde o início, portanto, as negociações de paz semearam as origens dos conflitos posteriores na nova ordem internacional, pois a via francesa daquelas negociações foi a que prevaleceu, capitaneada por Clemenceau:

> Notabilizado pela intensidade da paixão pela França e por simétrico ódio pela Alemanha, Clemenceau preparou e dirigiu a cerimônia de assinatura com a mesma ferocidade com que fizera a guerra e presidira a Conferência de Paris que elaborou o tratado... coroava a vitória e a revanche. [...] o presidente da Conferência iniciou a solenidade de assinatura a 28 de junho

8 A França sofrera derrota seguida de grande humilhação, após a guerra franco--prussiana, que assinala o ressurgimento da Alemanha unificada, em 1871, quando o Imperador alemão foi coroado no salão dos espelhos do Palácio de Versalhes, capitalizando essa oportunidade para vingar o orgulho ferido francês.

9 Incluindo a Alsácia e a Lorena, que voltam para a França.

> de 1919, na Galeria dos Espelhos, com palavras que lembravam as usadas para chamar réus para ouvir a sentença: "Tragam os alemães!". Escoltados por soldados Aliados, os dois delegados tomaram os lugares a eles destinados, em frente ao presidente da Conferência. Pálidos, registrou um diplomata britânico. Além do Tratado, dois outros instrumentos foram ali assinados: um acordo com a Polônia e um protocolo sobre a administração da Alemanha. Trinta e dois países firmaram o Tratado: da América Latina, dez, entre eles o Brasil. Terminado o ato, em Versalhes e por toda a França, salvas de artilharia. A cerimônia foi conduzida de forma a levar ao máximo a humilhação dos alemães, a níveis de "um triunfo romano, com os vencidos arrastados atrás das carruagens dos conquistadores. (ARARIPE, 2008:219).

Depreende-se do fragmento acima a grande humilhação da paz imposta à Alemanha. Conforme a influência preponderante da França naquelas negociações, gerou-se uma pronta resposta do nacionalismo alemão, principalmente dos setores mais associados à direita do espectro político, que mais tarde abririam caminho para o surgimento do nazismo, classificando, prontamente, a paz de 1919 como um *Diktat*[10] (WORLD WAR I, 2021). Não obstante haver sentado ao lado dos vencedores e tomado parte com eles nas negociações de paz, a percepção de injustiça também tomou conta da Itália, cuja ascensão do fascismo foi pavimentada pelos resultados decorrentes dos acordos ali estabelecidos.

A compreensão de como o projeto de paz de Wilson se chocou com a dinâmica daquelas negociações entre vencedores permite compreender como a política europeia e suas rivalidades se sobrepuseram nos resultados alcançados. No entanto, isso não deteve o ímpeto reformador e o projeto dos Estados Unidos para a nova ordem internacional. Assim, em janeiro de 1918, o presidente norte-americano, representante dos democratas no poder, apresentou sua proposta de reorganização das Relações Internacionais.

A reformulação das Relações Internacionais, a partir de princípios e políticas liberais, envolvia: a observância ao Direito Internacional, o

10 "Ditado" - imposição

respeito à autodeterminação dos povos, o recurso à solução pacífica de controvérsias, a construção de consensos entre as nações e o incentivo a uma diplomacia aberta. Essa proposta consistia num documento em que dispunha suas ideias em14 pontos, os célebres 14 Pontos de Wilson.

O primeiro[11], defendia o fim da diplomacia secreta, responsável pela escalada do conflito e sua disseminação entre as potências do sistema internacional, em 1914. Assim, o próprio processo de paz deveria ser aberto e não deveria conter nenhuma negociação secreta. O segundo, consistia na liberdade de navegação nos mares, na paz e na guerra; o terceiro endereçava as barreiras econômicas que obstaculizavam, onerando as trocas internacionais. Buscava reverter essa situação, assegurando condições equânimes de comércio para todos os países; o quarto buscava a limitação dos arsenais militares nacionais, na busca da observância de um nível compatível com a segurança do país; o quinto se insurgia contra a política colonialista, buscando sua reformulação com base no interesse dos povos colonizados (THE WORLD WAR, 2021).

Aqui se inseriam as questões que envolviam a soberania, buscando conciliar os interesses dos povos com a necessidade de equidade entre os países na repartição dos territórios. No entanto, não se fazia menção expressa ao princípio da autodeterminação, muito embora ele houvesse sido bastante invocado nas negociações de paz. No que tange às questões específicas, constava a evacuação dos territórios ocupados pelos impérios centrais, nomeadamente o mal perpetrado contra a França pela Prússia em 1871, com a incorporação da Alsácia e da Lorena deveria ser corrigido (ARARIPE, 2008).

O sexto buscava a retirada dos exércitos que ocupavam a Rússia, após a guerra; o sétimo defendia a independência da Bélgica; o oitavo propugnava a restituição da Alsácia e da Lorena à França; o nono se referia à restauração das fronteiras italianas; o décimo endereçava garantir a autodeterminação das nações que compunham a Áustria-Hungria; o décimo primeiro visava a restauração de Montenegro, Romênia e Sérvia, garantindo a esse último país o acesso ao mar; décimo segundo era referente a Turquia, que deveria ter seu desenvolvimento autônomo assegurado e a abertura definitiva dos estreitos entre o Mar Negro e o

11 Justamente o primeiro ponto deixava clara a intenção de extinguir a velha lógica de tratados e negociações secretas, prevalente no século XIX, como foi o caso dos sistemas de alianças de Bismarck, que terminaram adiando a solução de questões centrais da ordem internacional sem jamais endereçá-las, entretanto.

Mediterrâneo; o décimo terceiro buscava resguardar a legitimidade e a relevância dos nacionalismos e do princípio das nacionalidades, através do estabelecimento de Estados em sintonia com esse princípio, estabelecendo, assim, a independência da Polônia (THE WORLD WAR, 2021).

O décimo quarto apresentou a necessidade de criação da Liga ou Sociedade das Nações (1920-1946), que foi criada com base em premissas idealistas, pois seu objetivo consistia em evitar a ocorrência de novos conflitos internacionais, com base no pressuposto de que os Estados nela representados sempre levariam suas desavenças ao conhecimento dos demais e, assim, seriam capazes de estabelecer acordos e compromissos que evitassem soluções extremas.

No entanto, mesmo na criação da Liga, a divisão entre as potências prevalecia com profundas divergências. Uma oposição fundamental e que traria profundos impactos futuros sob a efetividade da atuação da nova organização consiste na determinação de possuir ou não um efetivo militar próprio:

> Tanto na Inglaterra quanto na França foram criados comitês de apoio à criação de uma Organização Internacional que pudesse servir de instrumento para a solução pacífica de litígios. Contudo, os projetos redigidos nos dois lados do Canal da Mancha apresentavam profundas divergências. A percepção francesa propugnava uma SDN militarizada, imperativa e que pudesse efetivamente vir a ser um instrumento de constrangimento a eventuais agressões. Assim, a comissão presidida por Leon Bourgeois baseia sua proposta na prevenção de conflitos, inclusive com a constituição de forças armadas específicas, sob o controle da SDN... já o projeto Hurst-Miller, apoiado pelos EUA, descartava o militarismo supranacional e a criação de uma sociedade coercitiva, propugnando uma sociedade voluntarista, baseada no princípio da boa-fé e da boa vontade dos estados membros. Para tanto indicava tão somente e mediação internacional para coibir os litígios, pois... a pressão para a solução das controvérsias deverá repousar sobre a opinião *pública e a exclusiva ingerência moral dos Estados.* (STEINFUSS, 2002:104).

Dessa feita, os desígnios de Wilson prevaleceram e a Liga não contou com um exército perene que atuasse em seu nome. De fato, a Liga foi capaz de solucionar questões de menor relevância, como a disputa entre Finlândia e Suécia sobre a posse das ilhas Aland, a questão da fronteira Greco-Búlgara, o conflito da Alta Silésia, a crise dos refugiados da Guerra Greco-Turca (1919) e a do território de Memel (GREELANE, 2021). No entanto, as ausências do Japão, dos EUA, da Alemanha e da Rússia, contribuíram para esvaziá-la de legitimidade e representação políticas, definitivamente incompatíveis com as ambições na Liga depositadas.

Ainda assim, ela inicia seus trabalhos em 1920, sofrendo, logo em seguida, a recusa do Senado norte-americano em ratificar o ingresso desse país na Organização, tornando-se, portanto, uma instituição internacional eurocêntrica, assentada sobre os interesses e aspirações de Paris e Londres, sobretudo. "Evidenciam-se, assim, grandes restrições no cenário político doméstico dos EUA às aspirações internacionalistas do seu presidente, que eram frequentemente percebidas como um envolvimento excessivo nos assuntos internacionais e que poderia ameaçar a soberania da ascendente nação do Norte".

Como apontam Herz e Hoffmann (2004), a Liga foi formada por um Conselho Executivo, dividido entre membros permanentes (4) e não permanentes (4)[12]; uma Assembleia Geral de todos os Estados membros, cada país com no máximo 3 representantes e direito a um voto apenas; um Secretariado, com o secretário geral apontado pelo Conselho e referendado pela maioria da Assembleia e pelo conjunto dos servidores públicos civis internacionais; assim como pela Corte Permanente de Justiça Internacional.

Consoante a perspectiva wilsoniana, a criação da Liga seria capaz de assegurar a autonomia e integridade das nações, a partir da substituição do balanço de poder pelo sistema de segurança coletiva (HERZ; HOFFMANN, 2004).

Esta associação entre as democracias como regimes de governo e a paz na ordem internacional, mediadas pela existência de uma Organização Internacional consiste em formulação wilsoniana original. Dessa comunidade de poder, na qual as disputas são disciplinadas, decorre a estabilidade e a paz, enquanto à opinião pública é atribuído um papel fundamental:

12 Membros permanentes depois se tornaram 6; membros temporários depois se tornaram 9.

> A opinião pública é vista como depositária da racionalidade, do bom senso que poderia evitar a guerra. A crescente hegemonia norte-americana permitiu aliar a ideia de ordem internacional e a legitimidade do Estado liberal democrático. O princípio da autodeterminação era para Wilson, um corolário da defesa do Estado liberal democrático, ou seja, se cada nação estivesse organizada na forma de um Estado, a estabilidade do sistema seria muito mais provável. (HERZ; HOFFMANN, 2004:87)

Uma marca de idealismo flagrante na operação da organização consistiu no critério decisório adotado que foi o da unanimidade, o que resultou em uma dinâmica morosa e pouco efetiva. Além disso, tornou-se comum a referência à Sociedade das Nações como *toothless*, desprovida de dentes, pois ela não contava com instrumentos de coerção ou imposição das suas decisões (NATIONAL ARCHIVES, 2021).

Desse modo, as políticas de desarmamento exigidas pela Liga terminaram se chocando com as políticas nacionais de poder e segurança dos Estados, sem poderem suplantá-las ou serem reafirmadas pela atuação firme da organização. No mesmo sentido, evoluiu a exigência de prevalência do Direito internacional nos conflitos entre Estados, pois o arbitramento obrigatório também não encontrou oportunidade de se efetivar, a partir da ausência de meios para ser exigida sua observância.

Apesar disso, houve tentativas de garantir que essas políticas fossem respeitadas, como no caso do Protocolo de Genebra (1924) e momentos de maior engajamento com os objetivos da Liga, como entre 1925 e 1929, quando a URSS adere à organização ou quando os planos Dawes (1924) e Young (1929) promovem maior aproximação entre Alemanha e França ou quando o Pacto Briand-Kellog (1928) de renúncia à guerra pareceu sustentar um dos objetivos supremos da Liga das Nações (NATIONAL ARCHIVES, 2021).

Após a Crise de 1929, entretanto, os países buscam reagir à crise econômica mediante o protecionismo e o militarismo, pondo em xeque crescentemente o seu compromisso com a Liga. A ausência de mecanismos de sanção, associada ao caráter europeísta da sua composição terminaram por permitir a ressurgência das hostilidades entre os Estados que culminariam na eclosão da Segunda Guerra Mundial (1939-1945).

Exemplos claros onde a Liga foi inefetiva incluem: a invasão da Manchúria pelo Japão, em 1932; a invasão da Etiópia pela Itália em 1935, a anexação da Áustria e dos Sudetos pela Alemanha, em 1938 (GREELANE, 2021).

5. O Legado Wilsoniano para as Relações Internacionais

Após destruição e caos inauditos no cenário do pós-guerra, o presidente Wilson foi percebido e saudado como o emissário da paz, da dignidade e da independência das nações livres do Ocidente. No entanto, algumas décadas depois, após a Segunda Guerra e durante a Guerra Fria, o comprovado fracasso da Liga das Nações e do Tratado de Versalhes em evitar esses acontecimentos sujeitou suas ideias e políticas a muitos críticos, incluindo E. H. Carr, Hans Morgenthau e George F. Kennan (MANELA, 2005).

Tais críticas atribuíam a essas políticas um "idealismo" moralista e ingênuo, reclamando abordagens de maior objetividade e senso prático na política internacional. Mais tarde, entretanto, muitos desses críticos mudaram sua percepção sobre o wilsonianismo, nomeadamente Kissinger e George Kennan, surgindo um consenso de que, desde o mandato do presidente Roosevelt (1933-1945)[13], todos os presidentes norte-americanos têm, de uma forma ou de outra, seguido o legado das suas políticas, que foram principalmente: a Liga das Nações e o princípio da autodeterminação dos povos, a segurança coletiva e tornar o mundo seguro para a democracia (MANELA, 2005).

Wilson pode ser considerado o primeiro presidente moderno dos EUA, pois embora não detivesse a autoria exclusiva dessas ideias, ele foi o estadista que as transformou em políticas internacionais, implementadas por meio de um compromisso entre as nações, originando um plano para reformular a Relações Internacionais do pós-Guerra.

Segundo MEAD (2002), há quatro tradições[14] distintas do liberalismo norte-americano, que terminam por se revezar, prevalecendo alternadamente ao longo do tempo na política externa do país. Essas perspectivas estão basilarmente enraizadas na tradição da política externa do país, que influencia o seu processo democrático doméstico,

13 Único presidente dos EUA a permanecer no poder por mais de dois mandatos.

14 Tradições representadas pelo nome de Estadistas que as encarnaram nos anos de formação do Estado norte-americano: Jackson, Hamilton, Jefferson e Wilson.

garantindo que os EUA acabem adotando, ao longo do tempo, políticas favoráveis aos seus interesses mais elementares.

Uma delas consiste na perspectiva Wilsoniana[15], traduzida pela crença na: 1-moralidade e na legalidade da ordem internacional inspirada pelos ideais americanos; assim como na 2- generalização à escala planetária da sua ideologia, como possibilidade exclusiva de conquistar a paz e a estabilidade da ordem internacional e 3- autoatribuição da prerrogativa impositiva de atuar como o garantidor dessa ordem, associando intimamente a sua segurança nacional à generalização e disseminação dos seus valores e princípios no cenário internacional (MEAD, 2002).

A ideia de que as democracias liberais consistem no regime político de excelência para todos os países, pois seria o único capaz de gerar estabilidade da ordem internacional, por possibilitarem o estabelecimento de compromissos e o respeito ao Direito Internacional, naturalizando essa ordem internacional, construída pela hegemonia norte-americana, como valor supremo que deveria ser universalizado pelo engajamento dos EUA nesse objetivo, origina-se da perspectiva Wilsoniana.

A naturalização dessa ordem termina por gerar a percepção dos EUA não como seu principal sustentáculo e promotor, mas, em contrário, como defensor da garantia de liberdade e de democracia para todos os países que aderissem aos princípios e valores norte-americanos da ordem internacional, tornando o mundo seguro para todas as nações e para os EUA, em particular.

O princípio da autodeterminação dos Estados, assim, assume um lugar central na perspectiva wilsoniana, pois ele consiste na base sobre a qual se abre a possibilidade de "escolha" dos países que decidem se tornarem democráticos e libertos, emancipando os EUA de se comprometerem com seu desenvolvimento ou com a sustentação dos regimes democráticos no cenário domésticos dos países. Em contrário, restringe-se a sua intervenção e envolvimento à garantia das condições básicas para que possam aderir a esses valores, cabendo o seu sucesso e prosperidade ao bom desempenho do comércio e da economia internacionais.

15 O presidente Wilson não foi o criador dessa perspectiva da política externa norte-americana, mas apenas seu mais fiel defensor e promotor, que encarnou essa tradição na sua atuação e nas políticas adotadas durante o seu mandato.

Considerações Finais

Tanto o presidente Woodrow Wilson, quanto Sir Norman Angell exerceram influência substantiva sobre as Relações Internacionais posteriores, talvez não sendo lembrados na proporção em que contribuíram para o repertório da política internacional contemporânea, principalmente no que diz respeito ao autor britânico.

Nesse sentido, a alcunha de idealistas se prestou muitas vezes à associação do pensamento desses autores a uma perspectiva ingênua – *naïve* – sendo, não obstante, igualmente referida para designar autores que pretenderam transformar a política internacional a partir do papel de novas ideias. Como abordado no capítulo, a apreciação da herança de ambos os autores variou bastante no tempo, principalmente no caso de Wilson. Ressalte-se que nos anos 80/90, autores de destaque na teoria internacional exploraram com grande êxito o papel das ideias, nomeadamente o próprio Alexander Wendt se declarou um idealista.

Ressalte-se que ambos os autores acreditavam no papel das ideias para ilustrar (Angell) e informar (Wilson) a opinião pública dos países democráticos, resultando na reversão do apoio político desses eleitores aos líderes comprometidos com a guerra, a tirania, a violência e a opressão, em favor da adesão àqueles comprometidos com os princípios e políticas democráticos e liberais. Essa ênfase no papel dos indivíduos como agentes da mudança caracteriza a perspectiva liberal de análise em muitas pesquisas na área das Relações Internacionais dos dias de hoje.

A herança de Wilson perdura na atualidade, igualmente, pela crença no papel da institucionalização para tornar as Relações Internacionais mais pacíficas, incluindo a iniciativa de criação de uma Organização Internacional central, que congregue as demais, baseada em regras e comprometida com o Direito Internacional, pois esse tem sido o papel da ONU[16], que representa uma iniciativa nos mesmos moldes da Liga das Nações, ainda que seus artífices tenham buscado corrigir algumas de suas deficiências originais, como a ausência de mecanismos de sanção, por exemplo.

Ambos os autores expressam muitos elementos de uma ordem internacional liberal no seu pensamento que são nossos contemporâneos, haja vista a relevância crescente do comércio interacional em tempos

16 Organização das Nações Unidas.

de globalização, merecendo uma Organização Internacional específica para lidar com suas demandas e uma legislação também particular a essa área das Relações Internacionais. Esse tema aparece com relevância em ambos os autores, mas poderíamos falar de muitos outros pontos, como a liberdade dos mares, a crença na autodeterminação dos Estados, nas democracias como forma de manutenção da paz no sistema internacional, no controle sobre os armamentos, na criação de um sistema de segurança coletiva, todos constando dos 14 Pontos.

Quanto a Norman Angell, a interdependência econômica e financeira entre os Estados em tempos de globalização encontra muitas correspondências nos seus argumentos, por mais que haja muitos defensores da força como forma de atingir objetivos econômicos e de prosperidade nas Relações Internacionais contemporâneas e que a História da política internacional não tenha se caracterizado como absolutamente pacífica no século XX e inícios do XXI.

Não obstante, muitas outras ilusões de ótica prevalecem nas Relações Internacionais e Angell nos entrega uma mensagem fundamental: a de que o conhecimento tem o potencial de salvar a humanidade da tirania de líderes que manipulam informações em proveito de projetos políticos pessoais ou de grupos. Nesse sentido, várias "ilusões de ótica" da política internacional seriam corrigidas pelo papel redentor do conhecimento. Trata-se aqui de uma marca do pensamento liberal, que atribui ao conhecimento científico a capacidade de superar a questão política e a diferença muitas vezes inconciliável entre posicionamentos divergentes, a partir de premissas que simplesmente não estão abertas à discussão ou a negociação. Por trás dessa crença na redenção pelo saber, encontra-se a crença na neutralidade do conhecimento científico e da técnica prevalecendo sobre a política: será essa uma grande ilusão?

Referências Bibliográficas

ANGELL, Norman. A Grande Ilusão. Editora Universidade de Brasília: Brasília, 2002.

ARARIPE, Luís de Alencar. Tratado de Versalhes. In: História da Paz. Demétrio Magnoli (Org). Contexto: São Paulo, 2008.

CANTARELLI, Augusto Mezomo; PEREZ, Reginaldo Teixeira. Primeira Guerra Mundial e sua Influência para a Ascensão do Fascismo. Anais do 10º

Salão Internacional de Ensino, Pesquisa e Extensão – SIEPE. Universidade Federal do Pampa. Santana do Livramento, 6 a 8 de novembro de 2018.

HERZ, Monica; HOFFMANN, Andrea Ribeiro. Organizações Internacionais: História e Práticas. Campus: Rio de Janeiro, 2004.

Os Sucessos e Fracassos da Liga das Nações. In: http://greelane.com/pt/humanidades/geografia/the-league-of-nations1435400/. Consulta em 23/02/2021.

MANELA, Erez. A Man Ahead of his Time? Wilsoniam globalism and the doctrine of preemption. International Journal. Autumn 2005; 60 (4): 115-1124.

NOGUEIRA, Joao Pontes; MESSARI, Nizar. Teoria das Relações Internacionais: Correntes e Debates. Elsevier: Rio de Janeiro, 2005.

STEINFUSS, Ricardo. Manual das Organizações Internacionais. Livraria do Advogado: Porto Alegre, 2005.

SIR NORMAN ANGELL. Biographical. In: https://www.nobelprize.org/prizes/peace/1933/angell/biographical/. Consulta em 12/03/2021.

The Fourteen Points: Woodrow Wilson and the US Rejection of the Treaty of Versailles. In: http://www.theworldwar.org/learn/peace/fourteenpoints. Consulta em 15/03/2021.

MAGNOLI. Demétrio. Relações Internacionais: Teoria e História. Saraiva: Rio de Janeiro, 2005.

MEAD, Walter Russel. Special Providence: American Foreign Policy and How it Changed the World. Routledge: London, 2001.

OLIVEIRA, Marcelo Fernandes de; GERALDELLO, Camila Silva. A Construção da Paz Perpétua como Teoria Liberal da Política Internacional. Brazilian Journal of International Relations, Marília, v. 5, n. 3, p. 696-719, set/dez. 2016.

PARADISO, Jose. Prefácio à Edição Brasileira. ANGELL, Norman. A Grande Ilusão. Editora Universidade de Brasília: Brasília, 2002.

World War I. In: http://www.nationalarchives.org.uk/worldwarI. Consulta em 20/04/2021.

Capítulo 2

A REVOLUÇÃO BEHAVIORISTA E O SEGUNDO GRANDE DEBATE NAS RELAÇÕES INTERNACIONAIS

Aparecida Maria Abranches[1]
Leandro Lapa[2]
Vladimyr Lombardo Jorge[3]

Introdução

Desde que as Relações Internacionais (RIs) surgiram como atividade acadêmica, no início do século XX,[4] seu desenvolvimento tem sido marcado por uma variedade de debates internos. Uma dessas controvérsias teve início no final dos anos 1950 e se desenvolveu ao longo dos anos 1960, deixando marcas que são sentidas até hoje. Conhecido como Segundo Grande Debate em Relações Internacionais, essa controvérsia, que opôs internacionalistas tradicionalistas aos behavioristas, foi um desdobramento de um processo de revisão metodológica ocorrida no seio da Ciência Política estadunidense nos anos 1950. Os alvos da crítica behaviorista foram tanto os idealistas liberais quanto os realistas. Para Robert Jackson e Georg Sørensen, essas controvérsias metodológicas em Relações Internacionais denotavam que esta se tornava uma disciplina mais acadêmica (JACKSON; SØRESEN, 2007, p. 308).

Nossa intenção aqui é discutir as origens e as questões que estimularam os contendores deste Segundo Grande Debate em Relações Internacionais. Para isso, este capítulo foi dividido em quatro seções. Na

1 Professora do Departamento de Ciências Sociais da UFRRJ.
2 Professor do Departamento de Ciências Sociais da UFRRJ.
3 Professor do Departamento de Ciências Sociais e do PPGCS da UFRRJ.
4 O primeiro Departamento de Relações Internacionais surgiu em 1917, na Aberystwyth University.

primeira, a título de introdução à questão que nos interessa aqui, vamos abordar as transformações pelas quais passaram as Ciências Sociais estadunidense após a Segunda Guerra Mundial, caracterizada como *Revolução Behaviorista*. Nosso intuito é mostrar que o chamado Segundo Grande Debate em Relações Internacionais é, em parte, consequência de transformações que, já algum tempo, estavam ocorrendo no seio das Ciências Sociais, em particular a Sociologia e a Ciência Política.

Na segunda seção, vamos discutir sucintamente o Primeiro e o Segundo Grande Debate em Relações Internacionais. O objetivo é compará-los para tornar evidente a diferença entre ambos. A referência ao primeiro debate também é importante por várias razões. Primeiro, este foi vencido pelos realistas e será no interior desta corrente teórica que emergirá os primeiros ataques que inaugurarão o Segundo Grande Debate. Segundo, apesar de serem debates de naturezas diferentes, supomos que podemos encontrar no Primeiro a raiz dos motivos (a necessidade de se produzir uma teoria mais científica) que levaram ao segundo debate.

A terceira seção será dedicada exclusivamente ao Segundo Grande Debate. Nosso intuito é apresentar os argumentos dos dois lados da contenda a partir principalmente dos argumentos de dois de seus representantes: Hedley Bull, que critica os argumentos behavioristas, e Morton A. Kaplan, defensor da revisão metodológica em Relações Internacionais em curso. Por fim, mas não menos importante, discutiremos sucintamente, na quarta seção deste capítulo e a título de considerações finais, os desdobramentos do Segundo Grande Debate em Relações Internacionais.

1. A Ciência Política e a Revolução Behaviorista

Na primeira edição de *History of Political Philosofhy* (1963), Leo Strauss faz uma advertência bastante pertinente para termos uma noção do ambiente acadêmico em que o Segundo Debate das Relações Internacionais ocorreu. Escrevendo para estudantes de graduação em Ciência Política, Strauss observa que a obra por ele organizada foi dirigida àqueles que acreditam que os estudiosos de Ciência Política precisam ter um conhecimento do tratamento filosófico de questões duradouras; àqueles que não acreditam que a Ciência Política é uma ciência como a Química e a Física.

Esta observação é bastante sugestiva do debate metodológico que envolverá teóricos das Relações Internacionais como Morton Kaplan e Hedley Bull, que anima as reflexões sobre a autonomia da ciência política em face de abordagens clássicas como a filosofia e história políticas e direito constitucional. Strauss, de acordo com o que suas observações sugerem, vivencia uma disputa acadêmica em que de um lado se situam os defensores de uma ciência política, de corte clássico, que não descura da história e da filosofia, e de outro os proponentes de estudo da política que, fundado em métodos rigorosos de observação, procuram afastar considerações de *valor* e *dever ser*, atendo-se à análise dos fatos.

No que segue, procedemos à apresentação de uma história da ciência política que privilegia analisá-la do ponto de vista do desenvolvimento histórico que a faz culminar nos anos 1950 como um saber capaz de reivindicar para si o método das ciências naturais. Neste ponto do desenvolvimento histórico, anos 1950, a ciência política vale-se dos métodos e descobertas da psicologia social, formulados como teoria comportamentalista, o chamado *behaviorismo.* Tal abordagem nos encaminha para uma melhor compreensão da polêmica que envolveu tradicionalistas, defensores de uma abordagem nomeada clássica e os defensores do método científico no chamado Segundo Debate das Relações Internacionais.

1.1. A história da ciência política na perspectiva do seu processo de autonomização e cientificidade

Constitutiva das reflexões sobre a organização política do mundo ocidental desde os clássicos gregos, a história da ciência da política pode ser analisada em termos dos questionamentos e definições de seus objetos específicos e de seus métodos. Seguindo Gianfranco Pasquino (2010), recortada desta forma, ou seja, considerando objetos e métodos, na história da ciência política pode-se identificar uma fase *pré-científica* e outra dita *científica.* A fase pré-científica se caracterizaria pela utilização do método histórico como critério de recolhimento, validação e filtragem de informações tendo em vista generalizações e explicações. Esta fase teria sofrido uma primeira ruptura com Nicolau Maquiavel, quando este postula não só a história, mas também a observação da "realidade efetiva" como critério de observação de fenômenos políticos como poder e Estado. Uma vez consolidadas as formações estatais, o último passo na fase pré-científica teria sido dado pela chamada teoria das elites. Centrados nos estudos da classe política, autores como Gaetano Mosca, Vilfredo Pareto e Robert Michels foram atraídos pelos processos de formação, mudança e substituição das classes dirigentes.

É na passagem do século XIX para o XX que se dá a viragem científica com os desenvolvimentos ocorridos em diferentes áreas como na física, na psicanálise, na filosofia analítica e positivista. Tais desenvolvimentos terão impactos nas Ciências Sociais e na ciência política despertando nestas a ambição "de imitar as ciências naturais, de copiar suas técnicas de pesquisa, de produzir explicações e generalizações baseadas no princípio de causa e efeito às quais é atribuída força de lei" (PASQUINO, 2010, p. 11). Esse passo na direção da cientificidade dos estudos políticos foi interrompido por fenômenos como o fascismo e o nazismo, que "esmagarão qualquer reflexão política" fazendo-as retroceder décadas. Mas se estes eventos foram, de um lado, devastadores para as ambições da ciência política, por outro, eles contribuíram para a reanimação do espírito investigativo na medida em que põem em cena a "autonomia do político" com o que a aspiração por uma ciência política autônoma é reabilitada.

Enquanto a realidade política do entreguerras animava as convicções a favor da autonomia do campo, a mudança nas condições que favoreceram a formulação do método científico para as Ciências Sociais ocorridas no fim e início do século XX na Europa encontraram hospitalidade nos Estados Unidos da América. É neste país, que, em 1913, surge o *behaviorismo*, com a publicação de um artigo de John Watson: *Psychology as the Behavorist Views It,* na *Psychological Review* (FERREIRA *et alli*, 1995). Para além das proposições específicas feitas por Watson sobre a relação entre comportamento e estímulos ambientais, importa o fato de que o behaviorismo significou: "o primeiro passo para a fundação de uma ciência psicológica positivista, ou seja, a primeira tentativa de estudar, na linha de Pavlov, o comportamento humano e animal fora do espaço da filosofia e das correntes introspectivas centradas no estudo da consciência" (MIRANDA-SANTOS, 1972, *apud* FERREIRA *et alli*, 1995, p. 296).

O behaviorismo se afigura, desse modo, decisivo para as aspirações autonomistas da ciência política relativamente à filosofia, uma vez que postula o método da observação científica. Mas não apenas esse contributo dever ser assinalado. A noção de meio ambiente a cujos estímulos os comportamentos humano e animal respondem foi também central para a formulação do conceito de sistema como unidade básica de análise da ciência política.

Ao encontro da proposição ambientalista do behaviorismo convergiram outras transformações nos estudos do fenômeno político conforme assinala Pasquino. Trata-se da difusão de descobertas antropológicas de sociedades definidas como "*sem estado*, mas de modo algum, *sem política*" (PASQUINO, 2010, p. 12). Esta convergência de fatores contribuiu para a redefinição do objeto da ciência política, que doravante não se limitaria ao poder e ao Estado.

Os elementos são convergentes à medida que, primeiro, o fato da assunção de fenômenos como o nazismo, o stalinismo e o New Deal punha em cena a autonomia do político; segundo, o cientificismo e o ambientalismo da teoria comportamentalista favoreciam a percepção da sociedade como sistema e, terceiro, a observação de que a política não está concentrada no Estado e nem se esgota na resolução de conflitos pelo exercício do poder. Deste último ponto de vista, a política é vista como um fato do sistema político.

É David Easton quem formula o fato político deste modo a partir daquelas três considerações. Na perspectiva de Easton, o objeto da ciência política entendido como "sistema político" é composto por três elementos: a *comunidade política*, o *regime* e as *autoridades*. A comunidade política é constituída por todos os que estão submetidos aos "procedimentos, às normas, às regras e às instituições" do sistema político (PASQUINO, 2010, p. 12-13). Por sua vez, o regime é o conjunto dessas normas, regras e procedimentos os quais autorizam as ações dos que estão em posição de atribuir "imperativamente" valores à comunidade. Isto quer dizer a capacidade e o direito de tomar decisões, e o modo de decidir, relativamente à comunidade sem ser obstado pela resistência ou oposição. Os objetos dessas decisões podem ser cargos, recompensas, prestações de previdência e assistência etc. A estes atores em posição decisória refere-se o componente *autoridade* do sistema político. Desse modo, ou seja, do ponto de vista que considera o regime o conjunto de normas e procedimentos que submete tanto a comunidade como as autoridades, o regime é analisado sem considerações valorativas ou ideológicas por parte da ciência política. Pode-se dizer que, do ponto de vista da ciência política, ele é valorativamente neutro. O sistema político pode ser democrático, autoritário ou totalitário. Isso significa que os modos de tomada de decisão ou atribuição imperativa de valores podem variar conforme a configuração de poder do regime.

Limitando sua análise ao sistema político, Easton o considera o *lócus* onde o processo político ocorre. Este processo é concebido como feixe de interatividade infinita de "entrada de informações > decisões > ações > reações > entrada de informações etc." (JACKSON; SØRESEN, 2007, p. 311). O sistema é descrito em termos de *inputs*, exigências e apoios vindos da sociedade, e *outputs*, respostas e decisões que podem ter efeitos sobre novas exigências. Com isso, a análise behaviorista do sistema político pode assegurar-se do papel que o comportamento dos indivíduos pode ter sobre o sistema político, precavendo-se quanto a uma visão estática do modo de seu funcionamento.

O Estado é o lugar de tomada de decisões, de respostas, pelas autoridades. Mas nem Estado e nem as autoridades definem o poder que pode ser qualificado de político. Isto porque as normas e os procedimentos (isto é, o regime) podem prever "múltiplas formas de colaboração, de coligação ou de consenso" (PASQUINO, 2010, p. 15), significando que o poder é algo difuso na sociedade mais ampla o que impede que ele seja definido exclusivamente como resolução de conflitos. Estas múltiplas formas de exercício do poder pela comunidade são as que se expressam em níveis inferiores à instância estatal, como os sindicatos, os partidos e demais formas de interesses organizados. O cerne da análise behaviorista consiste em não considerar tanto as unidades estatais como as unidades inferiores de modo independente dos indivíduos que as compõem. O efeito desta abordagem é uma explicação da política, que é objeto da ciência política, como um processo contínuo de interações que envolvem indivíduos e instituições em cujo âmbito preferências são formadas bem como o modo de encaminhar e de responder a essas preferências.

Com estas análises, o objetivo de Easton foi o de definir, à luz da metodologia científica, o que é a política. Classicamente, a explicação da política era dependente de um determinado tipo de organização, ou seja, o Estado. Com as descobertas antropológicas de sociedades sem Estado, percebe-se que "não existe coincidência necessária e obrigatória entre a atividade política e uma determinada forma de organização" (PASQUINO, 2010, p. 15). A política, desse modo, é definida como atribuição imperativa de valores e que está presente em diversas organizações como parlamentos e sindicatos, por exemplo. Por isso, ao invés de Estado e poder, Easton formula o conceito de sistema político, com o qual se pode delimitar na sociedade mais ampla os procedimentos e instituições que são objeto da ciência política.

Dentre os vários procedimentos metodológicos que a Ciência Política deve perseguir a fim de atingir a objetividade, isto é, a busca das *regularidades*, submissão dos resultados à *verificação*, elaboração de *técnicas de observação*, *quantificar*, distinguir *valores e fatos* e aspiração à *ciência pura*, Easton faz menção à necessidade de "agir no sentido de uma integração das Ciências Sociais", posto que: "as investigações no campo político apenas podem ignorar as conclusões a que chegam as outras disciplinas correndo o risco de enfraquecer a validade e a generalidade dos seus próprios resultados" (PASQUINO, 2010, p. 16).

Esta observação nos remete a outros desenvolvimentos metodológicos no campo das Ciências Sociais no século XX. Uma referência importante entre as décadas de 1930 e 1960 é Talcott Parsons, especialmente com a formulação da teoria estrutural-funcionalista na década de 1950. A teoria de Parsons foi um contributo importante para a teoria dos sistemas aplicada às Ciências Sociais. Parsons afasta-se de uma explicação da ação humana que a entende tão somente em termos de estímulos e respostas em um meio material tal como preconiza o behaviorismo. Para ele, a ação humana é dotada de sentido e por isso é preciso levar em conta o subsistema cultural ou de valores na ação dos atores. Com a introdução desse subsistema, Parsons integra a sua teoria dos sistemas sociais as contribuições da teoria cibernética com o que acentua a importância do simbolismo e da comunicação nos processos de integração sistêmica (MOORE, 1980).

Conforme visto acima, o sistema político em Easton constitui uma rede de relações em que as decisões ou respostas das autoridades podem retroagir sobre as preferências e valores da comunidade, por isso, que a atividade que interessa à ciência política é definida como "a afetação imperativa de valores a uma sociedade", tal como parafraseia Pasquino. A ideia de sistema político é então entendida como ponto de partida para uma formulação precisa do objeto da ciência política abstraído do conjunto mais amplo de relações sociais. Por isso, deduzimos, Easton entende que o sucesso da ciência política é dependente dos demais desenvolvimentos metodológicos em ocorrência nas Ciências Sociais rumo à objetividade científica.

2. Desenvolvimento das teorias de Relações Internacionais após a II guerra mundial

A literatura geralmente afirma que o desenvolvimento [da teoria] das RIs ocorreu por meio de debates em torno de questões fundamentais para a área (JACKSON; SØRENSEN, 2007, p. 60; NOGUEIRA; MESSARI, 2005, p. 13). Embora esta seja uma forma muito comum de se referir ao desenvolvimento da área/disciplina, Milja Kurki e Colin Wight afirmam, com base no trabalho de Brian C. Schmidt, que esta não é a forma correta de fazê-la (KURKI; WIGHT, 2016, p. 16).[5] Isto porque há, inclusive, dúvidas quanto à existência de fato deste primeiro debate. João Pontes Nogueira e Nizar Messari lembram que Schmidt contesta a existência de um debate entre "idealistas" e "realistas" no período entre guerras. Segundo Nogueira e Messari, para Schmidt essa controvérsia foi inventada por Edward Hallet Carr. Este teria criado "[...] um corpo de pensamento fictício que chamou de idealismo ao qual contrapôs o realismo, relatando, assim, os termos de um debate que nunca realmente aconteceu" (NOGUEIRA; MESSARI, 2005, p. 33).[6]

Além da controvérsia supra, não há também consenso, entre os que assumem a existência do Primeiro Grande Debate, com relação ao número total de grandes debates travados no interior da área/disciplina. Nielsen de Paula Pires e Gustavo Castro referem-se a três importantes debates. Segundo estes autores, o primeiro foi travado entre idealistas liberais e realistas; o segundo se deu entre tradicionalistas (idealistas e realistas) e científicos ou behavioristas e, por fim, o terceiro, que opôs neorrealistas a globalistas ou pluralistas (PIRES E CASTRO, 1993, p. 91-92). Kurki e Wight e Robert Jackson e Georg Sørensen, por sua vez,

5 Seguindo esta tendência, João Pontes Nogueira e Nizar Messari, em seu livro Teoria das Relações Internacionais, adotam uma visão diferente porque fazem, dentre outras coisas, "um questionamento sobre a conveniência da narrativa tradicional dos grandes debates para a riqueza e o desenvolvimento das pesquisas na área" (NOGUEIRA; MESSARI, 2005, p. 3).

6 Para saber mais a respeito do primeiro debate, ver, além da obra de Schmidt, WILSON, Peter. Where are we now in the debate about the first great debate? Disponível em http://eprints.lse.ac.uk/41819/1/Where%20are%20we%20now%20(LSERO).pdf

fazem menção a quatro grandes debates em RIs. De acordo com estes autores, o primeiro foi travado entre liberais idealistas/utópicos e realistas; o segundo entre tradicionalistas e modernizadores ou behavioristas; o terceiro envolveu neorrealistas, pluralistas/neoliberalistas e (neo)marxistas; e o quarto ainda está inconcluso e envolve as tradicionais posições e os pós-positivistas (KURKI; WIGHT, 2016, p. 16-17; JACKSON; SØRENSEN, 2007, p. 61).

Apesar de considerarmos importantes as controvérsias que envolvem os assim chamados grandes debates em Relações Internacionais, aprofundá-las aqui nos desvirtuaria de nossos propósitos neste capítulo. Por isso, apesar da polêmica em torno do Primeiro Grande Debate em Relações Internacionais, vamos assumir aqui que "liberais idealistas" e "realistas" travaram de fato um debate, que começou após a Primeira Guerra Mundial e se prolongou até o período pós-Segunda Guerra Mundial. Aliarmos à interpretação tradicional e assumir a existência deste Primeiro Grande Debate não prejudica nossa exposição. A menção ao Primeiro Grande Debate é importante porque, embora nosso objetivo neste capítulo seja discutir essencialmente as questões que caracterizaram o chamado Segundo Grande Debate, serão necessárias algumas referências ao Primeiro.[7]

2.1. Contraste o segundo grande debate com o primeiro grande debate

Os dois primeiros grandes debates ocorreram em períodos distintos e diferem também em relação a sua natureza. O primeiro foi ontológico; o segundo, epistemológico/metodológico.

O Primeiro Grande Debate em Relações Internacionais se estendeu por um longo período: ocorreu antes, durante e após a Segunda Guerra Mundial (KURKI; WIGHT, 2016, p. 16-17). É travado entre idealistas liberais e realistas e se dá "[...] em torno de questões substantivas referentes a essência da realidade internacional" (PIRES E CASTRO, 1993, p. 91).[8]

Em relação ao desenvolvimento das Relações Internacionais, a contribuição mais importante dos idealistas, segundo Kurki e Wight, foi

7 O Primeiro Grande Debate foi travado entre idealistas e realistas. Começou a partir de 1917 e se estendeu até depois da Segunda Guerra Mundial (KURKI; WIGHT, 2016, p. 16).

8 Segundo Nogueira e Messari, a origem dos termos "idealista" e "realista" nas Relações Internacionais é o trabalho escrito por Edward Hallet Carr: Vinte anos de crise - 1919-1939 (NOGUEIRA; MESSARI, 2005, p. 4).

terem criado uma disciplina acadêmica para estudar a política internacional. O objetivo desta nova disciplina seria a produção de um corpo de conhecimento que poderia ser usado em *prol da paz*. Em Relações Internacionais, o objetivo de toda e qualquer teoria é fornecer "[...] métodos e conceitos que permitam compreender a natureza e o funcionamento do sistema internacional, bem como explicar os fenômenos mais importantes que moldam a política mundial" (NOGUEIRA; MESSARI, 2005, p. 2). O objetivo dos liberais idealistas era entender as causas da Primeira Guerra Mundial e impedir que houvesse um novo conflito de dimensões mundiais. Para isso, seria necessário "[...] compreender o problema do conflito armado total entre exércitos mecanizados de Estados industriais modernos, capazes de infligir a destruição em massa" (JACKSON; SØRENSEN, 2007, p. 62).

Os realistas, contudo, contestaram a cientificidade do conhecimento produzido pelos idealistas liberais. Carr e Hans Morgenthau afirmavam que, em vez de lidar com o mundo como ele é, estes concentraram suas atenções em como ele "deve ser" (KURKI; Wight, 2016, p. 17). De acordo com a crítica realista, a preocupação dos idealistas liberais em relação a problemas ético-morais não os permitiu desenvolver instrumentos analíticos que permitissem prever o advento da Segunda Guerra Mundial (NOGUEIRA; MESSARI, 2005, p. 3-4). Em relação à crítica de Carr, Williams Gonçalves diz que este

> [...] sem se apresentar explicitamente como Realista, demonstra que as teses Idealistas faziam parte da infância da ciência das Relações Internacionais, representando uma fase do processo científico na qual as teorias tendem, naturalmente, à prescrição em detrimento da análise propriamente dita. Nesse sentido, a grande contribuição de Carr foi ter chamado a atenção para o fato de os liberais terem fracassado nas Relações Internacionais justamente por não terem levado em consideração a fundamental dimensão da luta pelo poder (GONÇALVES, 2003, p. 32-33).

O enfoque dos realistas é a segurança, por isso, enquanto os idealistas preocupavam-se em "mudar o mundo para torná-lo mais pacífico", os realistas estudavam "os meios à disposição dos Estados para que pudessem garantir suas sobrevivências" (NOGUEIRA; MESSARI, 2005, p. 4). Carr e Morgenthau compartilhavam uma visão pessimista da natureza humana associada a uma noção de política de poder entre os Estados (JACKSON; SØRENSEN, 2007, p. 73). Os realistas do início do século XX punham, assim, uma questão que outrora já havia sido posta por Nicolau Maquiavel: a utilidade para os príncipes de uma teoria que não se referisse ao mundo real.

O advento da Segunda Guerra Mundial (1939-1945) e, posteriormente, da Guerra Fria (1945-1990) levaram ao declínio das teorias liberais, predominantes entre 1917 e 1930, e concederam supremacia ao realismo (JACKSON; SØRENSEN, 2007, p. 73). O Primeiro Grande Debate, portanto, foi vencido pelos realistas[9] e partirá justamente destes os primeiros ataques que introduzirão o Segundo Grande Debate.

A crítica de Carr já apontava para a necessidade de Relações Internacionais adquirir um caráter mais científico. Mas, o esforço de dotar as Relações Internacionais de instrumentos analíticos mais precisos veio no rastro da Revolução Behaviorista, que, como já vimos, ocorreu nas Ciências Sociais (Ciência Política e Sociologia) estadunidense após a Segunda Guerra Mundial (JACKSON; SØRESEN, 2007, p. 309). Os alvos de alguns realistas que empreenderam esse esforço foram os idealistas e outros realistas (Carr, Morgenthau, por exemplo).

O Segundo Grande Debate abrangeu um período menor do que o Primeiro. Iniciou-se no final dos anos 1950 e se estendeu até o final dos anos 1960, portanto, um pouco mais que uma década. A discussão foi, fundamentalmente, de ordem metodológica e envolveu, por um lado, tradicionalistas (idealistas e realistas) e, por outro, científicos ou behavioristas. O objetivo destes últimos não era, como no primeiro debate, introduzir uma teoria nova, mas um novo método de estudá-las.

Influenciados pelas ciências físico-naturais, estes últimos argumentavam a favor da necessidade de utilizar métodos mais exatos e rigorosos (NOGUEIRA; MESSARI, 2007, p. 4; PIRES; CASTRO, 1993, p. 91).[10]

9 Convém esclarecer que, como nos lembra Jackson e Sørensen (2007, p. 75), a vitória dos realistas não significa que o liberalismo tenha desaparecido.

10 A Guerra Fria e a condição de superpotência após 1945 fizeram com que a área/disciplina de Relações Internacionais se desenvolvesse muito e, sobretudo, nos Estados Unidos. Neste país, o apoio de agências estatais e fundações privadas a pesquisas científicas de Relações Internacionais levaram ao surgimento de uma

A pretensão dos cientificistas era elevar a credibilidade da teoria realista com a introdução de metodologias científicas (GONÇALVES, 2003, p. 18). Para os behavioristas, a previsão do comportamento dos Estados só poderia ter êxito mediante o uso de metodologias adequadas: uma grande quantidade de dados deveria ser reunida para que estes possam ser mensurados, classificados, generalizados com a finalidade de validar ou rejeitar hipóteses do pesquisador (JACKSON; SØRENSEN, 2007, p. 76; GONÇALVES, 2003, p. 18-19). De acordo com a concepção behaviorista, é necessário, ainda, ter claro que cabe ao internacionalista estudar os fatos, e não os valores. Esta advertência é importante porque os fatos, ao contrário dos valores, podem ser explicados pela ciência (JACKSON; SØRENSEN, 2007, p. 76).

Na avaliação de Jackson e Sørensen, o segundo grande debate se extinguiu sem que nem um dos dois lados tenha vencido a contenda, embora o behaviorismo tenha produzido um efeito duradouro, isto é, que se estendeu para além do segundo grande debate (JACKSON; SØRENSEN, 2007, p. 77-78).

2.2. Desenvolvimento realista clássico

A teoria realista começou a ganhar proeminência nos anos 1930, corroboraram para isso não apenas o início da guerra (1939) como também os fatos que antecederam o conflito mundial, em particular a impotência da Liga das Nações.[11] Isso significa dizer que, na academia e nos meios diplomáticos passou a predominar, a partir de então, "[...] a linguagem clássica de Tucídides, Maquiavel e Hobbes, na qual o poder é o elemento central" (JACKSON; SØRENSEN, 2007, p. 69). A referência a estes e outros pensadores clássicos se fazia necessária, segundo Nogueira e Messari, porque:

---

nova geração de acadêmicos. Diferente das anteriores - oriunda do Direito Internacional, da Filosofia Política e da História Diplomática -, esta nova geração era proveniente das Ciências Sociais (Ciência Política, Economia, Sociologia etc.) e, em alguns casos, até da Matemática e Ciências Naturais (JACKSON; SØRENSEN, 2007, p. 75).

11 A primeira edição de Vinte anos de crise: 1919-1939 (*The Twenty Years' Crisis': 1919-1939*), de Carr, foi publicada na Inglaterra em 1939. Esta foi seguida por uma nova edição amplamente revisada em 1945. Esse livro é amplamente considerado um dos textos fundadores da disciplina das relações internacionais moderna e um dos principais documentos do "Primeiro Grande Debate".

> Ao longo do século XX, a área acadêmica de Relações Internacionais foi adquirindo contornos e características teóricas e conceituais independentes em relação às demais Ciências Sociais. Na busca por autonomia e legitimidade, os estudiosos de relações internacionais procuraram raízes e estabeleceram linhagens intelectuais para confirmar que o estudo do *internacional* não é recente e, portanto, menos passageiro (NOGUEIRA; MESSARI, 2005, p. 21).

Os internacionalistas realistas foram buscar na filosofia política clássica os pensadores cujos preceitos, conceitos e métodos mais se coadunavam com sua visão de mundo (*weltanschauung*). Segundo Nogueira e Massari, os teóricos realistas extraem quatro elementos das obras de Tucídides, Maquiavel e Hobbes que representam as premissas do realismo nas RIs: "a centralidade no *Estado*, que tem como objetivo central a sua *sobrevivência*, a função do *poder* para garantir essa sobrevivência, seja de maneira independente - no que seria caracterizada a *autoajuda* - seja por meio de alianças, e a resultante *anarquia* internacional" (NOGUEIRA; MESSARI, 2005, p. 23).[12] Tais premissas, segundo Nogueira e Messari, são comuns a *todos* os realistas, ou seja, tradicionalistas e cientificistas ou behavioristas.

Apenas para ilustrar a influência do pensamento realista clássico sobre os teóricos realistas das relações internacionais, citamos, aqui, a importante obra de Morgenthau, Política Entre as Nações (*Politics Among Nations*), publicada em 1948.[13] De acordo com Nogueira e Messari, foi Morgenthau quem "[...] organizou e deu consistência ao realismo como abordagem teórica das relações internacionais" (NOGUEIRA; MESSARI, 2005, p. 23). A influência dos clássicos pode ser percebida em toda obra de Morgenthau e nos seis princípios que ele estabelece como sendo fundamentais na análise das relações internacionais: (1) a política, tal

12 Enquanto os liberais buscavam suas referências nas obras de Hugo Grotius, John Locke, Adam Smith, Emmanuel Kant entre outros.

13 Política entre as nações tornou-se rapidamente uma obra clássica em teoria das Relações Internacionais, continuando sendo impresso mesmo após a morte de seu autor. Atribui-se frequentemente à obra o título de um dos primeiros textos modernos do realismo, seguindo o estilo dos clássicos (Tucídides, Maquiavel e Hobbes).

como a sociedade, é governada por leis objetivas que tem suas raízes na natureza humana; (2) o principal sinalizado do realismo político é o interesse redefinido em termos de poder; (3) embora seja um conceito universalmente definido, o significado de poder varia de acordo com o contexto e o lugar onde esse poder é exercido; (4) os princípios morais devem ser subordinados à ação política; (5) os princípios morais de uma nação não são universais; (6) a esfera política é autônoma em relação a demais esferas.

Os realistas clássicos eram oriundos do Direito Internacional (Morgenthau), da Filosofia Política e da História (Carr). O método de análise utilizado é hermenêutico, ideográfico, descritivo ou abordagens normativas. O critério de validade é o senso comum e as afirmações científicas são caracterizadas pela explícita dependência dos valores. De acordo com Jackson e Sørensen,

> A abordagem clássica considera a verdadeira pesquisa acadêmica como um produto da experiência prática ou da vocação, isto é: observar, ler, pesquisar, refletir e escrever sobre relações internacionais. O bom aprendizado em RI [...] [é obtido pela] análise cuidadosa de um assunto por meio da observação ponderada e crítica da política mundial, tanto contemporânea quanto histórica (JACKSON; SØRENSEN, 2007, p. 316).

3. O Segundo Grande Debate em Relações Internacionais

Já vimos aqui que os behavioristas creem que a teoria em Relações Internacionais deve emergir a partir de uma pesquisa objetiva voltada para o esclarecimento de fatos verificáveis, com base em técnicas válidas de análise científica. Uma das mais veementes críticas feitas a esta atitude veio de fora dos Estados Unidos, de um membro da Escola Inglesa cujo nome geralmente é associado ao realismo político: Hedley Bull. Segundo Jackson e Sørensen, Bull foi "o defensor mais articulado e complexo da abordagem clássica" (JACKSON; SØRENSEN, 2007, p. 315). Em um trabalho publicado pela primeira vez em 1966,[14] ele expôs sete

14 Este mesmo artigo foi publicado em 1969, na coletânea *Contending Approaches to International Politics*, organizada por Klaus Knorr e James. N. Rosenau.

proposições com a finalidade de demonstrar que a abordagem científica é danosa à teoria das Relações Internacionais, uma abordagem que, aos olhos de Bull, contribui muito pouco para o desenvolvimento desta (BULL, 1966, p. 366).

A fim de conhecermos o conteúdo da crítica feita por Bull aos behavioristas, de um modo geral, e a Morton A. Kaplan, em particular, vamos expor e comentar aqui suas sete proposições.[15] Procedendo dessa forma, estamos tomando os argumentos de Bull como sendo a síntese das críticas feitas pelos anti-behavioristas, realistas ou não, à metodologia cientificista.

Em termos de Bull, o Segundo Grande Debate em Relações Internacionais opôs a abordagem clássica (*classic approach*) à abordagem científica (*scientific approach*). Quando se refere à primeira, Bull está fazendo, sobretudo, alusão ao método de análise típico das humanidades.

> Por isso não estou falando do estudo ou da crítica dos "clássicos" das relações internacionais, Hobbes, Grotius, Kant e outros grandes pensadores do passado que voltaram sua atenção para os assuntos internacionais. Tais estudos de fato exemplificam a abordagem clássica, e prover um método que é particularmente frutífero e importante. O que tenho em mente, todavia, é muito mais do que isto: teorização com base na filosofia, da história e do direito, caracterizada acima de tudo pela confiança explícita no exercício do julgamento e pela suposição de que, se nos limitarmos a padrões estritos de verificação e prova, muito pouco pode ser dito sobre as relações internacionais. As proposições gerais sobre este objeto devem, portanto, derivar de um processo cientificamente imperfeito de percepção ou intuição, e estas proposições gerais não podem conferir algo mais do que um status de experimental e inclusivo apropriado a sua origem duvidosa (BULL, 1966, p. 361).

15 A escolha de Kaplan não foi à toa. Segundo Nogueira e Messari, "autores como Talcott Parsons [...] e Morton Kaplan impulsionaram essa revolução behaviorista nas Ciências Sociais em geral e nas relações internacionais em particular" (NOGUEIRA; MESSARI, 2005, p. 37).

Bull utiliza o termo abordagem científica (*scientific approach*) para se referir aqueles que "[...] aspiram a uma teoria de relações internacionais cujos propósitos são baseados tanto em prova matemática ou lógica quanto em procedimentos de verificação empíricos" (BULL, 1966, p. 362). Por considerá-la não científica, estes, segundo Bull, tratam a abordagem clássica com desdém. Referindo-se aos behavioristas, ele diz: "Alguns dos quais, por considerá-la sem valor, rejeitam a teoria de relações internacionais clássica e, evidentemente, consideram a si mesmos como fundadores de uma nova ciência. Outros reconhecem que os produtos da abordagem clássica eram algo melhor do que nada e talvez os considere com alguma afeição, como o proprietário de um modelo 1965 olha um carro antigo" (BULL, 1966, p. 362).

A crítica desfechada contra os behavioristas refere-se justamente às pretensões cientificistas destes, que implicava na importação de métodos típicos das ciências exatas que acarretavam limitações metodológicas ao objeto de pesquisa. Bull se refere a essas limitações em sua primeira proposição. Segundo ele, "restringindo-se ao que pode ser logicamente ou matematicamente provado ou verificado de acordo com procedimentos estritos, os praticantes da abordagem científica se recusam a usar instrumentos estão atualmente disponíveis para lidar com a essência do objeto" (BULL, 1966, p. 366). Bull lembra que algumas das questões para as quais a teoria das Relações Internacionais está voltada são morais e que, portanto, não podem ser tratadas de acordo com a metodologia behaviorista, ou seja, características das ciências exatas (BULL, 1966, p. 366-367). Tais questões, diz Bull,

> Só podem ser provadas, clarificadas, reformuladas e prudentemente respondidas de algum ponto de vista arbitrário, de acordo com o método da filosofia" (BULL, 1966, p. 366-367). Ao introduzirem métodos das ciências físicas e naturais nas Relações Internacionais, Bull afirma que os teóricos cientificistas tendem a rejeitar os meios de confrontar diretamente muitas das questões enfrentadas pela teoria das Relações Internacionais e que, quando confrontadas, diz Bull, "ou fogem e se dedicam a assuntos periféricos [...] ou se libertam do seu próprio código e recurso de repente

> e, sem reconhecer, estão empregando os métodos de abordagem clássica (BULL, 1966, p. 367).

Bull argumenta, em sua segunda proposição, que os behavioristas tendem a ultrapassar em seus trabalhos os limites que eles estabeleceram para si próprios quando adotavam os métodos das ciências exatas. Diz ainda mais. Alega que os cientificistas bem-sucedidos são os que vão além das fronteiras de sua abordagem e empregam o método da abordagem clássica. Por fim, aponta a inutilidade do método behaviorista, pois o que considera ser mais valioso nesses trabalhos são os julgamentos que *não* foram estabelecidos pelos métodos científicos ou matemáticos, e que foram atingidos independentemente destes (BULL, 1966, p. 368). Para ilustrar seu argumento, Bull aponta as importantes contribuições do economista Thomas Schelling à teoria das Relações Internacionais, que combina análise técnica com filosofia. Para Bull, as observações de Schelling acerca da violência e da política internacional não podem ser provados ou testados, não podendo assim ser demonstrados pelas suas contribuições para a teoria dos jogos e da barganha (Bull, 1966, p. 368).

Bull refere-se aos resultados obtidos pelos behavioristas em sua terceira proposição. Em sua avaliação, estes estão muito aquém do esperado pelos próprios membros da escola cientificista. Os behavioristas, segundo Bull, não conseguiram ainda fazer o progresso que aspiram: produzir teorias falsificáveis e que permitissem aos analistas fazer previsões genéricas sobre a política internacional. Para isso, deveriam ser produto de uma pesquisa que visaria explicar fatos empíricos a partir de uma metodologia objetiva e rigorosa. Diante dos resultados pífios até então obtidos, Bull diz que a esperança dos cientificistas é que "[...] o nosso conhecimento acerca das relações internacionais atinja um ponto no que se torna genuinamente cumulativo" (BULL, 1966, p. 369). Bull, contudo, revela-se pessimista quanto a isso, pois, embora afirme que ninguém possa dizer que isso não ocorrerá, as perspectivas, segundo ele, não eram nada animadoras.

A crítica ao uso de modelos matemáticos aparece na quarta preposição. Bull afirma que os cientificistas fazem um desserviço pela concepção da teoria como a construção e manipulação de modelos (BULL, 1966, p. 370). Ele rejeita a suposta virtude atribuída pelos behavioristas ao uso de modelos com a alegação que não conhece "[...] nenhum modelo que tenha ajudado em nossa compreensão das relações internacionais que não poderia também ter sido expressa como uma generalização empírica" (BULL, 1966, p. 370). Com relação aos modelos de Kaplan, Bull faz uma crítica feroz e questiona sua utilidade teórica: "Uma das objeções aos modelos de Kaplan, portanto, é que não são modelos; carecem de rigor interno e de consistência. Mas, mesmo se possuíssem tais qualidades, não forneceriam a iluminação da realidade que seu autor reivindica para eles. Não temos meios de saber quais variáveis excluídas do modelo não provariam ser cruciais. [Kaplan] Tem provido um exercício intelectual e nada mais do que isso" (BULL, 1966, p. 372).

Tendo criticado o uso de modelos matemáticos, Bull parte para o ataque àquilo que, em sua quinta preposição, ele chama de "fetiche da mensuração". Refere-se aqui ao tratamento quantitativo que os cientificistas buscam dar aos dados coletados. Afirma que este é responsável, em alguns casos, por distorcer e empobrecer o trabalho da escola cientificista (BULL, 1966, p. 372). O argumento de Bull é que

> Não há nada inerentemente de inaceitável, assim como não há nada logicamente peculiar, em uma afirmação teórica a respeito de política internacional posta em forma matemática. Nem há qualquer objeção na contagem de fenômenos que não diferem um do outro sob qualquer aspecto relevante e apresentá-lo como uma evidência em apoio à teoria. A dificuldade surge quando busca da mensuração nos leva a ignorar diferenças relevantes entre os fenômenos que estão sendo contados; imputar ao que foi contado um significado que ele não possui ou ser distraído pelas possibilidades que abundam em nosso objeto de contagem nos desviando de pesquisas qualitativas que em muitos casos seriam mais frutíferas (BULL, 1966, p. 373).

A exigência do rigor e da precisão para a produção de uma teoria científica da política internacional é abordada por Bull em sua sexta proposição. Embora concorde com os behavioristas que "[...] há necessidade de rigor e precisão na teoria de política internacional", ele afirma que "[...] a abordagem clássica pode facilmente acomodar o tipo de rigor e precisão que o objeto permite" (BULL, 1966, p. 375). Torna-se, portanto, desnecessária a nova abordagem. Além disso, para Bull, o rigor e a precisão não são qualidades exclusivas dos behavioristas. Há, segundo ele, teóricos da escola clássica, como Lassa Oppenheim, que são rigorosos e críticos; há lógicos e rigorosos, como Raymond Aron, Stanley Hoffmann e Kenneth Waltz. Alguns teóricos da escola cientificista, contudo, fracassaram em ser rigorosos e críticos (BULL, 1966, p. 375).

Em sua sétima e última proposição, Bull afirma que, por abandonarem a história e a filosofia, "os cientificistas têm se privado dos meios da autocrítica e, em consequência disso, têm uma visão imatura e frágil de seu objeto e suas possibilidades" (BULL, 1966, p. 375). A questão posta por Bull em sua última proposição ganha clareza se considerarmos que para este autor, as Relações Internacionais

> [...] não são uma disciplina isolada; mas interdisciplinar, com base em três matérias consagradas: história, teoria política ou filosofia e direito internacional. A história é importante, porque é o único meio acadêmico para se compreender as características particulares dos Estados, todos distintos; os Estados nunca são iguais, mesmo quando apresentam algumas características significativas em comum. [...] A história não é só o ponto de partida para o estudo das relações internacionais, mas também o elemento necessário e retificador da teoria, por lembrar os limites da generalização empírica na política mundial.
> A abordagem tradicional é filosófica e se preocupa especialmente com as questões morais, e acredita que estas não poderiam ser separadas das políticas ou jurídicas. Para esses teóricos, é necessário um exame imparcial das bases morais da política internacional. [...] O direito internacional porque é um acervo abrangente de conhecimento histórico e contemporâneo de regras e normas básicas da sociedade internacional westfaliana. Ignorá-lo significa excluir uma dimensão básica das relações internacionais.

> A característica central da abordagem tradicional, segundo Bull (1969), é o exercício do julgamento e do discernimento acadêmico em considerar questões históricas (JACKSON; SØRESEN, 2007, p. 317-318).

Embora não possamos dizer que os behavioristas venceram a contenda contra os clássicos, a metodologia do behaviorista, que posteriormente passou a ser conhecida como *positivismo*, prevaleceu nas Relações Internacionais durante a maior parte da Guerra Fria. Os questionamentos à metodologia positivista só ressurgiram após o término da Guerra Fria (JACKSON; SØRESEN, 2007, p. 309).

3.1. A Resposta de Kaplan

A resposta do campo "cientificista" às críticas contundentes de Bull foi efetuada pelo renomado teórico da política internacional Morton Kaplan. Kaplan, enquanto autor de um importante trabalho na década de 1950 voltado para uma análise "sistêmica" da política internacional, era identificado como um dos principais expoentes do campo "científico" no desenvolvimento da teoria das relações internacionais (ver KAPLAN, 1957). A sua resposta a Bull, publicada no mesmo periódico em que este havia apresentado a sua crítica, constitui um dos ápices do chamado segundo grande debate da teoria das relações internacionais, cujo reconhecimento explícito foi dado no título da resposta de Kaplan (1966).

Uma das principais críticas dos tradicionalistas às tentativas dos estudiosos do campo científico em constituir o estudo da política internacional já havia sido exposta *ante facto* por Carr em sua famosa exposição dos princípios do realismo clássico quando ele estabeleceu um contraste entre as descobertas na medicina e no campo da política internacional.[16] Enquanto o propósito do pesquisador de medicina em descobrir novas curas para as doenças era apenas incidental ao sucesso das suas tentativas, o mesmo não acontecia no campo das relações sociais e políticas, nas quais o propósito sempre se apresentava como uma condição que impossibilitava uma objetividade absoluta e tornava sempre tênue o conhecimento no campo da política internacional. A sabedoria e a intuição seriam os elementos fundamentais que guiariam o conhecimento histórico na busca de alternativas racionais para os conflitos con-

16 Ver nota 8.

temporâneos. Por contraste, no campo das ciências naturais lidaríamos com um tipo mais robusto e inflexível de objetividade, ressaltando-se assim a autonomia ontológica do campo político e social em geral, e do campo da política internacional em particular (KAPLAN, 1966).

A resposta de Kaplan começa por um ataque à concepção ontológica de Carr, representativa do realismo clássico de forma mais geral, na negação da irredutibilidade do fenômeno humano e social às técnicas mais avançadas de análise científica. Esse debate ecoava um antigo e famoso debate travado na Alemanha do século XIX, o *methodenstreit*, no qual a escola historicista e humanista de Gustav Schmoller foi contestada pelo surgimento dos adeptos dos métodos "científicos" e "rigorosos" da nova economia marginalista idealizada por Carl Menger e Leon Walras[17]. Ecoando a posição behaviorista, Kaplan nega que a "vontade" ou o "propósito" tornam impossíveis as tentativas de sistematização e mensuração permitidas pelas novas abordagens científicas, e defende que os novos métodos analíticos permitiam de fato a busca por um maior rigor na análise de toda uma série de questões e problemas relacionados à política internacional.

No campo das relações internacionais, a introdução dos novos métodos de pesquisa foi fortemente influenciada pelo enorme investimento das agências estatais americanas, particularmente àquelas ligadas às áreas diplomática e militar, na busca por novos tipos mais avançados de conhecimento por parte de um aparato estatal que tomava o mundo inteiro como seu campo de atuação. Isso envolveu desde simulações de guerras nucleares até a busca por um conhecimento mais refinado das diferentes regiões de atuação da política externa americana. Mas essa busca por "eficiência" e "produtividade" tornou a adoção dos novos métodos uma questão de inovação intelectual necessária na luta por investimentos que caracterizavam a área em expansão da reflexão sobre as relações internacionais, uma área que em muito extrapolava a arena acadêmica propriamente dita.

A obra de Kaplan apresentava uma localização peculiar nesse contexto. De fato, a mensuração estatística não apresentava qualquer importância em sua obra, mas a lógica da teoria dos sistemas permeava a sua tentativa de estabelecer uma modelagem comparativa de diferentes "sistemas" internacionais, que, ademais, se prestava à especulação a par-

17 Sobre o *methodenstreit*, ver Manicas, 1987.

tir da lógica da teoria dos jogos. A sua abordagem se baseava na distinção entre componentes estruturais dos sistemas e seus "parâmetros", que podiam variar constantemente dando origem às variadas possibilidades evidenciadas no curso da política internacional. Bull criticou Kaplan argumentando que seus sistemas não passavam de generalizações empíricas que em nada diferiam dos termos utilizados pelos clássicos nas suas discussões sobre o equilíbrio de poder. Kaplan insistiu, contudo, na utilidade de uma tentativa preliminar de modelagem e comparação sistêmicas, sempre tendo em mente a comparação entre o sistema internacional que emergia do pós-Segunda Guerra Mundial e dos sistemas que antecederam à guerra. Os "sistemas" teriam assim de certa forma uma lógica própria, que era razoavelmente objetiva do ponto de vista dos desejos e dos motivos dos atores políticos, e que estabeleceria os parâmetros e limites fundamentais da ação na política internacional.

Contra a ênfase clássica na "intuição" e na "sabedoria", Kaplan ressaltou também o papel de ambas na trajetória de descobertas das ciências naturais. Desde a famosa maçã de Newton, a intuição representa uma estratégia cognitiva fundamental para todo o campo do conhecimento. Assim, mais uma especificidade reivindicada pelos defensores da abordagem clássica era rechaçada por Kaplan. Invocando a psicanálise, Kaplan também chama atenção para o caráter problemático do conhecimento de motivações e desejos na explicação da ação humana. De qualquer forma, o seu ponto principal era de que as especificidades humanas não tornavam o campo do conhecimento social e político inacessível aos novos métodos científicos.

O que não significava que, para Kaplan, existisse apenas um "método científico" apropriado para todo e qualquer objeto de conhecimento. Kaplan defendia que o método de análise estava subordinado à natureza do objeto de análise, uma posição epistemológica, aliás, que ia contra grande parte do senso comum positivista da época. Então, na sua busca pelos "macros" fundamentos da política internacional, Kaplan utilizava uma abordagem sistêmica que privilegiava os componentes estruturais fundamentais dos sistemas políticos internacionais. Mas, nessa direção, ele protesta também contra as generalizações excessivas dos críticos tradicionalistas ao juntar uma série variada de abordagens, métodos, técnicas e objetos de estudo num mesmo saco como constituindo o campo "científico" da teoria das relações internacionais.

Kaplan contrasta a sua abordagem com aquela de outro suposto expoente do campo "científico", Karl Deutsch, que procurava analisar as bases de formação de uma "comunidade de segurança" no mundo ocidental a partir da mensuração de uma série de índices de comunicação, abordagem também rechaçada por Bull. Kaplan ressaltou o potencial desse tipo de abordagem, e o cuidadoso trabalho metodológico orientado por questões de fundo substantivo. Kaplan inverte as críticas dos tradicionalistas e argumenta que, na ausência de uma estrutura conceitual e metodológica apropriada, a abordagem histórica tão valorizada por estes acaba sendo negligenciada e, quando empreendida, se mostra infrutífera.

Quanto às críticas de que os novos teóricos tendiam a substituir os seus modelos pela realidade, Kaplan ressalta a permanente busca pelo aperfeiçoamento dos modelos e ressalta mais uma vez a dependência do método em relação ao objeto de análise, uma posição que é formalmente próxima a dos tradicionalistas. Contudo, para Kaplan, seus antagonistas partem de uma concepção antiquada de ciência, que imagina que as ciências naturais lidam com previsões absolutas e certeiras, e não com o princípio da incerteza e sistema não lineares cada vez mais presentes em diferentes campos das ciências da natureza. Daí a convicção de que a política internacional não possa ser reduzida aos novos métodos e técnicas. Contudo, o próprio desenvolvimento científico demonstraria a possibilidade de pensar em termos científicos os mais variados tipos de sistemas, inclusive os sistemas sociais e políticos. Para Kaplan, os tradicionalistas confundiam as verdadeiras questões e se prestavam a generalizações grosseiras nas suas tentativas de reservar o campo de estudos da política internacional a um domínio "clássico" e "humanista".

4. Considerações Finais: desdobramentos

Se é verdade que a trajetória de desenvolvimento da teoria das relações internacionais tem sido pontuada por uma série de momentos centrais denominados como "grandes debates", também é verdade que os desfechos desses grandes debates têm se mostrado em grande medida amplamente abertos e ambíguos. Essa afirmação se mostra certamente correta no que diz respeito ao "segundo grande debate" em discussão no presente capítulo. Contrariamente ao "primeiro" grande debate, cujo desfecho pareceu vingar os críticos realistas no seu debate de surdos contra os "idealistas" supostamente hegemônicos no campo da reflexão internacional, o segundo grande debate, embora mais explícito e mais claramente dialógico do que o primeiro parecia envolver questões de fundo menos diretamente substantivo do que àquele primeiro debate, realizado com espírito missionário por intelectuais como Edward Carr, Hans Morgenthau e Reinhold Niebuhr, que acreditavam estar lutando contra arraigadas ilusões no campo da condução da política externa dos Estados Ocidentais democráticos.

Temos ecos dessa posição no segundo debate, na medida em que autores como Hedley Bull se esforçaram por chamar atenção para o caráter provisório e inacabado da reflexão acerca de um tema, as relações internacionais, cercado de aspectos trágicos e imprevisíveis. Mas a ênfase em questões de cunho metodológico acabou por prevalecer como o eixo central da caracterização desse debate, e nesse sentido, podemos reafirmar que a crítica tradicionalista não foi capaz de conter a introdução cada vez mais acelerada de novas técnicas e métodos reverenciados como o "estado da arte" em termos de produção de ciência social, e de teoria das relações internacionais em particular. Como argumentam Kurki e Wight:

> Apesar do fato de que a versão austera de ciência defendida pelos behavioristas foi significativamente diluída com a passagem do tempo, os princípios subjacentes àquela abordagem permanecem profundamente internalizados dentro da concepção de ciência que continua a dominar a disciplina. Isso também se refletiu num efeito duradouro nas técnicas metodológicas ensinadas nas escolas de graduação, com o teste de hipóteses, a análise estatística e a manipulação de dados se transformando nos requisitos indispensáveis de todo o treinamento metodológico (KURKI; WIGHT, 2016, p. 19).

Também se pode dizer que as temáticas levantadas pelos tradicionalistas jamais perderam a sua centralidade no contexto da dominação de preocupações realistas dentro do campo da teoria das relações internacionais. Na verdade, a própria concepção de um segundo debate, centrado em questões metodológicas, nos desvia do fato de que em meio às diferentes abordagens introduzidas no campo das relações internacionais, grandes divergências de fundo substantivo começavam a despontar. Nesse sentido, a crítica de Kaplan de que os tradicionalistas tendiam a "generalização", juntando num mesmo saco perspectivas altamente distintas por conta da sua ênfase na novidade metodológica, parece fazer bastante sentido. Por exemplo, os trabalhos de Karl Deustch e Bruce Russett, criticados por Bull como representativos do campo "cientificista", apontavam para uma série de questões substantivas que acabariam por se mostrar bastante antagônicas em relação ao modelo realista da dinâmica internacional dominante no campo das relações internacionais à época.

O trabalho desses autores, embora envolvendo técnicas avançadas de análise estatística etc., se debruçava sobre a questão fundamental da cooperação e da ordem internacional, se revelando pioneiros de uma perspectiva emergente que ressalta a importância de valores compartilhados como elemento mediador para a construção de uma suposta "zona de paz democrática" no campo dos países do capitalismo avançado. O trabalho de Kaplan, por sua vez, também agrupado como "cientificista" por Bull, apresentava uma concepção realista bastante ortodoxa na sua ênfase no número de atores e "polos" do sistema internacional. Apesar das aparentes congruências no que dizia respeito a uma concepção geral de "método científico" essas abordagens apontavam para caminhos muito diferentes para a teoria das relações internacionais. Essas diferenças substantivas continuariam a se desdobrar a partir da década de 1960, e se tornariam muito mais evidentes no contexto dos debates que dominaram os anos 1970.

Entre os principais desenvolvimentos teóricos dos anos 1970 estiveram as teorias neoliberais que enfatizaram a crescente interdependência entre os atores estatais e a importância cada vez maior de atores não estatais no sistema internacional (ver KEOHANE; NYE, 1977; GILPIN, 1975). Por outro lado, a ortodoxia realista ressurgiu de forma bastante singular no trabalho de Kenneth Waltz, com a sua proposta de um realismo sistêmico e estrutural (WALTZ, 1979). Esses desenvolvimentos, em conjunto com a influência crescente de um conjunto de teorias heterodoxas, especialmente marxistas, que se desenvolveram fora do âmbito da teoria das relações internacionais, mas que se mostravam cada vez mais influentes e concorrentes em termos do seu objeto de estudo, acabaram por gestar aquele que muitas vezes é denominado como o "terceiro" grande debate da teoria das relações internacionais, ou o debate "interparadigmas"[18].

O fato é que, com a exceção da tradição marxista, os diferentes campos desse debate já estavam sendo gestados na época do segundo grande debate, e se diferenciaram não tanto por questões de fundo epistemológico, como por diferenças substantivas e ontológicas na forma de interpretar a realidade das relações internacionais. A ênfase na cooperação no contexto da aliança ocidental acabou se transformando num imenso espaço para novas explorações teóricas, manifestada na crescente importância de conceitos como os de interdependência, regimes internacionais, e numa nova tentativa de conciliar economia e política no âmbito da teoria das relações internacionais.

Por outro lado, se Bull enfatizava com certo gosto o caráter aparentemente assistemático do realismo clássico, preocupado com questões substantivas e concretas de julgamento político e estratégico, o realismo que se tornou dominante a partir da década de 1970, também conhecido como o neorrealismo, parecia radicalizar as sistematizações de Kaplan em direções bastante contundentes e deterministas, com enorme ênfase em questões como a "polaridade", o caráter incontornável da anarquia, a predominância de aspectos "materiais" na garantia do equilíbrio de poder, e assim por diante. Tal posição apareceu de maneira explícita na antecipação, por parte de John Mearsheimer, na recorrência de guerras europeias por conta do fim do sistema de "bipolaridade"[19] que havia supostamente garantido a paz mundial após a Segunda Guerra Mundial. O ponto é que o próprio realismo acabou se convertendo em larga medida à perspectiva metodológica rechaçada por Bull como cientificista, e adotando um ultradeterminismo sistêmico como o seu *modus operandi*.

Se o segundo grande debate pareceu não apenas não ter fim, como nem sequer ter tocado em uma série de questões substantivas que começavam a aparecer e diferenciar o campo das relações internacionais no contexto da década de 60, o mesmo pode ser dito dos outros grandes debates que sacudiram a disciplina posteriormente. Pois o que parece

18 Para alguns textos representativos desse terceiro debate, ver a coletânea organizada por Keohane, 1986 e Gilpin, 1987.

19 Ver Mearsheimer, 1990.

cada vez mais incontornável é o reconhecimento do caráter plural e ontológica e epistemologicamente contestado do conhecimento no campo das relações internacionais, uma situação que espelha de modo fiel o que se passa com o conjunto do vasto campo das Ciências Sociais. Cada novo "grande debate" confirma esse caráter polêmico, aberto e contestado do campo de conhecimento das relações internacionais, o que por sua vez também reflete as profundas contradições e conflitos que marcam o nosso mundo contemporâneo.

Referências bibliográficas

BULL, H. International theory: The case for a Classical Approach. World Polin tics, v. 18, n. 3, p. 361-377, Apr. 1966.

FERREIRA, J. M. C. *et alii*. Sociologia. Lisboa: McGraw-Hill, 1995. 676 p.

GILPIN, R. The Political Economy of International Relations. Princeton: Princeton University Press, 1987. 472 p.

GILPIN, R. US Power and the Multinational Corporation: The Political Economy of Foreign Direct Investment. New York: Basic Books, 1975. 291 p.

GONÇALVES, W. da S. Relações Internacionais. 2003. 38f. Disponível em http://www.cedep.ifch.ufrgs.br/Textos_Elet/pdf/WilliamsRR.II.pdf; acessado em 09 jun. 2021.

JACKSON, R.; SØRESEN. G. Introdução às Relações Internacionais. Rio de Janeiro: Jorge Zahar, 2007. 445 p.

KAPLAN, M. A. System and Process in International Politics. New York: John Wiley & Sons, 1957. 260 p.

KAPLAN, M. A. The New Great Debate: Traditionalism vs. Science in International Relations. World Politics, v. 19, n. 1, p. 1-20, Oct. 1966.

KEOHANE, R. (org.). Neorealism and its Critics. New York: Columbia University Press, 1986. 378 p.

KEOHANE, R.; NYE, J. Power and Interdependence: World Politics in Transition. Boston: Little, Brown and Company, 1977. 368 p.

KURKI, M.; WIGHT, C. International Relations and Social Science. *In*: DUNNE, T.; KURKI, M.; Smith. S. (org.). International Relations Theories: Discipline and Diversity. 4th ed. Oxford: Oxford University Press, 2016. cap. 1, p. 13-33.

MOORE, W. E. O Funcionalismo. *In*: BOTTOMORE, T. B.; NISBET, R. A. História da Análise Sociológica. Rio de Janeiro: Zahar, 1980. p. 421-474

MANICAS, P. T. A History and Philosophy of the Social Sciences. Oxford: Basil Blackwell, 1987. 356 p.

MEARSHEIMER, J. Back to the Future? Instability in Europe After the Cold War. International Security, v. 15, n. 1, p. 5-56, Summer 1990.

NOGUEIRA, J. P.; MESSARI, N. Teoria das Relações Internacionais. Rio de Janeiro: Campus, 2005. 250 p.

PASQUINO, G. Natureza e evolução da Ciência Política. *In*: PASQUINO, G. Curso de Ciência Política. 2ª ed. Cascais: Principia, 2010. cap. 1, 7-37.

PIRES, N. P.; CASTRO, G. Relações internacionais e a pesquisa para a paz: novos paradigmas. São Paulo em Perspectiva, v. 7, p. 90-102, 1993.

STRAUSS, L.; CROPSEY, J. History of Political Philosophy. 3ª ed. Chicago and London: The University of Chicago Press, 980 .[1963] 1987 p.

WALTZ, K. Theory of International Politics. Massachusetts: Reading, 1979. 251 p.

Capítulo 3

O REALISMO NAS RELAÇÕES INTERNACIONAIS

Juan Claudio Epsteyn[1]

Introdução

Como definir o realismo político? Existem várias maneiras de interpretar o modo de pensar realista, mas a maioria dos estudiosos reconhece que o realismo está longe de ser apenas uma teoria ou enfoque particular para analisar a política e as relações internacionais. O realismo é, antes de tudo, uma tradição de pensamento rica e diversa que compreende as reflexões de estadistas, estrategistas militares, filósofos, historiadores e acadêmicos de diferentes lugares e épocas, tais como Tucídides, Maquiavel, Hobbes, Rousseau, von Clausewitz, Weber, Aron, Spykman, Churchill, Kennan, Morgenthau, Kissinger, Waltz e muitos outros.

A visão realista que agrupa todos esses nomes apoia-se, acima de tudo, em uma atitude ética e filosófica que comporta uma série de pressupostos chave sobre como funciona o universo político. Abraça, paralelamente, um corpo singular de postulados normativos, sustentados, não na defesa de princípios ideais e absolutos, mas na convicção básica de que toda escolha política deve ser submetida ao crivo da prudência e respeitar, a todo o momento, os preceitos da moderação, equilíbrio, previsão e sentido da proporção.

É por isso que o realismo é, essencialmente, uma tradição conservadora – no sentido burkeano –, avessa à épica revolucionária, ao culto ao novo e contrária às explicações teleológicas do processo histórico. Como aponta Hans Morgenthau (2003, p. 5): "Em matéria de teoria política, a novidade não é necessariamente uma virtude, nem a velhice constitui um defeito".

1 Atualmente é professor de Relações Internacionais no IBMEC-RJ.

Assim, o realismo valoriza, em primeiro lugar, a ordem e a estabilidade, mesmo reconhecendo que esses objetivos nunca poderão ser alcançados plenamente, já que a realidade os torna dependentes das circunstâncias, inconstantes e precários. Admite, ao mesmo tempo, o progresso, mas sempre que este seja resultado de uma evolução paulatina, natural e orgânica e não fruto dos anseios de poder de heróis, profetas ou teólogos com ambições abstratas, universais e ilimitadas. É inimigo, consequentemente, do dogmatismo, da rigidez e do fanatismo, em todas as suas vertentes (religiosa, ideológica, política, científica etc.). "Os heróis raramente são homens agradáveis; sua rigidez os aproxima do fanatismo; não se especializam nas qualidades necessárias para uma paz negociada" nos lembra Kissinger (1980, p. 313).

Por essa razão, como veremos mais adiante, uma das tarefas frequentemente menos compreendidas do realismo é chamar a atenção sobre os riscos inerentes às aventuras políticas que visam transformar radicalmente o mundo mediante cruzadas, utopias ou revoluções, amparadas em aspirações incompatíveis com a realidade "como ela é". "Quantas vezes estadistas, levados pelo desejo de melhorar o mundo, acabaram por torná-lo ainda pior?", explica sabiamente Morgenthau (2003, p. 8).

O caráter eminentemente conservador do realismo encontra-se diretamente vinculado ao ceticismo com que seus adeptos interpretam a natureza humana. Nesse sentido, cientistas políticos e especialistas em Relações Internacionais costumam contrapor o realismo ao idealismo, em função das concepções opostas que cada uma dessas tradições possui acerca da essência do homem. Nos antípodas da visão idealista, o realismo fundamenta-se no pessimismo em relação ao potencial humano e às possibilidades de progresso moral. Como veremos nas próximas seções, todos os pressupostos básicos do realismo clássico derivam dessa posição cética sobre a alma humana.

Este capítulo está organizado em cinco seções. Na segunda examinaremos os pressupostos centrais do pensamento realista. Na terceira seção trataremos dos principais expoentes do realismo clássico: os três realistas clássicos anteriores ao século XX mais conhecidos - Tucídides, Hobbes e Maquiavel - e três dos realistas clássicos do século XX de maior influência - E. H. Carr, Nicholas Spykman e Hans Morgenthau. Na quarta seção será analisada a teoria neorrealista formulada por

Kenneth Waltz. E, por último, estudaremos a abordagem proposta pelo realismo neoclássico.

1. Os pressupostos básicos do pensamento realista

1.1. As origens do realismo através de 2001: Uma Odisseia no Espaço

Nos capítulos iniciais do livro de ficção científica *2001: Uma Odisseia no Espaço* (2015), Arthur C. Clarke traça as origens do primeiro ser humano inteligente, um hominídeo – metade símio, metade homem – que o escritor britânico chama alegoricamente de *Moon-Watcher*. A crônica desse futuro chefe de uma tribo de homens-macaco – que vivem pacificamente, mas sufocados pela fome e a escassez em algum lugar da África – corresponde à sequência inicial ("A aurora do homem") do filme homônimo de Stanley Kubrick (1968)[2].

O ápice da história se dá quando *Moon-Watcher* é surpreendido pela aparição repentina de uma misteriosa placa retangular – o totem-monólito. O inesperado visitante, ao irradiar um frenesi de sons, luzes e imagens psicodélicas aparentemente sem sentido, transmite ao nosso personagem uma multiplicidade de sinais hipnóticos que posteriormente lhe permitirão aprender a valer-se de ferramentas simples, como ossos e pedras.

Poucos dias depois do encontro com o cristal extraterrestre, *Moon-Watcher*, ao vasculhar umas pedras, descobre – após algumas tentativas fracassadas – como manusear e, finalmente, empunhar, brandir e arremessar uma delas. Esse momento constitui outro clímax no relato (e, por conseguinte, na evolução da recém-nascida humanidade). Isso porque, ao tornar-se *homo habilis*, *Moon-Watcher* experimenta toda uma gama de sensações, emoções ou desejos genuinamente humanos – poder, autoridade, ambição, inveja, insatisfação, agressividade etc. – até esse momento impensáveis entre os membros de sua espécie. A pedra-instrumento é estreada pelo futuro líder para ceifar a vida de um animal:

> Era uma pedra pesada e pontuda com cerca de quinze centímetros de comprimento e, embora não se

2 O conto breve *Encounter in the Dawn* (CLARKE, 1953) inspirou a cena *Dawn of Man* do filme, mas o livro *2001* foi escrito paralelamente ao desenvolvimento do filme de Kubrick. A publicação do livro, porém, foi posterior à estreia do filme.

> encaixasse perfeitamente na mão, serviria. Ao girar sua mão, intrigado pelo seu súbito aumento de peso, sentiu uma agradável sensação de poder e autoridade. Começou a se mover na direção do porco mais próximo [...] [que] continuou pastando grama até a pedra *Moon-Watcher* obliterar sua parca consciência. (CLARKE, 2015, n.p.)

A partir desse evento – em todo sentido – revolucionário, o clã de *Moon-Watcher* aprende a caçar e, desta forma – graças à carne extraída dos animais, agora temerosos do novo poder dos humanos – logra evitar sua extinção. O grupo já nunca mais será uma vítima passiva das forças naturais que o rodeiam.

O relato sobre os primórdios da evolução humana culmina no capítulo "Encontro na madrugada". O último episódio do relato de ficção científica inicia-se com a constatação inconsciente de *Moon-Watcher* de que o totem-monólito desapareceu para nunca mais voltar: "sabia que estava faltando alguma coisa, mas não conseguia lembrar o que era" (CLARKE, 2015, n.p.).

Em seguida, o agora líder indiscutível da tribo, conduz os machos sob sua autoridade até um pequeno rio (no filme, uma poça d'água minúscula) dominado por um grupo de homens-macaco ao qual Clarke refere-se apenas como "os Outros". Há muito tempo que esse riacho é cobiçado pelo bando dos recém-chegados. Todos sabem que é a única fonte de água nas redondezas. Os Outros, encorajados e seguros de si mesmos em virtude da certeza sobre a inexpugnabilidade de seu domínio, não se intimidam ao descobrir que seus assediadores empunham cacetes de osso e facas.

Essa atitude despreocupada desaparece a partir do instante em que os soberanos do riacho disputado notam algo que os deixa apavorados: *Moon-Watcher* exibe um galho grosso em cuja ponta encontra-se a cabeça ensanguentada de um leopardo. Segurando o troféu mutilado – agora, além de uma arma, uma insígnia de guerra – acima da cabeça, *Moon-Watcher* começa a atravessar o pequeno rio, aproximando-se do chefe da tribo rival, um primata chamado simbolicamente de *One-Ear*.

Este não se acovarda; pelo contrário, grita e ameaça como um autêntico animal, habituado à eficácia dessa estratégia bestial de lidar com os inimigos. *Moon-Watcher* continua avançando e, ao chegar até o outro, desfere um golpe inseguro, mas certeiro, na cabeça do oponente desprovido de inteligência, que perde a vida instantaneamente. O crânio partido do macaco vencido, já morto, estendido no lodaçal, erige-se como um símbolo de poder do melhor aluno terrestre do totem interestelar.

A nova tecnologia de morte deixa estupefatos todos os espectadores ali presentes. A fim de assegurar o resultado da batalha, vários soldados do novo senhor do riacho dirigem-se até o cadáver para desfechar pancadas desordenadas no corpo inerte do alfa derrotado. Clarke descreve o episódio deste modo:

> Quando *Moon-Watcher* chegou ao outro lado, *One-Ear* ainda estava parado no mesmo lugar. Talvez fosse muito corajoso ou burro demais para fugir; talvez não conseguisse acreditar que aquele ultraje estivesse de fato acontecendo. Covarde ou herói, não fez diferença no fim, pois o rugido congelado da morte abateu-se sobre sua cabeça que nada entendia. [...] Por alguns segundos, *Moon-Watcher* ficou parado sobre sua nova vítima, sem ter certeza do que fazer, tentando apreender o estranho e maravilhoso fato de que o leopardo morto podia matar novamente. Agora, ele era senhor do mundo e não sabia bem o que fazer a seguir. Mas pensaria em algo. (CLARKE, 2015, n.p.).

A execução de *One-Ear* desencadeia três consequências – pela primeira vez – políticas:

* Converte *Moon-Watcher* no primeiro assassino, guerreiro e chefe, consagrando de maneira definitiva sua autoridade perante seus pares;

* Dá origem à guerra[3]. A partir do conflito no riacho e, durante os próximos dois milhões de anos, a humanidade repetirá rigorosamente – inicialmente com a pedra e, depois, com artifícios cada vez mais sofisticados, como a espada, o arco, o fuzil, o canhão e, finalmente, o míssil

3 Hedley Bull (2002, p. 211) explica o conceito de guerra desta forma: "A guerra é a violência organizada promovida pelas unidades políticas entre si. A violência só é guerra quando exercida em nome de uma unidade política; o que distingue a morte infligida ao inimigo durante a guerra do assassinato é seu caráter oficial e indireto, a responsabilidade simbólica da unidade política em nome da qual atua quem matou".

teleguiado e o drone cibernético - o mesmo ritual de violência grupal organizada inaugurado por *Moon-Watcher.*

* Amplia o recém-nascido império do vencedor, ao incorporar o território dos inimigos que, poupadas suas vidas, tornam-se súditos do primeiro autoproclamado rei da humanidade. Parafraseando a Tilly (1990), "a guerra faz o rei e vice-versa"[4].

A concepção mítica do processo evolutivo que Clarke nos oferece em *2001* diz respeito a indissociabilidade dos elementos essenciais que aparecem, em uníssono, na gênese do primeiro homem inteligente: conhecimento, criatividade e tecnologia, autoridade e poder (e sua demonstração), ambição, territorialidade e violência funcional e política. O riacho que motivou a contenda entre duas tribos de hominídeos durante o pleistoceno será substituído, futuramente, por áreas cada vez maiores (povoados, cidades e até continentes); aparecerá, inclusive, na forma de ideias, religiões, ideologias e recursos estratégicos - como água, petróleo, gás, metais raros - para finalmente retornar ao seu formato primitivo: pedaços de terra, ilhas e áreas marítimas disputados pelas potências em pleno século XXI.

No relato sobre o primeiro *homo habilis* do livro de Clarke estão presentes todos os elementos-chave do realismo político, como veremos a seguir.

1.2. Os pressupostos da concepção realista da política e das relações internacionais

O primeiro elemento compartilhado pelos membros da tradição realista ocupa um lugar destacado, em função de sua influência sobre todos os demais. Trata-se, como explicamos anteriormente, da concepção realista acerca da natureza humana. Como veremos nas seções que tratam dos pensadores realistas clássicos, o estudo da história, da política e das relações internacionais sempre foi fortemente influenciado pela noção de que o indivíduo é basicamente imperfeito, egoísta, inseguro, ambicioso, competitivo etc. e possui, ademais, uma tendência inata à agressão e à dominação. As relações internacionais, por conseguinte, são interpretadas à luz dessas características essenciais e imutáveis do homem.

4 A frase original é "war made the state and the state made war"

O segundo pressuposto relaciona-se com a convicção de que os indivíduos não estão em condições de subsistir de maneira isolada. Precisam, de acordo com essa leitura, pertencer a um grupo que garanta, por um lado, a ordem interna e, por outro, sua sobrevivência frente às ameaças externas. Como apontam Taliaferro, Lobell e Ripsman (2009, p. 14), o tribalismo é um fato imutável da vida política e social. Todas as variantes do realismo, consequentemente, adotam o grupocentrismo ou estadocentrismo. Como vimos, o tribalismo é um aspecto central do relato de Clarke.

Os membros dos clãs de primatas são incapazes de subsistir sozinhos nesse meio natural, sob todos os pontos de vista, perigoso e ameaçador. Com a evolução da humanidade, o ambiente natural dos homens-macaco é substituído por um ambiente social e político não menos inseguro, o qual continua compelindo os indivíduos a viver em comunidades, a fim de assegurar sua sobrevivência.

Cabe ressaltar que um dos corolários da concepção tribalista da política é que os grupos organizados precisam sempre de uma autoridade – líderes, em suas diferentes formas – responsável último pela preservação da ordem social. Nesse sentido, um dos argumentos mais firmes do realismo é que a autoridade e o poder são elementos inseparáveis e indispensáveis em qualquer sistema social que preze minimamente a ordem.

Como veremos, esse é um dos temas mais estudados por realistas como Maquiavel, Hobbes e Carr. Na história de Clarke, está claro que *Moon-Watcher* e *One-Ear* são os líderes imprescindíveis de suas tribos. Ambos cumprem as mesmas funções hierárquicas e empregam o poder com a mesma finalidade: manter a ordem e garantir a segurança do clã.

Em relação direta com o argumento anterior, o terceiro pressuposto diz respeito à convicção de que a política expressa uma disputa eterna entre grupos – sejam estes tribos, cidades, estados, alianças etc. Essa essência conflituosa das relações internacionais é consequência direta da existência limitada de recursos – materiais, mas também sociais, como status e prestígio – e das incertezas quanto às atitudes dos grupos rivais que operam em um contexto desprovido de uma autoridade central.

Como vimos ao analisar o relato dos hominídeos, o recurso inicialmente disputado foi a água, mas o desenvolvimento da humanidade não alterou o fato fundamental de que os indivíduos continuaram lutado por uma série muito ampla de objetivos – através de outros meios e em circunstâncias diversas – durante os dois milhões de anos seguintes. Como assevera Gilpin (1981, p. 7): "A natureza fundamental das relações internacionais não mudou ao longo dos milênios. As relações internacionais continuam sendo uma luta recorrente por riqueza e por poder entre atores independentes em um ambiente de anarquia".

O primeiro corolário desse terceiro pressuposto é que, em um contexto anárquico no qual os recursos são limitados e os conflitos permanentes, a segurança torna-se o objetivo primordial do grupo; ela é a todo momento, na visão realista, a prioridade principal, irrenunciável, da política externa de todo Estado soberano. Assim, em um mundo marcado pelas incertezas e a impossibilidade de prever as ações do demais atores, outros assuntos ou metas, como valores, princípios, normas, ideologia, religião e economia, são considerados secundários – *low politics* –, subordináveis à finalidade de preservar a segurança do Estado.

O segundo corolário do terceiro pressuposto relaciona-se com a importância que o realismo atribui ao poder. Desde Tucídides, todos os pensadores realistas analisam o poder como o atributo essencial da política. Nesse sentido, como veremos ao tratar dos autores deste capítulo, apesar das diferentes concepções que se tem sobre ele, o poder é percebido como o principal regulador das relações internacionais. Por outro lado, é importante acrescentar que o poder é sempre concebido em termos relativos; o aumento do poder de um Estado, segundo os realistas, torna os outros inevitavelmente mais inseguros.

A Alemanha após a Primeira Guerra Mundial, por exemplo, tornou-se menor em termos geográficos, mas isso não impediu que ela continuasse ocupando um lugar politicamente preponderante na Europa. Efetivamente, antes da guerra, a Alemanha rivalizava com três grandes potências da Eurásia: a Rússia, a França e a Inglaterra. Após o Tratado de Versailles – e, em grande medida, como resultado da redefinição das fronteiras territoriais dos impérios colapsados – a nova república alemã teve que enfrentar um grupo de Estados menores na sua fronteira oriental.

A Alemanha possuía profundos desentendimentos com todas essas nações, mas nenhuma delas era capaz de enfrentá-la em solitário ou através de uma aliança – a pequena *entente* – promovida pela França. Em termos relativos, em definitiva, a nação aparentemente "humilhada" da Europa depois da guerra era, na verdade, muito mais poderosa que seus vizinhos.

O quarto aspecto que unifica as diferentes vertentes do realismo é a concepção do processo histórico. Em função da essência imutável do ser humano – no caso do realismo clássico – e da perdurabilidade da anarquia internacional – na visão neorrealista – todos os autores desta tradição rejeitam a possibilidade de mudanças qualitativas nas relações internacionais. A história é, para os realistas, uma tragédia, e nada pode ser feito para abolir definitivamente a repetição de determinados aspectos fundamentais do processo histórico.

Mais ainda, segundo o realismo, as grandes fórmulas e soluções últimas para os problemas internacionais, bem com as tentativas recorrentes de suprimir de forma definitiva as manifestações trágicas que a história traz de volta constantemente – como guerras, massacres, crises, desastres humanitários etc. – estarão sempre fadadas ao fracasso. Como Sísifo, o homem está condenado a empurrar incessantemente uma pedra até o alto de uma montanha, de onde ela volta a cair por seu próprio peso e, assim, sucessivamente.

Essa noção sobre a recorrência na história, como veremos nas próximas seções do capítulo, remete a Tucídides e a Maquiavel, mas é retomada mais tarde pelos realistas clássicos do século XX, como Carr, Morgenthau, Spykman e Kissinger. A análise que Clarke realiza sobre os primórdios da evolução humana é plenamente congruente com a abordagem realista do processo histórico. A batalha do riacho, segundo essa leitura, dá origem a toda uma série de elementos imanentes – guerra, autoridade, poder, ambição, medo à morte violenta etc. – que, a partir desse momento, moldarão as relações políticas para sempre, independentemente das circunstâncias históricas.

2. O realismo clássico anterior ao século XX

Entre os pensadores e filósofos da tradição política ocidental que podemos julgar como os fundadores do realismo político, três merecem uma atenção especial: Tucídides, Maquiavel e Hobbes. Esses autores não elaboraram teorias *stricto sensu* sobre as relações internacionais. Porém, algumas de suas reflexões sobre a centralidade do poder, a autonomia da esfera política, a natureza humana, o papel dos líderes etc. serviram de fonte de inspiração para as análises e propostas de realistas clássicos do século XX, como Carr, Spykman e Kissinger, entre outros.

Nesta seção abordaremos algumas das ideias e conceitos centrais dos autores da tradição realista anterior à criação das Relações Internacionais como uma área de estudo autônoma.

2.1. Tucídides

Em virtude de seu interesse em formular o que hoje poderíamos denominar de "leis objetivas que regem o comportamento político", buscando superar as interpretações tradicionais de cunho teológico e mitológico, o general ateniense Tucídides (460 a.C. – 400 a.C.) é considerado o primeiro "historiador científico" (FREYBERG-INAN, 2004; GILPIN, 1986, 1988; CRANE, 1998). Essa busca pela objetividade na elaboração de "lições gerais" sobre o passado, visando explicar e prever amplas categorias de eventos políticos – além de fornecer prescrições para eventualmente manipular o presente político – também faz de Tucídides um precursor da ciência política moderna (OBER, 2005).

Segundo Gray (2004), apesar do fato de ter escrito seu trabalho seminal sobre a História da Guerra do Peloponeso há mais de 2400 anos, o general grego ainda pode ser considerado, de longe, o maior especialista em estratégia militar de todos os tempos.

Como comenta Nye (2009), o próprio Tucídides ambicionava que sua obra fosse um legado eterno, como ele mesmo declara no livro: "[...] não é um trabalho destinado a satisfazer o paladar de um público imediato, mas foi feita para durar para sempre" (TUCÍDIDES, apud NYE, 2009, p. 22). No âmbito das Relações Internacionais, autores com enfoques teóricos e metodológicos distintos costumam identificar a obra mencionada como o texto base para entender certos aspectos, vistos como universais e recorrentes, das interações entre unidades estatais que convivem em um sistema anárquico.

Por isso, o historiador heleno é apontado como o "pai do realismo" (NYE, 2009, p. 15) e o primeiro estudioso científico das relações internacionais (GILPIN, 1984, 1988).

Por outro lado, é difícil minimizar a influência que suas reflexões provocaram sobre alguns dos principais formuladores da política externa norte-americana durante os primeiros anos da Guerra Fria. Como é sabido, esse período coincide com a consolidação da hegemonia do realismo na área acadêmica das Relações Internacionais. Realistas como Nicholas Spykman e diplomatas engajados como George Kennan, Dean Acheson e George Marshall, encontraram na leitura de Tucídides sobre a bipolarização das relações internacionais na Grécia Antiga elementos para pensar a essência (e as consequências) da competição entre os Estados Unidos e a União Soviética no período pós-1945.

Ao ajudar a refletir sobre o papel dos Estados Unidos no contexto da emergência do mundo bipolar, Tucídides forneceu, nesse sentido, uma das principais justificativas teóricas àqueles que pretendiam adaptar a política externa norte-americana às novas responsabilidades advindas da necessidade de conter o expansionismo soviético[5].

O realismo clássico do século XX foi profundamente influenciado por Tucídides, como pode ser observado nos escritos de Nicholas Spykman e Hans Morgenthau, como veremos nas seções dedicadas a esses autores. A referência ao filósofo grego também está presente na obra *O mundo restaurado* (1973)[6] de Henry Kissinger, outra das figuras centrais do período da Guerra Fria.

No livro, o historiador e homem forte da política externa norte-americana entre 1969 e 1976 recupera a tradição intelectual, inaugurada pelo filósofo heleno e evidente em von Ranke e Spengler, que trata a história como lição, como fornecedora de analogias que assistem na tarefa de interpretar o presente à luz do passado. A ideia subjacente nessa abordagem tipicamente realista é a crença de que existem fatos, regras e eventos fundamentais que são constitutivos de nossa realidade e que não mudam ao longo do tempo. Em outras palavras, a história é repetitiva e ela esconde leis e padrões.

5 A obra de Tucídides constitui um dos pilares do pensamento realista de Spykman, como veremos na seção dedicada a esse autor. O Secretário de Estado George Marshall em um discurso proferido em 1947 na Universidade de Princeton expressou: "Duvido seriamente que alguém que possua sabedoria e profundas convicções possa atualmente pensar acerca de determinadas questões internacionais básicas sem ter, pelo menos, examinado mentalmente o período da Guerra do Peloponeso". Tradução nossa. Disponível em: https://www.marshallfoundation.org/library/digital-archive/6-026-speech-princeton-university-february-22-1947. Último acesso 10/07/2021

6 O livro, baseado na tese de doutorado de H. Kissinger, foi publicado em 1954.

Ao analisar o período 1812-1822 – em que Castelragh e Metternich uniram seus Estados para derrotar Napoleão, estabelecendo as bases de um equilíbrio que durou cem anos – Kissinger destaca a relevância das negociações diplomáticas dessa era para a compreensão das crises do período entreguerras e do início da Guerra Fria. Os dilemas que assolavam os estadistas europeus que confrontaram o império napoleônico não eram tão diferentes daqueles enfrentados pelas democracias ocidentais, quase duzentos anos depois, na sua tentativa de conter os objetivos geopolíticos ilimitados de Hitler[7].

Isso porque tanto a França Napoleônica como a Alemanha Nazista representam para Kissinger "Estados revolucionários" perseguindo objetivos absolutos e, em consequência, a derrubada da ordem internacional.

A característica que define os "Estados revolucionários" é que nada pode assegurá-los; sua segurança total só pode ser alcançada através de uma política que acaba provocando a insegurança absoluta do resto dos membros do sistema. Ao se utilizar da analogia histórica, essa tradição intelectual que remete a Tucídides propõe abordar os grandes desafios dos estadistas à luz das experiências passadas, não obstante os grandes avanços no âmbito do conhecimento científico, a tecnologia e as estratégias militares. O advento das armas nucleares e de novas tecnologias de comunicação e transporte na segunda metade do século XX, por exemplo, pouco alterou a essência das obrigações dos líderes responsáveis pela preservação do equilíbrio de poder. Para Kissinger, os princípios e as técnicas da diplomacia são atemporais.

De que maneira a obra de Tucídides influenciou o pensamento de realistas e neorrealistas no século XX? Quais as ideias centrais do historiador grego que inspiraram os trabalhos desses autores?

Havendo liderado a aliança contra a Pérsia entre 480 e 479 a.C., Esparta era o império mais poderoso da Grécia, mas o crescimento de Atenas, seu antigo aliado, preocupava os espartanos. As tensões eram realçadas em função das diferenças nos regimes políticos de ambas as cidades-Estado: Atenas destacava-se pela sua essência democrática, enquanto Esparta era conservadora e monárquica. O crescente poderio de Atenas e o medo que isso provocou em Esparta constitui, segundo Tu-

7 Neste trabalho adotamos o significado que Kissinger atribui ao adjetivo "geopolítico/a" nas suas obras a partir da publicação de *White House Years* (1979).

cídides, a razão que explica a inevitabilidade da Guerra do Peloponeso. Os autores realistas têm identificado nessa interpretação duas categorias diferentes de fatores para abordar as causas da guerra.

2.1.1. A guerra como resultado da natureza humana

Em primeiro lugar, realistas clássicos como Hobbes, Carr e Morgenthau explicam o comportamento estatal e a essência conflituosa das relações internacionais através das motivações inerentes à natureza humana. Segundo Tucídides, os atenienses atribuíram o crescimento de seu império a uma série de necessidades originadas em três elementos básicos da natureza humana: o medo, a honra e o interesse (KAGAN, 2009). Essas razões, referidas geralmente como a "tese ateniense", não são apenas apresentadas como os fatores que levam a uma busca irreversível por poder; elas também são aceitas como universais, no sentido de que as relações interestatais devem ser caracterizadas por um conflito constante pelo poder entre Estados com motivações idênticas (FREYBERG-INAN, 2004). Isso porque Tucídides acreditava na imutabilidade de algumas motivações e paixões humanas primordiais, como as esgrimidas pelos atenienses ao justificar o crescimento de seu império. Reconhecia, portanto, que em virtude da essência humana inalterável, alguns fenômenos históricos de grandes proporções, como a guerra, possuem características específicas e constituem, desse modo, eventos recorrentes, passíveis de serem identificados independentemente das circunstâncias históricas.

2.1.2. Causas sistêmicas da guerra

Em segundo lugar, autores neorrealistas como Kenneth Waltz (2002) e Robert Gilpin (1988) têm focado sua atenção nos fatores sistêmicos apresentados por Tucídides na sua obra. Segundo a teoria da guerra hegemônica (GILPIN, 1988), a dinâmica das relações internacionais é influenciada pelo diferencial de crescimento entre Estados. Mudanças fundamentais no sistema internacional decorrentes de alterações no equilíbrio de poder constituem os determinantes básicos dos conflitos interestatais.

Como aponta Gilpin (1988), Tucídides sugere que a organização anárquica das relações internacionais deixava as potências da antiga Grécia com poucas escolhas, além de muito sensíveis às alterações no equilíbrio de poder, o que acabou levando Esparta a entrar em guerra contra Atenas. Com essa afirmação, o autor helênico antecipa um fenômeno chave para as Relações Internacionais contemporâneas: o "dilema de segurança" (HERZ, 1950).

Sob condições de anarquia, em que não existe uma autoridade central que possa coagir os membros do sistema, os Estados só podem depender de si mesmos para garantir sua segurança e se defender dos inimigos. Para os realistas clássicos (e, de maneira implícita, para os neorrealistas), no contexto de anarquia internacional, o medo faz com que os estadistas tenham poucos incentivos para cooperar entre si em prol da paz, sendo racional desconfiar dos outros. O problema surge porque as ações promovidas de maneira independente por um Estado, a fim de aumentar sua segurança e se proteger das ameaças externas, terminam provocando uma maior insegurança no resto dos atores. Isso leva a esses últimos a compensar sua inferioridade mediante um aumento do investimento na sua capacidade militar, com o objetivo de dissuadir os oponentes.

Como salienta Wight (2002, p. 247), o desenvolvimento de uma política externa traz consigo uma autocomparação com outras potências, especialmente com inimigos em potencial "[...] [esta] autocomparação com outros Estados é a indução subjetiva a uma corrida armamentista[8] [...] que é um traço permanente da sociedade internacional". Em última instância, a dinâmica competitiva traz como consequência um incremento generalizado dos gastos militares, cujo objetivo declarado consiste, paradoxalmente, em prevenir a guerra.

A máxima do pensador romano Vegetius "se buscas a paz, prepare-te para a guerra"[9] expressa justamente o objetivo da paz - na prática, estabilidade ou equilíbrio precário - através da dissuasão[10]. Exemplos

---

8 Segundo Wight (2002, p. 247): "uma corrida armamentista é o acúmulo competitivo de tropas e de armamentos, por meio do qual cada lado tenta conseguir obter uma vantagem sobre seu vizinho ou pelo menos tenta não permanecer em desvantagem. A corrida pode ser levada adiante por duas ou por muitas potências rivais; pode ser local ou generalizada. Corridas armamentistas têm constituído um traço recorrente, ainda que não contínuo, da história internacional e se tornaram mais intensas à medida que o sistema de Estados tem avançado".

9 *Si vis pacem, para bellum*, no original em latim.

10 Vale a pena mencionar um exemplo mais atual relacionado com o crescente poder da China e a corrida armamentista na Ásia. No mesmo dia em que o primeiro porta-aviões chinês entrou em serviço, o Ministério da Defesa do País declarou que

típicos do fenômeno mencionado podem ser encontrados amplamente na história. A corrida naval anglo-alemã no início do século XX e, posteriormente, a competição nuclear durante a Guerra Fria são casos paradigmáticos de rivalidade militar entre grandes potências que, segundo a visão neorrealista, decorrem de fatores sistêmicos e independem das motivações dos estadistas.

Mais recentemente, o cientista político Graham Allison (2017) popularizou o conceito a "armadilha de Tucídides" para descrever os diferentes motivos que podem levar a conflitos geopolíticos entre os Estados Unidos (a potência declinante) e a China comunista (a potência ascendente).

2.2. O critério de justiça nas relações internacionais: Tucídides e o "diálogo Meliano"

Em decorrência da organização anárquica do sistema internacional, os autores realistas destacam a centralidade do poder e seu papel como principal regulador das relações entre Estados. Esse enfoque chama a atenção sobre o peso limitado dos argumentos morais ou normativos nas interações entre Estados desiguais. Tucídides aborda esse tema de maneira recorrente na sua obra, mas seu "diálogo meliano" constitui, para os realistas, o exemplo mais concreto para entender as tensões que existem entre poder e moral no contexto da anarquia[11].

O "diálogo meliano" retrata uma negociação entre o conselho de Melos – uma pequena ilha vulcânica localizada no mar Egeu – e os enviados do império ateniense. O objetivo desses últimos era submeter os melianos à sua vontade e forçá-los a se tornarem seus aliados. Os melianos recusaram as pretensões atenienses sob o argumento de que o seu povo era digno, neutral e não constituía uma ameaça para os interesses das potências. As intimidações, pensavam os líderes da ilha, eram moralmente injustificáveis. Ao pensar desse modo, eles apelaram ao critério de justiça para justificar sua postura diante de seus interlocutores

"[o porta-aviões] é importante para salvaguardar a soberania nacional, a segurança e o desenvolvimento e para fazer avançar a paz mundial e o desenvolvimento comum". (WASHINGTON POST, 2012).

11 O tema do lugar que os valores devem ocupar na política externa é abordado de maneira muito didática e a partir de uma visão claramente realista no 3º capítulo da série *Getting Our Way* (BBC, 2009), apresentado pelo diplomata britânico Christopher Meyer. O programa está disponível no seguinte link: bit.ly/gettingourway

atenienses. Os melianos confiavam, de fato, em que seria possível evitar a subjugação com base nesses argumentos morais.

Os atenienses não ficaram impressionados ao escutar o argumento de que a justiça deveria estar sempre acima de tudo. Mais ainda, advertiram das graves consequências dessa atitude, considerada pouco razoável. Por conseguinte, responderam com estas palavras: "deveis saber, tanto quanto nós, que o justo, nas discussões entre os homens, só prevalece quando os interesses de ambos os lados são compatíveis e que os fortes exercem o poder e os fracos se submetem" (TUCÍDIDES, 2001, p. 348).

Apesar dessa advertência, os melianos permaneceram firmes na sua atitude inicial. Na interpretação realista, sua intransigência foi responsável por desencadear a conquista violenta da ilha, a morte de todos os homens e a escravização de mulheres e crianças, solução extrema que o próprio Tucídides reprova como moralmente injustificável. Ao mesmo tempo, ele reconhece que a brutalidade ateniense não foi gratuita, um fim em si mesmo. Deliberada e funcional, a violência foi empregada para fazer de Melos um "*show case*" sobre a resolução e eficácia do poder ateniense e, assim, desencorajar futuras revoltas contra o império.

A noção realista de que "a justiça é o direito do mais forte" e que o poder é o árbitro final das relações interestatais podem ser observadas em inúmeros casos ao longo da história. A brutal conquista de Numância[12] pelos romanos em 133 a.C., a intervenção soviética na Hungria em 1956 e a invasão do Panamá em 1989 pelas tropas norte-americanas demonstram um padrão recorrente nas negociações entre fortes e fracos: em cada caso mencionado, os líderes das nações ameaçadas não souberam ou não quiseram admitir a crua realidade das regras que imperam nas relações entre poderes desiguais.

Eles – e também seus povos – acabaram pagando um preço muito alto ao não optar pela adaptação à lógica inescapável descrita inicialmente por Tucídides no "diálogo meliano".

2.3. Maquiavel: a autonomia da esfera política e a "razão de Estado"

Na história da tradição realista, o nome de Nicolau Maquiavel ocupa um lugar proeminente. Geralmente associado aos primórdios do pensamento político moderno, no âmbito das Relações Internacionais,

12 Assentamento que estava localizado a 7 km da atual Sória (Espanha).

E. H. Carr o considera "o primeiro importante realista político" (CARR, 2001, p. 85). Maquiavel é o primeiro filósofo político da era cristã que analisou de maneira sistemática os requisitos necessários para o estadista alcançar o poder, manter a ordem e garantir a segurança e a sobrevivência do Estado.

Nascido em Florença em 1469, durante o apogeu da era renascentista, suas ideias são produto da época. A instabilidade e as mudanças sucessivas de regime que marcaram a vida política da cidade provocaram um impacto profundo nos escritos daquele que chegaria a ocupar a posição de Secretário da Segunda Chancelaria durante o governo republicano de Piero Solderini. A Itália era, naquele momento, uma anarquia de cidades-Estado. Seus governantes, muitas vezes inspirados por conselheiros politicamente ineptos, sem perspicácia e visão política, faziam e desfaziam constantemente as alianças militares, menosprezando, de acordo com Maquiavel, as verdadeiras exigências do poder e de sua preservação. Como unificar a Itália e acabar com sua dominação pelas grandes potências continentais da Europa - a França e a Espanha - era uma das principais preocupações do pensador renascentista.

Em *O Príncipe* (2010), sua obra mais difundida e controversa, Maquiavel apresenta-se como um inovador, como alguém cuja finalidade pedagógica é oferecer um conhecimento totalmente novo e proveitoso da política. Seu propósito é analisar, "dissecar" o mundo político, não por reflexão abstrata, mas de maneira objetiva e mediante observação direta dos fatos, do "mundo como ele é" e não "como deveria ser".

Assim, oferece um ensino útil, aplicável a todos os contextos, o qual é o resultado, não da aplicação das máximas derivadas de um regime ideal, mas da experiência, do aprendizado obtido através do estudo das ações bem-sucedidas - bem como dos erros - de grandes líderes e estadistas da história. O realismo, o pragmatismo e o anti-utopismo aparecem de maneira explícita em um dos trechos mais conhecidos de *O Príncipe*:

> [...] sendo minha intenção escrever coisas que sejam úteis a quem se interesse, pareceu-me mais conveniente ir direto à verdade efetiva da coisa que à imaginação em torno dela. E não foram poucos os que imaginaram repúblicas e principados que nunca se viram nem

> se verificaram na realidade. Todavia a distância entre o como se vive e o como se deveria viver é tão grande que quem deixa o que se faz pelo que se deveria fazer contribui rapidamente para a própria ruína e compromete sua preservação [...] (MAQUIAVEL, 2010, n.p.)

O olhar prático e racional do autor está em harmonia com as aspirações científicas e antropocêntricas de alguns de seus contemporâneos da Itália renascentista. Leonardo e Copérnico desafiaram a hegemonia dos preceitos medievais: o primeiro, ao indagar clandestinamente os mecanismos que regem a anatomia humana e o outro, ao questionar o dogma heliocêntrico através de uma descrição objetiva e rigorosa do sistema solar. Com *O Príncipe*, Maquiavel segue um caminho semelhante. Procura revelar a essência autônoma do universo político, onde o homem, sua realidade e suas circunstâncias – não Deus – são a medida de todas as coisas. Essa leitura é revolucionária porque ela representa uma revolta contra os dogmas religiosos e as esperanças utópicas que dominavam o pensamento político no período que marca os primórdios do sistema moderno de Estados.

Para entendermos o enfoque de Maquiavel, bem como sua relevância para a visão realista das Relações Internacionais, antes devemos voltar nossa atenção para sua concepção da natureza humana. Maquiavel toma distância dos filósofos da época ao se apresentar como alguém que entende as motivações dos homens como elas realmente são, independentemente do contexto histórico e social ou do regime político analisados.

Como Tucídides, o florentino concebe o espírito humano como algo uniforme e estável, como uma essência imutável que não sofre o impacto das mudanças históricas. Essa é a base que lhe permite a adoção de pressupostos gerais sobre o comportamento dos homens e, portanto, sobre determinadas regularidades do mundo político.

Maquiavel argumenta que o indivíduo isolado é essencialmente imperfeito, em muitos sentidos. Esse suposto aparece de diferentes maneiras ao longo de suas obras. Em *O Príncipe*, o autor afirma que "[...] de modo geral [...] os homens são ingratos, volúveis, fingidos e dissimulados, avessos ao perigo, ávidos de ganhos" (MAQUIAVEL, 2010, n.p.). Para Maquiavel, não faz sentido fazer julgamentos morais sobre a natureza humana; o que importa é aquilo que é possível construir a partir dela, como ela pode ser moldada e manipulada por aqueles que pretendem governar.

O líder que ambiciona alcançar o poder e fundar uma nova ordem estável deverá empreender a tarefa aceitando esses pressupostos; poderá, inclusive, se valer de sua posição para, em determinadas circunstâncias, manipular astutamente os defeitos e vícios dos homens, flutuando entre os antagonismos existentes, com o intuito de obter vantagens políticas de longo prazo. Se a ordem estiver baseada na ilusão de que os indivíduos são virtuosos ou aperfeiçoáveis, o fracasso é certo. Assim, Maquiavel aconselha que o governante sempre preveja o pior dos homens.

Em decorrência dessa visão crua e negativa da natureza humana, para manter o poder e garantir a ordem, o Príncipe deverá estar disposto a fazer o mal – geralmente mediante o uso da força, embora se valendo da prudência – quando necessário:

> [...] é necessário que [o Príncipe] tenha um espírito disposto a voltar-se para onde os ventos da fortuna e a variação das coisas lhe ordenarem; e [...] não se afastar do bem, se possível, mas saber entrar no mal, se necessário (MAQUIAVEL, 2010, n.p.)
>
> [...] é necessário ser prudente a fim de escapar à infâmia daqueles vícios que põem em risco o governo; e, se possível, devem-se evitar também aqueles que não comprometem o governo; mas, se forem inevitáveis, que passem sem grandes preocupações. Tampouco se preocupe com incorrer na infâmia de tais vícios, sem os quais dificilmente se pode salvar o governo; pois, se bem observado, caso o príncipe siga o que lhe parecer uma virtude, causará a própria ruína, mas, se seguir o que lhe parecer um vício, terá maior segurança e bem-estar. (MAQUIAVEL, 2010, n.p.)

Essa postura não redunda na glorificação da violência ou em fazer dela um fim em si mesmo; como os atenienses dois mil anos atrás, Maquiavel avalia que é o resultado político o que verdadeiramente importa. Essa leitura pragmática do universo político faz com que o italiano considere a utilização da força como algo legítimo e necessário, contanto que ela seja empregada em nome de um resultado político concreto, geralmente associado à manutenção da ordem ou à sobrevivência do Estado.

Reconhece, por outro lado, que a força bruta não deve ser aplicada de maneira indiscriminada, mas com uma finalidade puramente instrumental, de acordo com as regras da prudência e com base no cálculo racional.

O bem e o mal já não estão sujeitos, segundo essa perspectiva, aos códigos oriundos de uma ordem moral fixa, absoluta e universal, mas variam de acordo às contingências, aos imperativos específicos de cada líder, cujo objetivo último é sempre salvaguardar seu poder e garantir a sobrevivência do Estado.

Maquiavel explica a prioridade que ele atribui à Segurança Nacional com as seguintes palavras:

> Tal fato merece ser notado e observado por qualquer cidadão que possa aconselhar a sua pátria, porque onde se pensa em tudo para a salvação da pátria não deve haver consideração alguma sobre o que é justo ou injusto, sobre o que é piedoso ou cruel, louvável ou ignominioso; antes, deixado de lado todo o resto, seguir integralmente o partido que lhe salve a vida e lhe mantenha a liberdade. (MAQUIAVEL, 2020, n.p.).

Eis a origem de conceitos realistas como "razão de Estado" – a noção de que a segurança do Estado justifica o emprego de qualquer meio necessário para promovê-la – e "Interesse Nacional" – a ideia de que o Estado possui interesses que não podem ser julgados com base nos códigos éticos ou morais que regem o comportamento dos indivíduos vivendo em sociedade. Trata-se de conceitos que constituem o núcleo normativo do pensamento realista. Maquiavel faz referência a essas noções deste modo: "nas ações de todos os homens, especialmente nas dos príncipes, quando não há juiz a quem apelar, o que vale é o resultado final" (MAQUIAVEL, 2010, n.p.). Cabe ressaltar que o "resultado final" referido pelo florentino não é qualquer resultado. Os únicos fins aceitos e para os quais o Príncipe pode e deve usar "todos os meios necessários" são aqueles associados à preservação da ordem e da segurança.

Exemplos da aplicação desses princípios realistas são abundantes na história, mas o primeiro grande expoente associado ao conceito de *Raison d'état* é o Cardeal Richelieu (KISSINGER, 1994, pp. 58-59)[13]. A fim de acabar com a divisão religiosa na França e centralizar o poder da monarquia na figura do rei, o cardeal foi diligente e brutal ao perseguir os inimigos protestantes - os huguenotes - os quais se encontravam entrincheirados em diferentes cidades da França e desafiavam a unidade político-territorial do país.

A política externa de Richelieu, contudo, não acompanhou sua fidelidade à fé católica evidenciada no âmbito interno. Com efeito, apesar de ser um dos máximos representantes da igreja francesa, ao primeiro-ministro de Luís XIII pouco importou o fato de que seus inimigos da família dos Habsburgos - a Áustria e a Espanha - estivessem unidos à França pelo mesmo credo religioso.

Para prevenir a dominação da Europa pelos Habsburgo, o cardeal não hesitou em aliar seu reino - o maior Estado católico da Europa - com as nações protestantes da Europa. Nesse caso, Richelieu foi muito hábil ao tecer toda uma série de negociações diplomáticas que desestimavam os princípios religiosos em nome dos interesses nacionais da França. Desta forma, durante a Guerra dos Trinta Anos (1618-1648) que consagrou o sistema moderno de Estados, Richelieu colocaria em prática a política da "razão de Estado", sobre a qual Maquiavel tinha teorizado um século antes.

2.4. Thomas Hobbes e o "estado de natureza"

Thomas Hobbes (1588-1679) viveu durante um período politicamente conturbado da história da Inglaterra. *O Leviatã* (1997), seu livro mais difundido, foi escrito durante a guerra civil inglesa, um conflito que enfrentou os defensores do Rei e as facções que apoiavam o Parlamento. Em função da desagregação política e religiosa provocada pelas lutas internas - fruto, segundo Hobbes, da influência de normas e paixões irracionais - no livro, o pensador inglês justifica a necessidade de um poder centralizado, um soberano absoluto como solução política para o estado de anarquia que devastava o país.

13 Como explica Kissinger (1994, pp. 58-59): "Richelieu foi o pai do sistema moderno de Estados. Ele promulgou o conceito de *raison d'état* e o praticou de maneira infatigável em benefício de sua nação". Tradução nossa.

A principal preocupação do autor é, portanto, a natureza da autoridade política e seu papel em manter a ordem social. Como Maquiavel, Hobbes considera a desordem política o mal supremo e um dos problemas fundamentais da filosofia política. O inglês também compartilha com o florentino o olhar racional da política e o objetivo de elucidar os assuntos humanos a fim de torná-los mais previsíveis e, portanto, controláveis ou manipuláveis.

Ao elaborar sua teoria, Hobbes parte do pressuposto de que os homens são iguais por natureza. Ele justifica a igualdade mediante o argumento de que "o mais fraco tem força suficiente para matar o mais forte, quer por secreta maquinação, quer aliando-se com outros que se encontrem ameaçados pelo mesmo perigo" (HOBBES, 1997, n.p.). O medo à morte violenta constitui a paixão fundamental dos homens e dela deriva a prioridade mais importante do indivíduo: sobreviver. Nesse sentido, as motivações humanas primordiais, pré-sociais, segundo o autor – que foi o primeiro a traduzir a *História da Guerra do Peloponeso* para o inglês – têm origem no "medo à morte violenta" e representam verdadeiras fontes de conflito.

Certamente, não é difícil notar a influência de Tucídides na filosofia política de Hobbes. Sua concepção sobre as motivações humanas remete evidentemente à "tese ateniense" estudada anteriormente: "na natureza do homem encontramos três causas principais de discórdia. Primeiro, a competição; segundo, a desconfiança; e terceiro, a glória" (HOBBES, 1997, n.p.).

Hobbes, como Tucídides, julgava a natureza do homem como algo essencialmente estável e concebia a ação humana como o resultado de elementos básicos imutáveis. É interessante notar que para o realismo hobbesiano, a essência conflituosa do homem não é produto das circunstâncias, do ambiente: ela é inerente à natureza humana.

A igualdade entre os homens faz com que nenhum deles seja capaz de dominar e prevalecer frente ao resto, assevera Hobbes. Como todos desejam a mesma coisa – acima de tudo, a sobrevivência – a constante desconfiança mútua os transforma em inimigos. O resultado disso é a ausência total de ordem, o "estado de natureza" pré-social, a anarquia. Trata-se de uma condição que o autor descreve como de "uma guerra que é de todos os homens contra todos os homens [...] guerra entendida não como luta real, mas como a reconhecida disposição para lutar, durante todo o tempo, em que não há garantia do contrário" (HOBBES, 1997, n.p.). Nessa situação:

> Não há lugar para a indústria, pois seu fruto é incerto; consequentemente não há cultivo da terra, nem navegação, nem uso das mercadorias que podem ser importadas pelo mar [...] não há sociedade; e o que é pior do que tudo, [há] um constante temor e perigo de morte violenta. E a vida do homem é solitária, pobre, sórdida, embrutecida e curta. (HOBBES, 1997, n.p.).

De acordo com o filósofo inglês, no estado de natureza que enfrenta todos contra todos e, na ausência de uma entidade superior que possa coagir os indivíduos, não é possível falar em justiça ou injustiça; não existem regras morais ou legais; as noções de bem e mal não têm cabimento: "onde não há poder comum não há lei e onde não há lei não há injustiça" (HOBBES, 1997, n.p.). É factível traçar um paralelo entre a visão hobbesiana sobre a insignificância dos princípios morais no contexto da anarquia doméstica com o argumento defendido pelos atenienses no "diálogo meliano", isto é, a ideia de que, nas relações internacionais, a justiça é a lei do mais forte.

A solução institucional proposta por Hobbes para fugir do "estado de natureza" é o estabelecimento de um pacto social, o que implica a submissão de todos a uma autoridade todo-poderosa, o Leviatã. A característica central de tal entidade, o soberano absoluto, é que ela possui a força necessária para suprimir a dissensão, garantir a coesão e segurança internas, além de defender o Estado frente às agressões advindas do exterior.

No ambiente internacional, porém, o "estado de natureza" é mais tolerável; por isso Hobbes reconhece que não é plausível a instauração de uma instância superior – um governo mundial – que possa coagir as unidades soberanas:

> [...] em todos os tempos os reis e as pessoas dotadas de autoridade soberana, por causa de sua independência, vivem em constante rivalidade e na situação e atitude dos gladiadores [...] o que constitui uma atitude de guerra. Mas como através disso protegem a indústria de seus súditos, daí não veem como consequência aquela miséria que acompanha a liberdade dos indivíduos isolados (HOBBES, 1997, n.p.).

A consequência disso é que as relações interestatais operam em perpétuo "estado de natureza", do qual não é possível fugir.

A reflexão de Hobbes sobre as motivações humanas básicas, a ideia de conflito perpétuo derivado da escassez e a desconfiança, a natureza da autoridade política e o papel da força, além da distinção entre o ambiente doméstico e externo, constituem elementos centrais do paradigma realista das Relações Internacionais. De fato, o realismo é referido por alguns autores como a "tradição hobbesiana"[14]. Os conceitos de anarquia internacional e de soberania, princípios basilares das RI, remetem ao "estado de natureza" hobbesiano.

Com efeito, a inexistência de uma autoridade acima dos Estados constitui, para diversas correntes teóricas das Relações Internacionais, um conceito fundador da área, em dois sentidos: em primeiro lugar, a anarquia pressupõe que a política internacional é o resultado das interações entre Estados os quais carecem de obrigações para com uma autoridade superior. Por conseguinte, eles são vistos como as principais fontes de poder no mundo e como os atores centrais do jogo político mundial.

Como o indivíduo hobbesiano pré-social, eles detêm, segundo essa concepção, um elevado grau de liberdade e igualdade. A consequência fundamental da anarquia é a condição endêmica de guerra que existe entre as unidades estatais e, em decorrência disso, a prioridade que assumem a segurança e a defesa na política externa: a preservação do Estado é sempre o objetivo último, irrenunciável, do governante; na versão pura da perspectiva internacional hobbesiana, a "política da sobrevivência" é sinônimo do "interesse nacional".

Em segundo lugar, a anarquia internacional opera, na visão realista, criando uma separação marcante entre o ambiente interno do Estado – onde predomina a ordem amparada na existência de um poder que baseia sua autoridade no monopólio do uso legítimo da força – e o ambiente externo, onde prevalece o "estado de natureza".

14 Hedley Bull (2002, pp. 32-33), seguindo a tipologia criada por Martin Wight, explica que: "A tradição hobbesiana descreve as relações internacionais como um estado de guerra de todos contra todos, um cenário de luta em que cada estado se coloca contra todos os demais. Para os hobbesianos as relações internacionais consistem no conflito entre os estados, lembrando um jogo totalmente distributivo, de soma zero: os interesses de cada estado excluem os interesses de todos os outros. Deste ponto de vista, a atividade internacional mais típica, e que melhor define o quadro das relações entre os estados, é a guerra. A paz corresponde a um período de recuperação da última guerra e de preparação para a próxima".

No discurso realista, essa separação se expressa através de conceitos como as *high politics* em oposição às *low politics*. Segundo essa perspectiva, a "alta política" abarca tudo aquilo que é vital para a sobrevivência do Estado, enquanto a "baixa política" inclui temas como economia, assuntos sociais e culturais, direitos humanos, meio ambiente etc.

3. O realismo clássico do século XX

Em sua tentativa de enfrentar as bases "utópicas" da visão idealista, dominante nas Relações Internacionais até a Segunda Guerra Mundial, os realistas clássicos do século XX resgataram as reflexões e premissas dos autores tratados na seção anterior. A seguir, analisaremos três realistas clássicos de grande relevância para o século XX: Edward H. Carr, Nicholas Spykman e Hans Morgenthau.

3.1. Edward Hallett Carr e a crítica realista à harmonia de interesses

No livro de ficção histórica *Os vestígios do dia* (1990), o escritor japonês Kazuo Ishiguro relata um debate sobre política internacional que transcorre ao longo de vários encontros em uma mansão de um aristocrata inglês, poucos anos antes do início da Segunda Guerra Mundial. Os protagonistas desse debate, todos personagens de alto nível, são os representantes oficiais de diferentes nações engajadas na solução dos principais problemas mundiais. Eles foram enviados com objetivo básico de discutir soluções para os complicados dilemas que o rearmamento alemão impõe sobre a política externa das democracias ocidentais.

Concretamente, serão discutidas as propostas de Hitler, a maneira como elas poderiam afetar a Inglaterra e as repercussões dessas propostas sobre as decisões dos aliados ocidentais. Numa das cenas mais memoráveis da obra, o senador Jack Lewis, representante dos Estados Unidos, acusa o anfitrião inglês, *Lord* Darlington, assim como o resto dos diplomatas europeus presentes no jantar, de utópicos e ignorantes[15]:

> [...] Sua Excelência é um amador. Trata-se de um amador e as relações internacionais hoje em dia não são mais para cavalheiros amadores. Quanto mais cedo vocês aqui na Europa perceberem isso, melhor. A to-

15 O link para assistir a cena da conferência do filme homônimo baseado no livro de Ishiguro é: bit.ly/theremainsoftheday

> dos vocês, cavalheiros decentes e bem-intencionados, quero perguntar uma coisa: têm ideia do tipo de lugar que o mundo vem se tornando? Já passou o tempo em que os senhores podiam agir conforme seus nobres instintos. Embora, é óbvio, os senhores aqui na Europa pareçam não saber disso. Cavalheiros como o nosso bom anfitrião ainda acreditam que têm o direito de se intrometer em questões que não compreendem. Muitas bobagens foram ditas aqui nestes últimos dois dias. Bobagens ingênuas e bem-intencionadas (ISHIGURO, 1990, n.p.).

No decorrer das discussões, duas concepções filosóficas e éticas contrapostas sobre as relações internacionais se confrontam. Na cena em questão - ocorrida durante um dos jantares - os idealistas, liderados por *Lord* Darlington, estão convencidos de que a política adequada para guiar os destinos da Europa deveria estar sempre baseada na honra, na confiança, na boa vontade, no desejo sincero de paz e (podemos inferir) no direito internacional. Uma política apoiada nessa postura implica, na prática, na decisão de oferecer a Hitler um cheque em branco.

Em minoria, o senador Lewis rebate esse enfoque - que ele denomina de "amador" - da política internacional. O norte-americano acusa seus pares europeus de não entenderem como funciona o mundo real (concretamente, as verdadeiras intenções da Alemanha nazista) e de ignorarem a relevância que o poder desempenha nas relações internacionais, em um mundo cada vez mais perigoso e ameaçador ("têm ideia do tipo de lugar que o mundo vem se tornando?")[16].

Por isso recomenda que os assuntos externos sejam conduzidos, não por políticos "cavalheiros à moda antiga", honoráveis e bem-intencionados, e sim por profissionais e especialistas em política internacional. Com um tom profético, Lewis põe fim a sua alegação com um alerta: "se não perceberem isso logo, estarão fadados ao desastre". É quase uma obviedade dizer que o início da Segunda Guerra Mundial e o destino trágico Europa - e de *Lord* Darlington - acabaram confirmando a coerência e a validez dos conselhos de Lewis.

16 É interessante notar que, no filme - dirigido por James Ivory -, Lewis acrescenta literalmente "a Europa tornou-se a arena da *realpolitik*", frase que não aparece no livro.

Os mesmos argumentos básicos do senador americano do livro os *Vestígios do dia* estão presentes em uma das obras fundacionais das Relações Internacionais. Referimo-nos a *Vinte anos de crise: 1919-1939 Uma Introdução ao Estudo das Relações Internacionais* (2001) do historiador inglês Edward Hallett Carr. Trata-se, segundo Hoffman (1977, p. 43), do primeiro estudo "científico" da política mundial moderna. Através de uma crítica (que ele mesmo denomina de "realista") ao liberalismo internacionalista - abordagem hegemônica da área das Relações Internacionais naquela época - o autor contribui para a criação dos pilares conceituais e normativos do Realismo Clássico do Século XX[17].

Desiludido na sua condição de testemunha direta do declínio britânico e a partir de uma perspectiva que combina, de maneira eclética, a sociologia do conhecimento com o materialismo dialético de Marx e o realismo de Maquiavel, Carr expõe o vazio da edificação em que se apoiava o pensamento anglo-saxônico liberal do entreguerras. Amparado no seu status intocável de Professor Titular da Cátedra Woodrow Wilson de Política Internacional da Universidade de Gales, sem meias tintas, Carr chama o idealismo de "utopismo". O Professor inglês explica que os acadêmicos e diplomatas ocidentais poderiam ter evitado muitos dos problemas que afetaram a Europa na década de 1930 se tivessem adotado uma visão menos "idealista" e mais "realista" nas relações internacionais (GRIFFITHS, 2009, p. 10).

Norman Angell, Woodrow Wilson e outros defensores dogmáticos da infalibilidade da Liga das Nações e a Segurança Coletiva são o alvo principal da crítica realista do britânico, polêmica e, por vezes, irônica. Em definitivo, o idealismo representava, para Carr, um pensamento ingênuo e hipócrita, uma tentativa das potências anglo-saxônicas vitoriosas da Primeira Guerra de recriar as bases políticas e econômicas da "idade dourada" do século XIX. Essa tentativa fracassou. O objetivo do livro é explicar as razões.

O autor argumenta que durante o século XIX (período da *pax britannica*), a Inglaterra buscou preservar sua posição dominante no mundo, a estabilidade e a paz mediante a difusão de normas e princípios

17 Carr (2001, XLII) explica no prefácio da 2ª edição do livro: "Vinte Anos de Crise foi escrito com o propósito deliberado de contra-atacar o defeito, flagrante e perigoso, de todo pensamento, tanto acadêmico quanto popular, sobre política internacional nos países de língua inglesa de 1919 a 1939: o quase total esquecimento do fator poder".

(liberais) que eram o resultado da experiência concreta de teorias e políticas econômicas bem sucedidas no âmbito doméstico (o *laisser faire*, segundo Carr)[18]. Isso explica por que, no início do século XX, o estudo das relações internacionais foi influenciado fortemente pelas ideias liberais, que chegaram a ser dominantes nas primeiras décadas do século, em função da supremacia da Inglaterra.

Durante o século XIX, o predomínio britânico, a ausência de potências insatisfeitas *vis a vis* a ordem internacional, somados ao fenômeno dos "mercados em infinita expansão" (um capitalismo mundial próspero e "saudável") foram os fatores que operaram anestesiando as rivalidades geopolíticas. A estabilidade e a (relativa) paz desse período tornaram possível, segundo Carr, a difusão, universalização e legitimação daquilo que ele designa como a "doutrina da harmonia de interesses" (CARR, 2001, p. 57).

Qual é o significado da "harmonia de interesses"? Trata-se de um conceito central na crítica realista de Carr. Concebido pelo autor com objetivo de apontar uma base filosófica comum para todas as ideias e propostas "utópicas", a crença na "harmonia de interesses" expressa a noção básica de que os seres humanos podem facilmente reconhecer, através da razão, interesses em comum (CARR, 2001). Segundo esta concepção, isso tornaria a cooperação entre indivíduos não apenas possível, mas simples, natural e espontânea.

Assim, na visão liberal, os interesses dos homens na sociedade seriam convergentes: "ao visar seu interesse próprio, o indivíduo visa o da comunidade e, promovendo o interesse da comunidade, promove o seu próprio interesse" (CARR, 2001, p. 59). Carr considera essa crença a pedra basilar da abordagem utópica e opõe a doutrina da "harmonia de interesses" à noção realista de "conflito de interesses" (entre grupos ou nações).

Segundo ele, o mundo é constantemente afetado pelo choque de interesses particulares de diferentes indivíduos, grupos ou Estados. Nesse ambiente anárquico, marcado pelas tensões, a ordem só pode estar

---

18 A suposta convergência dos interesses nacionais britânicos com os do resto da huu manidade é notada por Dibelius (1930), conforme citado por Carr (2001, p. 108), que declara: "A Inglaterra é a única potência com um programa nacional que, embora completamente egoísta, ao mesmo tempo promete ao mundo algo que ela apaixonadamente deseja: ordem, progresso e paz eterna".

baseada no poder e não apenas na moralidade. Mais ainda, "a moral é produto do poder" (CARR, 2001, p. 86).

Com efeito, da mesma maneira que Tucídides, Hobbes e Maquiavel, Carr considera que a moralidade é sempre construída mediante um sistema de normas imposto por um poder coercitivo (o Leviatã em Hobbes; o Príncipe em Maquiavel). Com base em Maquiavel, cujos princípios constituem, segundo o britânico "as pedras fundamentais da filosofia realista" (CARR, 2001, p. 85), Carr é categórico ao afirmar que não pode haver nenhuma moral efetiva sem uma autoridade efetiva (CARR, 2001).

No plano internacional, com o objetivo de estabilizar a ordem, as potências hegemônicas impõem normas de conduta sobre o resto da comunidade de Estados. Ao fazê-lo, elas se apresentam como as principais defensoras de princípios universais[19]. Durante o período de entreguerras esses princípios foram, entre outros: o interesse universal na paz (Woodrow Wilson), a crença na irracionalidade da guerra (Norman Angell), a Segurança Coletiva (novamente Wilson) e o livre comércio (Cordell Hull). Esses valores, supostamente universais, apoiados na crença da "harmonia de interesses", são, na verdade, adverte Carr, fruto da experiência nacional das potências dominantes que se beneficiam do *status quo*. O propósito da crítica realista, de acordo com o autor, é justamente revelar a essência circunstancial e pragmática dos valores nacionais que se apresentam com roupagem universal.

Talvez o caso mais emblemático deste artifício, empregado pelas potências dominantes, seja o do livre comércio – que não é mais do que a política do *laissez-faire* transferida para o plano internacional. Trata-se de um dos princípios mais amplamente examinados e discutidos em *Vinte anos de crise*. Isso pode ser atribuído, certamente, a sua centralidade na política externa dos Estados Unidos durante o período em

19 Carr (2001, p. 85) explica: "As teorias da moral social são sempre produto de um grupo dominante, que se identifica com a comunidade como um todo e que possui facilidades, negadas aos grupos ou indivíduos subordinados, para impor sua visão da vida na comunidade. As teorias da moral internacional são, pela mesma razão e em virtude do mesmo processo, o produto das nações ou grupos de nações dominantes. Nos últimos cem anos e mais particularmente desde 1918, os povos de língua inglesa formaram o grupo dominante no mundo e as atuais teorias da moral internacional foram projetadas para perpetuar sua supremacia e se expressaram no idioma peculiar a eles".

que Cordell Hull, um idealista Wilsoniano e um cruzado ao serviço da luta contra o "mercantilismo medieval" (HULL, 1948, p. 375), ocupou o posto de Secretário de Estado do governo Roosevelt[20]. Para Carr, "o *laissez-faire,* tanto nas relações comerciais internacionais, quanto nas entre capital e trabalho, é o paraíso do economicamente forte" (CARR, 2001, p. 80).

Países menos desenvolvidos, segundo este raciocínio, possuem maiores incentivos para adotar políticas mercantilistas de defesa comercial a fim de promover o crescimento de suas indústrias. Como descobriu o economista alemão Friedrich List, ao analisar o desenvolvimento industrial dos Estados Unidos durante as primeiras décadas do século XIX, os britânicos alcançaram o status de primeira potência industrial do mundo mediante políticas amparadas no nacionalismo econômico. Uma vez no "topo" e sem concorrentes, os ingleses começaram a pregar o livre comércio universal, com a intenção "chutar a escada" (LIST, 1922, p. 295) por onde subiram. Por esse motivo, segundo List, os norte-americanos e alemães rejeitaram desde o princípio o livre comércio pregado pelos economistas britânicos durante o século XIX.

Como foi apontado acima, a "harmonia de interesses" só foi possível durante o século XIX, em função do predomínio britânico e da ausência de potências que pudessem competir com a Inglaterra naquele período. A partir do final desse século, segundo Carr, a ordem liberal começa a se esgotar. Em seu lugar ressurge o mundo da política de poder que tinha caracterizado as relações internacionais entre a formação dos Estados nacionais e o Congresso de Viena de 1815.

O período de entreguerras marca o retorno pleno da *realpolitik* às relações internacionais europeias. Em lugar de reconhecer e aceitar as mudanças geopolíticas que transformaram radicalmente o equilíbrio de poder mundial na virada do século XX e, principalmente, após a Primeira Guerra Mundial, os políticos anglo-saxônicos dedicaram-se a

20 Cordell Hull (1948, p. 81) explica a relação entre comércio e paz desta forma: "Comércio sem obstáculos [está] associado à paz; altas tarifas, barreiras comerciais e competição econômica injusta, à guerra [...] se conseguíssemos tornar o comércio mais livre [...] no sentido de menos discriminações e obstruções [...] de tal modo que um país não ficasse mortalmente invejoso de outro e os padrões de vida de todos os países pudessem crescer, eliminando com isso a insatisfação econômica que alimenta a guerra, teríamos uma chance razoável de paz durável". Tradução nossa.

reconstruir uma ordem internacional baseada em valores universais, amparados em crenças ultrapassadas e na doutrina da "harmonia de interesses"[21].

A década de 1930 presenciou a consolidação de uma ordem multipolar instável e cujas bases eram desafiadas por pelo menos quatro potências "insatisfeitas" (os "que não têm"[22] segundo Carr: Itália, Alemanha, URSS e Japão). O país economicamente mais poderoso do mundo, os Estados Unidos, mantinha uma postura isolacionista, muito mal compensada pelas ambições de estabilização da ordem internacional projetadas pelo internacionalismo wilsoniano livre-cambista de Cordell Hull.

Nesse cenário de decadência, a ausência de um Estado hegemônico disposto a fazer valer toda a sua autoridade e poder a fim de estabilizar a ordem internacional contribuiu para a desorganização, a fragmentação de interesses e o aprofundamento da crise "dos vinte anos". A velha ordem estava destruída e não podia ser restabelecida com base nos mesmos princípios do passado. Como aponta Wilson (2000), uma mudança drástica de perspectiva era necessária para entender, sobreviver e prosperar na nova ordem.

A inadequação dos diagnósticos, soluções e fórmulas liberais ("os nobres instintos" e as "boas intenções" de acordo com Lewis, o personagem de Ishiguro) a essa nova realidade mundial em decadência, descrita acima, explica o fracasso e o descrédito posterior do liberalismo internacionalista. Com a derrota do Eixo, o destino trágico de *Lord* Darlington e, em contrapartida, o sucesso do senador Lewis (que simbolicamente acaba comprando a mansão do inglês) servem para ilustrar um dos momentos mais emblemáticos da história das Relações Internacionais: o começo do fim do "primeiro grande debate" e a progressiva consolidação do Realismo como a nova corrente hegemônica na disciplina.

Embora Carr trate de um período concreto do século XX – o entreguerras – as lições fundamentais de *Vinte anos de crise* são atemporais e possuem validade universal. Uma das conclusões mais elucidadoras e

21 Carr explica o significado da Crise desta forma: "A real crise internacional do mundo moderno é o colapso final e irrevogável das condições que tornaram possível a ordem do século XIX. A antiga ordem não pode ser restaurada e uma drástica mudança de perspectiva é inevitável". (CARR, 2001, p. 83)

22 *have-nots* (CARR, 2001, p. 110)

proveitosas de Carr – inspirada no realismo de Maquiavel – merece destaque: "Qualquer ordem moral internacional deve repousar sobre alguma hegemonia de poder (CARR, 2001, p. 216)"[23]. Mas o poder, de acordo com o professor, não é suficiente: "para sobreviver, essa hegemonia deve conter um elemento de reciprocidade, de auto sacrifício" (CARR, 2001, p. 216), acrescenta. Apenas nessas condições é possível pensar na existência de uma moralidade efetiva na política internacional.

A moralidade efetiva significa, para Carr, obediência às normas e, por outro lado, a percepção compartilhada de que estas são minimamente legítimas. Essas características são imprescindíveis para a consolidação de uma ordem internacional estável que favoreça a conciliação de interesses nacionais em conflito e impeça, por outro lado, a assunção de políticas desestabilizadoras pelas nações "insatisfeitas". Esse tipo de ordem internacional assemelha-se à ordem que Kissinger (1973) denomina de "legítima".

Essa ordem teria que, na medida do possível, contemplar as reivindicações daqueles Estados não revolucionários, mas insatisfeitos com o *status quo*. As potências hegemônicas, portanto, deveriam exercer sua supremacia com prudência, evitando a imposição ou a perpetuação de uma ordem baseada na universalização de seus próprios valores políticos (nacionais). A difusão e aplicação eficaz de princípios considerados universais só é possível em períodos em que a preponderância de uma potência se torna quase absoluta, como se deu no período da *pax britannica* ou durante a década "unipolar" de 1990 (em que os mesmos valores wilsonianos que Carr questionava ressurgiram com força para sinalizar o "fim da história").

Se Carr fosse hoje um observador desengajado do cenário político mundial, talvez pensaria que o sistema internacional que emerge na década de 2000 e, principalmente, a partir da aparição da China como uma das maiores potências econômicas do mundo, marca o retorno

23 Carr continua: "Mas esta hegemonia, como a supremacia de uma classe dominante em um Estado, é, por si própria, um desafio aos que dela não compartilham e, para sobreviver, há de conter um elemento de reciprocidade, de auto sacrifício da parte dos que possuem, o que a tornará tolerável aos outros membros da comunidade mundial. É através desse processo de dar e receber, da disposição de não insistir em todas as prerrogativas do poder, que a moral encontra seu mais seguro ponto de apoio na política internacional e, muito provavelmente, também na política nacional".

pleno da política de poder que caracterizou as relações internacionais durante a maior parte do século XX (de 1914 a 1991). O professor inglês provavelmente faria uma analogia entre o mundo unipolar do "fim da história" dos anos 90 e os "anos loucos" do período de 1920 a 1929; mais ainda, traçaria um paralelismo entre o período que começa com a crise financeira de 2008 e a década de 1930.

Afinal, problemas – nacionais e internacionais – descritos em *Vinte anos de Crise* são muito semelhantes com os sintomas atuais de um mundo multipolar, cada vez mais instável, fragmentado e anárquico: emergência de potências insatisfeitas e rivalidade geopolítica, desglobalização e nacionalismo político e econômico, xenofobia e o antissemitismo, enfraquecimento da democracia representativa (e, em contrapartida, fortalecimento de partidos populistas ou de extrema direita), crise dos regimes e organizações multilaterais e dos valores universais patrocinados por essas instituições etc.

3.2. Nicholas Spykman: o realismo chega aos Estados Unidos

Do outro lado do Atlântico, no mesmo período em que Carr escrevia *Vinte anos de Crise*, reflexões intuitivas e sagazes sobre a política mundial, análogas às do historiador inglês, estavam sendo elaboradas por um acadêmico de origem holandesa chamado Nicholas J. Spykman. Este sociólogo holandês, convertido em geógrafo político, criou em 1935 o primeiro Departamento de Relações Internacionais dos Estados Unidos: o Instituto de Estudos Internacionais da Universidade de Yale.

Spykman deve ser considerado um pensador pioneiro e visionário, além de um dos principais fundadores de uma área acadêmica que ainda se encontrava em sua primeira infância no novo continente. Falecido prematuramente em 1943, foi o responsável por introduzir o pensamento geopolítico nos Estados Unidos – e um dos primeiros a conceitualizar e expor o realismo nesse país – poucos anos antes do início da Segunda Guerra Mundial. Trata-se de um intelectual europeu com uma grande intuição e certamente inovador para sua época. Foi, não obstante, injustamente incompreendido por muitos de seus colegas acadêmicos.

Efetivamente, o recebimento frio de alguns de seus diagnósticos e propostas fez com que suas análises tivessem uma influência relativamente limitada entre seus contemporâneos da área e nula sobre política externa norte-americana na época em que foram publicados seus escritos, em retrospectiva, mais valiosos. Como explica Furniss (1952, p. 382): "os críticos reconheceram que o livro [*America's Strategy in World Politics*] era importante, porém não concordaram em mais nada além disso". Voncken (2011) revela, inclusive, que os geopolíticos clássicos – como Spykman e Mackinder – não constam nos documentos oficiais da política externa norte-americana do período 1945-1950.

Certamente, nos anos 30 e início dos 40, as convicções firmes de Spykman sobre a preeminência do poder na política mundial eram vistas como inconciliáveis com as crenças e doutrinas dominantes nos Estados Unidos. Desta forma, o predomínio de um idealismo imaturo, ingênuo e autoindulgente, somado ao consenso isolacionista – naquele período, profundamente enraizado na sociedade e na política do país – tiveram um efeito prejudicial sobre o prestígio de um autor com uma capacidade de análise política aguçada e inovadora para seu tempo.

As primeiras crises que marcam o início da Guerra Fria permitiram, contudo, constatar a coerência de suas previsões geopolíticas – realizadas antes do fim da Segunda Guerra. Foi assim que o professor de Yale foi reabilitado vários anos depois de sua morte, embora não totalmente, como veremos mais adiante. De fato, a estratégia da contenção de George Kennan incorporou implicitamente[24], junto com análises do geógrafo britânico Mackinder (1904), as conclusões mais incisivas de Spykman sobre as consequências que o vazio de poder na Europa e na Ásia teriam sobre a segurança dos Estados Unidos no pós-guerra.

Assim, não é difícil constatar que suas interpretações baseadas na relação entre geografia e poder – concretamente sua teoria do Rimland euroasiático – constituem um elemento chave nos pilares teóricos da estratégia norte-americana implementada a partir de 1947 para enfrentar o expansionismo soviético (GADDIS, 2005; KEYLOR, 2005).

Cabe destacar duas diferenças significativas entre o realismo de Spykman e o de Carr. Em primeiro lugar, a crítica realista do inglês exprime as reflexões de um autor desencantado e nostálgico, em sua condição de testemunha direta dos eventos dramáticos que contribuíram para o declínio da hegemonia britânica no mundo. As apreciações

24 Jones (1955, p. 497) afirma que Kennan lhe revelou pessoalmente que a política da contenção "foi concebida de maneira independente". Essa declaração confirma que Kennan não tinha interesse em reconhecer as influências que os geopolíticos clássicos tiveram sobre a doutrina da contenção.

e questionamentos de Carr, portanto, são as de um intelectual do velho continente que lamenta a decadência de uma ordem que já não vai voltar. As críticas de Spykman são as de um emigrado europeu, acolhido pelos Estados Unidos, engajado e comprometido com a defesa de uma potência autoconfiante - embora inocente - que ainda não descobriu seu lugar em um mundo regulado pelo poder.

Como outros imigrantes da velha Europa que chegaram aos Estados Unidos entre as décadas de 1920 e 1940, Spykman levou para o país uma perspectiva trágica e pessimista da política, da sociedade e das relações internacionais, pouco conciliável com a tradicional visão norte-americana do mundo. É por isso que não deve chamar a atenção que o alvo principal dos questionamentos do holandês fosse um dos dogmas essenciais que obstruíam as possibilidades dos Estados Unidos de exercer uma influência internacional compatível com seu enorme tamanho, população, recursos e capacidade industrial: o isolacionismo. Assim, o realismo *hardcore* e anti-isolacionista de Spykman tem origem no seguinte raciocínio: em um mundo onde a guerra é um sintoma imutável da essência anárquica das relações internacionais, as responsabilidades - relativas à preservação do equilíbrio de poder mundial - de uma grande potência como os Estados Unidos devem ser de caráter permanente.

Em segundo lugar, enquanto Carr aplica a noção de "luta de classes" de Marx para explicar os conflitos entre as nações *haves* e as *have-nots*, condenando a noção de "harmonia de interesses", através de uma densa reflexão que incorpora muitos dos autores mais destacados da filosofia política moderna, Spykman escolhe um método diferente. Evitando explicitamente o determinismo - característico da geopolítica de Mackinder e Haushofer - o holandês aponta a geografia como o elemento condicionante de maior relevância para analisar as características básicas de um sistema internacional pautado pelo poder[25]. Assim, o

25 Segundo Spykman (1942, pp. 446-447): "Uma política externa adequada não deve somente estar orientada pela realidade da política de poder; ela também deve se ajustar à posição específica que um estado ocupa no mundo. É a localização geográfica de um país e sua relação com os centros de poder militar que definem seus problemas de segurança". Mas Spykman (1938, p. 32) deixa clara sua abordagem não determinista: "Deve ser enfatizado, contudo, que a geografia tem sido descrita como um fator condicionante, não determinante. A palavra (condicionante) foi escolhida cuidadosamente. A intenção era evitar o argumento de que as características geográficas desempenham um papel determinante, causal na política externa. O determinismo geográfico que explica tudo através da geografia traça uma ima-

realismo geopolítico de Spykman apoia-se, em primeiro lugar, na noção de que a localização geográfica é o fator mais importante que condiciona a política externa dos estados (SPYKMAN, 1938).

Diferentemente de outros fatores que influenciam a política exterior, a geografia é um elemento permanente, afirma. "Ministros vão e ministros vêm, até os ditadores morrem, mas as cordilheiras permanecem imperturbáveis" (SPYKMAN, 1938, p. 29).

Entre 1938 e 1939 Spykman publicou quatro artigos acadêmicos que foram vistos como uma reação à geopolítica nazista do – hoje esquecido – general Karl Haushofer, identificado por alguns observadores como o "professor de Hitler" e o mentor ideológico do expansionismo alemão naquele período (HERWIG, 2016)[26]. Nesses trabalhos, a finalidade imediata de Spykman era alertar sobre as consequências de os norte-americanos estarem ignorando os fatores político-geográficos ao avaliarem suas relações com as potências expansionistas: a Alemanha e o Japão.

Segundo o professor, a política de segurança dos Estados Unidos (isolacionista e corporificada na campanha do *America First*) era incompatível com as novas realidades geopolíticas da época. Se o expansionismo do Eixo não fosse contido, de acordo com o acadêmico de Yale, o "Novo Mundo" acabaria finalmente "cercado por dois impérios gigantescos com controle sobre enormes potenciais bélicos" (SPYKMAN, 1942, p. 194). Essa conclusão era resultado da constatação de que, em função dos avanços no desenvolvimento tecnológico dos transportes marítimo e aéreo, os oceanos Pacífico e Atlântico tinham deixado de ser "barreiras naturais" protetoras, transformando-se em vias de acesso e, portanto, facilitadores dos ataques inimigos provenientes da Europa e da Ásia.

As interpretações realistas, bem como as recomendações estratégicas que Spykman tinha formulado em seus artigos, pouco tempo antes do início da guerra, foram incorporadas posteriormente ao livro mais conhecido do autor: *America's Strategy in World Politics*, publicado em

gem distorcida e isso também se aplica a uma explicação que analisa uma política que não faz referência à geografia". Tradução nossa.

26 Para se ter uma noção da forma como Haushofer era visto nos Estados Unidos durante a Segunda Guerra, recomenda-se assistir este fragmento do documentário *Why We Fight* (1942), do diretor Frank Capra: bitly.com/haushofer

1942. O aspecto inovador da obra radica em que as reflexões ali contidas vão muito além das preocupações imediatas relacionadas com a necessidade dos Estados Unidos de vencer a guerra e restaurar o equilíbrio de poder na Eurásia.

Em plena Segunda Guerra Mundial, o professor esclarece, de fato, que seus diagnósticos e recomendações devem ser entendidos em termos de longo prazo. Foca sua atenção, desta forma, nas futuras transformações na balança de poder na Europa e na Ásia, resultantes da (ainda não previsível) vitória aliada contra o Eixo. Com efeito, suas reflexões mais profundas se relacionam com a arquitetura internacional do pós-guerra. Vários anos antes do fim do conflito, é o primeiro entre os acadêmicos de sua geração que percebe a real dimensão do perigo que representa uma URSS fortalecida e, como consequência da destruição do Eixo, com controle sobre vastas regiões da Europa e da Ásia. Advoga, por esse motivo, pela necessidade de reabilitação da Alemanha e do Japão no pós-guerra. Propõe, inclusive, a incorporação desses países numa futura aliança liderada pelos Estados Unidos, formada com o intuito de conter o expansionismo do império soviético.

A China ("uma potência continental de dimensões colossais") também é mencionada com inquietação pelo professor de Yale:

> Uma China moderna, vitalizada e militarizada de 400 milhões de habitantes será uma ameaça, não apenas para o Japão, mas também para a posição das potências ocidentais no Mediterrâneo Asiático. A China será uma potência continental de dimensões colossais com controle sobre um grande setor do litoral do mar intermediário. Sua posição geográfica será semelhante à ocupada pelos Estados Unidos no Mediterrâneo Americano. Quando a China ficar forte, sua penetração econômica nessa região terá indiscutivelmente amplas ressonâncias políticas. (SPYKMAN, 1942, p. 469). Tradução nossa.

Antecipa, desta forma, a emergência da China como uma grande potência, além da criação da OTAN (1949) e o conjunto de tratados de defesa mútua estabelecidos na década de 1950 pela administração

Eisenhower. Formula, em definitivo - cinco anos antes da publicação do famoso "artigo X" de George Kennan na revista *Foreign Affairs* e pela primeira vez na história recente dos Estados Unidos - uma grande estratégia internacional para a nação que a partir de 1945 se transformará na potência mais poderosa do mundo[27]. No final do livro, o professor declara, profeticamente, que:

> A nova ordem não diferirá da antiga e a sociedade internacional continuará operando com os mesmos padrões de poder. Será um mundo regulado pelo poder no qual os interesses dos Estados Unidos continuarão exigindo a preservação do equilíbrio de poder na Europa e na Ásia. Guerra total e permanente em escala global. Esse é o futuro que a humanidade deverá enfrentar. (SPYKMAN, 1942, p. 461). Tradução nossa.

Spykman chega, em *America's Strategy*, a três conclusões fundamentais, cada uma das quais é acompanhada de predições e prognósticos bem detalhados (Furniss, 1952): 1) O isolacionismo dos Estados Unidos é uma ameaça para a futura segurança do país; 2) a presença norte-americana permanente através do Atlântico e do Pacífico deveria ter por objetivo principal a criação e preservação do equilíbrio de poder na Europa e na Ásia; 3) um governo internacional (uma nova Liga das Nações) não deveria ser aceito como substituto de um sistema baseado no equilíbrio de poder.

3.3. Hans Morgenthau: o realismo se consolida nos Estados Unidos

Após a Segunda Guerra, a geopolítica - a perspectiva de análise que articula geografia e poder, adotada por Spykman - foi desterrada dos Estados Unidos em função de sua associação com o nazismo. Por outro lado, a Geografia Política, uma subdisciplina pouco significativa no campo da Geografia, também perdeu espaço entre os especialistas em relações internacionais, agora convertidos em cientistas sociais,

27 Na introdução da obra, Spykman deixa claro que o livro tem por finalidade prinn cipal oferecer uma "análise da posição de nosso país em termos de geografia e política de poder", de tal maneira que os Estados Unidos possam "desenvolver uma grande estratégia tanto para a guerra como para a paz baseada nas implicações de sua localização geográfica no mundo" (SPYKMAN, 1942, p. 7-8). Tradução nossa.

muito menos propensos em aceitar as interpretações (embora não os métodos) da política internacional fornecidas pelas ciências naturais (GRYGIEL, 2006).

Em contrapartida, nesse período, as Relações Internacionais tornam-se uma disciplina amplamente reconhecida, ao alcançar finalmente sua autonomia após várias décadas de sujeição a outras áreas mais tradicionais (a Ciência Política, o Direito, a História etc.). Esse processo foi o resultado, em grande medida, da publicação do livro que, por vários motivos, marca um ponto de inflexão na história das RI: *Politics among Nations: the Struggle for Power and Peace* (1948)[28]. Escrito por Hans Morgenthau, um professor de Direito Internacional de origem judaica que fugiu da Alemanha nazista, *Política entre as Nações* teve o triplo efeito de consolidar as RI como disciplina autônoma, o realismo como paradigma hegemônico na área e a figura de Morgenthau como seu fundador e mais fiel representante.

Hoffmann (1977, p. 44) caracteriza Morgenthau como um "refugiado de uma Europa suicida, com um impulso missionário de ensinar à nova potência mundial todas as lições que foi capaz de ignorar até então, mas não podia mais se esquivar de rejeitar". Desta forma, o livro foi escrito para uma audiência especificamente norte-americana – a qual deveria incluir tanto estudantes de política internacional como profissionais responsáveis pela política externa – com uma missão pedagógica muito firme: preparar os Estados Unidos para os desafios que vinham pela frente (FREI, 2018, p. 56).

Com efeito, da mesma forma que Spykman, Morgenthau estava convencido de que seu país de adoção se encontrava muito mal preparado para enfrentar as adversidades de um mundo em que suas responsabilidades internacionais tinham se tornado ineludíveis. Como explica Frei (2018, p. 56): "historicamente propensos a um otimismo exagerado, era muito provável que os norte-americanos acabassem obtendo as respostas equivocadas sobre as questões fundamentais". Sofriam, agrega o autor, de uma doença peculiar originada na preponderância de pressupostos filosóficos errados que se espalhavam sobre todos os âmbitos da vida e do conhecimento.

28 Segundo Kissinger (1980, n.p.) "Morgenthau transformou o estudo contemporââ neo das relações internacionais em uma ciência importante. Todos aqueles que ensinamos nessa área tivemos que começar pelas bases que ele estabeleceu". Tradução nossa.

Os sintomas típicos desta doença eram: o moralismo, o legalismo, o utopismo, o sentimentalismo, o *America First* e, o mais desafiador e nocivo de todos, o isolacionismo (que era, em grande medida, uma consequência dos elementos anteriores).

É possível notar muitas semelhanças entre Spykman e Morgenthau. Ambos provenientes da Europa continental e detentores de um conhecimento intuitivo, profundo e trágico da história e da política internacional, estes dois imigrantes não hesitavam em afirmar a primazia do poder nas relações entre Estados. Esse traço – junto com a denúncia de um idealismo utópico e ingênuo – também aparece, como vimos, na crítica realista de Carr. Além do realismo, Spykman e Morgenthau compartilhavam o desafio de educar seus contemporâneos nacionais.

Em última instância, o anseio de ambos era tornar mais expeditiva e menos traumática a inevitável transição dos Estados Unidos de um isolacionismo intermitente – apenas questionado durante as guerras mundiais – para um internacionalismo permanente que – segundo eles – teria que se tornar consensual entre os principais responsáveis pela política externa do país.

Apesar dessas semelhanças, foi Morgenthau quem ficou com os louros no campo das RI. Spykman, por outro lado, permaneceu relegado a um lugar de menor importância nessa nova disciplina que enxergava a geopolítica com uma grande desconfiança, em função de seu passado herético e de um aparente determinismo indigerível para os cientistas políticos da época. O sucesso do professor alemão e sua consagração como o *founding father* da área acadêmica das RI se explica em função de três vantagens que Morgenthau possuía sobre Spykman e outros realistas do período.

O fator tempo explica a primeira vantagem de Morgenthau. Como mencionamos antes, os Estados Unidos dos anos 30 e começo dos anos 40 estavam insuficientemente preparados para a sinceridade e o radicalismo dos diagnósticos realistas de Spykman. Em contrapartida, o lançamento de *Política entre as Nações* ocorreu em um momento muito mais propício para a aceitação e acolhida do realismo. Com efeito, não é possível separar o sucesso da obra mais conhecida de Morgenthau do contexto histórico em que foi publicada.

Esse contexto estava marcado pelas primeiras crises e conflitos que assinalam o início da Guerra Fria. Com efeito, a primeira edição do livro é de 1948, ano que coincide com a divisão política da Europa e outros eventos que contribuíram para uma progressiva e rápida bipolarização das relações internacionais[29].

Nos Estados Unidos, os isolacionistas e outros apologistas remanescentes do *America First* dificilmente estavam em condições de enterrar a cabeça na areia frente às consequências dramáticas dessa nova realidade mundial. Esta caracterizava-se pela emergência de dois blocos econômicos e políticos opostos, liderados por duas superpotências, uma das quais já era nuclear, enquanto a outra testaria sua primeira bomba atômica um ano depois[30]. Esse cenário estava influenciado, portanto, pela consolidação do antagonismo bipolar e a consequente urgência em reformular radicalmente as bases da política externa e de segurança dos Estados Unidos, tornando permanentes as responsabilidades internacionais do país.

Era imprescindível, por conseguinte, uma nova abordagem, na forma de uma teoria, com postulados claros e compreensíveis, que permitisse explicar as características de um cenário competitivo inegavelmente regulado pelo poder. Além disso, essa teoria era necessária para justificar o novo papel norte-americano nesse mundo incerto e ameaçador, perante uma audiência ainda muito imbuída nas tradições políticas nacionais.

A segunda vantagem de Morgenthau relaciona-se justamente com a ambição e as pretensões teóricas e epistemológicas do livro *Política Entre as Nações*. Enquanto Spykman e, principalmente, Carr limitaram-se a construir um realismo que é definido, em grande medida, pela oposição ao idealismo, Morgenthau considera que o realismo deve ir muito além de uma crítica às visões dominantes nas RI. Assim, dois são os objetivos fundamentais e complementares do livro: em primeiro lugar, sistematizar o realismo, mediante a criação de uma teoria que permita

29 Para entender as mudanças ocorridas na política externa dos Estados Unidos durante os primeiros anos da Guerra Fria, recomenda-se assistir o segundo capítulo da série "The Cold War" (CNN), disponível neste link: bit.ly/theironcurtain

30 Entre os eventos que em 1948 consolidaram o antagonismo entre os Estados Unidos e a URSS podemos destacar os seguintes: a implementação do Plano Marshall e a criação pelos soviéticos do Conselho para Assistência Econômica Mútua (Comecom); o golpe de estado organizado pelos comunistas na Tchecoslováquia; a criação do Pacto de Bruxelas; a reimplantação do serviço militar obrigatório nos Estados Unidos; o bloqueio de Berlim. Em 1949, os soviéticos testaram a primeira bomba atômica e Mao Zedong declarou a vitória comunista na China.

estudar a política internacional através de uma abordagem racional, objetiva e "científica"; e, em segundo lugar, separar o estudo das relações internacionais de outras áreas de conhecimento já consolidadas, como o Direito, a História, a Religião e a Economia.

A criação de uma teoria de política internacional coerente e objetiva é indissociável, portanto, da construção de uma nova área autônoma cujo objetivo é analisar, de maneira sistemática, fenômenos políticos internacionais cuja lógica e regularidades, segundo o autor, outras esferas de pensamento não estão em condições de compreender em sua totalidade.

Segundo o professor alemão, a crítica realista deveria fazer parte de uma teoria racional e científica capaz de, não apenas criticar ou superar o pensamento utópico, mas descobrir e compreender, de maneira coerente e sistemática, as forças profundas que determinam as relações políticas entre as nações. A necessidade de demonstrar a adequação de seus postulados ao discurso da ciência é explícita e manifesta-se, de fato, em diversos capítulos de *Política Entre as Nações*.

A definição de "teoria científica" oferecida pelo professor é um pouco vaga, contudo. Segundo Morgenthau (2003, p. 3), uma teoria científica é uma tentativa de "trazer ordem e significado para uma massa de fenômenos que, sem ela, permaneceriam desconexos e incompreensíveis". O capítulo II, inclusive, é intitulado "a ciência da política internacional". Como aponta Guilhot (2013), esse título é enganoso já que o referido capítulo constitui essencialmente uma reflexão sobre os limites do racionalismo, na linha dos argumentos apresentados na obra prévia – menos conhecida – *Scientific Man versus Power Politics*, publicada por Morgenthau em 1946[31].

A ênfase dada pelo autor à natureza "científica" da teoria que visa formular reflete, na verdade, sua intenção de transmitir toda sua argumentação intuitiva, histórica e filosófica, através de um discurso e uma terminologia aceitáveis pela ciência moderna[32]. É importante notar,

31 Nesse livro, Morgenthau (1946, p. 16) considera que "a política é uma arte e não uma ciência e o que é necessário para dominá-la não é a racionalidade do engenheiro, mas a sabedoria e a força moral do estadista. Nossa época tentou fazer da política uma ciência. Fazendo isso, ela demonstrou sua confusão intelectual, sua cegueira moral e sua decadência política". Tradução nossa.

32 Em *Scientific man vs. power politics,* Morgenthau (1946, p. 33) declara que "nenhum pensador político pode esperar ser ouvido sem, pelo menos através de sua

contudo, que apesar das referências constantes que o autor faz aos fundamentos científicos de sua teoria realista, a obra nunca teve por objetivo transformar a política internacional em uma nova ciência. Talvez por isso, uma das principais críticas sofridas por Morgenthau nos Estados Unidos foi a de que seus argumentos não cumprem os requisitos metodológicos da Ciência Política.

A terceira vantagem de Morgenthau sobre Spykman e outros realistas clássicos do período está relacionada com questões formais, didáticas e ideológicas. Com efeito, um dos grandes méritos do professor alemão foi sua vocação e habilidade para adaptar e "traduzir" ideias, conceitos e recomendações associados à *realpolitik* para um público para o qual as perspectivas pessimistas e trágicas da política sempre foram alheias às tradições norte-americanas. Efetivamente, ao analisarmos o capítulo I (introdutório), que contém os famosos "seis princípios do realismo político"[33], é possível comprovar o cuidado e o tato com que Morgenthau define o modo de pensar realista.

Nesse capítulo, ao contrapor a escola liberal (que não é mencionada explicitamente) à realista, o autor omite de maneira deliberada os nomes dos principais expoentes do liberalismo internacionalista. Esta omissão não deve chamar a atenção. A intenção era, muito provavelmente, evitar a menção de figuras aceitas e respeitadas – ou veneradas – pela audiência nativa a qual a obra estava dirigida. Assim, Woodrow Wilson, Norman Angell, Cordell Hull e outros expoentes do liberalismo internacionalista são relegados a outros capítulos do livro, muito menos comuns nos programas dos cursos de RI.

Por outro lado, presidentes norte-americanos como George Washington, Abraham Lincoln e Theodore Roosevelt são apresentados no capítulo introdutório como os grandes estadistas que souberam interpretar e aplicar algumas das principais máximas da tradição realista ao governar o país. A tática pedagógica é clara: o autor pretende demonstrar que, apesar da preponderância das ideias liberais na tradição política dos Estados Unidos, os governantes nacionais nunca hesitaram em pensar e agir conforme os preceitos da política de poder.

terminologia, prestar homenagem ao espírito da ciência [...]. Tradução nossa.

33 Os "seis princípios do realismo político" constituem a essência da filosofia realista de Morgenthau e sintetizam o pensamento do autor. O capítulo I que contém os "seis princípios" foi incorporado a partir da 2ª edição de Política entre as Nações, publicada em 1954. Sua inclusão foi uma sugestão de seus editores e foi motivada pela intenção de aumentar as vendas do livro (Jütersonke, 2010)

A vantagem "ideológica" de Morgenthau se relaciona com sua destreza para apresentar um realismo transplantado que, além de ter sido magistralmente adaptado para um público instruído na tradição liberal, se erige como um instrumento "politicamente correto" a serviço da defesa dos interesses nacionais dos Estados Unidos. Devemos lembrar que, na época, a incorreção política teve efeitos prejudiciais sobre a reputação de outros expoentes do realismo. Com efeito, o marxismo e o enaltecimento de Maquiavel presentes em Carr, bem com a linguagem realista direta, crua e, por vezes, "apocalíptica" – alicerçada na geopolítica (uma "pseudociência") – de Spykman, relegaram esses autores a um lugar de menor destaque nos currículos dos cursos de RI nos Estados Unidos[34].

Em contraste com essas abordagens caracterizadas pela presença de argumentos e conceitos pouco palatáveis – superficial ou indiretamente associados a ideologias tidas como totalitárias – dos autores mencionados, Morgenthau evita ao máximo a inclusão de elementos que possam suscitar a desaprovação do *establishment* político e acadêmico. Reprova, inclusive, o marxismo – por seu reducionismo e seu determinismo econômico –[35] e a geopolítica por seu determinismo geográfico (a falácia do "fator único")[36].

Quanto a Maquiavel, se bem devemos reconhecer que o florentino é mencionado tangencialmente em *Política Entre as Nações*, está longe de ser um autor basilar na teoria realista objetiva e "científica" que Morgenthau ambiciona construir. O conceito de "prudência" – a "virtude suprema na política" (MORGENTHAU, 2003, p. 20) – é mencionado quatro vezes no capítulo introdutório que expõe os famosos "seis princípios do realismo político".

34 Enquanto a *Política entre as nações* faz parte da bibliografia obrigatória do curso "princípios de política internacional" e outros semelhantes oferecidos pelo Departamento de Governo da Universidade de Harvard entre 1956 e 1958, as obras de Carr e Spykman aparecem apenas na seção "bibliografia sugerida". Ver Henry A. Kissinger papers, part II, Series I. Early Career and Harvard University, Box: 132 Folder: 7

35 No capítulo 5 de *Política entre as nações*, o autor explica "A teoria marxista repousa sobre a convicção, que serve de fundamento para todo pensamento marxista, de que todos os problemas políticos constituem o reflexo de forças econômicas, Como consequência, o fenômeno político do imperialismo é um produto do sistema econômico em que ele se origina" (MORGENTHAU, 2003. p. 103)

36 No capítulo VIII da primeira edição de *Política entre as nações*, Morgenthau declara: "a geopolítica é uma pseudociência que converte o fator geográfico em um absoluto, o qual supostamente determina o poder e, portanto, o destino das nações" (MORGENTHAU, 1948, p. 116). Tradução nossa.

Surpreendentemente, o autor de *O Príncipe* prima pela sua ausência nesse capítulo, no qual Morgenthau afirma categoricamente (e de diferentes formas), a "autonomia da esfera política". O próprio autor nos brinda a evidência necessária para compreender os motivos dessa omissão deliberada: "filosofias como as de Maquiavel e Hobbes, que consideram a ubiquidade dos impulsos de poder como o fato supremo da vida social (e que deve ser aceito, em lugar de condenado e restringido), foram vistas com desaprovação pela opinião predominante" (MORGENTHAU, 2003, p. 422). É justamente essa necessidade de evitar a desaprovação de uma audiência educada em um berço liberal que faz com que Maquiavel (o "primeiro importante realista político", segundo Carr) não ocupe um lugar destacado em *Política Entre as Nações.*

3.3.1. Os "seis princípios do realismo político"

Com a finalidade de sintetizar e expor de maneira acessível o pensamento realista, Morgenthau estabelece seis princípios básicos da filosofia realista que, segundo o professor, são centrais para analisar de forma objetiva e racional como funcionam as relações internacionais. A função dos princípios é, basicamente, definir o realismo e diferenciá-lo em relação a outras perspectivas ou teorias das RI. Ao mesmo tempo, eles permitem separar a política internacional de outras abordagens ou perspectivas de análise, como a Economia, o Direito, Religião etc. A seguir, explicaremos, um por um, o significado dos princípios:

1º Princípio: "O realismo político acredita que a política, como aliás a sociedade em geral, é governada por leis objetivas que deitam suas raízes na natureza humana".

Com uma finalidade pedagógica, dividiremos o princípio em duas partes. A primeira – "a política [...] é governada por leis objetivas" – merece um exame cuidadoso. Seguindo o mesmo raciocínio que Tucídides, Maquiavel e Carr, Morgenthau afirma que o mundo político se caracteriza pela existência de "regularidades" e padrões de comportamento que operam como "leis" e que funcionam de maneira independente das preferências dos indivíduos. A identificação dessas "leis objetivas" é a chave para compreendermos o funcionamento do universo político. Em outras palavras, existe uma "física do poder" que o especialista deve descobrir e entender através de uma análise baseada na observação neutra, racional e "científica", evitando sempre a interferência dos desejos, preconceitos, opiniões pessoais ou vieses ideológicos, característicos do modo de pensar dos leigos ou dos "utópicos".

Carr (2001, p. 85-86) expõe esse mesmo enfoque realista desta forma: "a história é uma sequência de causa e efeito, cujo curso pode ser analisado e entendido através do esforço intelectual, porém não (como os utópicos acreditam) dirigida pela "imaginação".

Na segunda parte do princípio "[...] que deitam suas raízes na natureza humana", o professor explica as causas básicas, os fundamentos das leis que regem o comportamento político. Efetivamente, para entendermos as regularidades do mundo político devemos voltar nossa atenção às características primordiais das paixões humanas. Isso porque determinados elementos imanentes da essência do homem, como por exemplo: a ambição, a vontade de dominar os outros, o medo à morte violenta e a predisposição inerente à violência do indivíduo, o gregarismo e a imprescindibilidade dos líderes, são todos aspectos indeléveis da alma humana.

Por outro lado, essa essência perene do homem não é influenciada pelas circunstâncias de tempo e lugar, e, portanto, não sofre alterações decorrentes das mudanças históricas. Como afirma Morgenthau (2003, p. 5): "A natureza humana, em que as leis da política têm as suas raízes, é a mesma desde as filosofias clássicas da China e da Índia". Em definitiva, o autor considera que a agressividade e vontade de poder dos estados são um reflexo das características imperfeitas do ser humano. Assevera, além disso, que é possível construir uma teoria racional baseada na compreensão dessas "leis objetivas" derivadas das características imutáveis da essência humana.

2º Princípio: "A principal sinalização que ajuda o realismo político a situar-se em meio à paisagem da política internacional é o conceito de interesse definido em termos de poder".

O argumento do autor pode resumir-se à seguinte afirmação: o interesse dos Estados é sempre definido em termos de poder. Nesse princípio, um dos mais citados e lembrados dos seis, Morgenthau sugere que essa suposição é a chave para analisar a política internacional. Isso porque ela comporta duas funções centrais: em primeiro lugar, reconhecer que o Estado é capaz de possuir interesses (nacionais) que vão além dos interesses particularistas dos grupos internos (empresas, segmentos sociais organizados etc.); e, em segundo lugar, "situar a política como uma esfera autônoma de ação e de entendimento, separada das demais esferas, tais como economia (entendida em termos de interesse definido como riqueza), ética, estética ou religião" (MORGENTHAU, 2003, p. 6).

Em outras palavras, Morgenthau, seguindo a linha de Maquiavel, proclama a autonomia da esfera política. Como podemos compreender objetivamente o modo em que a política opera, concretamente, no mundo real? A resposta é: assumindo o lugar do estadista (que é, a todo momento, compelido pelas "leis" imutáveis da política a pensar em termos de poder). É preciso, nos ensina o professor, ingressar na mente de quem toma as decisões. Nas palavras do autor:

> Normalmente, achamos que políticos pensam e agem em termos de interesse definido como poder e a experiência da história comprova tal presunção. Ela nos permite, por assim dizer, remontar ou antecipar os passos que um político – passado, presente ou futuro – deu ou dará no cenário político. Olhamos sobre seus ombros quando ele redige seus despachos; ouvimos suas conversas com outros políticos; lemos e até mesmo antecipamos os seus pensamentos. Raciocinando em termos de interesse definido como poder, passamos a pensar como ele. Na qualidade de observadores desinteressados, compreendemos seus pensamentos e suas ações talvez melhor até mesmo do que ele próprio, que é o ator na cena política (MORGENTHAU, 2003, p. 7).

Apenas desse modo, estaremos em condições de ter um conhecimento objetivo, cabal e preciso dos fatos políticos e distingui-los dos fatos não-políticos, sustenta Morgenthau (2003, p. 7).

Pensar em termos de interesse definido como poder também nos ajuda a evitar, segundo o autor, duas falácias muito comuns: a preocupação com as intenções e com preferências ideológicas dos políticos. "Não podemos", sugere Morgenthau "com base nas boas intenções de um político, concluir que suas políticas externas serão moralmente elogiáveis ou politicamente bem-sucedidas [...] Quantas vezes estadistas, levados pelo desejo de melhorar o mundo, acabaram por torná-lo ainda pior?" (MORGENTHAU, 2003, p. 8). Assim, não são os motivos primordiais, as intenções (ou as promessas) dos políticos os elementos que garantem uma política externa exitosa (de resultados), e sim, suas capacidades intelectuais para "captar os elementos essenciais da política exterior" (MORGENTHAU, 2003, p. 9).

Por outro lado, o professor apoia-se na distinção weberiana entre a "ética da convicção" e a "ética da responsabilidade" a fim de minimizar a importância dos elementos (ideológicos ou valorativos) que comumente fazem parte dos discursos dos estadistas no mundo moderno, sobretudo no caso dos mandatários de países democráticos: "os políticos, de modo particular nas condições contemporâneas, podem ter o hábito de apresentar suas políticas externas em termos de suas simpatias filosóficas ou políticas no intuito de conquistar apoio popular para as mesmas" (MORGENTHAU, 2003, p. 9).

Os políticos, sempre que agirem de forma racional, segundo Morgenthau, "terão de distinguir entre o seu "dever oficial", que implica em pensar e agir em função do interesse nacional, e o seu 'desejo pessoal', que é o de ver seus próprios valores morais e seus princípios políticos realizados em todo o mundo" (MORGENTHAU, 2003, p. 9).

A crítica ao modo de pensar "demonológico" é outro dos pontos que merece ser destacado. O que significa o "enfoque demonológico" aplicado à política internacional? Trata-se do equivalente contemporâneo das interpretações primitivas baseadas na superstição e no pensamento mágico, típicas do mundo pré-moderno. É interessante notar que, na atualidade, no contexto da proliferação de tecnologias que favorecem o intercâmbio instantâneo de informações, esse modo de perceber e julgar a realidade política e social reaparece com força através daquilo que hoje é chamado de "teorias da conspiração"[37], que são alimentadas constantemente pelas *fake news*. De acordo com o professor, "as interpretações demonológicas [...] substituem a realidade dos fatos por uma outra,

37 Segundo Nichols (2017): As teorias da conspiração são atraentes para pessoas que têm dificuldade em entender um mundo complicado e pouca paciência para explicações entediantes e detalhadas. Elas também são uma forma de as pessoas entenderem o contexto e o significado dos eventos assustadores. Sem uma explicação coerente sobre os motivos pelos quais coisas terríveis acontecem a indivíduos inocentes, as pessoas teriam que aceitar tais ocorrências como nada mais do que a crueldade aleatória de um universo indiferente ou de uma divindade incompreensível.

fictícia, povoada por pessoas malvadas" (MORGENTHAU, 2003, p. 11). O autor condena de maneira categórica o modo de pensar demonológico: "A complexidade do conflito político exclui soluções tão simples. As catástrofes naturais não poderão ser evitadas pela queima de bruxas" (MORGENTHAU, 2003, p. 13).

Para o professor, o exemplo que melhor ilustra esse tipo de visão míope e distorcida da realidade política é o macarthismo, em função de sua influência deletéria sobre a política externa dos Estados Unidos. O anticomunismo ideológico, cada vez mais enraizado nas instituições políticas norte-americanas da época, de acordo com essa perspectiva, "substituiu a ameaça real do poder russo pelo perigo, em grande parte ilusório, da subversão interna" (MORGENTHAU, 2003, p. 14).

De fato, a posição crítica de Morgenthau com relação à evolução da participação dos Estados Unidos nos conflitos da Guerra Fria - sobretudo a intervenção norte-americana no Vietnã - está intimamente vinculada à denúncia sobre a constante ideologização da política externa do País.

O elemento normativo do realismo político, presente no 2º princípio, está dado, deste modo, pela necessidade de revelar e questionar as influências "não políticas", valorativas, ideológicas, todas desestabilizadoras, que tradicionalmente dificultam a definição dos interesses nacionais. Pretende-se, desta maneira, "enfatizar os elementos racionais da realidade política, pois são esses mesmos elementos racionais que tornam a realidade inteligível para a teoria" (MORGENTHAU, 2003, p. 15). Assim:

> O realismo político considera que uma política externa racional é uma boa política externa, visto que somente uma política externa racional minimiza riscos e maximiza vantagens; desse modo, satisfaz tanto o preceito moral da prudência como a exigência política de sucesso. (MORGENTHAU, 2003, p. 16).

3º Princípio: "O realismo parte do princípio de que seu conceito chave de interesse definido como poder constitui uma categoria objetiva que é universalmente válida, mas não outorga a esse conceito um significado fixo e permanente".

Morgenthau ratifica a centralidade do conceito de interesse, visto como elemento básico, universal e perene da política. De um modo semelhante a Carr, o professor alemão reconhece, entretanto, que o conteúdo que define os interesses e determina, por conseguinte, a ação política, sim depende do contexto político e cultural em que é formulada a política externa[38]. Um bom exemplo para ilustrar esse argumento é a atual competição pela hegemonia global entre os Estados Unidos e a China.

A natureza do conflito entre esses países é a mesma que marcou as rivalidades entre as grandes potências durante os últimos quinhentos anos: trata-se de uma luta pelo poder, cujas causas profundas independem de fatores e processos circunstanciais. Como no passado, são os interesses - definidos em termos competitivos, de poder - que determinam as estratégias políticas. Esses interesses que moldam a política externa dos Estados Unidos e da China, porém, são permeados pelas variadas características do ambiente internacional contemporâneo, concretamente, por fatores econômicos, tecnológicos, políticos, sociais, culturais etc. que moldam o mundo interdependente e interconectado de hoje. Como aponta Thornhill (2021):

> Atualmente, os *chips* de computador concorrem com as vacinas como recursos indispensáveis para qualquer Estado-nação. Se a capacidade militar era, nos séculos anteriores, construída sobre fuzis, navios de guerra ou bombas atômicas, no século XXI ela poderá muito bem depender do uso mais inteligente de *chips* avançados. A posição central da TSMC na indústria mundial de semicondutores, às vezes, é vista como um motivo que poderá levar a China a invadir Taiwan. Porém, considerações militares e políticas muito maiores determinarão a linha de conduta de Pequim.

Em outras palavras, enquanto as "considerações muito maiores" apontadas por Thornhill, os "fins" últimos (a segurança, o "desejo pelo

38 Carr explica (2001, p. 91): "[...] as teorias intelectuais e os padrões éticos dos utópicos, longe de serem a expressão de princípios absolutos e apriorísticos, são historicamente condicionados, sendo tanto frutos dos interesses e circunstâncias, como armas forjadas para a defesa de interesses".

poder" e a competição) das potências não sofrem alterações ao longo do tempo, os "meios" (refletidos nos interesses) sim são condicionados pelas circunstâncias históricas.

4º Princípio: "O realismo político é consciente da significação moral da ação política, como o é igualmente da tensão inevitável existente entre o mandamento moral e as exigências de uma ação política de êxito".

Morgenthau não ignora o fato de que toda ação política possui uma dimensão moral. Contudo, o autor deixa claro que "não pode haver moralidade política sem prudência, isto é, sem a devida consideração das consequências políticas da ação aparentemente moral" (MORGENTHAU, 2003, p. 20). Desse modo, continua o autor, "o realismo considera que a prudência – a avaliação das consequências decorrentes de ações políticas alternativas – representa a virtude suprema na política" (MORGENTHAU, 2003, p. 20).

Novamente, com base nas reflexões de Maquiavel, mas sem evocar o conceito de "razão de Estado" – ideia absolutamente impalatável nos Estados Unidos –, Morgenthau adverte que os valores, princípios e outros elementos valorativos devem servir de guia da ação política, mas sempre que não colocarem em risco os interesses primordiais do Estado (sua segurança, principalmente). As ações estatais, em definitiva, devem ser julgadas com base em uma ética diferente daquela empregada para julgar os indivíduos: a ética da sobrevivência. Por conseguinte, existe uma ética política, separada das outras éticas, que julga uma ação tendo em vista suas consequências políticas.

Deste modo, a prudência é um instrumento chave no modo de pensar realista porque ela permite ao tomador de decisões resolver o problema do equilíbrio entre os preceitos éticos e as prioridades derivadas dos interesses nacionais. A caracterização do realismo como uma perspectiva imoral é insustentável, como explica Kissinger:

> Muito do debate sobre a antinomia entre o realismo e o idealismo é artificial. A maneira em que o debate é apresentado habitualmente descreve um enfrentamento entre um grupo que acredita que o poder é o elemento determinante da política internacional e os

> idealistas, que entendem que os valores sociais são decisivos. Kennan, Acheson [...] nunca mantiveram essa visão simplista. A posição de muitos realistas é que, ao analisar a política externa, é necessário começar por uma avaliação dos elementos que são relevantes em uma determinada situação. E, obviamente, os valores constituem um elemento importante dessa avaliação. O verdadeiro debate é sobre a prioridade relativa e o equilíbrio. (HEILBRUNN, 2015). Tradução e sublinhado nossos.

A Decisão de Richelieu de subordinar suas crenças religiosas à necessidade de enfrentar o império dos Habsburgo para evitar a destruição da França; a determinação de Churchill em autorizar os bombardeios de Hamburgo e Dresden a fim de erodir a moral da Alemanha durante a Segunda Guerra e, dessa forma, salvar a Inglaterra; e a aliança tácita entre os Estados Unidos e a China comunista promovida por Kissinger, no início da década de 1970, com o objetivo de contrabalançar o poder soviético, são todos bons exemplos históricos que ilustram a aplicação concreta da argumentação esboçada por Morgenthau no 4º princípio do realismo político.

5º Princípio: "O realismo político recusa-se a identificar as aspirações morais de uma determinada nação com as leis morais que governam o universo".

O realismo refuta a existência de uma moralidade universal, aplicável a todos os Estados. Trata-se, como vimos, de um dos principais argumentos da crítica realista de Carr. Morgenthau ecoa o professor inglês ao declarar que "todas as nações são tentadas a vestir suas próprias aspirações e ações particulares com a roupagem dos fins morais do universo. [...] A equiparação leviana de um determinado nacionalismo aos desígnios da Providência é moralmente indefensável" (MORGENTHAU, 2003, p. 21). As críticas ao wilsonianismo e ao excepcionalismo saltam aos olhos, embora Morgenthau nunca faça menção explícita nesse capítulo a nem um nem outro.

A política externa norte-americana dos anos 50 também é alvo não declarado das críticas do 5º princípio. Mesmo sem mencionar os presidentes Truman e Eisenhower, é evidente que Morgenthau está se referindo às equivocações de uma estratégia internacional alicerçada na presunção de uma superioridade moral, que se traduz numa política externa de "cruzada", cuja expressão mais cabal é o intervencionismo excessivo de cunho anticomunista[39].

6º Princípio: "É real e profunda a diferença existente entre o realismo político e outras escolas de pensamento".

O autor reafirma categoricamente a autonomia da esfera política. A política é uma esfera autônoma de ação e de entendimento, já que ela possui suas próprias leis e regularidades, as quais apenas o especialista está em condições de apreender na sua total dimensão. O realista político, explica Morgenthau:

> [...] raciocina em termos de interesse definido como poder; enquanto o economista pensa em função do interesse definido como riqueza; o advogado, toma por base a conformidade da ação com as normas legais; e o moralista usa como referência a conformidade da ação com os princípios morais. (MORGENTHAU, 2003, p. 22).

Não podemos deixar de notar a similitude entre essas considerações e a recomendação feita pelo senador Lewis no romance de Ishiguro. Ao rejeitar uma decisão política baseada na "honra" e na "boa vontade", Lewis adverte: "precisam de profissionais" (especialistas que entendam do assunto).

Como o senador realista crítico do *appeasement*, o professor alemão discorda daquilo que ele denomina de "enfoque moralista-legal" aplicado à política internacional. O que implica o "enfoque moralista-legal" e qual seu impacto sobre a formulação da política externa? Morgenthau rejeita as distorções que outros modos de pensar "não políticos" provocam sobre a formulação dos interesses nacionais.

O autor expõe três exemplos históricos com o intuito de ilustrar esse enfoque equivocado. O mais interessante relaciona-se com a de-

39 Para entender as características da política externa do governo Eisenhower e, ess pecificamente, o objetivo declarado da administração republicana de reverter as fronteiras do poder soviético no Leste Europeu, recomenda-se assistir o capítulo 7 "After Stalin" da série da CNN sobre a Guerra Fria. A versão online está disponível no link: bit.ly/afterstalin

cisão do governo Truman em não reconhecer o governo comunista da China após a vitória de Mao Tsé-Tung na guerra civil em 1949[40]. Vale a pena lembrar que os Estados Unidos só reconheceram plenamente a República Popular da China como o governo legítimo do país trinta anos depois. Com efeito, por mais de vinte anos, os norte-americanos negaram a existência legal de uma nação de dimensões continentais com quase um bilhão de habitantes.

Independentemente da desconfiança decorrente do enfrentamento na Guerra da Coreia, o peso do componente moral - ideológico - explica a incapacidade dos Estados Unidos de lidarem com uma potência cada vez mais distanciada da URSS e, apesar das aparências, pouco motivada pela ambição de expandir a ideologia comunista pelo mundo. Como explica Kissinger (1994, p. 720), que - além de discípulo intelectual de Morgenthau - foi o principal responsável pela reversão do enfoque moralista-legal na política externa norte-americana na década de 1970:

> Durante muito tempo, os políticos americanos, cegos pelos seus preconceitos ideológicos, não foram capazes de avaliar que a ruptura sino-soviética representava uma oportunidade estratégica para o Ocidente [...] a grande maioria da opinião pública informada considerava a China comunista incuravelmente expansionista, fanaticamente ideológica e intransigentemente empenhada na revolução mundial. Tradução nossa.

4. Kenneth Waltz e o Neorrealismo

Kenneth Waltz marca um antes e um depois no estudo das Relações Internacionais. Alguns acadêmicos da área de RI o consideram o principal herdeiro e sucessor de Hans Morgenthau (JERVIS, 2004; GRIFFITHS, 2009). Com a publicação do livro *Theory of International Politics* em 1979, - um trabalho comparável, em virtude de sua ambição, relevância e impacto, com a obra do professor alemão - Waltz funda o pensamento neorrealista.

---

40 Para entender a evolução das relações entre os Estados Unidos e a China entre 1949 e 1972, recomenda-se assistir o capítulo "China" da série sobre a Guerra Fria da CNN, disponível no link: bit.ly/cnnchina

Assim, a partir dos anos 80, após quase uma década de declínio, o realismo – renovado e revigorado por Waltz – retoma sua preeminência nas Relações Internacionais. A importância de *Theory of International Politics* radica, fundamentalmente, no fato de ter pautado e organizado o debate da área das RI durante quase trinta anos. Waltz foi capaz, em definitivo, de provocar uma "revolução copernicana" na maneira em que a política internacional era estudada e pesquisada.

Na próxima seção, discutiremos as razões que contribuíram para o sucesso acadêmico do trabalho mais célebre do autor, para depois aprofundarmos sobre os aspectos teóricos da obra.

4.1. Waltz e O Homem, o Estado e a Guerra

Antes de tratarmos de *Theory of International Politics*, seu livro mais conhecido, é necessário entendermos alguns pontos chave de seu trabalho anterior: *Man, the State, and War: a theoretical analysis*, publicado em 1959. É preciso destacar que, nas décadas de 1950 e 1960, o professor norte-americano era um realista tradicional, com uma base intelectual e um método de análise não muito diferentes aos de Morgenthau, previamente analisados. Assim, o primeiro livro de Waltz foi elaborado a partir de um enfoque embasado no conhecimento da história e na reflexão filosófica.

O Homem, o Estado e a Guerra é, segundo o próprio autor, uma obra de cunho "classificatório" (2003). Seu intuito era identificar, descrever e categorizar uma variedade heterogênea de teorias e interpretações formuladas ao longo da história por filósofos, cientistas políticos e historiadores para explicar as causas da guerra. A motivação inicial e básica do livro era entender as razões que fazem com que a guerra seja um evento recorrente nas relações internacionais.

As interpretações sobre a origem dos conflitos internacionais são divididas em três categorias, denominadas pelo autor de "imagens" ou "níveis de análise":

* Primeira Imagem: o indivíduo. A guerra é resultado, de acordo com os autores incluídos nessa categoria, das particularidades intrínsecas da natureza humana. Ela deriva, portanto, da essência ruim do homem: sua predisposição inata à violência, à ambição e seu "desejo pelo poder" etc. Como vimos anteriormente, o "primeiro nível" de análise é sempre priorizado pelos realistas clássicos.

* Segunda Imagem: o Estado. Neste caso, as causas da guerra têm origem nas características internas do Estado: o regime político e as instituições que regulam as relações entre o Estado e a sociedade, a natureza do sistema econômico (Ex.: capitalista, socialista), constituem elementos de "segundo nível". De acordo com os liberais, por exemplo, países não democráticos possuem uma maior propensão à agressão. Isso é explicado em função da maior concentração de autoridade para formular a política externa e da ausência de controles políticos ou sociais que permitam evitar a decisão de iniciar agressões militares.

As interpretações marxistas, por outro lado, consideram que as nações belicosas são capitalistas e, mais frequentemente, imperialistas. Os impulsos econômicos internos do Estado (o "capitalismo monopolista") são apontados como os fatores que geram uma maior predisposição a se envolver em conflitos armados. Na perspectiva liberal, a receita preferida para evitar as guerras é a promoção democrática, enquanto os marxistas acreditam que a solução é o socialismo. Em síntese, a organização interna dos Estados é a chave para entender o fenômeno da guerra e da paz.

* Terceira Imagem: o sistema. Enquanto as duas explicações anteriores apontam para as causas imediatas da guerra, o "terceiro nível" enxerga o sistema internacional como uma esfera separada, um contexto mais amplo que, em virtude de suas características perenes, torna possível sua ocorrência. Com efeito, em função da inexistência de uma entidade internacional com autoridade para evitar os conflitos armados, o sistema - anárquico - é tido como a causa permissiva e subjacente da guerra.

As análises que priorizam a "terceira imagem" geralmente incorporam explicações associadas a fatores tais como: as variadas consequências da anarquia internacional; a distribuição de poder entre as potências; a polaridade do sistema (bipolar, multipolar); a estrutura das alianças e as "esferas de influência" etc.

No livro, Waltz deixa claro que para analisar a política internacional é preciso levar em conta a interação entre os três níveis, sem deixar de lado nenhum deles:

> A terceira imagem descreve a estrutura da política mundial, mas sem a primeira e a segunda imagens não pode haver conhecimento das forças que determinam a política; a primeira e a segunda imagens descrevem as forças presentes na política mundial, mas sem a terceira é impossível avaliar a importância ou prever os resultados dessas forças (WALTZ, 2004, p. 295).

4.2 Theory of International Politics: uma revolução copernicana nas RI

Alguns anos após a publicação de *O Homem, o Estado e a Guerra*, Waltz começou a refletir sobre a possibilidade de elaborar uma teoria específica sobre o sistema internacional. Suas conclusões anteriores sobre a terceira imagem, concebida como uma esfera dotada de uma característica imutável – a anarquia – constituíram o pontapé inicial para sua nova pesquisa acadêmica sobre o tema.

Para a concepção de uma teoria científica e consistente sobre o sistema, Waltz dedicou-se, durante vários anos, a incorporar de maneira sistemática uma sólida base de conhecimentos sobre filosofia da ciência. O resultado de vários anos de pesquisa foi a publicação de *Theory of International Politics* (1979), livro que inaugura o pensamento neorrealista.

Quais os motivos que contribuíram para o sucesso da obra? De maneira análoga ao ocorrido com *Política Entre as Nações*, trinta anos atrás, o fator tempo explica o primeiro motivo que ajudou a popularizar o novo livro do professor norte-americano. Efetivamente, o ano 1979 – em que foi lançado *Theory* – marca simbolicamente o final do período da distensão entre as duas superpotências e o início de uma "nova" ou "segunda Guerra Fria"[41].

Com o fim da *détente* e o consequente aumento dos conflitos entre os Estados Unidos e a URSS em diversas regiões do mundo (particularmente no Oriente Médio, na África, na América Central e na Europa), muitos analistas começaram a especular sobre a possibilidade de que a intensificação das hostilidades pudesse desencadear uma Terceira

41 Para entender o significado da distensão entre as duas superpotências, bem como os motivos que levaram ao seu fim, recomenda-se assistir os cap. 16 e 19 da série "The Cold War" (CNN), respectivamente, disponíveis nos seguintes links: bit.ly/cnndetente e bit.ly/cnnfreeze

Guerra Mundial. O receio aumentou especialmente, inclusive, a partir da assunção de Ronald Reagan à presidência dos Estados Unidos em 1981.

O temor sobre as consequências negativas da rebipolarização das relações internacionais, de fato, era consensual em boa parte da academia e do *establishment* político norte-americanos, gerando repercussões, inclusive, sobre a mídia e a cultura *pop*[42], no início da década de 1980, nos Estados Unidos e no resto do mundo.

Em minoria, Waltz enxergava a bipolaridade como uma evolução positiva das relações entre as superpotências. Para o professor, de fato, a recuperação da iniciativa pelos Estados Unidos e a URSS representava a melhor garantia de ordem e estabilidade para a política mundial. Com efeito, a estrutura bipolar, dominada por duas grandes potências hegemônicas, era considerada por Waltz muito mais estável que uma estrutura multipolar, composta por três ou mais nações poderosas que dependem de toda uma série de alianças para preservar sua segurança.

A bipolaridade brinda maiores resguardos contra a ocorrência de um conflito nuclear, de acordo com esse raciocínio, simplesmente porque ela comporta apenas dois atores com um interesse comum em regular a competição entre eles. Segundo essa concepção, alicerçada na teoria dos jogos, a dissuasão nuclear exercida e administrada de maneira racional por duas superpotências todo-poderosas – cuja máxima expressão é a "Destruição Mútua Assegurada" ou o "equilíbrio do terror" – opera de maneira eficiente, já que desincentiva a utilização das armas atômicas.

É interessante destacar que a avaliação otimista da bipolaridade, característica em Waltz, contrastava com o pessimismo próprio de realistas clássicos que – como Morgenthau – eram críticos da política externa assumida pelos Estados Unidos desde o início da Guerra Fria. Waltz, portanto, não apenas resgatou o realismo, mas foi capaz de inverter o pessimismo inerente a uma tradição política originalmente gestada por imigrados fugidos de uma Europa exaurida e trágica.

O segundo motivo que ajudou a converter a obra de Waltz em uma das referências principais no estudo das RI está relacionada justamente

42 A influência desse contexto internacional ameaçador pode ser apreciada, por exemplo, no vídeo musical *Land of confusion*, da banda inglesa Genesis, disponível no YouTube. Ao final do vídeo, é possível observar o presidente Reagan apertando o botão que aciona a bomba atômica.

com a habilidade do professor para reabilitar o realismo. Devemos sublinhar que o livro foi elaborado, em grande medida, como uma reação àqueles autores liberais que desde início da década de 1970 anunciavam transformações profundas no sistema internacional, derivadas da crescente interdependência[43].

Desde o início dos anos 70, esses acadêmicos – autodenominados pluralistas – tinham passado à ofensiva no debate com os realistas. Questionavam, entre outras coisas, a aplicabilidade do realismo para estudar o novo cenário caracterizado, por um lado, pela emergência de novas crises (nas áreas financeira, comercial, energética etc.) e, por outro, por uma relativa estabilidade nas relações entre as superpotências, fruto da política da distensão de Nixon/Kissinger (KEOHANE, NYE, 2011).

Assim, frente ao argumento dos teóricos da interdependência complexa – os quais destacavam a progressiva ineficácia da força e a aparição de novos temas e novos atores, transnacionais e transgovernamentais, limitadores da influência dos Estados – Waltz ratifica a centralidade do Estado e seu papel como principal protagonista da política mundial.

Desta maneira, o professor passa à ofensiva ao criticar os pluralistas e outros teóricos das Relações Internacionais – realistas inclusive –, acusando-os de reducionistas. O que são as teorias reducionistas? O autor denomina de reducionistas as teorias ou perspectivas – como o modelo da interdependência complexa – que concentram sua atenção nos níveis individual e estatal com o intuito de explicar a política internacional. São teorias que tratam do comportamento das unidades do sistema (os Estados) e preveem os resultados internacionais em função das características internas dos países (2º "nível de análise"). Os liberais e os marxistas, por exemplo, não levam em conta a natureza autônoma do sistema internacional, de acordo com o neorrealismo. Estudam apenas aspectos específicos das unidades (Estados), bem como as características e processos da interação entre elas. Em outras palavras, o

43 Um dos trabalhos mais representativos dessa tendência é *Power and Interdependence: World Politics in Transition* de Keohane e Nye (2011), cuja primeira edição foi lançada em 1977. O argumento principal do livro é que, em um mundo interdependente, o paradigma realista é pouco útil para entender o funcionamento e evolução dos regimes internacionais, isto é, as regras de jogo que regulam determinados temas específicos no âmbito internacional, como finanças, comércio, energia. O realismo também é inadequado, segundo esses autores, para entender as relações entre os países industrializados do bloco ocidental como, por exemplo, o Canadá e os EUA.

sistema é visto, por esses teóricos, como um efeito dos fatores internos e não como um fator causal autônomo.

Em terceiro lugar, a razão de maior peso na hora de entendermos a relevância de Waltz é justamente o êxito – daquele que até então tinha sido apenas um classificador de teorias – em construir a primeira teoria científica dedicada a explicar o sistema político internacional. Como vimos anteriormente, Morgenthau ambicionava, como deixa claro em *Política Entre as Nações*, elaborar uma teoria racional, objetiva e "científica".

O professor alemão, porém, fracassou nessa empreitada. Com efeito, a tentativa de explicar o comportamento estatal a partir de pressupostos metafísicos sobre a irracionalidade da alma humana (a "sede pelo poder" do homem, por exemplo) é simplesmente incompatível com os critérios tradicionalmente aceitos pela ciência moderna. A teoria de Morgenthau, simplesmente, não incorpora hipóteses passíveis de comprovação empírica. Eis um dos principais pontos fracos de sua abordagem realista. Waltz, em contrapartida, foi o primeiro autor da área capaz de criar uma teoria rigorosa, consistente e verdadeiramente científica para analisar o sistema internacional.

Nesse sentido, no capítulo I de *Theory of International Politics*, o neorrealista – após destacar que o conceito de teoria é usado demasiado livremente nas Relações Internacionais – dedica boa parte do capítulo à tarefa de definir de maneira precisa os requisitos necessários para que uma teoria possa ser considerada científica[44].

Nesse sentido, a elaboração de uma teoria genuinamente científica da política internacional coincide, como aponta Brown (2005), com a ascensão e domínio da teoria da escolha racional na área da Ciência Política nos Estados Unidos. Eis uma das razões fundamentais que explica o sucesso do neorrealismo nesse país. Ao permitir o emprego de ferramentas tais como a teoria dos jogos no estudo de fenômenos internacionais – abrindo a possibilidade de aplicação de estudos quantitativos baseados em modelos de regressão e outras técnicas econométricas – o neorrealismo concebe uma teoria plenamente amigável *vis a vis* a psique e a cultura acadêmica dos Estados Unidos (BROWN, 2005).

44 Segundo Waltz (2002, pp. 9-10): "Uma teoria organiza fenômenos de modo que eles sejam vistos como mutuamente dependentes; ela conecta fatos até então díspares; ela mostra como mudanças em alguns dos fenômenos necessariamente levam a mudanças em outros". Tradução nossa.

4.3. Uma teoria científica para analisar a estrutura do sistema internacional

Como foi visto, Waltz questiona as teorias reducionistas porque elas concebem o sistema como um resultado, ignorando, deste modo, seus efeitos causais. Essas teorias *inside-out* explicam a política internacional em termos das características internas dos Estados e suas interações. Nesse aspecto, Waltz identifica uma inconsistência nesse tipo de abordagem: "se as mudanças nas resultantes internacionais estão diretamente ligadas às mudanças nos atores, como podemos explicar resultantes similares que persistem ou reaparecem mesmo à medida que os atores variam?" (WALTZ, 2002, p. 95).

Com outras palavras, como compreender a recorrência de fenômenos internacionais, como a guerra e o imperialismo, por exemplo, com base nas características internas de unidades (Estados) que estão em constante mutação?

O imperialismo, concretamente, é um fenômeno internacional prévio à existência do capitalismo monopolista, apontado por Hobson e Lenin como a causa de tal fenômeno. O neorrealista, por conseguinte, refuta um dos argumentos mais relevantes de seu próprio livro de 1959: que as interpretações de primeiro e segundo nível são imprescindíveis para entender as causas da guerra.

Desta forma, chega à seguinte conclusão: "o fracasso repetido das tentativas para explicar as resultantes internacionais analiticamente – isto é, através do exame das unidades em interação – assinala fortemente a necessidade de uma abordagem sistêmica". (WALTZ, 2002, p. 98). Em síntese, em lugar de indagar as interrelações entre os níveis de análise apontados no trabalho de 1959, o autor destaca a autonomia e influência da estrutura do sistema internacional.

A criação de uma teoria sistêmica, científica, consistente e rigorosa que permita explicar a lógica operacional da estrutura, portanto, tem um preço: tal teoria deve omitir as características das unidades e os mecanismos internos que moldam o comportamento estatal no plano externo. Isso implica, de acordo com o neorrealista, desconsiderar elementos tais como: questões sobre os tipos de líderes políticos, as instituições sociais e econômicas e os compromissos ideológicos que os Estados podem ter, além de interações culturais, econômicas, políticas e militares dos Estados. Por que é necessário omitir esses assuntos? Para poder distinguir entre variáveis ao nível das unidades e variáveis ao nível do sistema (WALTZ, 2002, p. 114).

Mas afinal, o que é e como opera a estrutura do sistema internacional? Segundo Waltz (2002, p. 100):

> A estrutura de um sistema atua como uma força constrangedora e disciplinadora e, porque o faz, as teorias sistêmicas explicam e predizem continuidade dentro de um sistema. Uma teoria sistêmica mostra por que motivo mudanças ao nível das unidades produzem menos mudanças nas resultantes do que as que esperaríamos na ausência de constrangimentos sistêmicos.

Com o intuito de dotar de consistência teórica a abordagem estrutural do sistema internacional, Waltz emprega critérios tradicionais da microeconomia, fazendo uma analogia com a teoria do mercado e da firma:

> As firmas são presumidamente unidades maximizadoras [...] Os sistemas competitivos são regulados, por assim dizer, pela «racionalidade» dos mais bem-sucedidos competidores. O que significa racionalidade? Significa apenas que alguns são melhores do que outros – quer através da inteligência, habilidade, muito trabalho ou pura sorte. Eles têm êxito ao fornecer um bem ou serviço desejado mais atrativamente ou de forma mais barata do que outros. Ou os seus competidores os emulam ou ficam pelo caminho. (WALTZ, 2002, p. 110).

Desse modo, o mercado competitivo é apresentado como um excelente exemplo de uma estrutura que emerge de maneira espontânea, independentemente das intenções prévias das unidades (indivíduos ou empresas). Os sistemas políticos internacionais, como os mercados econômicos, são originariamente individualistas, gerados espontaneamente e involuntários [...] e são formados pela cooperação de unidades egoístas (WALTZ, 2002, p. 129).

Como ocorre com o mercado, a terceira imagem influencia o comportamento estatal, reduzindo o leque de políticas aceitáveis e predispondo os Estados a optar por determinadas alternativas em detrimento de outras. É importante deixar claro que, segundo o neorrealismo, a estrutura não determina, ela apenas condiciona o comportamento das unidades. Waltz não afirma que os Estados são compelidos a atuar de acordo com os sinais enviados pelo sistema.

Ele simplesmente argumenta que os países que não o fizerem acabarão sendo penalizados, tal como ocorre com uma empresa que fracassa na venda de seus produtos ao praticar preços acima do mercado. O autor, em definitivo, propõe uma abordagem que nos permite deduzir o comportamento dos países em função de certas características básicas da estrutura.

Vimos que a estrutura é vista como uma força constrangedora. Dito isto, como a estrutura constrange os Estados? Através de duas maneiras, de acordo com Waltz (2002, p. 107):

*A socialização: opera limitando e moldando o comportamento das unidades, estabelecendo padrões de ação aceitáveis e reduzindo a variedade de alternativas possíveis. Os Estados possuem liberdade para escolher diferentes opções, mas aqueles que não agirem conforme os sinais enviados pelo sistema podem acabar sofrendo sanções. No início da Segunda Guerra Mundial, por exemplo, os Estados Unidos estavam em condições de manter a neutralidade – e, de fato, existiam forças internas muito poderosas que se empenhavam em preservar a postura isolacionista.

O não envolvimento norte-americano na guerra, porém, teria permitido o progresso das mudanças drásticas no equilíbrio de poder que estavam acontecendo na Europa e na Ásia, com consequências posteriores gravíssimas para a segurança do país.

* A competição (emulação): funciona de maneira paralela à socialização, criando incentivos para que os comportamentos dos atores mais bem-sucedidos – medidos em termos da capacidade de se autopreservar – sejam imitados por outros membros do sistema. A ambição por desenvolver armas nucleares demonstrada por países considerados *rogue states*, como o Irã e a Coreia do Norte, por exemplo, é resultado da constatação dos líderes desses Estados de que as nações que obtiveram

a bomba atômica foram capazes de aumentar fortemente sua segurança perante seus inimigos.[45]

Como o autor define o conceito de estrutura internacional? Antes de tratar da definição desse conceito, é importante ressaltar que a estrutura é uma abstração da realidade e, por conseguinte, não é algo que possamos apreciar de maneira simples, imediata e direta. Como o próprio Waltz adverte, "conceber as condições sob as quais a estrutura opera requer um grande esforço intelectual. Não é algo que você possa observar a olho nu ou aprender lendo os jornais todas as manhãs" (KREISLER, 2003).

A estrutura de um sistema político internacional é definida, em primeiro lugar, por um princípio ordenador. Só existem dois tipos possíveis de princípios ordenadores: anárquico e hierárquico. O sistema internacional é descentralizado e anárquico, em função da inexistência de um governo mundial. Além disso, o princípio ordenador da estrutura internacional – a anarquia – é constante, não sofre alterações ao longo do tempo.

Assim, as unidades que fazem parte do sistema político internacional operam continuamente em um ambiente caracterizado pela *autoajuda*. A especialização dos países não é factível como nas estruturas políticas domésticas, onde predomina a hierarquia e a diferenciação de funções. No sistema internacional todos os Estados precisam cumprir a mesma função fundamental: assegurar sua sobrevivência.

O segundo critério utilizado para definir a estrutura internacional é a distribuição de capacidades entre as unidades. Em contraste com o princípio ordenador, que não sofre alterações, a distribuição de capacidades sim pode sofrer mudanças. A estrutura de um sistema varia de acordo com as transformações na distribuição de capacidades entre as diferentes unidades do sistema. Segundo Waltz (2002), os estudiosos das relações internacionais fazem distinções entre sistemas políticos internacionais apenas de acordo com o número de grandes potências.

Nesse sentido, a estrutura internacional pode refletir dois tipos diferentes de distribuição de capacidades: multipolar e bipolar. Mudanças na estrutura, por outro lado, alteram as expectativas sobre a maneira

45 Para entender a posição de Waltz com relação ao debate sobre o desenvolvimento de armas nucleares pelo Irã, recomenda-se a leitura do seu artigo *Why Iran Should Get the Bomb* (2012)

como as unidades do sistema irão se comportar e sobre as resultantes que as suas interações irão produzir. De forma análoga ao que ocorre nos mercados oligopolistas, dominados por um número reduzido de grandes empresas que afetam o mercado, os Estados com maiores capacidades - as grandes potências - moldam o cenário internacional. Ou seja, suas ações produzem os problemas que o resto dos países deve confrontar.

A passagem de um sistema multipolar para um bipolar após a Segunda Guerra, por exemplo, trouxe consequências muito profundas para nações como a França e a Inglaterra. Esses Estados depararam-se, a partir de 1945, com um fato incontestável: tinham sofrido uma redução drástica de suas capacidades, tanto absolutas como relativas. Ambos preservaram seu *status* de potência, embora fossem muito menos poderosas que as novas grandes potências: os Estados Unidos e a URSS.

Essa diminuição sem precedentes nas suas capacidades relativas afetou diretamente seu comportamento: deviam se adaptar a um sistema totalmente diferente - criado e moldado por outros - o que tornava certas políticas ou ações apropriadas ou inapropriadas no novo contexto geopolítico. O fracasso do general de Gaulle em unir a Europa sob a liderança da França na década de 1960 e instituir uma *détente* de maneira bilateral com os soviéticos - sem interferências dos Estados Unidos - por exemplo, representa um caso típico de líder que não compreendeu (ou não quis compreender) as consequências dramáticas derivadas da bipolaridade.

5. O realismo neoclássico

O realismo neoclássico surge nos Estados Unidos durante a década de 1990. Nesse período, foram publicados uma variedade de trabalhos de estudiosos realistas que descreviam uma imagem da política internacional muito mais completa que a oferecida pelas perspectivas sistêmicas, dominantes nas Relações Internacionais. Frustrados pela rigidez imposta pelos debates paradigmáticos daquela época, alguns desses acadêmicos acreditavam que o neorrealismo, apesar de rigoroso e sólido do ponto de vista teórico, era limitado e insuficiente para explicar determinados eventos internacionais de grande relevância. É possível interpretar o fim da Guerra Fria, por exemplo, apenas com base nos fatores sistêmicos?

A fragmentação da autoridade e as incertezas políticas derivadas dos problemas sucessórios na URSS no início dos anos 80 (2° nível de análise) não deveriam ser apontados como elementos decisivos no processo que levou à implosão do império soviético dez anos depois?[46]. A vontade reformista de Mikhail Gorbatchov e sua empatia com o presidente Ronald Reagan (1° nível de análise) não podem ser vistos como fatores chave para compreender as características do processo que facilitou e acelerou a resolução dos principais conflitos bilaterais entre 1985 e 1991?

Como salientam Taliaferro, Lobell e Ripsman (2009, p. 2): "o sistema não poderia ser capaz de ditar a maneira em que as superpotências definiriam suas relações, muito menos as nuances e a evolução de suas respectivas grandes estratégias". O fato é que o final abrupto do sistema bipolar, descrito por Waltz como estável, significou, para certos estudiosos da área das RI, que o enfoque neorrealista era incompleto para entender ou prever grandes transformações sistêmicas.

O termo "realismo neoclássico" (RN) foi criado por Gideon Rose em um artigo publicado em 1998 (RIPSMAN, TALIAFERRO, LOBELL, 2016). Nesse trabalho, Rose elabora resenhas de quatro livros e de vários *papers* de autores que, segundo ele, conformavam uma nova escola de teorias de política externa.

Para Rose (1998, p. 154), esses trabalhos representavam, coletivamente, "algumas das mais significativas e sofisticadas análises sobre política externa atualmente disponíveis". De acordo com o criador do conceito, esses estudiosos compartilhavam uma característica básica em comum: combinavam o enfoque neorrealista – sobre os constrangimentos que o sistema anárquico exerce sobre os Estados – com as percepções e reflexões intuitivas – baseadas em abordagens filosóficas e históricas – de realistas clássicos do século XX, como Morgenthau, Carr, Kissinger etc.

Outro elemento que congregava os neoclássicos diz respeito à utilização dessa análise combinada com o intuito de estudar um tema singular: a maneira em que as potências respondem ao aumento ou queda de seu poder material. Pretendiam entender de maneira detalhada, notadamente, alterações nas grandes estratégias dos principais *players*

46 Para entender os fatores que contribuíram para o fim da Guerra Fria, recomendamos assistir o capítulo 23 da série "The Cold War" (CNN), disponível em: bit.ly/endcoldwar

internacionais de diferentes períodos históricos. Todos esses acadêmicos consideravam a visão neorrealista insuficiente para explicar tais fenômenos. Isso porque, segundo os neoclássicos, a resposta das grandes potências às pressões sistêmicas nem sempre é simples e imediata. Os enfoques sistêmicos, de fato, são incapazes de explicar matizes e alterações de curto prazo nas opções internacionais dos Estados.

Fareed Zakaria, por exemplo, no livro *From Wealth to Power: The Unusual Origins of America's World Role* (1999), examina os fatores domésticos que contribuíram para que os Estados Unidos, a nação mais rica do mundo a partir de 1885, permanecesse tanto tempo ocupando um lugar marginal na política mundial. O argumento oferecido por Zakaria é que o Poder Executivo tentou aumentar a influência internacional do país, mas constantemente se viu obrigado a restringir os planos de expansão do poder político, diplomático e militar.

Isso foi consequência, em grande medida, da ausência de um governo central forte, capaz de aproveitar as capacidades econômicas nacionais na formulação de uma política externa de grande potência. Segundo o autor, os Estados Unidos eram uma potência pouco comum: uma nação forte com um Estado fraco (ZAKARIA, 1999). Apenas a partir do início do século XIX – quando a autoridade foi transferida dos estados paro o governo federal e do Congresso para o Executivo – os líderes de Washington foram capazes de mobilizar os recursos nacionais necessários para o país exercer uma influência internacional congruente com seu peso econômico e industrial.

Em síntese, Zakaria incorpora variáveis de 1º e 2º nível de análise para elucidar a "demora" dos Estados Unidos em assumir uma política externa de grande potência.

5.1 A evolução e progressiva sistematização do realismo neoclássico

O realismo neoclássico de "Tipo I" aparece nos primeiros trabalhos elaborados durante a década de 1990, como uma tentativa de atualizar, complementar ou corrigir o enfoque neorrealista. Cabe destacar que os autores dessas obras, identificadas por Rose como parte da escola neoclássica, ainda não usavam o termo "realismo neoclássico". A partir do início dos anos 2000, Jeffrey Taliaferro, Norrin Ripsman e Steven Lobell, os referentes mais conhecidos do RN apontados por Rose, decidiram que já tinha chegado o momento de se organizar, com o intuito de dotar o enfoque neoclássico de uma maior consistência e autonomia.

A obra *Neoclassical Realism, the State, and Foreign Policy* lançada por esses autores em 2009, apontava justamente nessa direção[47]. De fato, seus organizadores afirmam nesse trabalho a necessidade de estabelecer os parâmetros e o escopo da nova perspectiva de análise, a fim de sistematizar a teoria neoclássica e assim alcançar uma maior diferenciação em relação às demais teorias internacionais, especialmente o neorrealismo. O livro de 2009 cria, desta maneira, o RN de "Tipo II". A partir desse momento, os autores continuaram seus esforços com o objetivo de conquistar uma maior sofisticação teórica e metodológica.

O resultado desse empenho foi a publicação de *Neoclassical Realist Theory of International Politics* (2016), o livro mais recente organizado pelos acadêmicos apontados acima. Assim, os principais representantes da perspectiva neoclássica afirmam ter logrado desenvolver um programa de pesquisas abrangente, consistente e autônomo para estudar uma variedade muito mais ampla de fenômenos. Esses fenômenos abrangem desde assuntos tais como crises de curta duração no processo de tomada de decisão de países específicos até temas como mudanças estruturais e alterações muito amplas nos resultados internacionais.

O último livro significou, por conseguinte, a evolução e o amadurecimento da perspectiva neoclássica, que a partir de então alcança o "Tipo III". A maior sistematização do RN, de acordo com seus organizadores, torna possível que os assuntos trabalhados nos diferentes capítulos da obra possam "servir de guia prático para os pesquisadores que aderem ao realismo neoclássico" (RIPSMAN, TALIAFERRO, LOBELL, 2016, p. 14).

5.2 Aspectos teóricos do realismo neoclássico[48]

Os neoclássicos destacam a rigorosidade científica da perspectiva estrutural de Waltz e, principalmente, a sofisticação teórica e metodológica do enfoque neorrealista. Não obstante, o RN procura ir além das análises sistêmicas, a fim de compreender fenômenos não cobertos pela

47 Além da obra de 2009, os livros mais significativos dos principais autores do RN (Taliaferro, Ripsman e Lobell) são *Challenge of Grand Strategy: The Great Powers and the Broken Balance Between the World Wars* (2012) e, sobretudo, *Neoclassical Realist Theory of International Politics* (2016).

48 Por motivos de espaço, abordaremos os aspectos teóricos relativos ao "Tipo I" do enfoque neoclássico. Para ter uma perspectiva completa e atualizada do RN de "Tipo III", recomenda-se consultar o livro *Neoclassical Realist Theory of International Politics* (2016)

teoria estrutural. Por que muitas vezes os Estados respondem de maneira inconsistente aos imperativos sistêmicos (como foi o caso dos Estados Unidos na virada do século XIX)? Essa é a pergunta de partida que aproxima todos os acadêmicos neoclássicos.

Devemos lembrar que a finalidade do neorrealismo nunca foi explicar *todos* os aspectos das relações internacionais. No livro de 1979, Waltz deixa bem claro que seu objetivo básico era criar uma teoria coerente e consistente para analisar o *sistema* internacional e não como é formulada internamente a política externa dos Estados. Ou seja, uma teoria de política internacional não é uma teoria de política externa (WALTZ, 1996, p. 1). Como foi visto antes, com o intuito de criar uma teoria consistente, módica e elegante, a proposta de Waltz ignora fatores internos e enxerga o Estado como uma "caixa preta". De acordo com o professor, uma teoria sistêmica:

> [...] pode dizer-nos que pressões são exercidas e que possibilidades são evidenciadas, por sistemas de estruturas diferentes, mas isso não nos pode dizer como, e quão efetivamente, as unidades de um sistema irão responder a essas pressões e possibilidades [...] [mas, em última instância] uma teoria de política internacional depende das políticas externas das nações, mesmo afirmando que busca explicar apenas alguns aspectos delas. (WALTZ, 2002, p. 103). Texto adaptado

Waltz reconhece, portanto, que: 1) o sistema não determina instantânea e mecanicamente o comportamento dos Estados; 2) já que o sistema influencia apenas através de incentivos e condicionantes, a política externa estatal só pode ser estudada com base numa teoria de política externa (TPE). As teorias que buscam compreender como é formulada e implementada internamente a política externa são TPEs; elas focam, por conseguinte, nos aspectos domésticos de um Estado (1º e 2º nível de análise), incorporando, consequentemente, elementos tais como líderes, ideologias, economia, instituições políticas etc.

Isso significa que os neoclássicos, frustrados com as perspectivas sistêmicas, acabaram desenvolvendo uma nova TPE convencional (vista como reducionista, segundo Waltz) ao incorporar aspectos internos do Estado? A resposta é negativa. Como Waltz, os neoclássicos são críticos das teorias – liberais, realistas ou marxistas – que ignoram a influência causal exercida pelo sistema internacional. Tais enfoques, como o institucionalismo neoliberal e a teoria da paz democrática – chamadas de teorias *innenpolitik* pelos neoclássicos – limitam-se a incorporar fatores internos a fim de analisar a política externa.

Ao minimizar ou descartar a relevância das pressões internacionais, essas perspectivas possuem uma reduzida capacidade para entender as escolhas de política exterior e, sobretudo, as grandes estratégias dos Estados, principalmente durante períodos marcados por crises internacionais ou ameaças externas.

Além do mais, tais abordagens possuem uma concepção estática e limitada do Estado. Com efeito, para essas perspectivas de tipo *innenpolitik*, o aparelho estatal e suas instituições configuram uma arena competitiva e permeável às pressões societais, através da qual os grupos de interesse conseguem impor facilmente seus interesses.

Isso também se aplica aos enfoques marxistas, os quais concebem o Estado – e seus representantes – como meros instrumentos a serviço dos grupos econômicos privados mais poderosos. Como apontado por Taliaferro, Lobell e Ripsman (2009, p. 13), a maioria dessas abordagens carece de uma teoria bem articulada para analisar o Estado como uma entidade autônoma, que permita compreender de uma maneira mais apurada e sofisticada como operam as interações entre as variáveis sistêmicas e domésticas no processo de formulação da política externa.

Desta forma, os primeiros trabalhos considerados realistas neoclássicos constituíam, segundo Rose, um novo tipo de TPE que – ao incorporar a perspectiva sistêmica como pontapé inicial de suas análises – tomava distância dos enfoques convencionais de tipo *innenpolitik*. Segundo Rose (1998, p. 146):

> [...] O realismo neoclássico incorpora de forma explícita tanto variáveis externas como internas, atualizando e sistematizando alguns aspectos centrais do pensamento realista clássico. Seus adeptos argumentam que o alcance e a ambição da política externa de um país são influenciados, principalmente, pelo seu lugar no sistema internacional e, especificamente, por suas capacidades relativas de poder material. É por isso

> que eles são realistas. Além disso, no entanto, eles argumentam que o impacto de tais capacidades na política externa é indireto e complexo, porque as pressões sistêmicas devem ser traduzidas através de variáveis intervenientes no nível da unidade. É por isso que eles são neoclássicos.

Assim, o ponto de partida dos neoclássicos é a análise estrutural dos neorrealistas: o sistema internacional opera como a variável independente. As pressões sistêmicas, porém, sugerem os neoclássicos, são sempre processadas no nível doméstico do Estado. O próprio Waltz (KREISLER, 2003) reconhece a importância desse fato ao afirmar que "as *percepções* sobre o que é a estrutura em um determinado momento influenciam fortemente a política seguida por um país".

Os neoclássicos tomam distância de Waltz ao rejeitar a separação categórica, apontada pelo neorrealista, entre TPEs e teorias de política internacional. Sustentam, nesse sentido, que o poder material relativo proporciona apenas os parâmetros gerais da política exterior de um Estado. Eles enfatizam, por outro lado, que não existe uma "correia de transmissão" perfeita que permita vincular as capacidades materiais às características da política externa (Rose, 1998, pp. 146-147). Isso porque as decisões de política externa são tomadas por líderes estatais os quais são os responsáveis por interpretar as pressões sistêmicas. Desta forma, no curto prazo, a anarquia oferece aos líderes uma considerável liberdade de ação para definir seus interesses de segurança.

Para os encarregados de formular a política exterior, não obstante, a tarefa prática de avaliar o poder e as intenções de outros Estados é complicada. Esse pressuposto é compartilhado por Kissinger ao observar que "o grande desafio enfrentado na formulação de estratégias e a arte de governar deriva das inevitáveis incertezas, perante as quais as decisões devem ser tomadas antes de que seja possível conhecer todos os fatos ou avaliar suas ramificações" (KUMALA, 2016, n.p.)[49]. Spykman compartilharia com Kissinger esse argumento sobre as complexidades inerentes à formulação da política exterior. De acordo com o professor holandês:

49 The greatest challenges to strategy and statecraft lie in the realm of unavoidable uncertainty, where decisions must be made before it is possible to know all the facts or to assess their ramifications.

> Muitos são os fatores que condicionam a política dos estados; eles são permanentes e temporários, óbvios e não tão óbvios; esses fatores incluem, além do fator geográfico, a densidade populacional, a composição étnica do povo, a forma de governo e os preconceitos e humores dos ministros das relações exteriores. É a ação simultânea desses fatores que cria esse fenômeno complexo conhecido como "política externa". É tarefa do cientista social tentar encontrar correlações entre os fatores condicionantes e os tipos de política externa nesse conjunto enorme de dados históricos (SPYKMAN, 1938, p. 28). Tradução nossa

As reflexões anteriores de Kissinger e Spykman expressam à perfeição os motivos que levam os neoclássicos a resgatar e incorporar os enfoques tradicionais dos realistas clássicos do século XX. Os neoclássicos, portanto, além de recuperar o papel do Estado, recuperam a figura do estadista, foco central dos realistas clássicos do século XX e que tinha sido descartada pelos neorrealistas. Em função das incertezas e as complexidades mencionadas por Kissinger e Spykman, respectivamente, os cálculos e percepções dos líderes podem inibir uma resposta oportuna e eficiente às transformações do ambiente externo. Além do mais, os líderes políticos não possuem uma autonomia plena para definir os interesses nacionais. Efetivamente, para formular uma grande estratégia internacional, eles precisam: extrair e mobilizar recursos da sociedade; operar através das instituições domésticas; e manter o apoio de atores chave (públicos e/ou privados) envolvidos na política externa. Esses fatores domésticos funcionam, segundo os neoclássicos, como variáveis intervenientes entre as pressões sistêmicas e os resultados de política externa.

Em definitiva, o RN não é uma teoria de política internacional e sim uma TPE que, apoiada no enfoque estrutural de Waltz, pretende se diferenciar das TPEs reducionistas de tipo *innenpolitik*.

5.3 O realismo neoclássico e o resgate do Estado

O RN recupera a concepção de Estado dos realistas clássicos do século XX, tais como Morgenthau e Kissinger. Trata-se de uma concepção baseada na noção weberiana de Estado que estabelece uma distinção explícita entre o aparelho estatal e a sociedade (RIPSMAN, TALIAFERRO, LOBELL, 2016). Essa visão relativamente hierárquica do Estado incorporada pelos neoclássicos destaca, acima de tudo, a autonomia dos principais tomadores de decisão responsáveis pela política externa.

O Estado está composto por um Executivo de Segurança Nacional (ESN) que inclui o líder do governo e os ministros/assessores a cargo da política exterior. O ESN encontra-se na interseção entre o Estado e o sistema internacional. Por isso, ele ocupa uma posição privilegiada, já que tem acesso a informações exclusivas e, portanto, pode perceber melhor os constrangimentos sistêmicos.

Em outras palavras, o ESN está melhor capacitado e informado para definir os interesses nacionais de longo prazo e formular uma grande estratégia internacional. Apesar do ESN ser relativamente autônomo com relação à sociedade, ele precisa, em muitos casos, barganhar com certos atores domésticos com potencial para apoiar ou vetar as decisões de política exterior.

Esses processos de negociação entre os líderes e os grupos internos, por outro lado, não operam em um vácuo institucional. Pelo contrário, as instituições podem limitar ou favorecer a capacidade dos líderes de avaliar os sinais sistêmicos, além de sua autoridade para promover alterações nas estratégias internacionais. O grau de autonomia do ESN com relação à sociedade pode variar, de acordo aos neoclássicos, ao longo do tempo e entre diferentes países.

Considerações Finais

O realismo político é uma tradição de pensamento muito diversa que aproxima estudiosos e estadistas de diferentes lugares e épocas. Seus pressupostos básicos, contudo, são claros e inconfundíveis. Como foi visto no início do capítulo, a visão cética da natureza humana, o tribalismo, o papel indispensável dos líderes, a centralidade do poder, a prioridade atribuída à segurança nacional e a noção de recorrência na história são elementos chave compartilhados por todos os expoentes do realismo.

Na terceira seção do capítulo foram analisados três realistas clássicos anteriores ao século XX – Tucídides, Maquiavel e Hobbes – e três realistas clássicos do século XX – Carr, Spykman e Morgenthau. Ao refletir sobre as questões fundamentais da política e das relações internacionais, esses autores adotaram uma visão singular do mundo ("como ele é") –, constantemente em tensão com o modo de pensar primitivo, ingênuo, teológico, utópico, ideológico etc. Assim, o realismo se define, essencialmente, por oposição a outras escolas doutrinárias unificadas pela crença na "retidão inerente e a maleabilidade infinita da natureza humana".

Mediante um olhar que hoje seria denominado de "científico", Tucídides foi o primeiro em indagar sobre as causas objetivas da guerra e a insignificância dos valores morais nas relações entre poderes desiguais. Na mesma linha, Maquiavel analisa o universo político com base nos fatos palpáveis da realidade. Inova ao decretar, de maneira inconfundível, a autonomia da esfera política, em um mundo em que o homem está se tornando a medida de todas as coisas.

Adotando a mesma perspectiva sobre a essência humana de Tucídides, Hobbes explica as consequências que a falta de autoridade produz sobre as relações entre os indivíduos. Seu argumento sobre o "estado de natureza" foi incorporado mais tarde pelos realistas clássicos do século XX interessados em entender as características das interações dos estados em um ambiente anárquico.

Poucos anos antes do início da Segunda Guerra, Carr foi o responsável pela criação do termo "realismo" e – embora não tenha formulado uma teoria realista propriamente dita – contribuiu para a criação dos pilares conceituais e normativos do realismo clássico do século XX. Sua análise e desconstrução do edifício utópico em que se apoiava a ordem mundial no período entreguerras continuam sendo válidos para os que pretendem pensar sobre alguns traços básicos dos conflitos entre as grandes potências no mundo atual. Adotando uma leitura em muitos aspectos semelhante a de Carr, Spykman, por sua vez, introduziu o realismo nos Estados Unidos e sentou as bases gerais para a grande estratégia internacional adotada por esse país a partir do final da Segunda Guerra Mundial e durante toda a Guerra Fria.

O objetivo de elaborar uma teoria para analisar a política internacional aparece pela primeira vez com Morgenthau, considerado, por diversos motivos, o realista clássico mais importante do século XX. O professor alemão, um claro representante da tradição europeia da *realpolitik*, apresenta uma teoria cuidadosa e meticulosamente adaptada para uma audiência que sempre desconfiou dos postulados e soluções associados à doutrina maquiavélica da *raison d'état*. Em *Politics Among Nations*, ressalta a existência de leis e regularidades que operam nas relações internacionais, o que torna possível e necessária, na visão dele, a criação de uma teoria autônoma para estudar a política mundial.

Ao destacar a primazia do poder nas relações entre estados e defender normativamente a noção de interesse nacional, Morgenthau elabora argumentos claros e acessíveis, indispensáveis para a área das Relações Internacionais naquele período (a década de 1950) marcado por uma transformação sem precedentes na política externa do Estados Unidos.

Examinamos, na seção seguinte do capítulo, o neorrealismo de Kenneth Waltz. Este autor – tradicionalista durante os anos 1960 – cria a primeira teoria genuinamente científica para estudar a política internacional, fato decisivo que contribuiu para a revitalização do realismo nos Estados Unidos e para uma significativa alteração dos debates na área acadêmica das RI.

Finalmente, analisamos a abordagem neoclássica, formulada por autores realistas desencantados com a rigidez imposta pelas perspectivas sistêmicas. O realismo neoclássico surge inicialmente como uma teoria de política externa que incorpora o melhor do neorrealismo e do realismo clássico do século XX. Ao fazê-lo, torna possível a reincorporação de temas e aspectos – essenciais na visão de seus adeptos – que tinham sido sacrificados em nome da consistência e "elegância" exigidas pela teoria estrutural de Waltz.

Referências bibliográficas

ALLISON, G. Destined for War: Can America and China Escape Thucydides's Trap? New York: Houghton Mifflin Harcourt, 2017.

BULL, H. A sociedade anárquica: um estudo da ordem política mundial. Brasília: Editora Universidade de Brasília, 2002.

CARR, E. H. Vinte anos de crise: 1919-1939: uma introdução ao estudo das relações internacionais. Brasília: Ed. Universidade de Brasília, Instituto de Pesquisa de Relações Internacionais, 2001.

CRANE, G. Thucydides and the Ancient Simplicity: The Limits of Political Realism. Berkeley: University of California Press, 1998.

FREI, C. Politics Among Nations: A Book for America. In: NAVARI, C. (Ed.). Hans J. Morgenthau and the American Experience. Cham: Springer International Publishing, 2018. p. 55–74.

FREYBERG-INAN, A. What moves man: the realist theory of international relations and its judgment of human nature / Annette Freyberg-Inan. Albany: State University of New York Press, 2003.

FURNISS, E. S. The Contribution of Nicholas John Spykman to the Study of International Politics. World Politics, v. 4, n. 3, p. 382–401, 1952.

GADDIS, J. L. Strategies of Containment: A Critical Appraisal of American National Security Policy during the Cold War. Rev. and expanded ed. New York: Oxford University Press, USA, 2005.

GILPIN, R. War and Change in World Politics. 1ST. ed. Cambridge: Cambridge University Press, 1981.

GILPIN, R. The Theory of Hegemonic War. Journal of Interdisciplinary History, v. 18, n. 4, p. 591, 1988.

GILPIN, R. G. The Richness of the Tradition of Political Realism. International Organization, v. 38, n. 2, p. 287–304, 1984.

GRAY, C. Strategy for Chaos: Revolutions in Military Affairs and The Evidence of History (Strategic Studies). 1. ed. Portland: Frank Cass, 2004.

GRIFFITHS, M.; ROACH, S. C.; SOLOMON, M. S. Fifty key thinkers in international relations. London; New York: Routledge, 2009.

GRYGIEL, J. J. Great powers and geopolitical change. Baltimore: The Johns Hopkins University Press, 2006.

GUILHOT, N. Politics between and beyond nations: Hans J. Morgenthau's Politics Among Nations. In: BLIDDAL, H.; SYLVEST, C.; WILSON, P. (Eds.). Classics of International Relations. New York: Routledge, 2013.

HEILBRUNN, J. The Interview: Henry Kissinger, 19 ago. 2015. Disponível em: <https://nationalinterest.org/feature/the-interview-henry-kissinger-13615>

Henry A. Kissinger papers, part II – Yale University Library. Disponível em: <https://findit.library.yale.edu/catalog/digcoll:554296>. Acesso em: 14 jul. 2021

HERZ, J. H. Idealist Internationalism and the Security Dilemma. World Politics, v. 2, n. 02, p. 157–180, 1950.

HOBBES, T. O Leviatã ou Matéria, Forma e Poder de um Estado Eclesiástico e Civil. São Paulo: Nova Cultural, 1997.

HOFFMANN, S. An American Social Science: International Relations. Daedalus, v. 106, n. 3, p. 41–60, 1977.

HULL, C. The Memoirs of Cordell Hull: Volume I. London: Hodder & Stoughton, 1948.

ISHIGURO, K. Os Vestígios Do Dia. 1ª edição ed. Rio de Janeiro: Rocco, 1990.

JERVIS, R. Hans Morgenthau, Realism, and the Scientific Study of International Politics. Social Research, v. 61, n. 4, p. 853–876, 1994.

JONES, S. B. Global Strategic Views. Geographical Review, v. 45, n. 4, p. 492, out. 1955.

JÜTERSONKE, O. Morgenthau, Law and Realism. 1. ed. Cambridge: Cambridge University Press, 2010.

KAGAN, D. La guerra del Peloponeso. Barcelona: Edhasa, 2009.

KEOHANE, R.; NYE, J. S. Power & Interdependence, 4th Edition. Pearson, 2011.

KEYLOR, W. R. The Twentieth-Century World and Beyond: An International History since 1900. 5. ed. Oxford University Press, USA, 2005.

KISSINGER, H. Mis Memorias, tomo I. Buenos Aires: Editorial Atlántida, 1980a.

KISSINGER, H. Diplomacy. 1ST. ed. New York: Simon & Schuster, 1994.

KISSINGER, H. A. O mundo restaurado. Rio de Janeiro: J. Olympio, 1973.

KISSINGER, H. A. Memorial Remarks for Hans Morgenthau. 1980b.

KREISLER, H. Conversations with History: Waltz, 2003. Disponível em: <http://globetrotter.berkeley.edu/people3/Waltz/waltz-con0.html>

LIST, F.; LLOYD, S. S.; NICHOLSON, J. S. The national system of political economy. London; New York: Longmans, Green, 1922.

LOBELL, S. E.; RIPSMAN, N. M.; TALIAFERRO, J. W. (EDS.). Neoclassical Realism, the State, and Foreign Policy. 1 edition ed. Cambridge, UK; New York: Cambridge University Press, 2009.

MAQUIAVEL, N.; DIAS, M. S (tradutor). O príncipe. 1ª edição ed. Penguin-Companhia, 2010.

MORGENTHAU, H. J. Scientific man vs. power politics. Chicago, Ill.: University of Chicago Press, 1946.

MORGENTHAU, H. J. Politics among nations: the struggle for power and peace. New York: A.A. Knopf, 1948.

MORGENTHAU, H. J. A política entre as nações: a luta pelo poder e pela paz. São Paulo (SP): Imprensa Oficial do Estado de São Paulo, 2003.

NICHOLS, T. How America Lost Faith in Expertise: And Why That's a Giant Problem. Foreign Affairs, v. 96, n. 2, p. 60–73, 2017.

NYE, J. S. Cooperação e conflito nas relações internacionais: uma leitura essencial para entender as principais questões da política mundial. São Paulo: Gente, 2009.

OBER, J. Thucydides and the Invention of Political Science. Rochester, NY: Social Science Research Network, 2005. Disponível em: <https://papers.ssrn.com/abstract=1426856>. Acesso em: 22 jul. 2021.

RIPSMAN, N. M.; TALIAFERRO, J. W.; LOBELL, S. E. Neoclassical Realist Theory of International Politics. New York: Oxford University Press, 2016.

SPYKMAN, N. J. Geography and Foreign Policy, I. American Political Science Review, v. 32, n. 1, p. 28–50, fev. 1938.

SPYKMAN, N. J. America's Strategy in World Politics. The United States and the Balance of Power. Harcourt, Brace & Co.: New York, 1942.

SPYKMAN, N. J. Estados Unidos frente al mundo. México: Fondo de Cultura Económica, 1944.

TALIAFERRO, J. W.; RIPSMAN, N. M.; LOBELL, S. E. (EDS.). The Challenge of Grand Strategy: The Great Powers and the Broken Balance between the World Wars. Cambridge: Cambridge University Press, 2012.

The Henry A. Kissinger Papers, Parts II and III | Yale University Library. Disponível em: <https://web.library.yale.edu/digital-collections/kissinger-collection>. Acesso em: 14 jul. 2021

THORNHILL, J. Geopolitical supremacy will increasingly depend on computer chips. Financial Times, 25 fev. 2021.

TUCÍDIDES; KURY (TRAD.), M. DA G. História da Guerra do Peloponeso. Brasília: UnB, 2001.

VONCKEN, R. Rediscovering U.S. Geopolitics: A Study on the Influence of Classical Geopolitics on American Foreign Policy during 1945-1950. Nijmegen: Faculty of Arts, Radboud University, 2011.

WALTZ, K. N. International politics is not foreign policy. Security Studies, v. 6, n. 1, p. 54–57, 1 set. 1996.

WALTZ, K. N. Teoria das relações internacionais. Lisboa: Gradiva, 2002.

WALTZ, K. N. O homem, o estado e a guerra. Rio de Janeiro: Martins Fontes, 2004.

WALTZ, K. N. Why Iran Should Get the Bomb: Nuclear Balancing Would Mean Stability. Foreign Affairs, v. 91, n. 4, p. 2–5, 2012.

WATSON, A. The evolution of international society: a comparative historical analysis / Adam Watson. London; New York: Routledge, 1992.

WIGHT, M.; WIGHT, G.; PORTER, B. (BRIAN E. International theory: the three traditions / Martin Wight; edited by Gabriele Wight and Brian Porter with an introductory essay by Hedley Bull. Leicester: Leicester University Press for the Royal Institute of International Affairs, London, 1991.

WILSON, P. E.H. Carr: the revolutionist's realist. 2000.

ZAKARIA, F. From wealth to power: the unusual origins of America's world role. Princeton, N.J.: Princeton University Press, 1999.

Capítulo 4

INTERDEPENDÊNCIA E NEOLIBERALISMO INSTITUCIONAL: O DEBATE NEO-NEO E A REAÇÃO DAS VIRADAS SOCIOLÓGICA E LINGUÍSTICA

Beatriz Rodrigues Bessa Mattos[1]
Monica Heinzelmann Portella de Aguiar[2]

Introdução

Este capítulo possui como objetivo central apresentar o panorama teórico da disciplina de Relações Internacionais na década de 1980, conferindo especial enfoque aos conceitos lançados pela abordagem neoliberal institucionalista que, com o objetivo de adquirir maior rigor científico, passa por reformulações importantes quando comparada às teorias liberais clássicas. O capítulo busca, também, realizar uma síntese a respeito dos principais pontos de consenso e dissenso entre as perspectivas neorrealista e neoliberal institucionalista, que deram origem ao chamado debate neo x neo nesse mesmo período. Por fim, intenta-se analisar como novas abordagens teóricas, até então estranhas à disciplina, desafiam essas teorias dominantes, bem como contribuem fundamentalmente para as denominadas "viradas" sociológica e linguística nas Relações Internacionais.

---

1 Mestre em Ciência Política e Relações Internacionais (IUPERJ/UCAM), Doutora em Relações Internacionais (IRI/PUC-RIO). Atualmente é professora de Relações Internacionais na Universidade Veiga de Almeida.

2 Bacharel em Economia, Mestre em Sociologia e Política (PUC-RIO) e Doutora em Ciência Política (IUPERJ/UCAM). Atualmente é pesquisadora do Núcleo de Estudos Avançados da UFF.

1. Os conceitos de Interdependência e Cooperação

1.1 Interdependência

De maneira a compreender as teorias neoliberais e o conceito de interdependência, é necessário contextualizar o mundo dos anos 1970 quando essas ideias começaram a tomar forma no campo das Relações Internacionais. Com o término da II Guerra Mundial, a Pax Americana - fundamentada politicamente no sistema das Nações Unidas e financeiramente no de Bretton Woods - proporcionou ao mundo ocidental, em particular à Europa aliada, quase três décadas de forte crescimento econômico. Esse período de prosperidade - chamado pelos franceses de "*les 30 glorieuses*" (os trinta anos gloriosos) - viabilizou uma melhoria nas condições de vida e de trabalho das populações, mas foi encerrado definitivamente com a primeira crise do petróleo em 1973.

Verdade seja dita, o modelo econômico vigente apresentava problemas de desaceleração desde o final dos anos 1960. As economias europeias enfrentavam o desafio duplo de financiar um modelo de bem-estar social e de reagir ao declínio de sua taxa de crescimento real. Nos Estados Unidos, déficits orçamentais e comerciais anuais obrigavam o Tesouro a emitir cada vez mais moeda, gerando uma situação de risco para a economia norte americana, no caso de ocorrer uma corrida especulativa para converter o dólar em ouro. Em 1971, o Presidente Richard Nixon com a intenção de salvaguardar a economia nacional e reerguer sua competitividade aboliu a paridade dólar-ouro resultando em uma desvalorização da moeda. O fim da ordem de Bretton Woods produziu um desequilíbrio financeiro internacional que colaborou para a crise de elevação dos preços do petróleo (Visentini & Pereira, 2010).

Os anos 1970 coincidiram igualmente com um novo equilíbrio de poder nas relações internacionais. A ordem bipolar foi ampliada pela presença de um eixo político resultante da reaproximação entre EUA e República Popular da China. A crise do petróleo, por sua vez, evidenciou o prestígio recém conquistado dos países com recursos primários essenciais. A emergência do Terceiro Mundo no cenário internacional completou-se com a emancipação das antigas colônias europeias na África subsaariana (processo iniciado ao fim da II Guerra Mundial) e com a criação do movimento dos países não alinhados na Conferência de Bandung, em 1955 (Visentini & Pereira, 2010). Observando esse contexto de transformação e de declínio da hegemonia estadunidense, os estudiosos das Relações Internacionais contrapuseram ao paradigma realista dominante uma reflexão alternativa sobre a ordem liberal.

Em 1977, Robert Keohane e Joseph Nye publicam o livro *Power and Interdependence: world politics in transition* com o objetivo de compreender os novos padrões econômicos e políticos da cooperação internacional. O título do livro já revelava o propósito dos autores: combinar a perspectiva realista – fundamentada na lógica do poder – com uma leitura liberal institucionalista, focada nas relações de interdependência. Keohane e Nye (2012) não pretendiam negar ao realismo seu valor. Eles arguiam da necessidade de complementá-lo quando em frente a um quadro político denominado "interdependência complexa". Conforme os autores, antes de se aplicar uma perspectiva realista ou liberal, deve-se identificar em que circunstâncias econômicas e políticas se encontra o país em questão (Keohane & Nye, 2012).

Segundo o realismo, o mundo é uma arena em que se luta pelo poder por meio de violência organizada. Os Estados são os principais contendores ou atores da política internacional, e competem entre si para defender seu território e seus interesses das ameaças externas. Embora os combates possam ser de natureza social ou econômica, o verdadeiro conflito costuma envolver questões de segurança militar. Trata-se daquilo que os realistas descrevem como *high politics*, ou assuntos de alta política, hierarquicamente sobreposto às *low politics*, considerados, portanto, de menor relevância quando comparados aos temas que envolvem a segurança nacional. Para os realistas, a cooperação entre Estados dominantes pode até ocorrer, mas tende a ser breve e a se verificar no âmbito das *low politics*, obedecendo exclusivamente a lógica dos interesses nacionais.

A abordagem neoliberal questiona a adequação de algumas das premissas realistas. Essa rejeita a força como único instrumento político, julga que existem outros atores significativos além dos Estados nacionais e recusa a supremacia da segurança militar face às outras questões, como as econômicas, ambientais e sociais. Para esse grupo de autores, a segurança interna e externa de um país decorre também de suas condições econômicas e sociais e, uma crise econômica, pode solapar a estabilidade em todos os planos (Keohane & Nye, 2012), o que demonstra como a agenda de pesquisa desses autores conecta-se, indubitavelmente, ao contexto político, econômico e social dos anos 1970.

Observando a ordem do título *Power and Interdependence*, o primeiro termo que deve ser conceitualizado é "poder", conceito que os pensadores liberais clássicos são constantemente acusados de não levar em consideração. Em sua acepção tradicional, o poder é percebido como sendo de natureza militar; um Estado com maior capacidade bélica é capaz de exercer domínio sobre todos os demais. Constatou-se, contudo, com a Guerra do Vietnã, que nem sempre a superioridade bélica se traduz em vitória, e que uma nação poderosa pode padecer frente a outras de menor envergadura. No mais, os dois choques do petróleo verificados na década de 1970 também evidenciaram que o poder entendido meramente em termos materiais não mais se adequava à realidade internacional.

Diante desta constatação, surgiram definições alternativas de poder. Tratar-se-ia da capacidade de persuadir os outros atores a procederem de forma compatível com as necessidades do ator dominante ou, a de controlar recursos e influir sobre resultados. A definição mais abrangente de poder provocou nos autores a necessidade de elaborar outros dois novos conceitos para acompanhar a análise de interdependência: o de sensibilidade e o de vulnerabilidade (Keohane & Nye, 2012).

Keohane e Nye (2012) sustentam que, em situações de interdependência complexa, a política a ser aplicada deve ser diferente da prescrita em condições realistas ou tradicionais. Mas o que os autores entendem por interdependência? O leitor atual está familiarizado com o termo globalização, que se tratava ainda de um processo incipiente quando da publicação de *Power and Interdependence.* Keohane e Nye (2012) denominam interdependência os primórdios do processo de globalização. Em 1977, observando como os avanços tecnológicos afetavam a política econômica mundial, eles se propuseram estudar esse processo.

O conceito de interdependência complexa foi elaborado em etapas, seguindo a metodologia weberiana de construção de um tipo puro. A dependência caracteriza-se como a situação em que o ator mostra-se susceptível a ser afetado por questões externas, alheias ao seu controle. A interdependência, por sua vez, é constituída por uma dependência mútua. É importante não se confundir interdependência e interconexão.

Desde o fim da II Guerra Mundial, as conexões no mundo têm aumentado, mas a interconexão não provoca resultados onerosos. Já a dependência pressupõe um custo e a interdependência um custo recíproco (mesmo que o valor entre as partes não seja idêntico). Um país que adquire bens de luxo do exterior não se encontra na mesma situação que outro que importa petróleo, mesmo que ambos gastem o mesmo valor. O segundo país depende das importações de recursos energéticos e, uma variação de preço dessa *commodity*, vai interferir na sua capacidade produtiva. Se por sua vez, essa variação repercutir também na receita de seu fornecedor, há interdependência entre ambos (Keohane & Nye, 2012).

A interdependência complexa apresenta três características próprias que sugerem o emprego de processos políticos distintos aos recomendados pelos realistas:

1. As sociedades são conectadas por múltiplos canais. Enquanto para o realismo, o Estado é a unidade determinante nas relações transnacionais, na situação de interdependência complexa, as relações ocorrem em todos os níveis: governos, ONGs, burocracias privadas etc. Pensemos em um universitário, estudante em uma instituição particular, que vai fazer um intercâmbio no exterior. O acordo de cooperação foi assinado entre duas universidades, os funcionários de ambas se comunicam com regularidade para trocar informações sobre requisitos e equivalências das disciplinas. O aluno estabelecerá laços acadêmicos e profissionais com os docentes e colegas estrangeiros. Em suma, os contatos deixam de estar sob a formal esfera de controle de um ente governamental e se tornam muito mais numerosos e fluidos, permitindo um maior protagonismo de outras entidades na política mundial.
2. A interdependência complexa desconhece a hierarquia de problemas. Em um mundo interdependente, questões como mudanças climáticas, tráfico de drogas ou compartilhamento de recursos transfronteiriços (combinando política doméstica e externa) ocupam a agenda política e chegam a se sobrepor ao problema da segurança militar, tema prioritário para os realistas. Essas negociações não são prerrogativa da ação de governos e podem ser exercidas por diferentes organizações, em variados níveis.

3. A força militar tem menos relevância como instrumento de poder. A abordagem neoliberal questiona a capacidade desse mecanismo de força de realizar objetivos como reforma ambiental ou bem-estar econômico. Entre as nações industrializadas, o receio recíproco de uma agressão foi praticamente eliminado; e mesmo contra as nações de Terceiro Mundo, tem-se favorecido o uso – em situações de conflito internacional – de sanções econômicas, em vez de intervenção militar direta.

A interdependência não gera um mundo ideal, destituído de enfrentamentos. Por ser frequentemente assimétrica, a interdependência provoca conflitos em torno dos interesses divergentes e mutuamente excludentes das partes envolvidas. A partir dessa constatação, os autores elaboram os conceitos de sensibilidade e vulnerabilidade com vista a aprofundar a reflexão sobre interdependência (Keohane & Nye, 2012).

Sensibilidade e vulnerabilidade parecem semelhantes, mas têm sentidos diferentes, devendo ser distinguidos um do outro. A sensibilidade diz respeito à velocidade com que um país sente as transformações ocorridas em outro país e o custo (econômico, político ou social) imbricado em uma resposta. Em um mundo de países interdependentes, a sensibilidade é um fenômeno relativamente banal, gerando um efeito dominó (Keohane & Nye, 2012). A crise de 2008, por exemplo, contagiou todos os países – mesmo que em intensidade e ritmo diferentes – e também contribuiu para a eclosão de movimentos de insatisfação política e social.

A vulnerabilidade está relacionada à capacidade de um país de reagir às mudanças às quais se depara. Vulnerabilidade e sensibilidade não têm trajetórias necessariamente paralelas. Um país pode se demonstrar extremamente sensível ao aumento do custo do petróleo em um primeiro momento, mas contar com recursos materiais e vigor político que lhe permitam desenvolver outras fontes de energia de forma relativamente rápida. A alta sensibilidade vai ser compensada por uma baixa vulnerabilidade à médio prazo. A demora e o custo em reagir dependem, portanto, das condições econômicas, políticas e sociais em que se encontra o país. Assim, em um cenário de interdependência, seria mais significativo mensurar a vulnerabilidade do que a sensibilidade. (Keohane & Nye, 2012)

1.2 Cooperação e Hegemonia

Em 1981, Ronald Reagan chegou à presidência com a missão de reverter o processo de declínio pelo qual passavam os Estados Unidos. A ascensão dos republicanos levou ao aumento das tensões com a União Soviética, à expansão dos gastos militares, à inversão no programa defensivo "*Star Wars*" e à implementação de um programa econômico de cunho neoliberal. Nessa mesma época, a academia refletia sobre o caso da hegemonia estadunidense e Keohane publicava o livro *After Hegemony: cooperation and discord in the World political economy*, analisando o futuro da cooperação sem a liderança de seu país.

O autor observava que a interdependência, que se estabelecera a partir da II Guerra Mundial, promovera uma situação de cooperação entre Estados absolutamente inovadora. Sua pergunta era até que ponto a cooperação internacional iria ser afetada pelo declínio estadunidense e pela ausência de um *hegemon* substituto, já que nem Europa ou Japão tinham condições de assumir esse papel. As conclusões de teóricos neorrealistas, em especial dos autores voltados aos estudos dos regimes internacionais, apontavam para o enfraquecimento da cooperação, à medida que essa era entendida como resultado das relações de poder e dos esforços do *hegemon* para sustentar princípios, normas, regras e procedimentos internacionais, à medida que esses contribuíam para a manutenção do *status quo*. Por outro lado, os neoinstitucionalistas viam a cooperação como mais um elemento desenvolvido pela interdependência e, portanto, como um fenômeno duradouro. Para eles, os regimes internacionais seriam a chave para compatibilizar atores egoístas e seus interesses divergentes (Keohane, 1984)

Os neoinstitucionalistas não pretendem rejeitar completamente as teorias neorrealistas, apenas acreditam que as instituições podem vir a influenciar a conduta dos Estados, de modo que essa não seria ditada apenas por considerações de interesse. Esses autores concordam que interesses em comum são insuficientes para explicar o sucesso de uma relação de cooperação, e avaliam que entram em jogo outras condições, entre elas o próprio papel desempenhado pelas instituições (Keohane, 1984).

Em *Power and Interdependence*, Keohane (1984) assume um projeto de pesquisa semelhante aquele defendido pelo neorrealismo, perspectiva inaugurada por Kenneth Waltz, com o objeto de conferir maior rigor científico ao realismo. Ambos os autores analisam a política internacional a partir de uma perspectiva sistêmica, rejeitando, assim, abordagens denominadas como reducionistas por se focaram em níveis de análise subsistêmicos – como o Estado e os indivíduos – e aceitam o princípio da anarquia como uma característica definidora do sistema internacional. Ao pautarem-se em um nível de análise sistêmico, ambas as correntes, tanto a neoinstitucionalista quanto a neorrealista, rejeitam a ideia de que características internas do Estado influenciariam na maneira como esse se porta no contexto internacional, padronizando os comportamentos desses atores ao sugerir que, independentemente de suas características domésticas, os Estados pautam-se na lógica da racionalidade para atuar em meio a um contexto de anarquia. Assim, as abordagens sistêmicas privilegiam uma explicação parcimoniosa, que não levam em consideração múltiplas variáveis, com o objetivo de identificar as leis gerais que regem a política internacional.

Verifica-se, assim, que com o escopo de preencher os requisitos de rigor científico e metodológico advogados pelo neorrealismo de Waltz, a abordagem neoinstitucionalista de Keohane acaba por aproximar-se de seu interlocutor, em termos ontológicos – tendo em vista a primazia dos Estados como atores mais importantes do sistema internacional – como também em termos epistemológicos – ao apresentar uma teoria sistêmica e parcimoniosa, fundamentada nos princípios da racionalidade e objetividade.

Para definir hegemonia – e compreender o que ocorre depois dela – Keohane (1984) usa como base o teórico marxista Antônio Gramsci, que aprofundou o conceito nos anos 1930. Nos debates sobre a revolução e suas estratégias, Gramsci distinguia entre a captura autoritária de poder, que envolve meios coercitivos e, a conquista ideológica de poder, quando há consentimento. No segundo caso, o poder extrapola o mero domínio do aparelho burocrático e da infraestrutura material. Trata-se de uma hegemonia porque a população consente a esse exercício de poder.

O conceito neoliberal de hegemonia, quando transposto para o campo das Relações Internacionais, sugere que um Estado pode dominar outros sem necessidade de manter um grande aparato militar ou material. Não se pode prescindir do poder militar, mas esse deve ser suplementado pelo elemento ideológico. Hegemonia e Império não são o mesmo, já que a primeira adiciona à organização hierárquica e ao controle dos mercados, a persuasão de que o modelo é vantajoso. Cabe ao *hegemon* preservar a economia política internacional de interesses contrários aos seus, mas ele não precisa forçosamente recorrer às armas para tal (Keohane, 1984).

Keohane (1984) distingue entre harmonia, discórdia e cooperação. A harmonia não costuma ser frequente no mundo da política, porque ela tipifica uma situação em que as políticas seguidas pelos atores contribuem - mesmo sem tal intenção - a facilitar os objetivos alheios. A premissa provém das teorias microeconômicas liberais sendo sobretudo encontrada em Adam Smith. Este autor, marcado pela ascendência puritana e individualista, reputava o autointeresse como beneficiando a todos. Em situação de harmonia, não há necessidade de cooperar, visto não ser necessário o ajuste de políticas entre atores que já estão alcançando seus objetivos. Na maioria dos casos, entretanto, as políticas efetuadas são percebidas como perturbando os interesses dos demais atores, mesmo que não propositadamente. A partir da constatação do conflito de interesses, avistam-se dois desfechos: ou os atores negociam entre si e conseguem compatibilizar suas políticas dando origem a uma cooperação, ou eles se recusam a negociar, ou não têm êxito, tipificando um cenário de discórdia.

Na situação de cooperação, os atores são incentivados a coordenar suas políticas, tanto por estímulos negativos (ameaças ou sanções) quanto positivos (promessas ou prêmios) e a propor condições de ajuste aceitáveis para todos. A cooperação exemplifica uma tentativa de solucionar uma situação de conflito - latente ou declarado - em que as aspirações dos atores divergem.

Ao contrário do que as narrativas liberais clássicas parecem sugerir, para Keohane (1988), a cooperação não postula valores morais ou éticos, pelo contrário a cooperação pode se valer de objetivos condenáveis, mas decorre do fato de dois ou mais atores se beneficiarem da compatibilização de políticas (Keohane, 1988). Pensemos em uma pessoa que oferece carona para outra em troca de dividir a gasolina. Mesmo tendo de se desviar de seu trajeto inicial, o motorista se beneficia com a economia. O carona vai gastar mais do que no transporte público, mas terá mais conforto ou chegará mais rápido.

2. O debate neo-neo

Conforme já salientado, durante os anos 1980, a disciplina de Relações Internacionais é marcada pela emergência das chamadas teorias "neo". Em um contexto de Guerra Fria, mediante o acirramento das tensões entre as duas superpotências, reflexões e especulações gerais sobre a política internacional não mais seriam suficientes, demandando, portanto, bases científicas mais sólidas para a disciplina. (WAEVER, 1996)

A revolução behaviorista, notada no âmbito das Ciências Sociais a partir da década de 1960, acabou por influenciar as abordagens realista e institucionalista liberal, que passaram por importantes reformulações com o escopo de adquirir maior rigor metodológico. Com caráter cientificista, valendo-se de claras distinções a respeito dos níveis de análise e de concepções racionais e utilitaristas, as novas versões dessas teorias – denominadas como neorrealismo e neoliberalismo – passam a empregar métodos científicos de outras áreas[3] com vistas a desenvolver teorias falsificáveis. Seria a partir desse momento, que aproximação entre as duas perspectivas dominantes tornar-se-ia mais latente, tendo em vista a adoção de uma visão de mundo similar, bem como de uma percepção comum acerca do que se caracteriza como um conhecimento "confiável". (SMITH, 2000)

Conforme ressaltado por Waever (1996, p. 163), é a partir daqui que tanto o realismo quanto o liberal institucionalismo deixam de ser paradigmas incomensuráveis, redefinindo-se a partir de um posicionamento anti-metafísico e minimalista e compartilhando de um programa de pesquisa racionalista, de maneira que a síntese neo x neo tornar-se-ia o programa de pesquisa da disciplina na década de 1980.

Contudo, vale pontuar as divergências verificadas entre essas duas abordagens no que diz respeito à possibilidade de cooperação e o papel das instituições. Antes de mais nada, vale ressaltar que, em certa medida, neorrealistas e neoinstitucionalistas compartilham da definição das instituições como um conjunto de regras acerca de como os Estados devem cooperar ou competir entre si, prescrevendo formas aceitáveis de comportamento (Mearshaimer, 1995).

---

3 Exemplo disso seria a comparação realizada por Waltz entre o sistema internacional e o mercado e o emprego das teorias dos jogos nas análises de Keohane.

Para os expoentes da abordagem neorrealista, as instituições pouco contribuem ao fomento da estabilidade e a cooperação só acontece em circunstâncias excepcionais. As instituições seriam, assim, apenas reflexo da distribuição de poder no mundo, sendo fundamentadas nos interesses egoístas das grandes potências. Desse modo, as instituições não possuiriam efeito independente no comportamento dos Estados, o que faria com que os demais respeitassem os princípios e regras pré-estabelecidos não seria a capacidade das instituições em garantir a cooperação, mas o poder dos Estados mais fortes que as sustentam.

Por outro lado, ainda de acordo com a visão neorrealista, a cooperação é também vista como uma prática limitada à medida que o cenário anárquico e a constante preocupação com a sobrevivência levam os Estados a buscarem ganhos relativos e não ganhos absolutos. Considerando que a cooperação gera ganhos desiguais entre os Estados que a praticam, essa pode acabar resultando em dependência e vulnerabilidade. No mais, o caráter nuclear das armas militares e os altos custos implicados na possibilidade de violações dos acordos, também se configuram como obstáculos à cooperação, na visão neorrealista. (Mearshaimer, 1995)

Os neoliberais, por sua vez, consideram a cooperação como elemento essencial à sobrevivência humana e empenham-se em criar condições favoráveis às práticas cooperativas. Para os autores neoliberais institucionalistas, as instituições possuiriam papel chave na política internacional, à medida que criam canais de comunicação entre os atores e possibilitam um maior fluxo de informações. Essas, por consequência, também seriam capazes de reduzir os custos de transação e tornar os compromissos assumidos mais críveis. Nesse sentido, as instituições seriam vistas pelos neoliberais como atores centrais para a promoção da cooperação internacional, mesmo em um ambiente marcado pela anarquia e pela presença de Estados autointeressados. (Keohane, 1988)

3. A reação crítica ao debate neo x neo: as viradas sociológica e linguística

Se por um lado, o debate neo x neo deixa mais claros do que nunca os elementos que aproximam as teorias *mainstream* das Relações Internacionais, em espacial após a publicação de *After Hegemony*, por outro, seria nesse mesmo período que a disciplina passaria a testemunhar a emergência de correntes teóricas – tais quais o construtivismo, o feminismo, o pós-colonialismo e o pós-estruturalismo – que viriam, em maior e menor medida, desafiar a ontologia, a epistemologia e o método adotado pelas correntes dominantes.

3.1. A Virada Sociológica

Seria justamente a partir do final dos anos 1980 e início dos anos 1990, mediante a publicação de *World of Our Making – Rules and Rule in Social Theory and International Relations* de Nicholas Onuf e do artigo *Anarchy is What States Make of It*, de Alexander Wendt que as influências do pensamento sociológico evidenciar-se-iam com maior clareza em meio à disciplina[4]. Ao desfiar a noção de que as análises de Relações Internacionais devem se focar exclusivamente nos agentes (no caso, os Estados) ou na estrutura (o sistema internacional), os construtivistas contrapõem-se à separação de níveis de análises conforme defendida veementemente por teóricos como Kenneth Waltz (1979) que confere às abordagens subsistêmicas o rótulo de teorias "reducionistas".

Tendo como premissa básica a ideia de que o mundo é socialmente construído, ou seja, é resultado das interações entre agentes, os construtivistas valem-se especialmente da teoria da estruturação de Anthony Giddens, apontando para uma relação de co-constituição entre agentes e estrutura. Os construtivistas apontam, ainda, para a relevância das ideias e valores na maneira como os agentes se relacionam com o mundo material. Assim, conforme apontado por João Pontes Nogueira e Nizar Messari (2005, p. 167): "Isso significa que os construtivistas não ignoram que exista "um mundo lá fora", mas consideram que ele só faz sentido a partir do momento que nos referimos a ele, e mediante os meios que usamos para nos referirmos a ele".

Desse entendimento, decorre também a negação da anarquia – conceito fundamental das teorias neorrealista e neoinstitucionalista – como elemento definidor da estrutura do sistema internacional. Para os construtivistas, em especial para Wendt, a anarquia não suporia uma

4 Vale ressaltar que antes mesmo dos anos 1980, a influência da Sociologia já fazia-se sentir nas Relações Internacionais, conforme pode-se constatar a partir da leitura da obra de Kenneth Waltz, *Theory of International Politics*, cuja ênfase estrutural vale-se claramente dos argumentos apresentados por Émile Durkheim em *A Divisão do Trabalho Social.*

lógica única e conflituosa, mas lógicas múltiplas – exemplificadas a partir das três culturas da anarquia apresentadas pelo autor: a hobbesiana, a lockeana e a kantiana. Seria tal entendimento que possibilitaria a Wendt (1992) afirmar que "a anarquia é o que os Estados fazem dela". (Wendt, 1992)

As abordagens construtivistas, certamente, contribuíram sobremaneira para a inclusão de conceitos e pressupostos sociológicos no âmbito das Relações Internacionais, contudo, essa não foi a única teoria responsável por conferir maior grau de interdisciplinaridade a esse campo de estudo. Conforme anteriormente destacado, notam-se também outras perspectivas teóricas, algumas vinculadas à teoria crítica e outras às teorias pós-modernas (Nogueira & Messari, 2005) cujas contribuições mostraram-se essenciais para as denominadas "virada sociológica" e "virada linguística" nas Relações Internacionais.

Muitas dessas teorias tinham como principal interlocutor o neorrealismo de Waltz, que acabou por se constituir como a abordagem dominante no âmbito da disciplina. Conforme apontado por Karin Fierke (2002), ainda nos anos 1980, teóricos críticos como Robert Cox (1982), e pós-estruturalistas como Richard Ashley (1988) e Rob Walker (1993) já denunciavam como o neorrealismo impunha fronteiras ontológicas e epistemológicas à disciplina, apontando para o que seria um objeto de estudo legítimo das Relações Internacionais, bem como qual seria a maneira ideal de estudá-lo. As críticas endereçadas a Waltz também diziam respeito à incapacidade de sua teoria neorrealista em compreender os efeitos da diversidade cultural e das contingências históricas na política internacional, bem como à sua reconhecida ineficiência em contemplar a possibilidade de mudanças. (Fierke, 2002, p. 332)

As divergências ontológicas e epistemológicas que marcam a distinção entre essas novas abordagens e as teorias *mainstream*, fez com que Keohane, em seu famoso discurso de posse da presidência da International Studies Association (ISA) em 1988, criasse duas categorias distintas, que mais tarde viriam a compor o chamado 4º debate entre pós-positivistas[5] e positivistas. Keohane classificou como reflexistas, aquelas que, para ele, também poderiam ser definidas como "abordagens sociológicas", por conferir destaque às forças sociais, às práticas

5 Salienta-se que, nas Relações Internacionais, o termo pós-positivismo foi cunhado por Yossef Lapid (1989) em seu artigo.

culturais, às normas e aos valores que não seriam derivadas do cálculo de interesses egoísta dos atores (Keohane, 1988). Segundo o autor, as perspectivas reflexistas desafiavam a predominância intelectual das abordagens racionalistas (lê-se aqui, em especial às teorias *mainstream*), dedicadas a promoção do conhecimento cumulativo e testável. (Keohane, 1988)

Apesar de reconhecer os méritos das teorias reflexistas, Keohane faz eco aos pressupostos de Waltz ao defender a necessidade de se reduzir as variáveis de pesquisa, com vistas a maximizar o potencial teórico explanatório e afirma que falta aos autores reflexistas conferir maior grau de rigor científico às suas teorias, à medida que essas teorias não se mostram testáveis.

Não por acaso, seria justamente nesse período, que as Ciências Sociais, de forma geral, passam a debater com maior vigor o papel dos valores e das ideias na análise de eventos sociais, desafiando, portanto, uma das premissas epistemológicas básicas das teorias neo acerca da possibilidade de se analisar a realidade de maneira objetiva, sem influências de valores, de interesses e do contexto social no qual o teórico/ analista se insere. Para os autores denominados pós-positivistas, não seria possível apreender o mundo social objetivamente, à medida que a razão não obedeceria a uma lógica universal. Assim, todo conhecimento produzido seria contingente em termos espaciais e temporais. (Nogueira & Messari, 2005)

Pode-se dizer, por conseguinte, que diferentemente do que se verifica nos debates anteriores, os autores considerados pós-positivistas (entre eles alguns construtivistas, algumas feministas e os pós-estruturalistas e pós-modernos), e que dispõem de papel essencial em meio à virada sociológica, desafiam frontalmente as bases epistemológicas das teorias dominantes, à medida que questionam qualquer fundamento universal para a razão, rejeitando, assim, a concepção iluminista de ciência como meio de se alcançar o progresso, tal qual proposto em especial pelas vertentes liberais das Relações Internacionais (Nogueira & Messari, 2005, p. 189) (Fierke, 2002).

3.2. A Virada Linguística

A chamada virada linguística ocorre no âmbito das Ciências Sociais nos anos 1960, atingindo as Relações Internacionais a partir das décadas de 1980 e 1990. Assim como no âmbito da virada sociológica, a virada linguística nas Relações Internacionais também contou com uma importante participação de teóricos construtivistas (embora não todos, tendo em vista a marginalização da linguagem na análise de autores como Wendt), bem como de feministas, pós-estruturalistas e pós-coloniais.

Os autores que fazem parte deste movimento conferem papel central à linguagem em todas as formas de interação humana e asseveram que essa promove a estrutura a partir da qual objetos e práticas adquirem significados. (Fierke, 2002) Os discursos não seriam, logo, práticas meramente descritivas, pelo contrário, esses constituiriam como práticas dinâmicas e produtivas, capazes de construir o próprio mundo social.

Partindo de um entendimento foucaultiano, alguns desses autores entendem o discurso não como um conjunto de signos empregados com vistas a designar determinado objeto, mas como práticas capazes de criar o objeto a respeito do qual se está articulando (Machado, 2000). Interessados no papel da linguagem como método de análise sobre o internacional, muitos teóricos de RI, irão sofrer influências de outros autores como Saussure, Wittgenstein, Derrida, Lyotard e Baudrillard (Fierke, 2002). Como consequência, é também nesse momento que a disciplina passa a testemunhar a emergência de conceitos, até então estranhos ao campo, como ação comunicativa, ato de fala e sujeito autor. (Fierke, 2002)

Os construtivistas se mostram especialmente interessados em analisar as regras e as normas que regem os discursos à medida que, segundo Kratochwill, tal análise possibilitaria a compreensão acerca da realidade social. A linguagem seria, portanto, essencial não apenas para nos referirmos à realidade, como, principalmente, para possibilitar entendimentos e ações construídos *vis a vis* a determinada construção linguística sobre o mundo "lá fora". (Nogueira & Messari, 2005) p. 170)

Nesse sentido, autores como Kratochwill irão apontar para a análise das regras e normas a partir das quais se organizam os discursos como métodos legítimos de estudo sobre o internacional, à medida que seriam essas regras e normas que possibilitariam a ação política. Em contrapartida, esses autores rejeitam a tentativa das abordagens neo de se valerem de métodos advindos das ciências exatas, à medida que tais métodos não seriam capazes de abarcar a complexidade da realidade social. (Kratochwil, 2001) (Nogueira & Messari, 2005)

Tais concepções são, também, reforçadas por autores pós-modernos que afirmam que a realidade social só pode ser observada a partir de representações, que se dão a partir de símbolos e discursos e se revestem de "efeitos de verdade" como produto de relações de poder. Desse modo, se por um lado, a linguagem passa a ser considerada a principal forma de representação da realidade social, por outro, conforme salientam Nogueira e Messari (2005, p. 206), a linguagem não seria dotada de um sistema de significações estático, à medida que os significados das palavras podem variar no tempo e no espaço. Tal entendimento impede que as teorias que fazem parte da chamada virada linguística reconheçam a linguagem como uma representação fiel da realidade objetiva, pelo contrário, de acordo com essas perspectivas, o que a linguagem permitiria seriam diferentes discursos, ou narrativas, acerca do "real". (Nogueira & Messari, 2005, p. 206)

Autores como Fierke (2002) desafiam a ideia de comumente propagada no âmbito da disciplina ao argumentar que a linguagem se mostra presente tanto nas abordagens dominantes quanto nas vertentes responsáveis por introduzir a virada linguística na disciplina, contudo, o que variaria seria o entendimento dessas tradições de pensamento acerca do papel da linguagem.

Utilizando duas diferentes fases do pensamento de Wittgenstein, Fierke argumenta que as abordagens positivistas se aproximam mais dos primeiros trabalhos do autor, em que Wittgenstein interpreta a linguagem como um retrato, ou seja, como uma representação descritiva da realidade estática. Haveria aqui, de acordo com a autora, uma clara relação entre a linguagem e a lógica, tendo em vista a necessidade de clarificar os conceitos operacionalizados, para que esses mostrem-se como "um retrato" da realidade observada, de modo a permitir que pressuposições lógicas se mostrassem também verdadeiras, quando testadas empiricamente.

Em contraposição, Fierke defende que os autores pós-positivistas das Relações Internacionais trabalham com a linguagem de modo a aproximarem-se mais do entendimento apresentado por Wittgenstein em *The Philosophical Investigations*, em que o autor faz uso de metáforas para descrever a linguagem como um jogo interativo. Assim como em um jogo, o autor afirma que a estrutura dos significados e das interações seriam dependentes das regras de linguagem compartilhadas, (Fierke, 2002, p. 337) que variam conforme o contexto, as práticas e as ideias.

Dessa forma, as abordagens responsáveis por promover a virada linguística nas Relações Internacionais, acabam por desafiar a supremacia das teorias dominantes ao denunciar a impossibilidade de se fixar o significado de conceitos - como anarquia, soberania, poder, segurança, racionalidade - de forma a testar empiricamente as hipóteses acerca da realidade social, caracterizada como extremamente complexa e multifacetada para ser apreendida e descrita objetivamente.

Considerações Finais

Conforme buscou-se demonstrar ao longo do capítulo, os anos 1980 foram marcados pela maior aproximação entre abordagens vistas até então como incomensuráveis[6]. Foi o momento em que o chamado debate interparadigmático entre realismo x pluralismo x globalismo, que marcou a década de 1970, dissolveu-se, a partir da síntese entre as duas primeiras abordagens, dando origem ao debate neo x neo. (Weaver, 1996)

Se a análise da teoria da interdependência complexa de Keohane e Nye parece revelar claros pontos de dissenso quando contraposta ao pensamento realista - tendo em vista a ênfase em atores não estatais e o caráter não hierárquico dos problemas internacionais - pode-se afirmar que o ponto de disputa entre neorrealistas e neoinstitucionalistas liberais mostra-se menos evidente, resumindo-se, talvez, ao debate sobre a capacidade (ou não) das instituições internacionais em promover a cooperação entre os Estados em um cenário de anarquia.

Contudo, o período de síntese que marca o debate teórico das Relações Internacionais nos anos 1980 viria a ser perturbado mediante à ascensão de novas perspectivas teóricas, vistas muitas vezes como mais radicais por desafiarem as bases epistemológicas das teorias dominantes, ao lançarem questionamentos acerca da possibilidade de se produ-

6 De acordo com Ole Waever (1996), o terceiro debate foi influenciado pela teoria dos paradigmas de Thomas Kuhn e de sua concepção de que as relações entre paradigmas distintos não podem ser julgadas em uma linguagem neutra. Segundo a lógica kuhniana, cada paradigma constrói seus próprios conceitos e perguntas básicas, o que impossibilita que sejam julgados de acordo com o mesmo critério, constituindo-se, por conseguinte, como paradigmas incomensuráveis.

zir ciência de forma neutra e de se observar o mundo de maneira objetiva e racional. Seriam essas mesmas perspectivas que dariam cabo às chamadas viradas sociológica e linguística, transplantando para o terreno do internacional, conceitos muito antes já trabalhados no campo da sociologia, filosofia e estudos linguísticos. Tais viradas possibilitaram, não apenas novos métodos de pesquisa para se estudar o internacional, favorecendo ainda uma agenda mais diversa, que foge às amarras das abordagens sistêmicas e racionalistas.

Referências Bibliográficas

Fierke, K. (2002). Links Across the Abyss: Language and Logic in International Relations. *International Studies Quaterly, 46*, p. 331-354.

Keohane, R. (1984). *After Hegemony: Cooperation and Discord in the World Political Economy.* Princeton: Princeton University Press.

Keohane, R. (1988). International Institutions two approaches. *International Studies Quarterly, Vol. 32*(No. 4), pp. 379-396.

Keohane, R., & Nye, J. (2012). *Power and Interdependence.* Boston: Longman.

Kratochwil, F. (2001). Constructivism as an approach. Em K. M. Fierke, & K. E. Jorgensen, *Constructing International Relations The Next Generation.*

Mearshaimer, J. (1995). The False Promise of International institutions. *International Security, 19*(3), 5-49.

Nogueira, J. P., & Messari, N. (2005). *Teorias das RelaçõesInternacionais: correntes e debates.* Rio de Janeiro: Elsevier.

Visentini, P. G., & Pereira, A. D. (2010). *História Mundial Contemporânea (1776-1991): da independência dos EUA ao colapso da União Soviética.* Brasília: FUNAG.

Weaver, O. (1996). The Rise and Fall of the Inter-paradigm Debate. Em K. B. S. Smith, *International Theory: Positivism and Beyond* (pp. p. 149-185). Cambridge: Cambridge University Press.

Wendt, A. (1992). Anarchy is what States Make of it: the social construction of power politics. *International Organization, 46*(2), 391-425.

Capítulo 5

AS TEORIAS DE INTEGRAÇÃO REGIONAL

Carlos Maurício Pires Albuquerque Ardissone[1]

Introdução

Este capítulo tem como objetivo refletir sobre as principais abordagens teóricas, no campo disciplinar das Relações Internacionais, destinadas a compreender o advento dos processos de integração regional. Historicamente, trata-se de um fenômeno observado com bastante intensidade no pós-Segunda Guerra Mundial e que, inicialmente, coincidiu com o momento de criação das primeiras organizações funcionais europeias, como a Comunidade Europeia do Carvão e do Aço (CECA), em 1952, e da Comunidade Europeia de Energia Atômica (EURATOM), em 1958, verdadeiros embriões da Comunidade Econômica Europeia (CEE), a experiência integracionista pioneira que desembocou na atual União Europeia (UE).

As preocupações teóricas com os processos de integração regional se estendem até hoje e vem acompanhando os rumos teóricos e os grandes debates que envolvem as Relações Internacionais. Aqui, discorre-se sobre as principais correntes ou correntes clássicas que foram aquelas que primeiro se debruçaram sobre a integração regional como objeto de estudo. Destacam-se também os seus principais formuladores.

Do ponto de vista teórico, alguns aspectos merecem ser sublinhados por terem influenciado o surgimento das primeiras cátedras e linhas

1 Doutor e Mestre em Relações Internacionais pelo Instituto de Relações Internacionais (IRI) da Pontifícia Universidade Católica do Rio de Janeiro (PUC-RJ). Professor do curso de graduação em Relações Internacionais do IBMEC-RJ e da Universidade Estácio de Sá-RJ. Tecnologista em Propriedade Industrial do Instituto Nacional da Propriedade Industrial (INPI), onde também leciona na Academia de Propriedade Intelectual e Inovação.

de pesquisa e dos esforços iniciais dos estudiosos que, diante da emergência do processo de integração regional europeu no início da década de 50, tentaram compreendê-lo, de forma a extrair conclusões abstratas e válidas para quaisquer outros processos similares.

Em primeiro lugar, não há como compreender os estudos de integração regional isolados do contexto mais amplo do pluralismo. A imagem pluralista das relações internacionais, em contraste com o paradigma realista, tende a enfatizar os atores não-estatais como entidades importantes da política mundial. É o caso, por exemplo, das organizações internacionais, que não são vistas como simples foros em que os Estados competem ou cooperam uns com os outros, mas sim como atores independentes capazes de externar sua própria vontade e de se mobilizar e organizar recursos materiais e políticos para procurar fazer com que ela prevaleça.[2]

Associado à imagem pluralista das relações internacionais está o *transnacionalismo* que enfatiza os laços que podem se estabelecer entre as sociedades que extrapolam em muito as meras relações interestatais. Em meio a esse debate, as organizações internacionais emergem como protagonistas de um cenário internacional marcado pelos desafios impostos, durante o século XX, ao modelo estadocêntrico ou westphaliano. De fato, o mundo que emergiu do pós-Segunda Guerra Mundial era muito diferente daquele que existia no século XVII. A expansão científico-tecnológica teria permitido melhorias substanciais nos meios de comunicação e de transporte, o consumo de massa propiciado pela Revolução Industrial, o aumento dos laços globais como legado do período colonial e a extensão da diplomacia e das visões de mundo europeias para o resto do globo. As fronteiras se tornaram porosas na medida em que as ideias, o capital, as pessoas, a tecnologia, bens e serviços passaram a se mover com mais facilidade, trazendo à tona a necessidade dos Estados nacionais buscarem a cooperação por intermédio de organizações internacionais destinadas às mais diversas finalidades, desde questões mais específicas e práticas como o fluxo do correio mundial (a União Postal Universal foi criada ainda no século XIX, em 1874) até outras mais amplas e ambiciosas, como assegurar a paz mundial, principalmente após as duas guerras mundiais da primeira metade do século XX.[3]

---

2 Paul R. Viotti & Mark R. Kauppi. International Relations Theory, 1999, p. 199.
3 Ibid, p. 211.

O estudo das organizações internacionais é, portanto, um fenômeno que acompanha a tendência de aumento da presença das mesmas no sistema internacional, após a Segunda Guerra Mundial. Compreendê-lo consiste no primeiro e necessário passo para abordar as principais teorias de integração regional. A cooperação internacional promovida pelas organizações internacionais nas mais diferentes funções precede, em termos lógicos e teóricos, ao fenômeno da integração regional, que só pôde ser entendido como um tipo de cooperação substantivamente diferente, após os esforços analíticos realizados para refletir sobre aquela. Em síntese, é preciso entender, preliminarmente, a interligação que se verificou entre as primeiras pesquisas desenvolvidas sobre as organizações internacionais, no fim da década de 40 e início da década de 50, e os trabalhos teóricos que se seguiram sobre os processos de integração regional. O funcionalismo e o federalismo ocupam estes papéis precursores. Foram as abordagens teóricas que conquistaram mais adeptos após a Segunda Guerra Mundial, quando as formas de cooperação internacional promovidas pelas diferentes instituições internacionais passaram a merecer mais atenção dos estudiosos das Ciências Sociais.

1. Funcionalismo

A transferência gradual de soberania, através do desempenho conjunto de funções, representa um dos pilares básicos da abordagem funcionalista. Seu maior representante é, sem dúvida alguma, David Mitrany, cujas principais formulações estão contidas em *A Working Peace System*, monografia de sua autoria, de 1943, posteriormente publicada. Outro fator fortemente associado ao funcionalismo e que influenciou ao extremo as ideias de Mitrany e de outros autores como Paul Taylor, A. J. R. Groom e teóricos do neofuncionalismo como Ernst Hass foi a criação do sistema de agências funcionais da ONU, após a Segunda Guerra Mundial.

De acordo com Chris Brown, o funcionalismo é a tentativa mais elaborada, intelectualmente sofisticada e ambiciosa não somente de entender o crescimento das instituições internacionais, mas também de traçar a trajetória deste crescimento no futuro e de lidar com suas implicações normativas.[4] A teoria funcionalista está baseada na ideia segundo a qual os governos delegariam funções específicas a organizações

4 Chris Brown. Understanding International Relations, 1997, p. 129.

internacionais, funções estas a serem desempenhadas por especialistas em áreas técnicas, portanto, não polêmicas e apolíticas, para a realização do bem comum. A crença de Mitrany era a de que uma rede de organizações internacionais, cooperando sob uma base funcional cada vez mais profunda, seria capaz de inibir e modificar o comportamento internacional agressivo dos Estados e evitar a guerra.[5]

Mitrany acreditava que seria possível erigir um *sistema de paz mundial*, mas era crítico da concepção idealista, segundo a qual seria viável interferir na soberania jurídica dos Estados, deixando intocada a soberania política. A forma indicada para alcançar a paz seria por meio de um processo gradual de transferência de funções dos Estados para as instituições internacionais até se chegar a um ponto em que a soberania estaria tão enfraquecida que eles não poderiam mais agir soberanamente, por já ter se verificado o deslocamento de todo o seu poder. É o que o autor denomina de cooperação *bottom up*. Um sistema de paz mundial só poderia ser construído de baixo para cima, por meio do encorajamento de formas de cooperação que gradualmente minariam a capacidade dos Estados de efetivamente atuar como soberanos.

O argumento funcionalista está relacionado a um método para a promoção da cooperação que pode ser sintetizado em duas fórmulas: a de que "a forma segue a função" (*form follows functions*) e a da "paz em partes" (*peace in parts*).

No que tange à primeira, significa dizer que a cooperação somente funcionará se estiver voltada para atividades (ou funções) particulares e específicas, atualmente exercidas pelos Estados, mas que podem ser desempenhadas de forma mais efetiva em um contexto mais amplo. Outro aspecto importante é o de que a forma da cooperação tende a ser determinada pela função em questão. Ou seja, não existe uma fórmula pré-determinada aplicável para todos os exemplos de cooperação funcional: para um sistema de correios pode ser perfeitamente plausível funcionar sem instituições, ao passo que a viabilidade de um sistema de comércio internacional pode estar vinculada à presença e à atuação de uma organização internacional. A proposta de Mitrany é a de que cada organização funcional deve ser edificada da forma institucionalmente recomendada para lidar com a sua função particular.

5 Na realidade, a preocupação mais imediata de Mitrany era a de assegurar a paz na Europa do pós-guerra.

A “paz em partes” remete à esperança pelo resultado coletivo das cooperações funcionais individuais. Mitrany acreditava que a cooperação bem-sucedida em determinada área técnica ou funcional estimularia mais cooperação em outras áreas relacionadas. Os Estados gradualmente cederiam parcelas de suas soberanias às instituições, para o bem comum, favorecendo as relações pacíficas entre as nações. O resultado, a longo, prazo, seria a formação de uma comunidade integrada, um sistema de paz mundial (*working peace system*), uma espécie de comunidade global sem guerras, capaz de atar os Estados numa complexa rede de interdependência e de resolver os problemas sociais e econômicos de forma eficiente e de erodir as bases materiais e psicológicas de conflito. Entre os possíveis resultados, uma possibilidade extrema seria a eventual desaparição dos Estados-Nação como unidades políticas, e sua substituição por um sistema administrativo global, cujo padrão organizacional seria determinado pelo critério da funcionalidade racional.

O enfoque funcional vincula as autoridades estatais às funções comuns de caráter econômico, social, técnico ou humanitário, e procura afastá-las dos limites da soberania territorial. A ênfase é colocada na identificação de iniciativas necessárias à solução de dificuldades comuns aos vários Estados, ao invés de se tentar reconciliar interesses antagônicos e conflitantes. Segundo Mitrany, cada vez mais funções passariam a ser desempenhadas pelos Estados, em conjunto, por meio das organizações internacionais, resultando desse processo a comunidade integrada, cuja burocracia, com o passar do tempo, deslocaria o foco de sua lealdade dos seus Estados de origem para as instituições ou organizações internacionais. Aqueles hábitos de cooperação inicialmente construídos em áreas mais técnicas, nos campos econômico e social, depois *transbordariam* para a arena política. Este processo foi batizado pela literatura de *spill over.*

O funcionalismo, contudo, não tem como meta a formação de um “Estado Mundial”. As distintas funções estatais seriam governadas por instituições anômalas que tentam operar em um mundo no qual a parte mais substancial dos poderes é conduzida por instituições internacionais com funções específicas.[6] Parcelas substanciais da soberania seriam transferidas para novas autoridades, como as organizações internacionais.

6 Gilberto Sarfati. Teoria de Relações Internacionais, 2005, p. 185.

Mitrany defende que cada organização internacional deveria possuir o seu próprio *staff* formado por técnicos pertencentes originalmente a cada um dos seus Estados integrantes, para lidar com as questões técnicas, o que no seu entender conferiria maior eficiência às negociações desenvolvidas nas diferentes áreas e favoreceria o efeito *spill over*. Para o autor, esses especialistas são atores fundamentais porque, aos poucos, desenvolveriam um processo empático de identificação profissional com os seus pares de diferentes partes do mundo, o que estimularia a transferência de suas lealdades de seus Estados para a organização internacional respectiva. Seriam esses especialistas ou técnicos os protagonistas do processo de aprendizagem de cooperação que transbordaria de áreas técnicas para a arena política. De acordo com Chris Brown, há um elemento de psicologia política presente nessas duas presunções: a de que a lealdade que os indivíduos devotam aos Estados é produto de tarefas que o Estado realiza por eles[7]; e a de que, à medida que as instituições passam a substituir os Estados no desempenho destas mesmas tarefas em particular, então o fluxo da lealdade será drenado para as instituições.[8]

As ideias de Mitrany tiveram grande repercussão no contexto das teorias das organizações internacionais. Elas forneceram instrumentos para auxiliar a explicar a existência e a operacionalidade, no âmbito da Organização das Nações Unidas, de um grande número de agências especializadas, responsáveis pelo estabelecimento de mecanismos de cooperação nas áreas social e econômica, algumas delas gozando de bastante prestígio com os Estados.[9] O funcionalismo também inspirou consideravelmente os processos de integração regional, em especial o europeu que se iniciou, justamente, com a formação da Comunidade Europeia do Carvão e do Aço (CECA) em 1952, que depois resultou na Comunidade Econômica Europeia (CEE) em 1956. O objetivo da formação da CECA era o de garantir, por intermédio da cooperação em uma função econômica, a paz no campo político. Acreditava-se que, à

7 Neste ponto, o realismo critica duramente as ideias funcionalistas. Para os realistas, os indivíduos não devotam suas lealdades ao Estado porque eles são capazes de desempenhar diversas funções e sim porque ele representa uma nação baseada em uma língua, um território, uma cultura. Os indivíduos confiam nos Estados porque eles se mostram os mais capazes de assegurar segurança àqueles que habitam o território onde ele exerce sua soberania.

8 Chris Brown, op. cit. p. 130-131.

9 A OMS e a UNESCO são exemplos.

medida que cada membro da nova comunidade tivesse acesso ao nível de produção dos demais de carvão e de aço (dois importantes meios para fazer a guerra), seria criado um ambiente tal de confiança mútua que a consolidação da paz seria um resultado inevitável.

Apesar de ter alcançado um inegável prestígio teórico, o funcionalismo não escapou de diversas críticas. A principal delas se concentrou na presunção de separar questões de cunho técnico das questões políticas. A separação entre assuntos relacionados à política e os assuntos técnicos concernentes à cooperação funcional estaria distante da realidade. O funcionalismo pecaria por querer transformar questões funcionais em questões exclusivamente técnicas. Mesmo em assuntos aparentemente simples e que, em tese, só envolveriam questões técnicas, como os correios, haveria questões políticas a serem enfrentadas.

Por outro lado, não se pode deixar de reconhecer alguns méritos do funcionalismo. Até hoje, o funcionalismo representa um repositório teórico útil e interessante para interpretar a atuação do complexo mosaico de organizações funcionais dedicadas a promover a cooperação em temas específicos e relevantes da agenda internacional. Outro aspecto que merecer ser novamente salientado é o do impulso ideológico que o funcionalismo conferiu aos estudos dos processos de integração regional, em particular o europeu, que se iniciou na década de 50. Mas a crescente complexidade observada nesse e em outros processos impôs revisões e refinamentos no funcionalismo que logo resultaram na elaboração de uma versão "neo". Não obstante, antes de analisar-se o neofuncionalismo, passa-se à abordagem federalista.

2. Federalismo

O federalismo nasce de uma postura essencialmente normativa no estudo das relações internacionais, demonstrada pela preocupação com a busca da paz mundial por meio da criação de uma federação ou confederação de Estados e por defender a construção de uma estrutura do tipo constitucional para promover coesão no âmbito das organizações regionais então existentes no pós-Segunda Guerra Mundial. A emergência de sistemas federativos como o dos Estados Unidos e o da Suíça incentivou uma série de ideias durante o século XIX, retomadas com força depois da Segunda Guerra Mundial, que planejavam criar constituições para toda a Europa e, inclusive, para todo o mundo. Com efeito, no imediato pós-guerra, muitos dos líderes da então Europa Ocidental, preocupados em evitar um novo conflito, passaram a almejar a criação de uma espécie de "Estados Unidos da Europa", de viés federal, ou confederativo.

Enquanto o funcionalismo acredita na possibilidade de uma nova realidade da política internacional em que os Estados nacionais soberanos tendem a desaparecer ou se tornarem instituições anômalas por insistirem em atuar por bases territoriais e multifuncionais em um mundo marcado pela dominante presença, no futuro, de organizações funcionais, o federalismo acredita na criação de novos Estados a partir da integração entre os já existentes e finalmente, em última instância, na formação de um Estado mundial.

A meta do federalismo é a construção de um Estado supranacional com autoridade política e poder material e coercitivo para satisfazer as necessidades de defesa coletiva, segurança interna e economia de escala dos Estados-membros, enquanto ainda permite que eles mantenham suas identidades individuais e exerçam autonomia local em determinados campos da política. Isto quer dizer que a integração é vista como um processo rápido de mudança de um sistema internacional para um supranacional – sendo a primeira evidência de mudança a distribuição formal e constitucional de autoridade em um novo Estado federal. Os adeptos do federalismo acreditam que esta seria a melhor forma de combinar unidade e diversidade e de alcançar a ordem mundial com custos mínimos para as identidades nacionais.

Os partidários do federalismo acreditam que, no âmbito do processo de integração europeu, suas principais instituições criadas até hoje, como o Conselho de Ministros, a Comissão Europeia, a Corte de Justiça Europeia e o Parlamento Europeu, são casos exemplares e indicativos de um novo Estado em formação, que tende a extrapolar a soberania territorial dos Estados-membros.

Por outro lado, os críticos do federalismo alegam que a existência dos agrupamentos ou organizações regionais, nos moldes do que é proposto pelos seus adeptos, não representa uma garantia da paz mundial. Esses agrupamentos ou organizações correm o risco de se transformarem em autarquias autossuficientes que podem se voltar uma contra as outras. Além disso, o estabelecimento de uma federação de Estados por intermédio de uma espécie de documento formal semelhante a uma constituição retiraria a flexibilidade necessária para absorver conflitos que pudessem surgir entre os seus membros.[10]

Outro ponto problemático da teoria federalista, do ponto de vista de seus críticos, reside na questão da soberania. A criação de um Estado supranacional acima dos Estados membros implicaria na renúncia de parcelas da soberania por parte de cada um deles. Os funcionalistas, por exemplo, criticam o federalismo e sustentam que a soberania não se transfere por meio da assinatura de documentos. Ela se transfere por intermédio do desempenho, pelos governos nacionais em conjunto, de determinadas funções. Eles buscam compartilhar a autoridade advinda das soberanias reunidas, ou delegá-la a uma organização internacional.[11]

3. Neofuncionalismo

De acordo com Morten Kelstrup, o neofuncionalismo consiste na mais importante das teorias clássicas de integração regional[12] O neofuncionalismo também foi batizado de "funcionalismo federal" e de "federalismo funcional", por se propor a ser, como as duas expressões sugerem, uma combinação do funcionalismo com o federalismo. Historicamente, pode-se afirmar que a falta de sucesso político dos prognósticos federalistas nas primeiras fases do processo de integração europeu (com a resistência das vontades dos Estados Nacionais) tornou necessário tentar conciliar os objetivos do federalismo com o pensamento funcional que pregava uma condução técnica e setorial da integração.

Foi, portanto, no bojo inicial da experiência de integração europeia que se montou a base do pensamento neofuncionalista. Entre os seus representantes, Ernst Haas foi, sem dúvida, um dos mais proeminentes. Haas utiliza uma série de conceitos tomados ao funcionalismo e procura aplicá-los ao estudo dos processos de integração regional que surgiram durante as décadas de 50 e 60, com destaque para o europeu. De fato, estratégias neofuncionais tiveram bastante influência nos primeiros passos da integração europeia. É a partir de uma perspectiva

10 Maria Cláudia Drummond. O Mercosul e a Articulação dos Atores Sociais: o caso brasileiro, 1995, p. 46.

11 Ibid, p. 46.

12 Morten Kelstrup. Integration theories: history, competing approaches and new perspectives, 1998, p. 28.

neofuncional que se deve compreender a formação da CECA, da EURATOM e da CEE. Entre as principais obras de Haas figuram *Beyond the Nation-State*, de 1964, e *The Uniting of Europe*, publicada em 1968. Outro trabalho relevante, realizado com Philippe Schmitter em 1965, foi *The Politics of Economics in Latin American Regionalism: the Latin America Free Trade Association After Four Years of Operation*, que abordou o processo de integração latino-americano.

Uma das principais premissas do neofuncionalismo, compartilhada com o funcionalismo, se encontra no conceito de *spill over*. Para os neofuncionalistas, um processo gradual de integração em áreas específicas tende a transbordar para novas áreas de integração. No caso da Europa, a expectativa era a de que com a integração iniciada no setor carvoeiro, haveria maior incentivo para estender a integração para outras áreas, como a do setor energético e assim por diante.

Contudo, o conceito de *spill over* no neofuncionalismo guarda algumas diferenças sutis e refinamentos em relação ao do funcionalismo, como bem observa Morten Kelstrup, ao refletir sobre as três ideias básicas do pensamento neofuncionalista: o *spill over* funcional, o *spill over* político e a importância das organizações supranacionais.[13]

O *spill over* funcional, já mencionado, se refere à presunção de que se os Estados se integram em certas áreas (funcionais) específicas e que isso terá consequências com a criação de vínculos que irão estimulá-los a querer aprofundar a integração em outras áreas. A integração regional em um setor só funcionará se a integração também se estender a outros setores. Um aspecto que merece ser destacado é o da faceta deliberativa existente no neofuncionalismo. Os vínculos funcionais não só existem como também podem ser utilizados pelos atores envolvidos no processo para promover mais integração.

O *spill over* político se reporta à presunção de que a integração em áreas específicas irá levar a um maior apoio para as novas arenas políticas e novas autoridades. Por intermédio do fornecimento de soluções efetivas para problemas centrais em áreas específicas, a integração teria o condão de estimular o apoio às novas instituições comuns, tanto por parte dos grupos de interesse e elites envolvidos, quanto do público em geral. Haas argumenta que o processo de integração deve ser per-

13 Ibid, pp. 29-30.

cebido pelas elites como benéfico aos seus interesses. A atribuição de tarefas para uma nova instituição comum - mesmo que tratando exclusivamente de uma questão puramente técnica - só será alcançada e sustentada se contar com a crença e com o compromisso político dos atores envolvidos. Aqui reside mais um ponto que diferencia o funcionalismo do neofuncionalismo. Enquanto, para os funcionalistas, as agências funcionais internacionais são os atores centrais do processo de transformação que propõem, para os neofuncionalistas, preocupados com as relações regionais, a análise deve se deter sobre os sindicatos, associações comerciais, partidos políticos e burocracias supranacionais em constante negociação.[14]

O terceiro elemento ou ideia básica do neofuncionalismo consiste na confiança depositada na importância das organizações internacionais. O argumento central é o de que as barganhas intergovernamentais "normais" entre os Estados tomados individualmente só conseguem chegar a resultados que representam um mínimo de consenso, mas que a delegação de competência a uma "terceira parte" pode mudar as negociações de tal forma que levam a resultados e compromissos que rompem as diferenças e elevam os interesses comuns. Para os primeiros neofuncionalistas, a Comissão Europeia seria um bom exemplo.

O objetivo de Haas com o neofuncionalismo, pois, era o de prever as condições e os processos por meio dos quais indivíduos aceitariam atuar racionalmente por seus próprios interesses e, ao mesmo tempo, agir de forma colaborativa para o ganho comum, o que resultaria em uma transformação pacífica da política internacional. A preocupação de Haas não era entender o comportamento dos Estados confrontados com algum dilema de segurança, mas sim compreender como eles podem adotar um comportamento cooperativo.

O neofuncionalismo conquistou muitos adeptos durante a década de 60, principalmente entre os que estudavam o processo de integração europeu. Na visão de Charles Pentland, isso ocorreu porque foi uma abordagem que ajudou a definir o campo da integração em termos de um arranjo sistemático e manejável, desenvolvendo um limitado e ordenado conjunto de variáveis, e formulando hipóteses - como a do *spill over* - que explicariam o processo de integração de uma forma plausível.

14 Monica Herz & Andrea Ribeiro Hoffmann. Organizações Internacionais: história e práticas, 2004, p. 62.

Segundo o autor, o neofuncionalismo triunfou porque parecia funcionar.[15]

Não obstante, os prognósticos de avanço do processo de integração regional europeu não se observaram tal qual previsto pelos neofuncionalistas. Episódios como a crise entre o presidente da França, Charles de Gaulle, e a Comissão Europeia, em 1965, demonstraram que assuntos pertencentes à "alta política" continuavam sendo essenciais à soberania nacional dos países.[16] A expectativa de declínio do papel do Estado em relação às instituições ou organizações comunitárias centrais não ocorreu do modo previsto. Fora da Europa, tal expectativa também não se concretizou, tendo em vista a orientação fortemente estatal da maioria dos processos de integração regional. De acordo com os realistas, o *spill over* não funcionaria em relação a assuntos da "alta política" e seria um erro fatal ignorar a dimensão exógena, ou seja, o contexto internacional em que estão inseridos os sistemas regionais. Em termos neorrealistas, a crítica se aloja na ignorância supostamente conferida à estrutura de poder do sistema internacional.

Em síntese, é no conceito de *spill over* ou "transbordamento" que se concentram as críticas mais contundentes ao neofuncionalismo. A resolução de problemas em diferentes setores não levaria, necessariamente, a transformações no campo político. A resistência dos interesses dos Estados nacionais soberanos, principalmente em relação à segurança internacional, teria sido subestimada pelos neofuncionalistas. Quanto à resistência das lealdades nacionais, o próprio Haas foi obrigado a rever sua teoria e reconhecer que o processo de integração pode ser interrompido por uma forte expressão de consciência nacional. Para os críticos de Haas, essa foi uma forma que ele encontrou de "emendar" sua teoria, de forma que qualquer interrupção no processo de integração pudesse ser interpretada como uma expressão da consciência nacional.[17]

---

15 Charles Pentland. "Functionalism and Theories of International Political Integration" *in* A J R. Groom & Paul Taylor. Functionalism. Theory and Practice in International Relations, 1975, p. 18.

16 Para obter maiores detalhes sobre a crise da Comunidade Econômica Europeia, em 1965, ver Nina Heathcote. "Neofunctional Theories of Regional Integration", *in* A J R Groom & Paul Taylor. Functionalism. Theory and Practice in International Relations, 1975.

17 Pode-se afirmar, depois dos eventos que levaram Haas a rever parte de seus argumentos, que a ideia de "transbordamento" associada ao efeito *spill over* resta melhor traduzida pelo termo "respingo". Na ideia de respingo se encontra encerrada

Apesar de todas as críticas dirigidas ao neofuncionalismo, deve-se reconhecer que um de seus principais méritos foi o de deslocar o foco, antes lançado pela teoria funcionalista sobre o desempenho conjunto de tarefas pelos Estados, para os atores sociais (elites e grupos de interesses) e sua percepção dos benefícios advindos do processo de integração. Ao fazer isso, prestou grande contribuição ao eliminar os elementos utópicos do funcionalismo que preveem a separação entre o técnico e político, entre o Estado e a sociedade. Haas demonstra que não há como fugir da politização das tarefas quando elas passam a revestir-se de caráter polêmico, afetando os interesses dos atores sociais envolvidos.

4. Intergovernamentalismo

O advento da crise do processo de integração da Europa Ocidental em meados dos anos 60 estimulou críticas e reavaliações dos pressupostos neofuncionalistas por parte de autores realistas e liberais que partilham a crença na contínua proeminência do Estado. No meio da década de 70, o intergovernamentalismo tornou-se a posição dominante nos estudos sobre a integração europeia. Para os partidários da perspectiva intergovernamentalista a integração só pode ser aprofundada se houver convergência entre as preferências nacionais. Os Estados, como atores unitários, tendem a agir sempre pensando em seus próprios interesses e só cooperam entre si na medida em que compreendem que isto pode atendê-los melhor. É a estrutura do sistema internacional que determina o comportamento dos Estados que agem sempre em busca da maximização de poder. Assim, quaisquer arranjos regionais mais ou menos formalizados pela presença de instituições comuns tendem a ser meros reflexos daquela configuração estrutural.

Para os intergovernamentalistas, o neofuncionalismo consiste em um ataque frontal ao Estado-nação, mas um ataque que não leva em consideração a forma como o Estado se comporta. De acordo com um dos principais proponentes da crítica intergovernamentalista, Stanley Hoffmann, a integração europeia só poderia alcançar sucesso no campo econômico, mas jamais no da "alta política".

---

uma noção de intensidade menor que na de transbordamento. Esta última tende a ocorrer de forma homogênea e irresistível, ao passo que respingos costumam ocorrer com menos intensidade e não necessariamente dentro de um padrão definido.

O novo impulso adquirido pelo processo de integração regional europeu nos anos 80 pôs em xeque o ceticismo intergovernamentalista e acentuou as críticas daqueles para os quais o intergovernamentalismo não lida de forma satisfatória e convincente com as iniciativas internacionais de integração. Mesmo assim, continua como um dos principais prismas por meio dos quais os processos de integração regional são analisados até hoje.

5. Transacionalismo

Constatou-se, pela visão intergovernamentalista, que na medida em que foram dados os primeiros passos da integração europeia no final dos anos 50, a tendência de analistas foi a de assimilar as premissas básicas da anarquia como condição determinante das relações internacionais e do Estado como ator racional que persegue, fundamentalmente, seus interesses. A cooperação por intermédio de instituições internacionais ou dos esquemas de integração foi aceita como forma de reduzir possibilidades de conflito, aumentar a informação e reduzir os custos de transação e também porque atenderia determinados interesses dos Estados.

Contudo, ainda na década de 50, Karl Deutsch desenvolveu interpretações que consideram que os Estados podem superar o estado básico da anarquia das relações internacionais por intermédio da interação estatal e social, enfim, de processos de socialização que perpassam as fronteiras estatais e ajudam a formar identidades comuns. Para Deutsch, prevalece uma perspectiva "transacional" das relações internacionais: transações como o comércio, migração, turismo, trocas educacionais e culturais, o uso das facilidades de comunicação física e mesmo a colaboração militar podem construir um tecido social de lealdades e solidariedades mútuas não somente entre elites, mas entre todos os indivíduos, formando um sentimento de comunidade para além das fronteiras estatais.

Ao contrário dos realistas que tendem a enxergar a possibilidade de comunidade apenas no nível doméstico, Deutsch atenta para o fato de que regiões e sub-regiões também podem conformar comunidades. Os Estados podem se encerrar num conjunto de relações sociais que são compreendidas como uma comunidade e a sua criação pode gerar expectativas de conversão pacífica.[18] O conceito de comunidade de segurança (*security community*) é apresentado como sendo um grupo de pessoas que se tornou integrado a um ponto em que há "uma real confiança de que os membros desta comunidade não irão confrontar-se fisicamente, mas que resolverão suas disputas de algum outro modo".[19]

Pode-se afirmar, em resumo, que a teoria transacionalista está baseada na visão de Deutsch de que os processos de integração regional estão diretamente relacionados com processos de formação de comunidades de segurança. Diferentemente do funcionalismo, do federalismo e do neofuncionalismo, que destacam os aspectos políticos da integração, a ênfase é depositada nos aspectos econômicos e socioculturais. A integração regional é vista fundamentalmente como um processo que procurar forjar um sentimento de pertencimento, seja ele o sentir-se europeu, sul-americano, asiático etc. Na visão transacional, a integração sentimental precede às mudanças institucionais e políticas.[20]

As maiores críticas direcionadas ao transacionalismo partiram, como se pode deduzir, de realistas, liberais e /ou neofuncionalistas. Todos eles questionaram, a partir de diferentes pontos de vista, a ênfase que os transacionalistas depositam nas atitudes e percepções dos atores e em processos socioculturais. Por outro lado, a perspectiva transacional merece ser considerada singular porque, ao invés de utilizar forças materiais e a linguagem do poder para compreender os fenômenos interestatais, busca explicações no conhecimento compartilhado, na projeção das forças socais e na possibilidade de formação de um denso ambiente normativo comum.

A formação de "comunidades de segurança" é descrita como um processo capaz de transformar o sistema interestatal, com as forças

---

18 *The Deutschian contribution is to highlight that States can become embebed in a set of social relations that are understood as a community and that the fabric of this community can generate stable expectations of peaceful change.* Três características definem uma "comunidade": 1) Os membros de uma comunidade têm identidades, valores e sentidos compartilhados; 2) os membros têm relações inúmeras e diretas, a interação não acontece de forma indireta e em domínios isolados e específicos, mas de preferência por intermédio de alguma forma de encontro pessoal e de relações em vários cenários; e, 3) a comunidade exibe uma reciprocidade que expressa algum grau de interesses à longo prazo. Cf. Emmanuel Adler e Michael Barnett. Security Communities. 2000, pp. 6-31.

19 Ibid. p. 6.

20 Gilberto Sarfati, op. cit, p. 188,

transnacionais alterando os comportamentos e as identidades dos Esta dos (nível internacional) e das pessoas (nível individual), o que rompe com a separação conceitual entre as arenas doméstica e internacional. Trata-se de uma abordagem impregnada de um espírito sociológico que abriu novas possibilidades para o entendimento sobre a política internacional e a segurança internacional. A partir do advento do construtivismo, a perspectiva transacional ganhou novo fôlego. Importantes aspectos do transacionalismo, especialmente os relacionados à construção de identidades, foram retomados com força.

Considerações Finais

Não obstante as deficiências preditivas das teorias de integração regional que, não poucas vezes, mostram-se bastante equivocadas em suas projeções de cenários, não há como não admitir que elas forneceram e continuam fornecendo importantes *insights* sobre a natureza da política mundial e também contribuíram para o fortalecimento de uma visão pluralista das Relações Internacionais, em contraposição à majoritária visão realista.

De acordo com Paul R. Viotti e Mark V. Kauppi, são quatro as principais contribuições que podem ser atribuídas às teorias de integração regional[21]:

Em primeiro lugar, a literatura sobre integração regional minimiza a posição do Estado como unidade de análise fundamental. A atenção volta-se para as transações econômicas, sociais, culturais e técnicas, assim como para os grupos de interesse, atores não-estatais transnacionais e opinião pública.

Segundo, a literatura neofuncionalista em particular logrou desagregar o Estado-nação como unidade de análise una, partindo para o exame de cada uma de suas partes componentes como as burocracias e as elites. Estas burocracia e elites são vistas como integradas por indivíduos de "carne e osso" que possuem perspectivas em conflito, opiniões submetidas a mudanças e poder de tomada de decisão.

Terceiro, os teóricos da integração regional colocam de forma pertinente e ousada a questão acerca de quais outras formas de organização políticas que são possíveis (que potencialmente podem ser alcançadas), além do Estado-nação, territorialmente baseado.

21 Paul R. Viotti & Mark V. Kauppi, op. cit, p. 214.

Finalmente, os adeptos das teorias de integração regional tiveram o mérito de analisar as condições sob as quais a cooperação internacional é facilitada. A ênfase realista na competição entre os Estados e na natureza anárquica do sistema internacional fornece poucas contribuições para a mesma questão. As teorias de integração regional demonstram que a cooperação pode ser vista como um traço característico e definidor das relações internacionais, assim como o conflito. Não somente assuntos relacionados aos aspectos militares e de segurança que estão no centro da agenda da política internacional. Questões econômicas e sociais também merecem atenção e os teóricos da integração foram bem-sucedidos no destaque conferido a tais aspectos.

Referências Bibliográficas

ADLER, Emmanuel & BARNETT, Michael. *Security Communities.* 2a ed. Cambridge: Cambridge University Press, 2000.

BROWN, Chris. *Understanding International Relations.* Londres: Mac Millan Press, 1997.

DRUMMOND, Maria Cláudia. O Mercosul e a Articulação dos Atores Sociais: o caso brasileiro. *Dissertação de Mestrado.* Brasília: Universidade Nacional de Brasília, 1995.

HEATHCOTE, Nina. Neofunctional Theories of Regional Integration, *in* A J R Groom & Paul Taylor (eds). *Functionalism. Theory and Practice in International Relations.* New York, Crane, Russak & Company, 1975.

HERZ, Monica & HOFFMANN, Andrea Ribeiro. *Organizações Internacionais: história e práticas.* Rio de Janeiro: Elsevier, 2004.

KELSTRUP, Morten. Integration theories: history, competing approaches and new perspectives, in Anders Wivel (ed.), *Explaining European Integration.* Copenhagen: Copenhagen Political Studies Press, 1998.

PENTLAND, Charles. Functionalism and Theories of International Political Integration, *in* A J R. Groom & Paul Taylor (eds). *Functionalism: Theory and Practice in International Relations.* New York: Crane, Russak & Company, 1975.

SARFATI, Gilberto. *Teoria de Relações Internacionais.* São Paulo: Saraiva, 2005.

VIOTTI, Paul R. & KAUPPI, Mark V. *International Relations Theory.* Boston: Allyn and Bacon, 3rd ed, 1999.

Capítulo 6

A ESCOLA INGLESA DE RELAÇÕES INTERNACIONAIS: HEDLEY BULL, A SOCIEDADE ANÁRQUICA E A ORDEM INTERNACIONAL

Mônica Heinzelmann Portella de Aguiar[1]

Introdução

Hedley Norman Bull nasceu em Sidney (Austrália) em junho de 1932. Apesar de seus pais não serem do meio acadêmico – seu pai trabalhava com seguros e a família da mãe tinha uma loja de departamento –, os três filhos cursaram estudos superiores. Aos 16 anos, Bull ingressou na graduação de História e Filosofia da Universidade de Sidney e recebeu de John Anderson rigorosa formação em filosofia grega e clássicos europeus (JEFFERY, 2008, p. 11). Deste período restou-lhe o sólido conhecimento de História europeia, sobretudo da França e Alemanha.

Com Anderson, professor "socrático e autoritário", aprendeu duas lições que iriam acompanhá-lo pelo resto da vida. A primeira é de que o trabalho acadêmico é essencialmente crítico, toda afirmativa deve ser previamente questionada. A segunda é de que a sociedade é constituída por interesses conflitantes e cabe aos governos conciliarem as partes e promoverem compromissos em comum (BULL, 2008a)

1 Doutora em Ciência Política/ Relações Internacionais pelo IUPERJ/UCAM. Mestre em Sociologia e Política pela PUC-Rio. Graduada em Economia pela Faculdade Cândido Mendes. Professora Adjunta do Departamento de Ciência Política da UCAM/RJ.

Em 1953, Bull ganhou uma bolsa para ir à Inglaterra estudar Ciência Política em Oxford. Lá, empenhou-se com afinco para preencher as lacunas que tinha nesse campo de conhecimento. No ano seguinte casou-se com sua namorada, a australiana Frances Mary Lawes, especialista em estudos africanos, e o casal logo adotou três filhos. Em 1955, Bull passou a lecionar política na London School of Economics e sob a orientação do Professor Martin Wight, seu mentor intelectual, voltou-se para o campo das Relações Internacionais. No ano seguinte, por ser cidadão do Commonwealth, menor de 26 anos, Bull foi compulsoriamente convocado para o alistamento militar. A oportuna intervenção do chefe de departamento, Charles Manning, conseguiu liberá-lo dessa obrigação e Bull foi enviado aos Estados Unidos com uma bolsa da Fundação Rockfeller (O´NEILL, 2008).

Entre 1957/58, frequentou as aulas de estudos estratégicos das prestigiosas universidades de Harvard, Hudson Institute, John Hopkins, Universidade de Chicago, Universidade da Califórnia e conheceu intelectuais do porte de Henry Kissinger, Herman Kahn e Morton Kaplan. Em 1959, passou por experiência similar em Paris, desta vez com uma bolsa da OTAN. Nesse mesmo ano, publicou um artigo que originou seu primeiro livro *The Control of the Arms Race: disarmament and arms control in the missile age* em já se identificam alguns princípios chave de seu pensamento. No livro, publicado em 1961, Bull rebate os propósitos do político Philip Noel-Baker que em *The Arms Race: a programme for world disarmament* defendia uma plataforma desarmamentista.

Bull não atribui as guerras a um excesso de armas, mas a um acúmulo de tensões que devem ser negociadas politicamente por meio de acordos e convergência de interesses. Seu argumento é de que o exercício do desarmamento tem eficácia limitada, deve se restringir a um certo objetivo e não ser aplicado de maneira indiscriminada. Bull distingue as armas nucleares, usadas para dissuasão, das armas empregadas para o combate efetivo, sendo essas últimas consideradas inaceitáveis. Opõe-se à criação de uma autoridade mundial central, papel que muitos desejavam conferir às Nações Unidas, pois receava abusos de poder e restrições à liberdade. A melhor maneira de resguardar o sistema internacional, da opressão, seria favorecendo a existência de vários centros de poder, ainda que estes pudessem atritar-se mutuamente (O´NEILL, 2008)

Nos anos sessenta, Bull passou a colaborar com o Institute for Strategic Studies situado em Londres e depois tornou-se conselheiro da instituição. Em 1964, a vitória do partido trabalhista e a ascensão do Primeiro Ministro Harold Wilson fizeram com que Bull, devido ao seu profundo conhecimento do tema de armamento, fosse convidado a dirigir a unidade de controle de armas e desarmamento do British Foreign Office (equivalente ao Ministério das Relações Exteriores). Para tal, ele precisou renunciar ao passaporte australiano e virar cidadão britânico. Exerceu essa função até 1967 quando retornou à Canberra para assumir o cargo de professor no departamento de Relações Internacionais da Universidade Nacional da Austrália.

A partir de então, consagrou-se à pesquisa e às viagens, conhecendo intelectuais, sobretudo indianos, que defendiam uma reforma do sistema internacional. A Índia destacava-se como liderança no movimento dos países não alinhados e compartilhava com a Austrália a experiência de ter sido colônia britânica e pertencer ao Commonwealth. Do convívio intelectual deste período resultou a elaboração da obra mais conhecida de Bull, *A Sociedade Anárquica: um estudo da ordem na política mundial* publicada em 1977.

Neste mesmo ano, ele retornou definitivamente à Universidade de Oxford para ocupar a cátedra de Relações Internacionais. Antes de falecer em 1985, organizou os livros *The Expansion of International Society* e *Intervention in World Politics*. Sua morte prematura, vitimado pelo câncer aos 52 anos, privou a Escola Inglesa e as Relações Internacionais de um teórico de relevante contribuição para esse campo de conhecimento.

É impossível dissociar a obra de Hedley Bull do ambiente de Guerra Fria e de realidade bipolar que caracterizam as relações internacionais daquele período. Sua geração viveu a Segunda Guerra Mundial e a Austrália, mais diretamente, a experiência da guerra no Pacífico e dos bombardeios japoneses. Quando Bull chegou a Oxford para estudar, o líder soviético Josef Stalin acabara de falecer e Nikita Kruschev começava seu demorado processo de ascensão ao poder.

A década de 50 foi marcada por eventos que revelam não somente as tensões entre os dois *hegemons*, Estados Unidos e União Soviética, como as divergências internas dentro de cada bloco de poder. A constituição do Pacto de Varsóvia (1955) em oposição a OTAN, a rebelião popular húngara e sua brutal repressão (1956), a revolução cubana (1959), a tentativa de invasão americana da Baia dos Porcos (1961), o desentendimento final entre as potências aliadas no ultimato de Berlim (1961) são alguns dos episódios que caracterizam esse período.

Nos anos 60, o cenário tornou-se ainda mais complexo com os países do Terceiro Mundo e as minorias em geral buscando uma nova inserção internacional e política. A independência das colônias africanas, a consolidação do grupo dos países não alinhados, os movimentos sociais que agitam a América Latina, as rebeliões estudantis, o início da Guerra do Vietnã, a invasão da Tchecoslováquia acontecem em meio às negociações sobre controle de armas nucleares e a firma dos acordos SALT I e TAB.[2] No plano doméstico, Bull assiste à radicalização do grupo independentista IRA (*Irish Republican Army*) que lutava pelos seus objetivos políticos com um modelo terrorista semelhante ao da organização basca ETA e das de extrema esquerda Baader Meinhof e Brigate Rosse da Alemanha e Itália. Além do mais, os dois choques do petróleo (1973/79), triplicando o preço do barril desestabilizam a economia mundial lançando-a numa grave crise.

Martin Wight, professor de Bull, em meio à revolução metodológica behaviorista vinda dos EUA, defendia uma abordagem mais filosófica e histórica do campo das Relações Internacionais. Ainda que sem concordar completamente com ele, Bull usa frequentemente o arcabouço histórico para enriquecer sua análise teórica, daí a importância de se conhecer as circunstâncias citadas. Contudo, e essa é a grande crítica que se pode levantar contra *A sociedade anárquica*, ele não envereda pelo campo das relações e fatos econômicos. Até o final de sua vida, Bull será testemunha de outros eventos determinantes da História como a ascensão de Margaret Thatcher e Ronald Reagan ao poder, a invasão do Afeganistão pela União Soviética, a guerra das Malvinas e a retomada das tensões entre as superpotências, fatos que sucedem à publicação do *A sociedade anárquica*.

A escola inglesa, ou realismo liberal, surge da combinação de ideias de várias nacionalidades distintas: as do inglês Martin Wight, as do sul-africano Charles Manning e encontra no australiano Hedley Bull seu principal expositor. Como vertente teórica ocupa uma posição especial

2 SALT I – Strategic Arms Limitation Talks e TAB – Tratado Antimísseis Balísticos, acordos assinados entre EUA e URSS em 1972 no contexto de controle dos arsenais nucleares.

no campo das Relações Internacionais por não se encaixar nos paradigmas tradicionais. A escola inglesa consiste num caminho intermediário entre o realismo americano e o institucionalismo liberal britânico (CESA, 2013), é um "realismo mitigado por aspectos idealistas" (GONÇALVES, 2002, p. xiv)

Do realismo, a escola inglesa herda o fato de considerar o Estado como ator principal, adotar um fundamento teórico de base racional – o autor Hugo Grotius –, e trabalhar com uma abordagem essencialmente empírica. Por outro lado, a escola apresenta alguns elementos que remetem ao construtivismo na medida em que atribui importância a ideias e valores compartilhados para o estabelecimento da ordem. Também se aproxima do institucionalismo ao sustentar que os valores estão corporificados em instituições. Ao deliberar sobre a possibilidade de uma sociedade mundial tangencia também a tradição kantiana.

A grande contribuição da escola inglesa é sua afirmação de que existe ordem nas Relações Internacionais, a despeito do estado de anarquia. No plano doméstico, a ordem é assegurada pela existência de uma autoridade central, um Leviatã. No plano internacional, apesar da inexistência de um poder soberano supranacional, a ordem é alcançada graças a normas, regras e instituições compartilhadas.

> Os teóricos da Escola inglesa respondem que as instituições são responsáveis por essa ordem. Instituições elementares ou fundamentais são essências para a ordem social. Exemplos dentro do Estado incluem a família e o serviço público. De acordo com a Escola inglesa, a sociedade se mantém coesa tanto no plano doméstico quanto internacional por uma mistura de coerção, cálculo e convicção. As sociedades mais seguras e estáveis se mantêm unidas sobretudo por convicção (*belief*). É aqui onde entram as instituições, no seu sentido mais elementar e fundamental. Instituições garantem que regras e normas sejam seguidas, não como resultado de cálculo ou coerção, mas em função da convicção em sua legitimidade. (CESA, 2013, p. 2)

As diferenças entre realismo inglês e norte-americano podem ser explicadas pelas circunstâncias históricas que caracterizam os dois países. No contexto dos Estados Unidos:

> Os mais importantes e consagrados estudiosos norte-americanos percebem o mundo como uma grande arena, onde o que conta são as relações de poder. Percebem as relações internacionais essencialmente como relações verticais, determinadas pela densidade de poder de cada Estado. E quando se dispõem a garantir conteúdo científico às suas análises, fazem-no interpretando o mundo como um imenso mercado, que deve funcionar segundo a lei natural da oferta e da procura. Uma percepção própria, vale dizer, daqueles que vinculam o conhecimento da realidade das relações internacionais ao objetivo estratégico nacional de manter indefinidamente os Estados Unidos na posição hegemônica que alcançou depois da Segunda Guerra Mundial e se consolidou com o fim da Guerra fria. Em síntese, pode-se dizer que, nos Estados Unidos, o projeto de fazer das relações internacionais uma ciência é inseparável da visão imperial do mundo. (GONÇALVES, 2002, p. xvii)

A experiência inglesa é a de um imperialismo colonial. Em um período em que as grandes distâncias e a dificuldade de comunicação com a metrópole exigiam uma estrutura robusta de poder local, a melhor forma de garantir a dominação era por meio de um processo de aculturamento com a transmissão dos valores ingleses através da língua, religião, justiça e sistema educacional. A exportação das instituições inglesas permitiu a produção de um estilo de vida anglo-colonial que contribuiu para a extensão e longevidade do império britânico.

1. A sociedade anárquica

O título do livro induz a crer que se trata de uma obra sociológica ou política, provavelmente em defesa do anarquismo. O seu subtítulo, *um estudo da ordem política mundial*, já orienta o leitor para a verdadeira intenção do autor, compreender como as relações internacionais são pautadas pela ordem e não pela desordem. A ideia que perpassa o livro é de que, apesar do estado de anarquia internacional, existe uma ordem no mundo tendo por fundamento regras não escritas. A anarquia, ao invés de gerar um estado de violência como aquele descrito por Thomas Hobbes (1588-1679) e com Estados guiados por seus interesses egoístas, não impede o surgimento de um sistema de cunho racional, com uma ordem baseada em valores compartilhados e interesses comuns. Bull sustenta sua abordagem com base na teoria de Grotius que busca no Direito Natural as fontes para o ordenamento social.

> Grotius vocês irão lembrar, escreveu numa situação de anarquia internacional em que a autoridade da lei divina havia ruído; em que a lei positiva, do Papa e do Imperador havia ruído; e na qual realmente existiam duas perspectivas de campo; por um lado a visão maquiavélica de que não havendo autoridade superior sobre Estados soberanos, não havia lei ou autoridade compelindo príncipes soberanos, e a outra visão (...) de que a única forma de ter ordem entre os príncipes era reestabelecer algum tipo de Estado universal, reestabelecer alguma autoridade superior (...) Grotius estava tentando produzir uma terceira alternativa entre esses dois conceitos, e ele a encontrou na noção de que havia uma sociedade internacional - uma sociedade de Estados - que criava um compromisso moral e que era uma verdadeira força até na ausência de qualquer autoridade superior. As razões principais pelas quais ele afirmou a validade de tal sistema foi sua tentativa de investir na doutrina do Direito Natural: de que existiam regras morais e legais que eram naturais, não no sentido de derivar de Deus; nem eram positivas e não derivavam tampouco da vontade humana, mas eram óbvias para todos os seres humanos. (BULL apud AYSON, 2008, p. 54-55)

O compartilhamento de certos valores culturais é um elemento que atravessa a obra de Bull e ajuda a compreender sua definição de ordem e sociedade internacional.

> O elemento de ordem internacional que existe no mundo reflete o fato de que Estados soberanos constituem hoje, ainda que precariamente, uma sociedade internacional bem como um sistema internacional. É difícil conceber a ordem internacional aparte de normas e regras: em particular, regras elementares ou primárias requerendo aos Estados que limitem a violência que infligem mutuamente, honrar seus compromissos e respeitem suas esferas de jurisdição. [...]. Para alcançá-la [a ordem internacional] eles [os Estados] precisam chegar a diretivas ou placas de sinalização que indiquem como eles devem se comportar para avançar nesses interesses comuns: isso quer dizer, eles devem articular normas ou regras e concordar com elas. Essas regras são prévias à lei internacional, à moralidade internacional e às instituições internacionais; têm o *status* de serem simplesmente procedimentos operacionais ou "regras do jogo". Sua existência é de certa forma uma condição necessária para o que eu chamei de sistema internacional, assim como para uma sociedade internacional. (BULL, 2008b, p. 85)

O livro *A Sociedade Anárquica* é estruturado em três grandes blocos, cada um tendo como objetivo responder a uma questão fundamental. São elas: o que é ordem na política mundial? Como é que essa ordem se mantém em um sistema com Estados soberanos? A existência desse sistema de Estados soberanos compromete a viabilidade da ordem mundial?

1.1. Conceito de ordem, sistema internacional, sociedade internacional e sociedade mundial

Como antigo estudante de filosofia, Bull define ordem partindo de uma pequena citação de Santo Agostinho em *A Cidade de Deus*. Embora ele só mencione a última linha (grifada), para melhor apreciar o significado do termo ordem e compreender o porquê da seleção desse trecho, é interessante considerar a íntegra do parágrafo de onde foi extraída a referência. Em um capítulo intitulado: *a paz universal e sua indefectibilidade*, Santo Agostinho discorre sobre as circunstâncias em torno dessa condição.

> A paz entre o homem mortal e Deus é a obediência ordenada pela fé sob a lei eterna. A paz dos homens entre si, sua ordenada concórdia. A paz da casa é a ordenada concórdia entre os que mandam e os que obedecem nela; a paz da cidade, a ordenada concórdia entre governantes e governados. A paz da cidade celeste é a ordenadíssima e concordíssima união para gozar de Deus e, ao mesmo tempo, em Deus. A paz de todas as coisas, a tranquilidade da ordem. **A ordem é a disposição que às coisas diferentes e às iguais determina o lugar que lhes corresponde**[3]. (AGOSTINHO, 1990, p. 403)

A ordem é vista aqui como uma arrumação que posiciona elementos de acordo com um conjunto de critérios. O celebrado escritor israelense Amos Oz, em sua biografia *De amor e de trevas,* narra um incidente de sua infância que ajuda a compreender o raciocínio de Bull. Tendo recebido de seu pai a incumbência de arrumar livros numa estante, a perspectiva infantil fez com que os dispusesse por tamanho. O pai lhe explica que livros podem ser arrumados por título, autor, idioma, assunto, até por cronologia e editora, mas não por tamanho, cor ou espessura. A criança se desaponta ao descobrir que a lógica adulta é outra e que o arranjo que tanto a envaidecera não tem utilidade. (OZ, 2005)

Bull, coincidentemente, apresenta o exemplo de livros jogados no chão ou arrumados numa estante para ilustrar o conceito de ordem. Não há uma forma certa de dispor livros numa prateleira, critérios como cor, tamanho, espessura podem ser aplicados, contudo convencionou-se que

3 Sto. Agostinho - A Cidade de Deus, livro XIX, capítulo XIII. A edição da Funag reproduziu um erro tipográfico da edição americana em que a citação aparece como capítulo XII.

tema e ordem alfabética são mais adequados às necessidades dos leitores. Na vida social, estipulou-se que os critérios que guiam a ordem são essencialmente três: a preservação da vida, o cumprimento dos acordos e a garantia de propriedade de certos bens. Esses fundamentos são valores básicos que têm de existir para que possa haver vida social ordenada.

Para definir sistema internacional, Bull parte primeiramente do conceito de Estado. Os Estados são "comunidades políticas independentes, cada uma das quais possui um governo e afirma a sua soberania com relação a uma parte da superfície terrestre e a um segmento da população humana". (BULL, 2002, p. 13) Aproximando-se da clássica definição de Weber que associa ao Estado o "monopólio do uso legítimo da força física dentro de um determinado território" (WEBER, 1982, p. 98) o autor atribui a eles: soberania interna – exercida sobre território e população – e externa. A soberania externa manifesta-se pela ausência de autoridade sobre o Estado, o que produz a "anarquia" das relações internacionais.

O sistema internacional surge a partir do momento em que dois ou mais Estados passam a manter contato regular entre si, impactando-se mutuamente. A interação entre eles pode acontecer de forma direta ou indireta, mediante um Estado interposto.

A sociedade internacional ocorre quando, dentro de um sistema de Estados, desenvolvem-se valores e interesses em comum que darão origem a instituições compartilhadas. A sociedade advém da transformação do sistema; mas nem todo sistema se converte necessariamente em sociedade. As duas esferas podem coexistir e se superpor num mesmo período histórico como foi o caso, na Grécia clássica, do sistema internacional formado de um lado por Pérsia, Cartago e as cidade-estado gregas que por outro lado também integravam a sociedade internacional helênica.

> Existe uma 'sociedade de estados' (ou 'sociedade internacional') quando um grupo de estados, conscientes de certos valores e interesses comuns, formam uma sociedade, no sentido de se considerarem ligados, no seu relacionamento, por um conjunto comum de regras, e participam de instituições comuns. (BULL, 2002, p. 19)

A sociedade mundial é uma nova dimensão da sociedade internacional e tem por elemento definidor o indivíduo e não mais o Estado. Um componente idealista é agregado à estrutura política universalista permitindo a eclosão de uma sociedade mais aprimorada, sem as falhas ou limitações das experiências anteriores.

1.2. As três tradições doutrinárias e a evolução da sociedade internacional

Para comprovar sua hipótese de que existe ordem nos sistemas e sociedades internacionais, Bull apresenta evidências intelectuais e históricas desse fenômeno. Focaliza três importantes arcabouços teóricos do pensamento ocidental moderno com o objetivo de mostrar sua contribuição para o estudo das Relações Internacionais. As reflexões de Thomas Hobbes, Hugo Grotius e Immanuel Kant (1724-1804) servem de referência para analisar a ordem internacional sempre com base nos critérios já mencionados de salvaguardar a vida, a verdade e a propriedade.

Quadro 1. Comparação entre os três autores.

Tradição	Hobbesiana (realista)	Grociana (internacionalista)	Kantiana (universalista)
Ator	Estado	Estado	Indivíduo
Interesses	Egoístas/ limitados pela prudência. Jogo de soma zero.	Comerciais/limitados pela prudência e por regras comuns. Jogo de soma zero ou positivo.	Cooperativos/Jogo de soma positivo. Aceita a existência de imperativos morais no campo das R.I.
Natureza da política Internacional	Conflito	Racionalidade	Identidade
Atividade principal	Guerra	Comércio	Cooperação com vista a criar uma sociedade universal (paz perpétua)

Fonte: autoria própria.

Na história moderna/contemporânea, Bull identifica três grandes formações civilizacionais que correspondem a uma sociedade internacional. São elas: a sociedade Internacional Cristã (séculos XV, XVI e XVII), a sociedade internacional europeia (séc. XVIII e XIX) e a sociedade internacional mundial (a partir do século XX).

1.2.1. Sociedade internacional Cristã.

Seus principais teóricos são os juristas Alberico Gentili (1552-1608), Hugo Grotius, Samuel von Pufendorf (1632-1694) e os teólogos Francisco de Victoria (1483-1546) e Francisco Suarez (1548-1617). Esses autores identificam uma sociedade internacional, unida pelo cristianismo como valor comum, e composta pela complexa gama de entidades políticas da época como principados, reinos e repúblicas que ainda não denominam de Estado. Eles estabelecem os fundamentos do Direito Natural com o propósito de romper com argumentos dogmáticos e fundamentá-lo numa base mais racional, evitando buscar na autoridade religiosa a legitimação da vida social. A dualidade de um mundo europeu, atormentado pelas sangrentas guerras de religião, e a percepção de um Novo Mundo com sociedades organizadas apesar de bárbaras, pagãs e destituídas de lei, ajudou a impulsionar o avanço do jusnaturalismo.

O Direito internacional, proposto por esses autores, ainda se prendia a certos resquícios medievais como a crença na guerra por uma causa justa e a tendência em usar o Direito Privado como base para refletir sobre o Internacional. Tendiam nesse último caso, a considerar que os acordos internacionais, assim como os privados, só seriam compulsórios para os signatários e não para seus sucessores. Tampouco tinham uma clara percepção da soberania externa como um direito do Estado, nem levavam em conta a importância do equilíbrio de poder entre Estados.

1.2.2. Sociedade Internacional Europeia

Seus autores mais conhecidos são os ensaístas políticos Edmund Burke (1729-97), Friedrich Von Gentz (1764 -1732), os juristas Emer de Vattel (1714-67) e Justus Moser (1720-94) e o historiador político Leopold Von Ranke (1795-1886). O elo que une essa forma de sociedade não é mais o cristianismo, mas a cultura europeia que expressa uma identidade comum aos vários Estados-Nação. O "Direito das Nações" ou "Direito Internacional" parte do princípio de que todos os Estados têm os mesmos direitos e obrigações e busca desenvolver um corpo de leis derivadas do consentimento e das práticas de convivência. A guerra passa a ser vista como um conflito político em que as partes defendem uma causa que lhes parece justa. Instituições como Direito Internacional, diplomacia e equilíbrio de poder passam a ser reconhecidas como contribuindo para a ordem internacional.

1.2.3. Sociedade Internacional Mundial

Tem como base unificadora os valores da modernidade. No século XX, novos atores como organizações internacionais, ONGs e indivíduos foram incorporados à política mundial. Há uma tendência a retornar a premissas universalistas e a um equivalente contemporâneo do Direito Natural.

A despeito das várias circunstâncias históricas que interferem na existência das sociedades internacionais (guerras de religião do século XVII, revoluções dos séculos XVIII e XIX e Guerras Mundiais do século XX), Bull sustenta que a ordem internacional, mesmo precária, continua vigente. A violência consegue ser refreada até certo ponto e grande parte dos pactos mantêm-se vigentes.

> Na maior parte do tempo a maioria dos estados respeitava, de algum modo, as regras básicas da coexistência na sociedade internacional, do respeito mútuo pela soberania, do cumprimento dos tratados e da limitação do uso da violência. Da mesma forma, na maior parte do tempo a maioria dos estados participava de instituições comuns. A maioria dos estados participava das formas e procedimentos do direito internacional, do sistema de representação diplomática, da aceitação da posição especial das grandes potências, da existência de organizações internacionais funcionais, tais como as criadas no século XIX, da Liga das Nações e das Nações Unidas. (BULL, 2002, p. 52)

A anarquia internacional tampouco é um impedimento para encontrar sociedade e ordem entre os Estados. A analogia que se costuma fazer entre o estado de natureza de Hobbes, privado da autoridade do Leviatã, com o estado de anarquia internacional não leva em conta o fato de que o pensamento hobbesiano aplicava-se a indivíduos e não a Estados. Segundo Bull, a realidade internacional deve muito mais ao pensamento de John Locke e à sua concepção de um estado de natureza mais racional, do que ao estado de guerra descrito por Hobbes. A ausência do Leviatã, com certeza, torna a vida dos homens insustentável. No entanto, Estados não apresentam o mesmo grau de exposição e vulnerabilidade do que indivíduos, e a anarquia internacional acaba não tendo tanto impacto.

> Assim, o argumento de que porque os indivíduos não podem formar uma sociedade sem governo, os príncipes soberanos ou estados também não podem, não se sustenta não apenas porque mesmo na ausência de governo pode haver uma certa ordem entre os indivíduos, mas porque os estados são diferentes destes, e mais capazes de formar uma sociedade anárquica. A analogia do meio internacional com a ordem doméstica não passa de uma analogia, e o fato de que os estados formam uma sociedade sem governo reflete características da sua condição que são únicas. (BULL, 2002, p. 62)

Tendo constatado a existência das sociedades internacionais e de seu corolário, a ordem internacional, Bull se propõe a investigar do que depende essa ordem e como ela é mantida. Para tal, ele parte inicialmente do que é ordem na vida social para depois projetar suas descobertas para a ordem internacional.

As sociedades primitivas, embora destituídas de governo, leis e monopólio do uso legítimo da força, têm uma vida social ordenada. Os membros dessas sociedades seguem regras determinadas pelo costume e sofrem sanções caso não correspondam ao que se espera deles. Essa obediência não decorre apenas do temor de ser excluído do grupo social, mas também do hábito, da inércia e de outros interesses comuns. Com o surgimento do Estado moderno, a ordem na vida social passou não somente a ser fruto de interesses comuns, mas de regras estabelecidas que explicitavam quais as condutas compatíveis com as necessidades da sociedade.

Regras são simples construções intelectuais que só adquirem eficácia se forem elaboradas como normas. Elas também precisam ser comunicadas às pessoas e administradas (no sentido de virem acompanhadas de ações que permitam sua aplicação). Regras também devem ser interpretadas, adaptadas, legitimadas, aplicadas e protegidas. No Estado Moderno, o governo, graças ao monopólio da força, tem a função de efetivar as regras, sendo, portanto, a principal instituição mantenedora da ordem social.

> No estado moderno há uma instituição (ou um conjunto de instituições interligadas) que ajuda a tornar efetivas as regras sociais elementares: o governo. O governo se distingue das outras instituições dentro do estado moderno pela sua capacidade de recorrer à força física, e possui, à sua disposição, uma força real que supera em muito a que é comandada por qualquer outro grupo. Por outro lado, o estado tem quase o monopólio do uso legítimo da força; ao lado de certos direitos residuais de autodefesa, concedidos ao indivíduo, só o governo pode empregar a força de forma considerada pela sociedade em geral como o exercício de um direito. (BULL, 2002, p. 69)

Das ilações anteriores, depreende-se que a ordem internacional depende de três fatores: interesses comuns, regras e instituições. Os interesses comuns podem tratar da mera pretensão de sobreviver ou consistir em um cálculo racional para realizar um projeto valioso. Entre Estados, o temor à violência irrestrita, à instabilidade dos acordos, à inviabilidade da independência ou soberania são motivações profundas que levam à necessidade de constituir uma ordem internacional baseada em princípios recíprocos de convivência. Da coexistência regular derivam-se regras que, ao longo do tempo, adquirem status legal e reforçam a cooperação entre Estados e a estabilidade de suas relações. As instituições colaboram para a eficácia das regras, mas cabe ao Estado soberano formular, comunicar, administrar, interpretar, adaptar, legitimar, aplicar e proteger as regras.

Bull encerra o que pode ser considerado como a primeira parte de seu livro com uma longa apreciação sobre a compatibilidade entre os conceitos de ordem e justiça no cenário internacional. Sem pretender apresentar repostas conclusivas sobre a relação entre esses dois elementos, seu objetivo é fornecer material para reflexão sobre um tema relevante da política.

1.3. Ordem versus justiça

A justiça consiste na igualdade e reciprocidade de gozar de direitos e privilégios. Esse atributo pode se referir a indivíduos ou, no caso da justiça internacional, a Estados ou nações. Assim como um indivíduo tem direito à vida e à liberdade, um Estado tem direito à soberania e à autodeterminação. A dificuldade na relação entre justiça humana e internacional ocorre quando os direitos de indivíduos colidem com os de Estados. Qual deve prevalecer? Um Estado tem direito a atropelar os direitos dos seres humanos para garantir sua sobrevivência? Pode-se ferir o direito à soberania interna de um Estado porque ele não protege os direitos individuais de seus cidadãos?

Se a justiça humana se sobrepuser aos direitos dos Estados, a ordem internacional pode ser abalada. A própria seletividade da justiça depende da hierarquia que se estabelece entre Estados e dos critérios que a orientam. Por exemplo, os Tribunais internacionais de Nuremberg e de Tóquio condenaram os líderes do Eixo pelos crimes cometidos durante a II Guerra Mundial, mas não houve equivalente para as arbitrariedades cometidas pelos Aliados.

Nos dias de hoje começa a delinear-se uma justiça mundial ou cosmopolita. Ainda que de forma incipiente, essa justiça identifica a existência de uma sociedade internacional mundial e busca alcançar valores que sejam comuns à toda a humanidade e não apenas a Estados nacionais. Questões como evitar a corrida armamentista, limitar riscos nucleares ou controlar danos ambientais são representativas da eclosão dessa nova consciência. Na prática, o grande obstáculo enfrentado pela justiça mundial é a dificuldade que os Estados têm de se verem como responsáveis pela implementação do bem comum mundial, sua tendência em raciocinar em termos de interesses nacionais e de privilegiar a ordem em detrimento da justiça.

Para responder à questão de se a justiça deve prevalecer sobre a ordem ou vice-versa, Bull apresenta três doutrinas diferentes. A visão conservadora ou ortodoxa, reconhece o conflito e dá precedência à ordem. A perspectiva revolucionária dá prioridade à justiça garantindo que da desordem (temporária) uma nova ordem emergirá. A posição liberal ou progressista acredita que esses dois fatores não são necessariamente excludentes e podem ser conciliados. A correção das injustiças cometidas seria uma maneira de fortalecer a ordem. O problema da aplicação dessa terceira corrente no cenário internacional são as divergências quanto ao que caracteriza uma injustiça e como repará-la. Se o consenso não for alcançado, a ordem internacional evidencia sinais de conflito e se torna mais vulnerável.

Bull conclui que a ordem precede a obtenção de justiça tanto na sociedade humana como na internacional. Ela é condição necessária para que outros valores possam existir e ser respeitados. Enquanto conceitos, ordem e justiça não são incompatíveis, mas as regras e instituições que as sustentam podem divergir. A ordem internacional é mantida por instituições como equilíbrio de poder, guerra, direito internacional, diplomacia e grandes potências que muitas vezes infringem os princípios básicos da justiça internacional. Ainda que a ordem seja essencial para prestar justiça, ela nem sempre deve ter precedência, posto que da discórdia e da desordem pode nascer novo entendimento sobre a justiça (como no caso da luta anticolonial africana).

1.4. Instituições que contribuem para a ordem internacional: grandes potências, equilíbrio de poder, direito internacional, diplomacia, guerra

Na segunda parte de seu livro, Bull realiza um estudo sistemático das instituições que contribuíram e continuam concorrendo para a manutenção da ordem internacional. São elas: as grandes potências, o equilíbrio de poder, o direito internacional, a diplomacia e a guerra.

1.4.1. Grandes potências

Ao definir o que são as grandes potências, três premissas ficam ima plícitas. A primeira é de que tem de haver mais de uma no cenário ine ternacional. O Império romano ou a China Imperial extrapolam o conceito de grande potência, visto que ocupavam uma posição exclusiva e inconteste em seus sistemas políticos. A segunda é de que as grandes potências devem ser militarmente equivalentes; serem capazes de enfrentar seus adversários sem necessidade de contar com aliados. Evidentemente, em tempos de armas nucleares, o conceito de força militar torna-se mais controverso e difícil de definir. A terceira premissa é o reconhecimento por parte das próprias e dos demais Estados do exercício dessa liderança. As grandes potências se sentem no direito legítimo de intervir em questões que afetem a paz e a segurança do sistema internacional como um todo. Apesar de algumas transformações históricas, as grandes potências mencionadas por Bull continuam as mesmas: Estados Unidos, a antiga União Soviética, hoje Federação Russa, a China e a União Europeia[4].

A liderança exercida pelas grandes potências assume três formas distintas: dominância, primazia e hegemonia. A dominância ocorre quando uma potência impõe sua força sobre os Estados menores ao seu redor. Mesmo sem existir uma relação propriamente imperialista, esses Estados são considerados como subalternos, em um nível secundário da hierarquia internacional. A dominância é rara de ser encontrada hoje em dia, mas um exemplo oportuno foi a relação que os Estados Unidos entretiveram com seus vizinhos da América Central do final do século XIX até a implantação nos anos trinta da "política de boa vizinhança" de Franklin Roosevelt. "A *dominância* caracteriza-se pelo emprego habitual da força, por uma grande potência, contra os estados menores do seu *hinterland,* e pela desconsideração habitual das regras universais da conduta entre estados, que lhes conferem direitos de soberania, igualdade e independência". (BULL, 2002, p. 244)

A primazia não recorre à coerção, ou ameaça dela, nas relações entre grandes potências e Estados menores; o atributo é concedido espontaneamente àquele que mais contribui para a realização de objetivos comuns. No Commonwealth Britânico, entre as duas guerras mundiais, a Inglaterra exercia uma liderança inconteste, representativa desse tipo de *entente* diplomática.

4 Quando da publicação do livro em 1977 a União Europeia não existia, mas Bull previa que ela se tornaria uma grande potência caso lograsse a unificação. A União Soviética, apesar de sua desintegração territorial continua mantendo o status de grande potência.

> No extremo oposto há o que poderíamos chamar de *primazia*. A preponderância de uma grande potência com relação a um grupo de estados menores assume a forma de primazia quando prescinde do recurso à força ou à ameaça de força, sem mais do que o grau ordinário de desrespeito pelas normas da soberania, igualdade e independência (um certo grau de desrespeito por essas normas é uma característica de todos os relacionamentos internacionais). (BULL, 2002, p. 245)

A hegemonia ocupa uma posição intermediária entre dominância e primazia. Conquanto a hegemonia não prescinda completamente do uso da força, considera-se que ela tenha um elevado custo político devendo ser empregada com parcimônia, como um recurso extremo. As violações de soberania ou independência de um Estado menor pela grande potência, só são admitidas se justificadas em nome de algum princípio superior. As ações militares costumam buscar sua legitimidade numa ação coletiva para, por intermédio de outros aliados, diluir o peso da intervenção. Favorecem-se, sobretudo as formas de pressão econômica e diplomática. Bull cita como exemplo a "doutrina Brejnev", de interferir na soberania dos Estados satélites caso o socialismo fosse ameaçado[5].

A desigualdade entre os Estados desempenha um papel relevante na manutenção da ordem internacional, uma vez que contribui a hierarquizar os problemas segundo o grau de prioridade das grandes potências. Esse mecanismo simplifica o padrão das relações internacionais fazendo com que sejam tratados apenas temas relevantes para estas últimas. Se todos os Estados tivessem o mesmo peso dentro da sociedade internacional, a pluralidade de exigências comprometeria a continuidade da ordem.

> Se os estados tivessem todos o mesmo poder, como são iguais perante a lei, e todos pudessem afirmar suas

5 O exemplo poderia ser hoje atualizado com as relações que se estabelecem entre Federação Russa e as ex- repúblicas soviéticas, como a intervenção militar na Crimeia em 2014.

> pretensões com a mesma força dos demais, é difícil ver como os conflitos internacionais poderiam ser resolvidos, e as pretensões de qualquer estado atendidas ou negadas definitivamente, a não ser mediante alianças que introduzissem um elemento de desigualdade. (BULL, 2002, p. 235)

As grandes potências visam geralmente preservar o equilíbrio de poder e minimizar os conflitos entre Estados estabelecendo esferas de influência respectivas. Elas concordam com a delimitação de certas áreas como estando sob seu alcance e evitam intervir numa região que é tacitamente identificada como estando sob a alçada de outra grande potência. Durante a expansão europeia na África/Ásia, as zonas de influência eram oficialmente determinadas e tinham por objetivo excluir as demais potências de um território. Hoje em dia, com exceção dos tratados de paz que repartem as responsabilidades de cada potência na condução do processo, as esferas de influência perderam esse caráter ostensivo. Pelo contrário, elas costumam originar-se de maneira mais sutil, a partir de controvérsias não contestadas que se solidificam e conferem algumas prerrogativas à grande potência.

É importante salientar que admitir a existência de esferas de influência não pode ser confundido com aceitar direitos legais ou morais sobre a área em questão. Certas restrições e limites estão implícitos e não podem ser ultrapassados como, por exemplo, atentar contra os direitos das populações locais.

As grandes potências também buscam preservar seus canais de comunicação de maneira a limitar os fatores aleatórios que possam deflagrar uma guerra: interpretação equivocada de palavras ou ações, erros de cálculo, acidentes são cuidadosamente perscrutados para evitar que conflitos se propaguem. Procedimentos como controle armamentista e acordos formais previnem esses problemas. A função das grandes potências não é somente evitar conflitos, frequentemente elas assumem um papel mais atuante, concordando em unir esforços para promover políticas no sistema internacional. Elas agem em concerto e de forma cooperativa para estabelecer diretivas conjuntas para si e para o resto dos Estados. O Tratado de Não Proliferação Nuclear é representativo desse tipo de empreendimento.

É imprescindível que o exercício de poder das grandes potências seja reconhecido como legítimo por parte significativa da sociedade de Estados. Como a sociedade internacional oficialmente defende a igualdade dos Estados e condena sua classificação numa escala de importância, as grandes potências não podem explicitar de forma muito incisiva sua força. Sua legitimidade depende igualmente de sustentar a ordem e não solapá-la; para tal, elas precisam patrocinar algumas das demandas de justiça provenientes dos países despossuídos. Esses elementos permitem que a ordem internacional, ainda que não promova uma justiça plena, seja razoavelmente operativa. É claro que também se constatam muitas exceções no cenário internacional, situações em que as grandes potências, que deveriam defender a ordem, acabam conspirando contra ela e deliberadamente provocando crises para criar oportunidades de ganho.

> Com efeito, as grandes potências, corno as potências menores, agem muitas vezes de forma a promover a desordem, em lugar da ordem; procuram destruir o equilíbrio geral, em vez de preservá-lo; fomentam crises, em lugar de controlá-las; desejam ser vitoriosas na guerra, em vez de limitar os conflitos armados etc. (BULL, 2002, p. 237)

1.4.2. Equilíbrio de poder

O sistema internacional é como um grande campo de forças em que a busca do equilíbrio de poder é um objetivo premeditado. Cada Estado participa conscientemente desse equilíbrio através do exercício da contenção sobre si próprio e sobre os demais. O equilíbrio não é somente militar, refere-se também às questões econômicas e nucleares.

> Entendemos aqui por "equilíbrio de poder" a situação definida por Vattel como aquela em que "nenhuma potência possui posição de preponderância absoluta e em condições de determinar a lei para as outras". Normalmente quando usamos essa expressão queremos referir-nos ao poder militar, mas ela pode aludir a outras configurações de poder na política mundial (BULL, 2002, p. 117).

O equilíbrio de poder tem como função regular o sistema internacional impedindo que ele se transforme em império universal. Ele também resguarda a independência dos Estados evitando sua absorção por parte das grandes potências e viabiliza as condições para o surgimento de outras instituições que promovam a ordem internacional.

Bull enumera várias formas de equilíbrio. O simples é aquele em que existem apenas duas potências, o complexo requer a presença de pelo menos três. Essa classificação pode ser alterada na medida em que a complexidade pode se simplificar e dar origem a dois blocos ou a simplicidade inicial incorporar novos atores[6]. O equilíbrio pode ser geral ou local, seja evitando a transformação do sistema internacional em um império universal, ou a absorção de uma região por uma potência local. O equilíbrio dominante é quando existe um eixo principal, como a relação bipolar entre EUA e URSS durante a Guerra Fria. O equilíbrio subordinado ocorre quando os equilíbrios locais são afetados pelo que acontece no núcleo principal. O equilíbrio pode ser objetivo (existe de fato) ou subjetivo (quando se acredita nele). O elemento subjetivo reforça o objetivo e reciprocamente. Acreditar em um equilíbrio inexistente é tão arriscado quanto não perceber que ele existe de fato. Às vésperas da II Guerra Mundial, supunha-se que os países europeus estavam militarmente equilibrados quando na verdade a Alemanha era muito mais poderosa do que se calculava. Na Primeira Guerra Mundial, ao contrário, cada beligerante se julgava superior e previa que o conflito se resolveria em 6 meses. O equilíbrio de poder pode ocorrer fortuita ou intencionalmente, mas a tendência é que ele seja construído de maneira deliberada dado que um equilíbrio acidental sinaliza indefinição nas relações de poder entre Estados.

No século XX, o conceito de equilíbrio de poder passou a ser alvo de críticas por ser considerado nocivo à ordem internacional. O idealismo do presidente Wilson atribuía as duas guerras mundiais a uma política europeia de equilíbrio de poder convencional e anacrônica que teria minado as possibilidades de instauração de uma paz duradoura. Essa crítica era parcialmente merecida na medida em que o objetivo principal do equilíbrio de poder não é a paz, vista como efeito corolário,

6 Um exemplo de complexidade que deu origem a dois blocos foi a Tríplice *Entente* X Tríplice Aliança durante a I Guerra Mundial. A *Entente* reunia: França, Inglaterra e Rússia; a Aliança juntava Alemanha, Áustria-Hungria e Itália.

mas a própria preservação do sistema de Estados. Além disso, é preciso admitir que o equilíbrio de poder favorece as grandes potências, posto que pequenos Estados são criados ou incorporados em função de interesses estratégicos.

> Não há dúvida de que o princípio da preservação do equilíbrio de poder tendeu a privilegiar as grandes potências, às custas dos estados de menor poder relativo. Muitas vezes o equilíbrio entre as grandes potências foi mantido mediante a partição ou a absorção dos pequenos estados. Assim, o extraordinário declínio no número dos estados europeus entre 1648 e 1914 ilustra as tentativas dos grandes estados de absorver os menores, ao mesmo tempo em que seguiam o princípio da compensação para manter o equilíbrio de poder. (BULL, 2002, p. 124-125)

A instituição do equilíbrio de poder muitas vezes confronta o Direito Internacional, embora seja, paradoxalmente, condição essencial para seu funcionamento. Ocasionalmente, regras do Direito Internacional como direito à soberania, não intervenção, imunidade diplomática são infringidas por uma grande potência que desconsidera a reprovação da comunidade internacional. Atualmente, o poder se manifesta nas dimensões econômica, militar e nuclear. Todos esses elementos devem integrar o equilíbrio de poder sendo que o controle nuclear passou a ter um certo protagonismo. Desde sua instauração (a partir dos anos 70), a contenção nuclear recíproca tem por objetivo preservar a paz entre as principais potências nucleares e evitar que essa tecnologia seja acessível a todos colocando em risco a viabilidade do planeta.

1.4.3. Direito internacional

Bull define Direito Internacional "como um conjunto de regras que ligam os estados e os outros agentes da política mundial em suas relações recíprocas, aos quais se atribui *status* legal". (BULL, 2002, p. 147). No século XIX costumava-se achar que só os Estados eram sujeitos de Direito Internacional; indivíduos, organizações internacionais ou intergovernamentais podiam ser objeto de direito, mas não seus atores. No século XX, admitiu-se que eles também participam da política mundial com direitos e deveres especificados por normas.

O Direito Internacional estabelece um conjunto de regras que ordenam a coexistência entre Estados e demais atores. Os Estados cumprem as regras devido a uma combinação de interesse misturado a hábito e inércia e, porque por detrás delas incide um certo grau de coerção. Embora o Direito Internacional não se sustente sobre a autoridade de um governo com poder de força, ele pode ser considerado como uma "ordem coercitiva", com as sanções sendo aplicadas de forma descentralizada pelos vários participantes e não, como no caso do Direito nacional, por uma autoridade central[7]. Quando se identifica a violação do Direito - consenso nem sempre fácil de ser alcançado pela sociedade internacional – instaura-se a coerção através do exercício da sanção.

Bull observa que, na maioria das vezes, os Estados e demais atores tendem a obedecer ao Direito Internacional. As violações são esporádicas e, quando ocorrem, se limitam a quebra de algumas regras, sem invalidar a totalidade do Direito Internacional. Os transgressores buscam justificar sua ação e continuam cumprindo escrupulosamente os outros princípios de convivência para mostrar sua consideração pelas regras e ordenamento internacional.

> Se fosse possível ou útil realizar um estudo quantitativo da obediência às regras do direito internacional ele provavelmente mostraria que a maior parte dos estados obedecem, a maior parte do tempo, à maioria dessas regras. Qualquer estado que viva em paz com pelo menos um outro estado, mantendo com ele relações diplomáticas, intercambiando dinheiro, bens e viajantes, ou que faça um acordo com outro estado, estará envolvido constantemente com a obediência às regras do direito internacional. Em determinados casos essas regras são violadas, ou desconsideradas, mas a existência desses casos não prova que o direito internacional seja ineficaz. Em primeiro lugar, a violação de uma determinada regra normalmente ocorre

7 Em alguns casos ocorrem mecanismos mais centralizados de sanção como as aplicadas pelas Nações Unidas.

> no contexto da conformidade com outras regras do direito internacional e, na verdade, em conformidade até mesmo com outros casos de aplicação da mesma regra que está sendo violada. Por exemplo: quando em 1914 a Alemanha invadiu a Bélgica, violando assim o tratado de 1839 de neutralidade belga e deixando de cumprir a regra do direito internacional de que os tratados devem ser honrados, o governo alemão continuou a respeitar outros princípios do direito internacional e a basear nesses princípios suas relações com muitos países. Além disso, continuou a proclamar e a praticar a regra da santidade dos tratados, com exceção daquele que garantia a neutralidade belga. (BULL, 2002, p. 158-159)

Como acontece com as demais instituições analisadas, o Direito Internacional, por si só, é insuficiente para fixar a ordem. Em alguns casos, ele pode até ser prejudicial a ela porque atenta contra as outras instituições reguladoras. Direito e equilíbrio de poder, por exemplo, frequentemente divergem nas suas estratégias de manutenção da ordem internacional. As medidas tomadas por um podem ter efeitos negativos sobre o outro; como nas ocasiões em que sanções tomadas contra certos Estados podem ter o efeito, perverso e indesejado, de empurrar esses atores para uma facção contrária ao equilíbrio de poder.

A partir da II Guerra Mundial, o Direito internacional passou por grandes alterações que modificaram seu sujeito, escopo, fontes e papel do jurista. A incorporação de novos atores como indivíduos, ONGs, organizações intergovernamentais e empresas multinacionais fez com que o Direito assumisse um perfil mais transnacional, com a regulação de eventos e ações atravessando as fronteiras nacionais. O Direito internacional também ampliou sua abrangência lidando não somente com questões políticas e estratégicas, mas incorporando à sua agenda temas sociais, econômicos, ambientais e de comunicação. A importância adquirida por organismos tais como o Fundo Monetário Internacional, o Banco Mundial e a Organização Mundial do Comércio confirmam o surgimento desse novo escopo de interesses.

As fontes do Direito Internacional também sofreram alterações. Antes, predominava entre os juristas, o parecer de que o único princípio genuíno do Direito Internacional era o consentimento manifesto ou implícito dos Estados. A Corte Internacional de Justiça reconhece hoje quatro fontes de Direito internacional: as convenções internacionais, o costume, a doutrina e a jurisprudência. Há uma tendência em ir além do consentimento para buscar o consenso entre Estados no cumprimento das leis internacionais.

> Assim, Richard A. Falk argumenta que 'há uma tendência perceptível da passagem do consentimento para o consenso como fundamento das obrigações legais internacionais', onde 'consenso' significa 'uma maioria esmagadora, urna convergência da opinião internacional, uma predominância, algo mais do que uma simples maioria, embora menos do que unanimidade ou universalidade.' (BULL, 2002, p. 171)

Outra mudança importante nesse campo tem a ver com o papel da advocacia internacional. A perspectiva mais convencional atribuía ao jurista a função de explicitar objetivamente as regras do Direito. Conquanto essa questão ainda seja controversa, admite-se hoje que, na ausência de uma autoridade competente para mudar a Lei Internacional, cabe ao jurista desempenhar o papel de captar as mudanças de valores morais, sociais e políticos e traduzi-las em sua interpretação da regra.

O Direito Internacional continua tendo função relevante na preservação da ordem internacional, contudo o autor considera que não se pode afirmar que sua contribuição seja mais intensa que no passado.

1.4.4. Diplomacia

A diplomacia pode ser compreendida em três sentidos. Dentro de uma perspectiva mais ampla, refere-se à "gestão da relação entre Estados e outras entidades da política mundial por meios pacíficos e com uso de agentes oficiais" (BULL, 2001, p. 187). A segunda visão, mais restrita, a vê como articulação política conduzida por diplomatas profissionais. Como adjetivo, descreve a condução de negociações de maneira "sensível e sutil". (BULL, 2002, p. 187)

A primeira definição é a mais apropriada, visto que, atualmente, o papel dos diplomatas na condução das relações internacionais tem diminuído. A diplomacia é praticada não somente por representantes dos Estados – os diplomatas profissionais –, como também por outros atores da política mundial incluindo-se com isso funcionários de outras entidades como Nações Unidas ou Banco Mundial, por exemplo. Um fenômeno mais recente, ao qual evidentemente Bull não tem como aludir, é o da diplomacia presidencial, caracterizada pela participação mais ativa de chefes de Estado na política externa de seus países.

Conta o autor que a diplomacia surgiu na Itália no século XV e difundiu-se pela Europa nas décadas seguintes coincidindo com a formação da sociedade internacional cristã. Em 1716, o diplomata francês François de Callières (1645-1717) imortalizou sua visão sobre o que deveria ser a negociação diplomática e colaborou para a profissionalização da atividade tal como ela é conhecida hoje em dia. No livro, *De la Manière de Négocier avec les Souverains* (como negociar com príncipes), advogou a necessidade de uma diplomacia profissional operando de forma contínua para desenvolver uma política benéfica a todos. Caberia ao diplomata assessorar os soberanos para que avaliassem seus interesses de modo racional e soubessem discernir convergências políticas quando elas existem.

As principais funções da diplomacia consistem em: formular e executar a política externa de um país, facilitar a comunicação entre atores, atenuar a fricção entre eles e negociar acordos. Para uma apreciação adequada do ambiente internacional é necessário recolher e examinar informações sobre países estrangeiros. Como muitas dessas informações são deliberadamente imprecisas, a diplomacia executa um trabalho de inteligência interpretando os acontecimentos com base no conhecimento e experiência de campo.

Essas informações também podem ser obtidas mediante análises acadêmicas ou artigos jornalistas, mas o olhar do diplomata acrescenta a familiaridade do conhecimento pessoal com líderes da política. Os diplomatas são versados na arte da comunicabilidade, captam os matizes do diálogo internacional e são peritos na persuasão. Eles argumentam com fluidez concentrando-se nos pontos de convergência entre as partes e minimizando os atritos.

Desde a Primeira Guerra Mundial, houve uma transformação no papel desempenhado pela diplomacia tradicional. A expansão do sistema de comunicações favoreceu o diálogo direto e frequente entre chefes de governo e limitou o papel do embaixador residente. O longo processo da negociação prévia, contudo, continua nas mãos da diplomacia que ainda contribui a aplainá-lo. Atualmente, a diplomacia encontra-se envolvida em questões multilaterais, de elaboração de projetos cooperativos, mais do que em conciliar interesses divergentes entre Estados. A diplomacia de bastidores está sendo substituída por uma "nova diplomacia" que reflete o atual marco cooperativo e uma maior participação da sociedade civil na política nacional e internacional.

Via de regra, Bull observa que a diplomacia tradicional declinou, mas que outras instituições diplomáticas adquiriram nova magnitude e continuam contribuindo para a manutenção da ordem internacional.

1.4.5. Guerra

Ainda que possa parecer um paradoxo considerar a guerra como uma instituição mantenedora da ordem internacional, ela preencheu essa função no passado e continua exercendo no presente. A guerra consiste na violência exercida entre unidades políticas e não entre indivíduos. Antigamente, essas unidades políticas representavam impérios ou principados, hoje são Estados soberanos, detentores do monopólio do uso legítimo da violência.

> A guerra é a violência organizada promovida pelas unidades políticas entre si. A violência só é guerra quando exercida em nome de uma unidade política. O que distingue a morte infligida ao inimigo durante a guerra do assassinato é o caráter do testemunho oficial, a responsabilidade simbólica da unidade política em nome da qual atua quem matou. Da mesma forma, a violência exercida em nome de uma unidade política só é guerra se dirigida contra outra unidade política; a violência empregada pelo estado para executar criminosos e eliminar piratas não se qualifica como tal, porque tem por alvo indivíduos. [...] O desenvolvimento do conceito moderno de guerra como

> violência organizada entre estados soberanos resultou de um processo de limitação e confinamento da violência. No mundo moderno estamos habituados a contrastar a guerra entre os estados com a paz entre eles; mas a alternativa histórica para a guerra entre os estados era uma violência mais difusa e generalizada. (BULL, 2002, p. 211-212)

A guerra pode ser material e/ou legal. A violência material pode ocorrer antes mesmo de uma declaração oficial de guerra, ou uma guerra ser anunciada e não haver agressões concretas (isso só costuma ocorrer no início ou no final da guerra, antes da mobilização ou da assinatura de um tratado de paz). Ainda que guerra e paz sejam condições diferentes, nem sempre a fronteira entre ambas é óbvia. É difícil avaliar quando uma hostilidade se torna um ato de guerra ou uma sanção econômica se converte em violência.

Bull afirma que a guerra pode ser abordada sob três perspectivas: a do Estado, do sistema de Estados e da sociedade de Estados. Para o Estado, a guerra funciona como um instrumento de política para obtenção de alvos econômicos, de segurança ou ideológicos. As guerras coloniais, a I Guerra Mundial e a expansão islâmica ilustram esses objetivos. A visão da guerra como instrumento racional de ganho prevaleceu até meados do século XX, ainda que amiúde o exercício da guerra em si tenha ostentado perfil impulsivo e despropositado. Nos dias de hoje, há uma tendência em considerar que a guerra tem uma relação custo-benefício desfavorável preferindo-se outras iniciativas políticas. Essa perspectiva aparece claramente quando, ao término da Segunda Guerra Mundial, *A Carta das Nações Unidas* estabeleceu uma série de empecilhos legais para a guerra visando limitar seu uso à defesa individual ou coletiva. Dentre os inúmeros artigos a respeito, destacam-se o primeiro, segundo e o quinquagésimo-primeiro, a saber:

> Nós, os povos das Nações Unidas, decididos:
> a preservar as gerações vindouras do flagelo da guerra que por duas vezes, no espaço de uma vida humana, trouxe sofrimentos indizíveis à humanidade; (...)

Artigo 1
Os propósitos das Nações Unidas são:
1) Manter a paz e a segurança internacionais e para esse fim: tomar medidas coletivas eficazes para prevenir e afastar ameaças à paz e reprimir os atos de agressão, ou outra qualquer ruptura da paz e chegar, por meios pacíficos, e em conformidade com os princípios da justiça e do direito internacional, a um ajustamento ou solução das controvérsias ou situações internacionais que possam levar a uma perturbação da paz;
Artigo 2
A Organização e seus Membros (...) agirão de acordo com os seguintes princípios:
[..]
3) Os membros da Organização deverão resolver as suas controvérsias internacionais por meios pacíficos, de modo a que a paz e a segurança internacionais, bem como a justiça, não sejam ameaçadas;
4) Os membros deverão abster-se nas suas relações internacionais de recorrer à ameaça ou ao uso da força, quer que seja contra a integridade territorial ou a independência política de um Estado, quer seja de qualquer outro modo incompatível com os objetivos das Nações Unidas;
Artigo 51
Nada na presente Carta prejudicará o direito inerente de legítima defesa individual ou coletiva, no caso de ocorrer um ataque armado contra um membro das nações Unidas, até que tenha tomado as medidas necessárias para a manutenção da paz e da segurança internacionais. As medidas tomadas pelos membros no exercício desse direito de legítima defesa serão comunicadas imediatamente ao Conselho de Segurança e não deverão, de modo algum, atingir a autoridade e a responsabilidade que a presente Carta atribui ao Conselho para levar a efeito, em qualquer momento,

> a ação que julgar necessária à manutenção ou ao restabelecimento da paz e da segurança internacionais. (Carta das Nações Unidas 1945)

Quando Bull publicou seu livro em 1977, tudo parecia indicar que as orientações das Nações Unidas estavam dando frutos e que a guerra por motivos territoriais estava declinando em relação às guerras de natureza ideológica. Contudo, o autor considerava prematuro confirmar essa tendência já que interesses econômicos ainda poderiam induzir Estados a recorrer a conquistas militares. Desde então, conflitos como a invasão do Kuwait (1990-91) e da Crimeia (2014) provam que a guerra é um fenômeno complexo que responde a razões materiais e geopolíticas.

No quadro do sistema internacional, a guerra é avaliada como um fator fundamental para a permanência e/ou supressão dos Estados assim como a preservação do próprio sistema. A ameaça de guerra é ainda mais efetiva do que a guerra propriamente dita, visto que produz mecanismos para tentar evitar o conflito e acomodar as grandes potências. Dentro dessa nova realidade, as guerras civis têm sido mais frequentemente responsáveis pela desintegração de Estados do que os conflitos internacionais, mas a violência interna costuma refletir as contradições do sistema internacional.

A sociedade internacional demonstra ambivalência em relação à guerra. Se por um lado ela é percebida como instrumento para alcançar certos propósitos, por outro ela configura a desordem e revela uma inaptidão da sociedade internacional em gerir suas divergências. A guerra alarma a sociedade internacional e são instituídas regras para coibi-la. No entendimento das Nações Unidas, ela só pode ser conduzida contra Estados soberanos por motivos legítimos e de modo regulado; sua propagação deve ser controlada e deve-se salvaguardar a neutralidade de terceiros[8].

> Da perspectiva da sociedade internacional, a guerra mantém seu duplo aspecto: de um lado, uma ameaça a ser contida; de outro, um instrumento a ser orientado para os objetivos dessa sociedade. Mas o que pre-

8 Em 1928, houve uma primeira tentativa de renunciar à guerra como instrumento político na solução de controvérsias internacionais com o Pacto Briand-Kellog.

> domina hoje é a percepção da guerra como ameaça à sociedade internacional. A ideia da guerra como uma forma de implementar o direito, de preservar o equilíbrio de poder e efetuar mudanças justas é qualificada pelo sentimento da necessidade vital de conter os conflitos militares dentro de limites toleráveis. A sociedade internacional reluta em considerar a guerra como um instrumento para implementar o direito, excetuados os casos de autodefesa. (BULL, 2002, p. 226)

A guerra (ou sua ameaça) – embora vista de forma reticente – tem papel positivo na manutenção da ordem internacional. A ausência de uma autoridade central, que implemente as regras de convivência entre Estados, faz com que ela se torne um instrumento para concretizar tanto o Direito Internacional quanto o equilíbrio de poder. Ainda quando a guerra se opõe à ordem internacional; ela é útil na medida em que objetiva reformar uma realidade avessa às mudanças e que privilegia a ordem acima da justiça. Como falta à sociedade internacional, em estado de anarquia, um mecanismo pacífico de transformação, a guerra incorpora essa função mediante práticas violentas (ex.: guerras coloniais).

> (...), é possível argumentar que, de modo geral, a sociedade internacional tem considerado que a guerra preenche também uma função positiva quando é feita não em favor da ordem legal internacional ou do equilíbrio de poder, mas para produzir uma mudança justa. É notório que falta à ordem internacional um mecanismo de mudança pacífica, e ela depende da guerra como agente de mudanças justas. Sempre dividida a respeito das regras e instituições necessárias para sustentar a ordem, a sociedade dos estados é ainda mais dividida a respeito das exigências da justiça. Mas tem havido ocasiões em que a sua concordância com uma mudança provocada pela força reflete, entre outras coisas, um sentimento difundido de justiça no emprego da força, ou da ameaça de usá-la. (BULL, 2002, p. 216)

O avanço na tecnologia militar e a possibilidade de usar armas nucleares altera a percepção da guerra como instituição mantenedora da ordem internacional? Bull estima que não, visto que, com exceção das bombas lançadas sobre Hiroshima e Nagasaki, mesmo países com tecnologia nuclear não costumam recorrer a um expediente considerado desproporcional. Apesar de não ser considerada tão essencial quanto no passado, a guerra ainda mantém suas funções políticas.

1.5. Alternativas para o sistema de Estados contemporâneo.

Na terceira parte de seu livro, Bull discorre sobre a compatibilidade entre o atual sistema de Estados soberanos e a ordem mundial. O leitor deve lembrar que ordem internacional e mundial não são sinônimos:

> Neste ponto só precisamos enfatizar que neste estudo a ordem mundial implica algo diferente da ordem internacional. A ordem no conjunto da humanidade é mais abrangente do que a ordem entre os estados: algo mais fundamental e primordial, e que moralmente a precede. A ordem mundial é mais ampla do que a ordem internacional porque para descrevê-la precisamos tratar não só da ordem entre os estados, mas também da ordem em escala interna ou local, existente dentro de cada estado, assim como da ordem dentro do sistema político mundial mais amplo, em que o sistema de estados é apenas um componente. A ordem mundial é mais fundamental e primordial do que a ordem internacional porque as unidades primárias da grande sociedade formada pelo conjunto da humanidade não são os estados (como não são as nações, tribos, impérios, classes ou partidos), mas os seres humanos individuais – elemento permanente e indestrutível, diferentemente dos agrupamentos de qualquer tipo. Hoje são as relações internacionais que estão em foco, mas a questão da ordem mundial surge qualquer que seja a estrutura política ou social do mundo. Por fim, a ordem mundial precede moralmente a ordem internacional. [...]. No entanto, é pre-

> ciso dizer aqui que se há algum valor na ordem na política mundial, é a ordem em toda a humanidade que precisamos considerar como tendo valor primário, não a ordem dentro da sociedade dos estados. Se a ordem internacional tem algum valor, isto só pode ocorrer porque ela é um instrumento orientado para atingir a meta maior, da ordem no conjunto da sociedade humana. (BULL, 2002, p. 29)

O autor traça vários cenários hipotéticos que poderiam representar uma alternativa para o atual sistema de Estados. A permanência ou não dos atributos que caracterizam o sistema – pluralidade de Estados soberanos, interação entre eles, aceitação de regras e instituições comuns –, servirá de parâmetro para determinar se o modelo está evoluindo ou se está ocorrendo uma ruptura do arranjo prévio. Caso as três propriedades permaneçam, o sistema persiste; na eventualidade de uma delas se desfazer, o sistema vigente desmancha-se.

1.5.1. Formas alternativas para o sistema de Estados mantendo-se seus três atributos.

Bull levanta a possibilidade de um mundo desarmado em que a prática da guerra seria impossível ou pelo menos difícil. Os Estados renunciariam total ou parcialmente à posse de armamentos e à manutenção de um exército, mantendo apenas os efetivos para garantir sua segurança interna. O cenário de um mundo desarmado parece prometer à humanidade um destino mais pacífico e seguro, uma forma superior de ordem mundial. Mas não será isso uma falácia? O autor entende que a predisposição bélica de uma nação não deve ser avaliada apenas em termos de armamento convencional, devem ser considerados outros fatores como recursos econômicos, tecnológicos, demográficos, geopolíticos que permitem que certos países tenham potencial bélico superior ao de outros. A ausência de tecnologia militar pode até reduzir o alcance das guerras, mas não inviabiliza a execução de atos de violência. Eles podem ser empreendidos por meio de terrorismo, uso de armas químicas, poluição ambiental e tudo mais que a criatividade humana permitir.

Como manter a ordem mundial em tais circunstâncias? Um primeiro problema seria o de garantir que o acordo de desarmamento não fosse infringido, visto que a violação por parte de um Estado colocaria em xeque todo sistema e seus participantes. Teriam de existir mecanismos de verificação do acordo com sanções e represálias para membros faltosos. Outra solução consistiria na criação de uma autoridade mundial, uma espécie de Leviatã internacional, com monopólio legítimo do uso da força militar, inclusive nuclear. Dessa determinação adviriam novas dificuldades: como monitor essa autoridade? Como proceder a mudanças justas que não contassem com a aprovação dessa autoridade ou da maioria dos Estados? Sem dúvida alguma a guerra tem um lado perverso e a intenção de eliminá-la é louvável, contudo ela cumpre alguns propósitos e suprimi-la não leva à erradicação dos problemas da humanidade, apenas desencadeia novas questões.

Alternativa apresentada por Bull seria a de um mundo em que as Nações Unidas, ou organismo semelhante, se tornasse a força predominante da política mundial. Diferentemente de um governo mundial, a premissa fundamental seria a cooperação entre Estados e a observação de regras acordadas. Essa ordem de origem grociana enfatizaria a solidariedade entre Estados e empregaria a força apenas para garantir a segurança coletiva. Tal estrutura política não representaria uma ruptura do sistema de Estados, mas sua passagem para uma nova fase.

> Representaria a realização da doutrina solidarista ou grociana da ordem internacional, para a qual os estados, embora contrários à criação de um governo mundial, buscam um substituto para esse governo, mediante a cooperação entre si e a adesão aos princípios constitucionais da ordem entre as nações a que deram o seu assentimento. Sua premissa principal é a solidariedade, ou solidariedade potencial, da maioria dos estados, sustentando a vontade coletiva da sociedade dos estados contra os desafios que lhe são feitos. (BULL, 2002, p. 269)

Outro modelo, contemplado por Bull, seria o de um mundo com muitas potências nucleares. Cada Estado, ou pelo menos cada bloco regional, teria acesso à tecnologia nuclear criando uma rede gigantesca de contenção recíproca. Essa ideia, de inspiração nitidamente realista, tende a considerar que a disseminação de armas nucleares gera um equilíbrio de forças que auxilia na promoção da paz. Segundo o autor, o raciocínio é um pouco temerário na medida em que projeta, para o âmbito internacional e das relações multilaterais, uma experiência específica calcada na bipolaridade entre EUA e URSS. Crer que a ordem internacional possa se basear apenas em tecnologia militar é desconhecer a contribuição das demais instituições.

> Seja ou não o mundo de muitas potências nucleares uma alternativa desejável à presente forma do sistema internacional, é preciso admitir que se trata de alternativa que tem uma boa possibilidade de realização. Como a visão de um mundo desarmado, a visão de um mundo com muitas potências nucleares é, em si mesma, incompleta. Na forma alternativa de um sistema de estados com muitas potências nucleares, as perspectivas de ordem e justiça dependeriam de outros fatores além da tecnologia militar prevalecente e o número de estados com acesso a ela. (BULL, 2002, p. 274)

Uma quarta opção, avaliada por Bull, seria a de um sistema de Estados ideologicamente homogêneo. Apesar da divisão entre capitalistas e comunistas ser fonte de conflito, o autor é cético em relação à uniformidade ideológica como canal de concórdia entre as nações. Ter os mesmos valores reduz as possibilidades de atrito, mas não os elimina completamente. As razões para a guerra são múltiplas e complexas e é isso que atrapalha sua erradicação completa. Embora a ordem internacional se beneficiasse de uma maior conformidade nas esferas política, econômica e social, a tolerância ideológica talvez seja um fim mais sensato a ser perseguido e seja mais fecunda em estabelecer o convívio pacífico entre os Estados[9].

1.5.2. Formas alternativas para além do sistema de Estados

A seguir, Bull apresenta alternativas para a superação do sistema de Estados, retirando um ou outro de seus atributos constitutivos (multiplicidade, interação, aceitação de regras e instituições comuns) e criando quatro modelos com base histórica.

9 O fim da Guerra-Fria eliminou o conflito ideológico/econômico leste x oeste, mas abriu espaço para o "choque de civilizações", segundo Samuel Huntington (1993).

No primeiro caso, o autor imagina a desaparição do terceiro elemento: os valores compartilhados. Existiria um sistema de Estados soberanos, interagindo entre si, sem, todavia, formar uma sociedade. Essa involução provocaria uma insuficiência da ordem internacional e tipificaria um retorno ao estado de natureza de Hobbes.

Um segundo cenário retira tanto os atributos de interação quanto os de valores comuns e remeteria a uma ordem, de cunho rousseauniano, formada por pequenos Estados autossuficientes. Esses Estados viveriam em quase completo isolamento, mantendo no máximo um contato de alcance regional. Seria como retornar ao século XVIII e subentenderia o colapso científico, tecnológico e industrial da civilização atual. Esse ideal isolacionista não chega a ser insólito, George Washington o preconizava até certo ponto, porém só o antevia num continente como o americano, distante geograficamente dos adversários. O isolacionismo é mais apropriado para países que contam com abundante riqueza natural, mas assim mesmo a perda de oportunidades costuma ultrapassar o ganho com a segurança.

> A receita do isolacionismo universal, mesmo na forma limitada preconizada por Cobden, de não-intervencionismo político e estratégico, implica perda das oportunidades derivadas da interação humana em escala global, assim como o afastamento dos perigos que ele provoca[10]. (BULL, 2002, p. 284)

Pode-se considerar o atual aumento da regionalização como um passo em direção à perda de valores comuns? De modo algum. Os complexos regionais que marcam o quadro político contemporâneo representam interesses específicos, não a supressão de uma interação global. Bull especula também a respeito de uma organização sem o primeiro atributo, os Estados soberanos. Assim sendo, ou o poder teria se fragmentado numa infinidade de Estados sem soberania efetiva sobre território e/ou população (novo medievalismo) ou, ao contrário, uma grande potência teria conquistado tudo e formado um império universal, um governo mundial.

O estopim poderia ser repentino: uma grande catástrofe natural ou guerra mundial, mas também poderia acontecer de forma paulatina com

10 Richard Cobden (1804-1865): político liberal inglês defensor dos princípios de paz, não intervenção e livre comércio.

um aumento gradual dos poderes exercidos pelas Nações Unidas, por exemplo. No século XX, em tempos de empate nuclear entre Estados, a alternativa de conquista parece pouco provável. Além disso, entre Estados que adquiriram recentemente sua soberania nacional reina muita desconfiança sobre uma possível submissão a um governo mundial, que possa ser refém de interesses contrários. Ainda que nunca tenha existido um governo mundial, existiram no passado governos que exerceram uma supremacia duradoura sobre uma região extensa favorecendo sua evolução e estabilidade (ex.: Império Romano e Império Britânico). Há, contudo controvérsias sobre se essa alternativa conduziria a uma ordem ótima ou mínima. Uma gestão adequada pode decerto impulsionar a obtenção de justiça econômica, mas a centralização do poder acarreta a contrapartida de escassez de liberdade. Não há garantias que um governo mundial não privilegie a ordem acima da justiça ou liberdade.

Se, ao invés de um governo mundial ocorresse a pulverização do poder, despontaria uma organização política análoga à medieval, só que secular. O habitante de um território estaria subordinado a várias esferas de poder, sem uma hierarquia entre elas, o que faria com que a autoridade fosse parcialmente compartilhada entre os vários atores da política mundial. A sobreposição de autoridades e as lealdades cruzadas conteriam a tendência à concentração de poder que é o calcanhar de Aquiles do governo mundial. "É possível que já tenha chegado o momento de enunciar novos conceitos de organização política universal segundo os quais Gales, o Reino Unido e a Comunidade Europeia poderiam ter um *status* político mundial sem postular urna soberania exclusiva". (BULL, 2002, p. 300). Poderia esse novo medievalismo contribuir à manutenção da ordem mundial? O estudo da cristandade medieval não é muito alentador; o milênio caracterizou-se por um constante estado de perturbação.

Seriam os movimentos de desintegração nacional (separatistas) e seu contrário, a propensão dos Estados em se unir a formas mais expandidas de autoridade, indícios do advento do novo medievalismo? De acordo com Bull, não. Os movimentos de emancipação nacional não representam uma negação da soberania, recorrem à violência em favor dos próprios objetivos e não porque discordam de seu monopólio pelo Estado.

> Precisamos levar em conta também que em todos os casos de grupos não estatais que pretendem hoje o direito de praticar a violência internacional, sua meta é criar novos estados ou conquistar o controle de estados existentes, e que a simpatia que existe por eles em uma boa parte da sociedade internacional é a simpatia por esses objetivos, não o desejo de prejudicar a posição privilegiada dos estados com relação aos outros grupos, dentro do sistema político mundial (BULL, 2002, p. 302).

Já a união de Estados sob uma bandeira de interesses comuns, mais do que uma inclinação medievalista, pode ser interpretada como uma reação à força das grandes potências e a uma necessidade de recuperar a influência, incrementando o poder nacional. O fato é que a realidade atual apresenta uma complexidade por vezes paradoxal. Por um lado, o mundo está mais conectado e integrado, por outro mais dividido. A unificação tecnológica não criou necessariamente uma identidade ideológica, nem a integração territorial desenvolveu instituições efetivamente globais. A própria transnacionalização da economia exige flexibilidade das instituições normativas e ao mesmo tempo um rigor dos princípios soberanos a fim de criar um entorno estável para a realização de negócios.

Um dos fatores que fez com que o sistema de Estados adquirisse nova complexidade foi a incorporação de atores não estatais como: organizações internacionais, ONGs e indivíduos interagindo entre si. Esse fenômeno gerou o que é conhecido como sistema político mundial e que tem por base àquilo que Joseph Nye e Robert Keohane chamam de "relações transnacionais".

> Esses autores [Nye e Keohane] sustentam que o estudo ortodoxo das relações internacionais tem sido moldado por um paradigma "estadocêntrico", que admite a existência de fenômenos transnacionais, mas os trata simplesmente como parte do pano de fundo; e que esse paradigma deveria ser substituído agora por um quadro de "política mundial", que trouxesse esses

> fenômenos para o primeiro plano, juntamente com as relações entre os estados. (BULL, 2002, p. 311).

Bull concorda que o estudo das relações internacionais ficou excessivamente centrado no protagonismo do Estado e das relações interestatais e, que a disciplina tem a ganhar com uma perspectiva mais abrangente e global da política. O novo sistema político mundial, contudo, não suprime o sistema de Estados, até porque a presença de outros atores na política internacional não é um fenômeno inédito. Verifica-se a existência de um sistema mais extenso de interações políticas desde o século XVI. Tampouco se pode afirmar que as relações transnacionais sejam hoje mais profundas do que nos séculos XVI e XVII quando elas tinham importância fundamental. Ainda que mais complexo e com mais atores, a tônica do sistema político mundial ainda é o conjunto de Estados soberanos interagindo entre si.

> (...), o sistema político mundial cuja existência constatamos não implica, de forma alguma, extinção do sistema de estados, que sempre funcionou dentro de um quadro mais amplo de interação política e, no sistema político mundial contemporâneo, pela primeira vez, está garantida a primazia do sistema de estados. (BULL, 2002, p. 316)

Após explorar múltiplas alternativas históricas e conjeturar sobre vias alternativas de desenvolvimento, Bull não encontra indícios convincentes de que o sistema de Estados esteja experimentando um declínio e venha a ser substituído por algum dos modelos supracitados. Neste ponto de sua investigação, falta ainda averiguar se o sistema de Estados continua funcional e apto a garantir algum grau de ordem mundial. O que se argumenta é que ele estaria obsoleto e incapaz de salvaguardar a paz e a segurança mundial, além de ser um entrave para a promoção da justiça social/econômica. O sistema de Estados também pode ser considerado nocivo no manejo das questões ambientais, que devem ser tratadas globalmente.

De acordo com Bull, a guerra não é consequência inevitável do sistema de Estados; países como EUA e Canadá e os países escandinavos têm uma longa tradição de paz entre si. Em uma pluralidade de Estados, é razoável supor que a guerra se manifeste ocasionalmente. Admitir essa evidência não significa, contudo, negar ao sistema de Estados a capacidade de promover um mínimo de ordem internacional. Até porque, como já foi dito, as guerras decorrem de numerosas motivações. "A violência é uma opção física para a solução de disputas, e persiste o desejo dos homens de recorrer a ela em vez de aceitar a derrota naquilo que lhes é vital". (BULL, 2002, p. 320)

Em compensação, o sistema de Estados desempenha um papel positivo quando há multiplicidade de pontos de vista, posto que os governos dos Estados sustentam essas divergências e possibilitam sua coexistência. Como os governos detêm o monopólio legal da força, eles contribuem para o equilíbrio de poder e para a ordem mundial.

No que concerne à justiça econômica/social, é fundamental reconhecer a profunda desigualdade da sociedade humana. Se no passado as disparidades eram admitidas com naturalidade, hoje se criou uma consciência global que as rejeita como sendo injustas. O pensamento marxista fez críticas contundentes ao modo de produção capitalista e ao próprio sistema de Estados com suas fronteiras nacionais, ajudando a divulgar a ideia de que tais problemas poderiam ser superados por via de uma revolução do proletariado mundial. Lamentavelmente, a desigualdade econômica e social entre indivíduos tem raízes mais profundas que aquilo que se pode atribuir ao sistema de Estados, e uma nova ordem política não necessariamente solucionará o problema. Um governo mundial não está mais apto do que um sistema de Estados a promover a justiça econômica/social. Para alcançar esse objetivo, a ordem política instituída precisa se comprometer com ideais de cooperação e solidariedade humana e empenhar-se na equiparação de justiça. Os países mais carentes costumam apresentar profunda desconfiança com a perspectiva de um governo mundial, pois temem ser alijados de seus recursos naturais e econômicos em nome de uma nova distribuição internacional.

No que se refere às questões ambientais, o seu caráter global certamente exige uma resposta integrada e não isolada. Transcender o sistema de Estados é suficiente para resolver esses problemas? Uma das vantagens da existência dos Estados e seus governos é sua capacidade de impor certas medidas de controle ambiental. No entanto, as ações estatais serão insuficientes sem uma maior conscientização e responsabilidade individual frente aos desafios ambientais. Neste sentido, os governos podem cumprir o papel de estimular suas populações a adotar um comportamento mais judicioso.

1.5.3. É possível reformar o sistema de Estados para aperfeiçoar a ordem mundial?

O modelo ocidental ou "Kissinger", em homenagem ao seu idealizador, pretende instituir um concerto de grandes potências empenhadas em promover a paz majoritariamente entre si e evitar uma catástrofe nuclear. Essa convergência seria alcançada mediante práticas cooperativas e assistência a países em desenvolvimento, de maneira a gerar benefícios para todas as partes. O problema do modelo em questão é que ele não toma muito em conta os interesses dos Estados menores e, ainda que não os contrarie, tampouco deixa muito espaço para que eles se manifestem. Para que suas reivindicações sejam apreciadas, os Estados menores precisam unir forças para intervir no sistema.

Outra leitura ocidental, mais arrojada, propõe uma perspectiva de mundo cooperativo e cosmopolita que seria o resultado do fortalecimento de instituições internacionais como as Nações Unidas e a Corte Internacional de Justiça. Bull baseia-se nas ideias do professor de Direito Internacional Richard Falk que, em seu livro *This Endangered Planet* (1971) advoga esse novo tipo de estrutura política[11]. O maior mérito desse modelo é seu interesse em valorizar a cooperação e as necessidades dos países em desenvolvimento. Falha, contudo, ao ignorar que as demandas do Terceiro mundo nem sempre divergem das do Primeiro mundo e que existe a possibilidade de conciliar os interesses de ambos. De modo geral, Bull considera o pensamento salvacionista radical como presunçoso, apregoando "a necessidade de um recomeço, de promover uma nova ordem mundial" quando na verdade se está no meio de um processo e não é possível recomeçar. (BULL, 2002, p. 342)

Outras duas possibilidades de responder à questão inicial seriam o modelo marxista e o terceiro mundista. No primeiro caso, prega-se uma revolução proletária internacional e a abolição do capitalismo, no

11 O livro de Falk, junto com o de Rachel Carson *Silent Spring* (1962) e *The tragedy of commons* (1968) de Garret Hardin são icônicos para o movimento ambientalista que desponta na década de 70.

segundo, uma maior inserção dos países em desenvolvimento – via organizações regionais – no sistema mundial. O regionalismo não chega a explicitar como o fortalecimento de organizações locais pode renovar a ordem internacional; a retórica marxista tampouco aporta respostas conclusivas a esse respeito.

Bull não defende nenhum dos modelos citados, nem alardeia soluções para a ordem política mundial, tenciona somente refletir sobre ela. Entende que, uma vez que o sistema de Estados não apresenta sinais de declínio ou obsolescência, cumpre encontrar dentro dele as soluções para os problemas da humanidade. "A verdade é que a forma de organização política universal que temos hoje é o sistema de estados, e é dentro desse sistema que devemos começar a nossa busca de um consenso". (BULL, 2002, p. 332) ainda assim, o autor implicitamente esboça algumas recomendações: toda sociedade internacional deve ter como base uma cultura compartilhada. Para criar esse denominador comum, essa cultura cosmopolita, é necessário conciliar os interesses e valores das grandes potências com os dos países asiáticos, africanos e latino-americanos sem que um sobrepuje o outro. A sociedade e a ordem mundiais devem buscar a redistribuição de riquezas, recursos e amenidades da vida. Mais do que ordem internacional, deve-se almejar a ordem mundial.

> (...) a ordem mundial, ou a ordem dentro da grande sociedade a que pertence toda a humanidade, é não só mais ampla do que a ordem internacional, entendida como ordem entre os estados, como também mais fundamental e primordial do que ela, antecedendo-a do ponto de vista moral. (BULL, 2002, p. 358)

2. A expansão da sociedade internacional

Esta obra, publicada nos anos 1980 junto com Adam Watson, constitui uma convergência entre análise histórica e estudo das relações internacionais. O livro examina as circunstâncias em torno da formação da sociedade internacional europeia e sua transformação em sociedade internacional mundial. Contando com a perspectiva de diversos autores, o livro desenvolve detalhadamente como o mundo foi aos poucos se integrando numa unidade política, econômica e estratégica dominada por valores europeus. O que havia sido abordado de forma sucinta no *A sociedade anárquica* recebe aqui uma análise pormenorizada. Bull contribui com três ensaios nos quais aborda a conturbada história da relação dos povos africanos com as nações europeias, o processo de emergência da sociedade internacional universal e finalmente o processo de resistência ou revolta do resto do mundo em relação ao ocidente. A questão derradeira que o livro visa responder é se a atual sociedade internacional mundial pode ser considerada mais universal nos valores que a compõem ou se ao contrário ela está se desmanchando.

Às vésperas da expansão europeia, inexistia um sistema internacional integrado, apenas alguns sistemas internacionais regionais com alguns contatos marginais entre si: o Europeu, o Árabe-Islâmico, o Indiano, o Tártaro-Mongol e o Chinês. (GONÇALVES, 2002). A formação da sociedade internacional europeia se inicia com a descoberta do Novo Mundo e se encerra com o término da Segunda Guerra Mundial. É um fenômeno em que tanto a evolução quanto a expansão do sistema ocorrem simultaneamente num processo mútuo de interação.

> É preciso notar que a sociedade internacional Europeia não desenvolveu primeiro suas regras e instituições para depois exportá-las para o resto do mundo. A evolução do sistema Europeu de relações interestatais e a expansão da Europa através do globo foram processos simultâneos que influenciaram e afetaram um ao outro. Ambos começaram no final do século XV e ambos foram concluídos no final da Segunda Guerra Mundial, tempo no qual a dominação europeia estava claramente em seu fim e o sistema internacional global, ainda que em evolução, estava sendo modelado menos pelos europeus do que por outros. (BULL, 1985, p. 6-7) (tradução nossa)

A independência das treze colônias norte-americanas e as da América do Sul fez com que esses participantes fossem incorporados como membros efetivos da sociedade internacional. A matriz ocidental desses países reforçou o papel de destaque da Europa que continuou definindo as diretrizes mundiais em função de sua superioridade econômica, militar e institucional. Essa assimilação culminou na inclusão do Império

Otomano na Conferência de Paz de Paris (após a Guerra da Crimeia – 1856) e nas participações de China, Japão, Sião e Pérsia nas Conferências de Haia (1899 e 1907) convertendo a sociedade internacional numa composição verdadeiramente universal, ainda que sob influência dos valores europeus. (BULL, 1985)

A Primeira Guerra Mundial iniciou o processo de retração da Europa e preparou o terreno para um questionamento sobre a legitimidade do padrão civilizatório ocidental. Uma primeira etapa nesse processo foi a campanha para suprimir a jurisdição extraterritorial, mecanismo jurídico que excluía os cidadãos ocidentais residentes em territórios dominados, do sistema legal local. A Revolução bolchevique, os movimentos nacionalistas na Índia e na China, são mais alguns indicadores daquilo que Bull chama de "revolta contra o Ocidente".

A Segunda Guerra Mundial sinalizou o fim da sociedade internacional europeia e o início de uma nova realidade mais global marcada pelas guerras de independência africana, a luta pela igualdade de soberania e por mais justiça econômica no que tange à aferição de lucros sobre os próprios recursos naturais. O Terceiro Mundo também buscou afirmar uma identidade cultural emancipada dos modelos ocidentais e lastreada no histórico de cada nação.

> Todavia, a ascensão do Terceiro Mundo, junto com outros processos históricos em funcionamento, levou ao fim a sociedade internacional dominada pela Europa de final do século XIX, início do século XX. Houve uma mudança profunda no clima legal e moral no qual os países majoritariamente brancos, industrializados e culturalmente europeus ou ocidentais conduzem suas relações com o resto do mundo. Houve uma mudança considerável no poder político, econômico e até militar que se deslocou dos primeiros em relação aos demais, que agora são claramente sujeitos e não meramente objetos do processo político internacional. Uma nova ordem política internacional, em que os interesses da maioria dos Estados não ocidentais são refletidos, está sendo – em alguma medida – construída. (BULL, 1985, p. 429)

A ampliação do Direito Internacional e o número de organizações internacionais crescentes comprovam o fato de que a política mundial se tornou mais complexa e heterogênea nas últimas décadas. Será que está havendo uma erosão da sociedade internacional global com a incorporação de novos interesses não pautados pelos padrões ocidentais? Os autores observam que, apesar da sociedade internacional global não apresentar o mesmo consenso cultural que existiu entre 1815 e 1914, alguns aspectos da contribuição política ocidental ainda orientam as relações internacionais, entre eles: a aceitação dos princípios de soberania de Estado e o cumprimento das convenções internacionais. Não há intenção, por parte do resto do mundo, de repudiar as regras e instituições vigentes (até porque elas são necessárias para o funcionamento adequado do sistema internacional), existe apenas a necessidade de remodelá-las para que preencham melhor as respectivas necessidades. Para sobreviver, a sociedade internacional global e a ordem internacional precisam aceitar essa pluralidade de valores.

Considerações Finais

A principal contribuição de Hedley Bull para o campo das Relações Internacionais é sua capacidade de apropriar-se do conceito de anarquia internacional fora do marco teórico hobbesiano, que aplica às relações entre Estados a mesma dinâmica de conflito existente entre indivíduos. Ao alicerçar-se no pensamento grociano, Bull consegue conciliar anarquia e ordem demonstrando que as relações internacionais podem se pautar racionalmente por valores e interesses compartilhados. Desse entendimento, deriva o conceito chave de sociedade internacional fundada em vínculos comuns e observando princípios tais como o respeito à independência de cada Estado, cumprimento de acordos e limitação no uso da força. (BULL, 2002)

O estilo de Bull é claro e despretensioso o que torna sua leitura atraente. Todavia, seu empenho em aprofundar certas questões faz com que se torne prolixo em algumas passagens. Subsistem algumas lacunas: sua obra não esclarece de todo as distinções entre sistema e sociedade internacional e ao retratar o padrão de um mundo westfaliano tende a justificar a existência dos Estados soberanos. Apesar de tentar se ater a temas mais permanentes da política mundial, as profundas mudanças das últimas décadas também provocaram impacto sobre a validez de seu trabalho. O colapso da União Soviética e o surgimento de uma nova ordem internacional dataram algumas de suas reflexões como, a ênfase dada por ele à realidade bipolar e à ameaça de um conflito nuclear. Bull é, ainda assim, um pensador lúcido que compreende que a viabilidade da sociedade internacional mundial consiste em desenvolver uma cultura cosmopolita verdadeiramente universal, incorporando valores não ocidentais e contemplando interesses asiáticos, africanos e latino-americanos.

Referências Bibliográficas

AGOSTINHO, Sto. A cidade de Deus: contra os pagãos. (Vol. II) Petrópolis: Ed. Vozes, 1990.

AYSON, Robert. A common interest in common interest: Hedley Bull, Thomas Schelling and collaboration in international politics. In: BELL, Coral & TATCHER, Meredith (org.) Remembering Hedley. Canberra: Australian National University Epress, 2008. p. 53-71. Disponível em http://epress.anu.edu.au/hedley_citation.html. Acesso: maio 2014

BULL, Hedley & WATSON, Adam (org.). The expansion of international society. Oxford: Clarendon Press, 1985.

BULL, Hedley. A sociedade anárquica: um estudo da ordem política mundial. São Paulo: Ed. Universidade de Brasília, 2002.

BULL, Hedley. Hedley in his own words: three essays. In: BELL, Coral & TATCHER, Meredith (org.) Remembering Hedley. Canberra: Australian National University Epress, 2008b. p. 83-126. Disponível em http://epress.anu.edu.au/hedley_citation.html Acesso maio 2014

BULL, Mary. Early years: Sidney and Oxford. In: BELL, Coral & TATCHER, Meredith (org.) Remembering Hedley. Canberra: Australian National University Press, 2008a.p. 1-8 Disponível em http://epress.anu.edu.au/hedley_citation.html. Acesso maio 2014

Carta das Nações Unidas (1945) Disponível em http://www.gddc.pt/direitos-humanos/textos-internacionais-dh/tidhuniversais/onu-carta.html Acesso maio 2014

CESA, Marco. Alternatives to realism: the english school of international relations. Bologna Institute for policy research: John Hopkins University. 28/02/2013 Disponível em http://www.lse.ac.uk/internationalRelations/news/misc-news/Wilson-ES-Bologna-.pdf acesso maio 2014

GONÇALVES, Williams da Silva. Hedley Bull e a sociedade internacional. In: BULL, Hedley A sociedade anárquica. São Paulo: Ed. Universidade de Brasília, 2002. p. xi-xxvi.

JEFFERY, Renee. An early influence: John Anderson In BELL, Coral & TATCHER, Meredith (rg Remembering Hedley. Canberra: Australian National University Epress, 2008. p.9-29 Disponível em http://epress.anu.edu.au/hedley_citation.html Acesso novembro 2021

O´NEILL, Robert. Hedley Bull and arms control. In: BELL, Coral & TATCHER, Meredith (org.) Remembering Hedley. Canberra: Australian National University Epress, 2008. p. 31-45 Disponível em http://epress.anu.edu.au/hedley_citation.html. Acesso: maio 2014

OZ, Amós. De amor e trevas. São Paulo: Ed. Cia das letras, 2005.

WEBER, Max. A política como vocação In: Ensaios de Sociologia. Rio de Janeiro: Ed. Guanabara, 1982 p. 97-153.

Breve Apresentação de "A Teoria da Dependência e o Enfoque do Sistema Mundial"

O texto que o leitor tem a seguir foi publicado como parte do livro "Teoria da dependência, balanço e perspectivas" escrito por Theotonio dos Santos em 1998 e publicado pela editora Civilização Brasileira em 2000. Nessa publicação o autor elabora um panorama abrangente da teoria da dependência, sua evolução histórica e teórica e o debate que este enfoque suscitou na América Latina e no mundo.

Na edição preparada para esse artigo, priorizamos dois temas que nos parecem centrais para compreender o enfoque da dependência e a sua utilidade no campo de estudo das relações internacionais: o quadro histórico e teórico do surgimento dessa teoria como enfoque latino-americano que busca interpretar o conjunto do sistema mundial desde a perspectiva da relação entre os centros desenvolvidos e as semiperiferias e periferias subdesenvolvidas da economia mundial, a partir de um balanço crítico e das limitações de interpretação das teorias do desenvolvimento formuladas na região a partir dos anos de 1950. O autor oferece um panorama profícuo e sintético das diferentes escolas da teoria do desenvolvimento na América Latina e, particularmente, dos diferentes enfoques da dependência que irão produzir um reordenamento da temática das Ciências Sociais na região. Este *balance* vai revelar a riqueza e vitalidade do debate científico latino-americano, não apenas na análise dos processos sociais locais e regionais, mas também na compreensão da dinâmica do mundo contemporâneo e das suas tendências históricas.

O segundo tema que ganha destaque na seleção desse texto é um balanço do extenso debate que surge a nível regional e mundial sobre a teoria da dependência e a aproximação e diálogo dessa teoria com o enfoque do sistema-mundo ou, de maneira mais abrangente, e enfoque do sistema mundial. O autor nos oferece uma análise sistemática da literatura sobre a dependência que surge nos Estados Unidos, na Ásia, África e Europa, e mostra o intenso diálogo intelectual entre os formuladores da dependência e o pensamento crítico mundial na segunda metade do século XX.

Nesse texto o leitor encontrará uma guia de leitura e uma síntese brilhante de uma das escolas de pensamento mais criativas e ousadas de interpretação do capitalismo mundial contemporâneo e do papel da América Latina nesse processo histórico, político e econômico. Não se trata apenas de uma história das ideias, mas fundamentalmente, de um instrumento analítico de grande densidade teórica para compreender a complexidade do mundo contemporâneo e os desafios intelectuais e políticos que tem a nossa região e o Brasil nessa conjuntura mundial de grandes mudanças.

Monica Bruckmann[1]

Rio de Janeiro, 11 de setembro de 2021

1 Doutora em Ciência Política, professora do Departamento de Ciência Política e do Programa de Pós-graduação em Historia Comparada de Universidade Federal do Rio de Janeiro – UFRJ

Capítulo 7

A TEORIA DA DEPENDÊNCIA E O ENFOQUE DO SISTEMA MUNDIAL

Theotonio dos Santos[1]

A teoria da dependência, que surgiu na América Latina nos anos 60, tentava explicar as novas características do desenvolvimento socioeconômico da região, iniciado de fato em 1930-45. Desde os anos 30, as economias latino-americanas, sob o impacto da crise econômica mundial iniciada em 1929, haviam se orientado na direção da industrialização, caracterizada pela substituição de produtos industriais importados das potências econômicas centrais por uma produção nacional. Em seguida, terminado o longo ciclo depressivo (caracterizado por 2 guerras mundiais, uma crise global em 1929 e à exacerbação do protecionismo e do nacionalismo), restabelecia-se depois da II Guerra Mundial, através da hegemonia norte-americana, a integração da economia mundial. O capital, concentrado então nos EEUU expandiu-se para o resto do mundo, na busca de oportunidades de investimento que se orientavam para o setor industrial.

1 Graduado em Sociologia e Política e em Administração Pública - UFMG. Mestre em Ciência Política - UnB. Doutor em Economia Por Notório Saber - UFMG. Doutor em Economia Por Notório Saber - UFF. Em vida, dentre outras atividades, dentro e fora do Brasil, foi Presidente da Cátedra e Rede UNESCO sobre Economia Global e Desenvolvimento Sustentável (REGGEN), professor e pesquisador visitante da UERJ e Professor Emérito da UFF, atuando no INEST. Coordenou o Projeto de Extensão Economia Global e Desenvolvimento Sustentável; os Cursos América Latina no Sistema Mundial e Ações Afirmativas e Políticas Públicas (UERJ). Teve experiência nas áreas de Economia e Relações Internacionais, com ênfase em Economia Política Internacional, atuando principalmente nos seguintes temas: América Latina, Economia Mundial, Neoliberalismo, Globalização e Desenvolvimento Socioeconômico. Sua produção intelectual foi publicada como Antologia pelo Consejo Latinoamericano de Ciencias Sociales (CLACSO), com sede na Argentina.

Nestes anos de crise, a economia americana incorporou o fordismo como regime de produção e circulação ao mesmo tempo em que a revolução científico-tecnológica se iniciava nos anos de 1940. A oportunidade de um novo ciclo expansivo da economia mundial exigia a extensão destas características econômicas ao nível planetário. Era esta a tarefa que o capital internacional assumia tendo como base de operação a enorme economia norte-americana e seu poderoso Estado Nacional, além de um sistema de instituições internacionais e multilaterais estabelecido em Bretton Woods.

Implantada elementarmente nos anos 30 e 40, a indústria nos principais países dependentes e coloniais serviu de base para o novo desenvolvimento industrial do pós-guerra e terminou se articulando com o movimento de expansão do capital internacional, cujo núcleo eram as empresas multinacionais criadas nas décadas de 40 a 60. Esta nova realidade contestava a noção de que o subdesenvolvimento significava a falta de desenvolvimento. Abria-se o caminho para compreender o desenvolvimento e o subdesenvolvimento como o resultado histórico do desenvolvimento do capitalismo, como um sistema mundial que produzia ao mesmo tempo desenvolvimento e subdesenvolvimento.

Se a teoria do desenvolvimento e do subdesenvolvimento eram o resultado da superação do domínio colonial e do aparecimento de burguesias locais desejosas de encontrar o seu caminho de participação na expansão do capitalismo mundial; a teoria da dependência, surgida na segunda metade da década de 1960, representou um esforço crítico para compreender a limitações de um desenvolvimento iniciado num período histórico em que a economia mundial estava já constituída sob a hegemonia de enormes grupos econômicos e poderosas forças imperialistas, mesmo quando uma parte delas entrava em crise e abria oportunidade para o processo de descolonização.

Os economistas suecos Magnus Blomstrom e Bjorn Hettne se tornaram abalizados historiadores da teoria da dependência. Seu livro mais completo sobre o tema (Blomstrom e Hettne, 1984, p. 15) afirma que há "***um conflito de paradigmas***" entre o paradigma modernizante e o enfoque da dependência. Eles identificam dois antecedentes imediatos para o enfoque da dependência:

a) Criação de tradição crítica ao euro-centrismo implícito na teoria do desenvolvimento. Deve-se incluir neste caso as críticas nacionalistas ao imperialismo euro-norte-americano e a crítica à economia neoclássica de Raul Prebisch e da CEPAL.
b) O debate latino-americano sobre o subdesenvolvimento, que tem como primeiro antecedente o debate entre o marxismo clássico e o neomarxismo, no qual se ressaltam as figuras de Paul Baran e Paul Sweezy.

Eles resumem em quatro pontos as ideias centrais que os vários componentes da escola da dependência defendem:

i) O subdesenvolvimento está conectado de maneira estreita com a expansão dos países industrializados;
ii) O desenvolvimento e o subdesenvolvimento são aspectos diferentes do mesmo processo universal;
iii) O subdesenvolvimento não pode ser considerado como a condição primeira para um processo evolucionista;
iv) A dependência, não é só um fenômeno externo mas ela se manifesta também sob diferentes formas na estrutura interna (social, ideológica e política)".

Daí que Blomstrom e Hettne possam distinguir três ou quatro correntes na escola da dependência:

a) A crítica ou autocrítica estruturalista dos cientistas sociais ligados à CEPAL que descobrem os limites de um projeto de desenvolvimento nacional autônomo. Neste grupo eles colocam inquestionavelmente Oswaldo Sunkel e uma grande parte dos trabalhos maduros de Celso Furtado e inclusive a obra final de Raul Prebisch reunida no seu livro O Capitalismo Periférico. Fernando Henrique Cardoso às vezes aparece como membro deste corrente e outras vezes se identifica com a corrente seguinte (tese que os membros desta corrente claramente rechaçam e com boa razão).

b) A corrente neomarxista que se baseia fundamentalmente nos trabalhos de Theotonio dos Santos, Rui Mauro Marini e Vânia Bambirra, assim como os demais pesquisadores do Centro de Estudos Socioeconômicos da Universidade do Chile (CESO). André Gunder Frank aparece às vezes como membro do mesmo grupo, mas sua clara posição de negar seu vínculo teórico estreito com o marxismo e sua proposição de um esquema de expropriação internacional mais ou menos estático o separa do enfoque dialético dos outros neomarxistas.

c) Cardoso e Faletto se colocariam numa corrente marxista mais ortodoxa pela sua aceitação do papel positivo do desenvolvimento capitalista e da impossibilidade ou não necessidade do socialismo para alcançar o desenvolvimento.

d) Neste caso, Frank representaria a cristalização da teoria de dependência fora das tradições marxista ortodoxa ou neomarxista".

Apesar do brilhantismo e do esforço de fidelidade expresso no seu esquema histórico, Blomstrom e Hettne podem ser contestados no que respeita à sua apresentação do debate entre o pensamento ortodoxo marxista e a corrente que ele chama de neomarxista. Na realidade, esta última corrente tem muitos matizes que eles não parecem reconhecer. Mas esta discussão nos levaria demasiado longe para os fins deste trabalho. Podemos dizer que esta é, entre várias propostas, a que mais se aproxima de uma descrição correta das tendências teóricas principais que conformaram a teoria da dependência.

Insatisfeito com esta proposta, André Gunder Frank (1991) realizou uma análise das correntes da teoria da dependência baseando-se em cinco livros publicados no começo da década de 90 sobre esta teoria. Frank constatou uma grande dispersão na classificação dos ***"dependentistas"*** entre as várias escolas de pensamento, segundo estes livros. A lista que ele teve o cuidado de estabelecer serve como uma tentativa de apresentação, de uma maneira mais neutra, dos principais pensadores relacionados de acordo com suas origens teóricas. Dentre os estruturalistas encontramos Prebisch, Furtado, Sunkel, Paz, Pinto, Tavares, Jaguaribe, Ferrer, Cardoso e Faletto. No que diz respeito à TEORIA DA DEPENDÊNCIA, além de Cardoso e Faletto, que aparecem ligados a ambas as escolas, os demais pensadores mencionados são: Baran, Frank, Marini, Dos Santos, Bambirra, Quijano, Hinkelammert, Braun, Emmanuel, Amin e Warren. Frank diferencia ainda, no debate sobre a TEORIA DA DEPENDÊNCIA, entre os reformistas não-marxistas, os marxistas e os neomarxistas.

O quadro abaixo, elaborado por André Gunder Frank (1991), traz os autores mais citados no debate sobre a TEORIA DA DEPENDÊNCIA, de acordo com os cinco livros publicados sobre o assunto entre 1989-90: Hettne, Development Theory and the Three Worlds, 1990; Hunt, Economic Theories of Development, 1989; Kay, Latin American Theories of Development and Underdevelopment, 1989; Larrain, Theories of Development, 1989; Lehman, Democracy and Development in Latin America, 1990. Estes autores teriam distinguido, além das teorias da Modernização e do Estruturalismo, quatro correntes da teoria da dependência: os reformistas (Refor), os não-marxistas (Não-Mx), os marxistas (Mx) e os neomarxistas (NeoMx):

QUADRO I - Escolas da Teoria do desenvolvimento na América Latina

Autores	Moderni-zação	Estruturalismo	Dependência			
			Refor	Não-Mx	Mx	MX
Prebisch	Lar	Kay Lar Het				
Furtado		Kay Lar Hnt Het				
Sunkel + Paz		Kay Lar Hnt Het	Kay			
Pinto		Kay	Kay			
Tavares		Kay				
Jaguaribe		Kay	Kay			
Ferrer		Kay	Kay			
Cardoso + Faletto		Kay Hnt	Kay	Lar		
Baran				Lar		Het
Frank				Lar	Kay	Het
Marini				Lar	Kay	Het
Dos Santos				Lar	Kay	Het
Bambirra					Kay	Het
Quijano					Kay	
Hinkelammert				Lar		
Braun					Kay	
Emmanuel				Lar		Het
Amim				Lar		Het
Warren						

Podemos compreender melhor o sentido destas opções teóricas quando revisamos a reordenação da temática das Ciências Sociais latino-americanas provocada pela teoria da dependência. Esta reordenação refletia não somente novas preocupações sociais que emergiam para a análise social e econômica, mas também novas opções metodológicas inspiradas nas origens teóricas dos pesquisadores.

No seu conjunto, o debate científico latino-americano revela sua integração numa forte perspectiva transdisciplinar. Não foi sem razão que a América Latina (que já revelara ao mundo um autor marxista tão original como Mariátegui, nos anos 20) produziu, nas décadas de 30, 40 e 50, pensadores sociais tão originais como Gilberto Freire (que praticava uma sociologia de forte conteúdo antropológico, ecológico, psicanalítico e histórico que encantou grande parte do pensamento europeu), como Josué de Castro (que aliava uma excelente formação nas ciências da vida, na medicina, na ecologia e na geografia humana com um enfoque econômico, sociológico e antropológico extremamente moderno – inspirador de grande parte do debate mundial não só sobre a fome e sua geopolítica, mas sobre o subdesenvolvimento como fenômeno planetário e da relação entre ecologia e desenvolvimento), como Caio Prado Júnior (cujo marxismo – às vezes estreito metodologicamente – não o impediu de desenvolver uma obra histórica de grande profundidade sobre as raízes da sociedade colonial e sobre o caráter da revolução brasileira), como Guerreiro Ramos (cujas raízes existencialistas o permitiram pensar de maneira pioneira o nascimento do movimento negro contemporâneo além de iluminar o conteúdo civilizatório da luta do Terceiro Mundo), como Raul Prebisch (cuja visão econômica transcendia o economicismo tradicional e revelava fortes implicações sociais e políticas – iluminadas pelos brilhantes "*insights*" do sociólogo hispano-latino-americano Medina Echevarría); como um Sergio Bagú (que descobre o caráter capitalista do projeto colonial ibérico, através de uma metodologia de análise marxista modernizada pelos avanços recentes das ciências históricas e sociais), como Florestan Fernandes (cujo esforço metodológico de integrar o funcionalismo de origem durkheimniano, o tipo-ideal weberiano e a dialética materialista marxista talvez não tenha tido os resultados esperados, mas impulsionou um projeto filosófico-metodológico que vai se desdobrar na evolução do pensamento latino-americano como contribuição específica às Ciências Sociais Contemporâneas); ou como um Gino Germani (que logrou sistematizar o enfoque metodológico das Ciências Sociais norte-americanas com o seu liberalismo exacerbado na criação de um modelo de análise do desenvolvimento como processo de modernização).

A acumulação destas e outras propostas metodológicas na região refletiam a crescente densidade de seu pensamento social que superava a simples aplicação de reflexões, metodologias ou propostas científicas importadas dos países centrais para abrir um campo teórico próprio, com sua metodologia própria, sua identidade temática e seu caminho para uma práxis mais realista.

A teoria da dependência tentou ser uma síntese deste movimento intelectual e histórico. A crítica de Bagú, Vitale e Caio Prado Júnior ao conceito de feudalismo aplicado à América Latina, foi um dos pontos iniciais das batalhas conceituais que indicavam as profundas implicações teóricas do debate que se avizinhava. André Gunder Frank recolheu esta problemática para dar-lhe uma dimensão regional e internacional. A definição do caráter das economias coloniais como feudais serviam de base às propostas políticas que apontavam para a necessidade de uma revolução burguesa na região. Inspirado no exemplo da Revolução Cubana que se declarou socialista em 1962, Frank abriu fogo contra as tentativas de limitar a revolução latino-americana ao contexto da revolução burguesa. Radical em seus enfoques ele vai declarar o caráter capitalista da América Latina desde seu berço. Produto da expansão do capitalismo comercial europeu no século XVI, a América Latina surgiu para atender as demandas da Europa e se insere no mundo do mercado mundial capitalista.

Não é aqui o lugar para revisar em detalhe o extenso debate que se seguiu a estes ataques e à proposta de Frank de analisar o mundo colonial como um sistema de expropriação de excedentes econômicos gerados nos mais recônditos recantos deste mundo. Eu mesmo censurei o caráter estático do modelo de Frank e o seu desprezo pelas relações de produção assalariadas como fundamento mais importante do capitalismo industrial, única forma de produção que pode assegurar uma reprodução capitalista, a partir da qual este sistema se transforma num modo de produção novo e radicalmente revolucionário. Ver Dos Santos (1972).

Era, contudo, evidente que Frank acertava na essência de sua crítica. A América Latina surge como economia mercantil, voltada para o comércio mundial e não pode ser, de nenhuma forma, identificada com modo de produção feudal. As relações servis e escravistas desenvolvidas na região foram parte, pois, de um projeto colonial e da ação das forças sociais e econômicas comandadas pelo capital mercantil financeiro em pleno processo de acumulação – que Marx considera primária ou primitiva essencial para explicar a origem do moderno modo de produção capitalista. Estas formações sociais de transição são de difícil caracterização. Já lançamos, na época deste debate, a tese de que há uma semelhança entre as formações sociais de transição ao socialismo e estas formações socioeconômicas que serviram de transição ao capitalismo.

Não se podia esperar que a revolução democrático-burguesa fosse assim o fator mobilizador da região. Mas os erros de Frank abriam também um flanco muito sério. Eles faziam subestimar o obstáculo representado pela hegemonia do latifúndio exportador e pela sobrevivência das relações servis ou semi-servis na formação de uma sociedade civil capaz de conduzir uma luta revolucionária. Não se deve esquecer o avanço das relações assalariadas na agroindústria açucareira cubana e a importância de suas classes médias e do seu proletariado urbano cuja greve geral contribuiu amplamente para a vitória de dezembro de 1958, para explorar o radicalismo e os êxitos da revolução cubana, (veja-se o livro de Vania Bambirra, 1974).

O debate sobre o feudalismo se desdobrou imediatamente no debate sobre a burguesia nacional. Tratava-se de saber até que ponto o capitalismo da região havia criado uma burguesia nacional capaz de propor uma revolução nacional democrática. Outra vez Frank polarizou a discussão com sua negação rotunda do caráter nacional das burguesias latino-americanas. Formadas nos interesses do comércio internacional, elas se identificavam com os interesses do capital imperialista e abdicavam completamente de qualquer aspiração nacional e democrática. Vários estudos mostravam os limites do empresariado da região: pouco conhecimento da realidade política do país, pouca presença junto ao sistema de poder, pouco conhecimento técnico e econômico, falta de uma postura inovadora e de uma vontade de opor-se aos interesses do capital internacional que pudessem prejudicar o empresariado nacional.

Eu e outros sociólogos nos lançamos contra estas concepções simplistas. Nos anos 30, figuras como Roberto Simonsen, Euvaldo Lodi e vários outros mostravam uma ampla consciência política e econômica do empresariado nacional. Suas entidades de classe como a Federação Nacional da Indústria, formulavam um projeto de desenvolvimento com alto conteúdo nacionalista e apoiavam o projeto de Estado Nacional Democrático dirigido por Getúlio Vargas.

Contudo, eu procurava mostrar os limites estruturais deste projeto diante de uma expansão das empresas multinacionais para o setor industrial. Elas possuíam vantagens tecnológicas definitivas e só poderiam ser detidas na sua expansão por Estados Nacionais muito fortes que necessitavam de um amplo apoio na população operária e na classe média, sobretudo entre os estudantes que aspiravam ao desenvolvimento econômico como única possibilidade de incorporá-los ao mercado de trabalho.

Não se tratava, pois, de uma questão de ausência de conhecimento ou disposição de luta, ou determinação. Havia sérios limites de classe no projeto nacional democrático que chegou a ser desenvolvido intelectualmente através do IBESP e posteriormente pelo Instituto Superior de Estudos Brasileiros (ISEB), na

> década de 50, que tinha uma base material na Federação Nacional das Indústrias e em vários órgãos da administração pública que apoiaram o 2º governo Vargas, quando este projeto alcançou o seu auge. Tais forças demonstraram-se, contudo, hesitantes quando puderam avaliar a força e a profundidade da oposição dos centros de poder mundial a este projeto. A avassaladora campanha pelo "impeachment" de Vargas foi detida pelo seu suicídio, e a sua carta testamento provocou uma arrasadora mobilização popular que fez a direita recuar e levou a uma fórmula de compromisso no governo de Juscelino Kubistchek: o Brasil abria suas portas ao capital internacional garantindo, contudo, suas pretensões estratégicas exigindo um alto grau de integração do seu parque industrial que deveria expandir-se até a montagem de uma indústria de base.

O enorme crescimento industrial logrado de 1955 a 1960 aumentou as contradições socioeconômicas e ideológicas no país. O caso brasileiro era o mais avançado no continente e não assegurou um caminho pacífico. A burguesia brasileira descobriu que o caminho do aprofundamento da industrialização exigia a reforma agrária e outras mudanças em direção à criação de um amplo mercado interno e à geração de uma capacidade intelectual, científica e técnica capaz de sustentar um projeto alternativo. Tais mudanças implicavam no preço de aceitar uma ampla agitação política e ideológica no país que ameaçava o seu poder.

> O golpe de Estado de 1964 cerrou a porta ao avanço nacional-democrático e colocou o país no caminho do desenvolvimento dependente, apoiado no capital internacional e num ajuste estratégico com o sistema de poder mundial. "O que é bom para os Estados Unidos é bom para o Brasil". A fórmula do General Juracy Magalhães, ministro de relações exteriores do regime militar consolidava esta direção. Por mais que os anos posteriores tenham demonstrado o conflito existente entre os interesses norte-americanos e os interesses do desenvolvimento nacional brasileiro, não foi

mais possível romper esta parceria selada com ferro e fogo no assalto ao poder de 1964.

Não era possível, portanto, desprezar a luta interna gerada pelo avanço da industrialização nos anos 30. E a constatação da capitulação final da burguesia nacional não anulava totalmente seu esforço anterior. Camadas da tecnocracia civil e militar, setores de trabalhadores e da própria burguesia nunca abandonaram totalmente o projeto nacional democrático. Mas ele perdeu seu caráter hegemônico apesar de ter alguns momentos de irrupção no poder central durante a ditadura. Nos anos de transição à democracia, na década de 80, este projeto reapareceu no Movimento pelas "Diretas Já", voltou a influenciar as eleições locais e marcou política e ideologicamente com a formação do chamado "centrão" durante a fase final da Constituinte e, sobretudo a constituinte de 1988. Contudo, a reorganização dos setores hegemônicos da classe dominante permitiu-lhes à retomada do controle em 1989, com a vitória eleitoral de Fernando Collor, e encontrou um caminho ainda mais sólido com a aliança de centro-direita que venceu as eleições de 1994, com Fernando Henrique Cardoso na presidência.

Fernando Henrique Cardoso fora um dos que demonstraram em 1960 a debilidade da burguesia nacional e sua disposição em converter-se em uma associada menor do capital internacional. Ele foi também um dos que observou o limite histórico do projeto nacional-democrático e do populismo que o conduzia.

Desde 1974, como mostramos no nosso artigo sobre sua evolução intelectual e política, (ver Dos Santos, 1996) Cardoso aceitou a irreversibilidade do desenvolvimento dependente e a possibilidade de compatibilizá-lo com a democracia representativa. A partir daí, segundo Cardoso a tarefa democrática se convertia em objetivo central da luta contra um Estado autoritário, apoiado, sobretudo, numa "burguesia de Estado" que sustentava o caráter corporativo e autoritário do mesmo. Segundo ele, os inimigos da democracia não seriam, portanto, o capital internacional e sua política monopolista, captadora e expropriadora dos recursos gerados nos nossos países. Os seus verdadeiros inimigos são o corporativismo e uma burguesia burocrática e conservadora que, entre outras coisas, limitou a capacidade de negociação internacional do país dentro do novo patamar de dependência gerado pelo avanço tecnológico e pela nova divisão internacional do trabalho que se esboçou nos anos 70, como resultado da realocação da indústria mundial.

Estas teses ganharam força internacional e criaram o ambiente ideológico da aliança de centro-direita que veio a se realizar nos anos 1980, no México, na Argentina, no Peru, na Venezuela, na Bolívia e no Brasil. Uma importante ala da esquerda populista ou liberal aderiu ao programa de ajuste econômico imposto pelo Consenso de Washington em 1989, e assegurou a estabilidade monetária e o precaríssimo equilíbrio macroeconômico dela derivado.

Em troca desta adesão, estes governos garantiam um amplo período no poder através do apoio internacional que desfrutaram, sobretudo sob a forma de vastos movimentos de capital financeiro e a sua articulação incondicional com a imprensa internacional. A América Latina entrou assim num novo patamar de relacionamento internacional caracterizado por moedas fortes (princípio quebrado no México no final de 1994), pela estabilidade monetária e a estabilidade fiscal obtida com a privatização das empresas públicas e o corte de gastos estatais. Governos reeleitos sucessivamente com forte apoio internacional assumiram discretamente a perspectiva de uma integração comercial das Américas sob a hegemonia norte-americana (ver Dos Santos, 1996-b).

Este caminho de submissão estratégica crescente, seguido pelas burguesias latino-americanas, parece confirmar as previsões mais radicais sobre seu caráter "entreguista" e "comprador". A crise da dívida externa na década de 80, a crise socioeconômica que significou a política de "ajuste" para permitir o pagamento da dívida externa, parecem confirmar o caráter dependente de nossas economias. Mas as resistências continentais a estas situações foram bem maiores do que muitos esperavam. De repente, viu-se um realinhamento de forças desenhando-se no subcontinente. Aparecem resistências ao projeto neoliberal entre os militares, a igreja, setores da burocracia estatal e, sobretudo técnicos, engenheiros e cientistas. Todos eles estão ligados à existência de um Estado nacional forte e um desenvolvimento econômico de base nacional significativa. Os trabalhadores industriais e de serviço se colocaram, contudo, no centro da resistência. Todos estes setores têm um papel ínfimo no projeto neoliberal e alguns deles chegam mesmo a tornar-se inúteis.

As dificuldades de eliminar totalmente estas resistências manteve o projeto neoliberal nos marcos de um regime liberal democrático e parece dar razão à tese de que o desenvolvimento dependente é compatível com os regimes políticos liberais democráticos.

No entanto, é necessário ressaltar que houve situações de exceção, como no caso do Peru, onde Fujimori implantou um regime de exceção que foi tolerado pelas nascentes democráticas da região. Houve também tentativas de rebelião dentro das forças armadas argentinas e venezuelanas, em 1990-93, cujos desdobramentos ainda estão em curso. curso. Houve ainda o aparecimento de novos movimentos guerrilheiros, ou mesmo desta nova forma de política insurrecional que é o Exército Zapatista no México. É importante considerar também a sobrevivência e o fortalecimento recente das forças insurrecionais na Colômbia, onde a crise do Estado se faz cada vez mais aguda. Ninguém pode assegurar que a atual onda democrático-liberal resistirá indefinidamente a esta combinação de políticas econômicas recessivas, abertura externa, especulação financeira, desemprego e exclusão social crescente. Mesmo que, neste contexto, um setor importante da população possa melhorar seus padrões de consumo, isto dificilmente substituirá o desgarramento do tecido social, da identidade cultural e das expectativas de trabalho e de competitividade produtiva de grande parte da população (ver nosso livro sobre este tema, Dos Santos, 1991).

Essa evolução dos acontecimentos parece confirmar outra temática posta em evidência pela teoria da dependência: a tendência à exclusão social crescente, como resultado do aumento da concentração econômica e da desigualdade social. "Dependente, concentrador e excludente" estas eram as características básicas do desenvolvimento dependente, associado ao capital internacional destacadas pela teoria. Estas características se exacerbaram na década de 80, sob o impacto da globalização comandada pelo capital financeiro internacional para o pagamento da dívida externa e a nova fase das moedas fortes e privatizações da década de 90, sob o marco do Consenso de Washington.

A evolução da revolução técnico-científica parece confirmar as análises do final dos anos 60. Como mostrávamos, no final da década de 60, precedendo em pelo menos uma década a literatura sobre a "reconversão industrial", ela favoreceu o crescimento da exportação industrial nos países dependentes de desenvolvimento médio, enquanto os países centrais se especializavam na tecnologia de ponta, geradora de novos setores de serviço voltados para o conhecimento, a informação, o lazer e a cultura.

No entanto, como previmos, a expansão industrial da América Latina não resultou na sua passagem para o campo dos países industriais desenvolvidos. Ao contrário, tem aumentado a distância com os países centrais colocados na ponta da revolução pós-industrial, enquanto as indústrias obsoletas e poluentes se concentram nos países de desenvolvimento médio. O mais grave, contudo, começou a ocorrer na década de 80, pois, conforme havíamos previsto, a adoção crescente da automação diminuiu drasticamente o emprego industrial. Cada vez mais afastados dos centros de produção científica, tecnológica, e cultural, os países em desenvolvimento se inserem na armadilha do crescimento econômico sem emprego, não vendo expandir por outro lado o emprego em educação, saúde, cultura, lazer e outras atividades típicas da revolução técnico-científica.

A desvalorização das camadas médias de profissionais resultantes desta falta de investimentos em pesquisa e desenvolvimento só é compensada em parte pela emigração de grande parte deles para os países centrais. Aprofunda-se assim a captação de recursos humanos, o "*brain-drain*" dos anos 60, agora atraindo cérebros dos países de desenvolvimento médio, cuja estrutura educacional superior se torna inútil diante da baixa demanda de serviços resultante de um desenvolvimento dependente, subordinado, concentrador e excludente. Os quadros formados por suas universidades sem meios para a pesquisa e sem contato com as verdadeiras fontes de demanda da pesquisa e desenvolvimento vão ser recrutados nos países centrais (ver Dos Santos, 1993, 1995).

Ao lado dessas tendências, prossegue a penetração do capitalismo nas zonas rurais, expulsando mais e mais população para os centros urbanos. A urbanização se torna cada vez mais metropolização e "favelização", isto é, marginalidade e exclusão social, que assume muitas vezes o caráter de um corte étnico, o que explica a força das reivindicações étnicas nos centros urbanos da região. De fato, o renascimento da questão indígena e dos movimentos negros sob novas formas cada vez mais radicais, são uma expressão desta situação.

O abandono do esforço científico e tecnológico regional levou também ao abandono do setor de bens de capital, onde se concentra a chave do processo de revolução técnico-científica e a possibilidade de um desenvolvimento autossustentado. A complexidade da indústria de base e de sua modernização com a robotização começa a retirá-la mesmo dos países, como o Brasil, que já haviam alcançado um importante desenvolvimento dela.

O Estado nacional vê-se avassalado por estas mudanças. Voltado para o pagamento dos juros da dívida externa na década de 80, criou uma imensa dívida interna com altíssimos juros e alta rotação. Na década de 90, quando os juros internacionais caem, os países dependentes vêm-se estimulados e até forçados a empreender políticas econômicas de valorização de suas moedas nacionais. Estas políticas os levam a criar importantes déficits comerciais, os quais buscam cobrir com a atração de capital especulativo de curto prazo, pagando-lhes altos juros, internamente.

É assim que, ao escaparmos dos juros altos internacionais (hoje extremamente baixos) caímos na trampa dos juros altos internos. O Estado se converte em prisioneiro do capital financeiro, afogado por uma dívida pública em crescimento exponencial, cujo serviço não deixa mais nenhum espaço para o investimento estatal, e também, cada vez menos para as políticas sociais e mesmo para a manutenção do modesto funcionalismo público da região.

O conteúdo de classe do Estado faz-se, pois, mais evidente ainda. Ele se põe completamente a serviço do grande capital financeiro subordinando cada vez mais os outros setores da burguesia. Ele se vê obrigado a abandonar o clientelismo e o patrimonialismo das antigas oligarquias através do qual o Estado atendia às suas famílias e a uma vasta população de classe média. Ele corta também as aberturas realizadas pelo populismo aos dirigentes sindicais e outras entidades corporativas. Não há dinheiro para ninguém mais – a fome do capital financeiro é insaciável.

As políticas de bem-estar voltadas para os setores de baixa renda e para a previdência social também se veem definitivamente ameaçadas. A onda neoliberal estimula medidas que giram em torno de uma retomada do dinamismo do mercado que não funcionou em nenhuma parte do mundo. Os governos Reagan e Thatcher não abandonaram o gasto público, apesar de liderarem o movimento neoliberal. Pelo contrário, Reagan aumentou mais de 5 vezes o déficit público estadunidense, criando uma enorme dívida pública que serviu de ponto de arranque do movimento financeiro da década de 80. Os alemães e japoneses foram os principais beneficiários desta política. Aumentaram seu superávit comercial com os Estados Unidos e investiram seus ganhos em títulos da dívida pública a altas taxas de juros. Ao mesmo tempo, converteram suas moedas em poderosos instrumentos de política econômica (ver nosso artigo de 1992).

> O que mais surpreendeu aos teóricos não dependentistas foi o crescimento dos países do sudeste asiático. Muitos autores apresentaram a consolidação do crescimento desses países como evidência do fracasso da teoria da dependência. São vários os estudos sobre estes processos e são unânimes em reivindicar as especificidades da situação regional. As economias da região não fizeram uma grande dívida externa na década de 70, como os latino-americanos e os países do leste europeu. Elas passaram por reformas agrárias radicais nos anos 40 e 50, para o que tiveram especial apoio norte-americano, devido sua proximidade com os inimigos da guerra fria. Elas contaram com a acumulação de capitais japonesa e a política do MITI de exportar as indústrias de tecnologia em processo de obsolescência para os seus países vizinhos. Elas tiveram condições especiais de penetração no mercado norte-americano pelas razões geopolíticas já mencionadas. Mas, sobretudo, elas praticaram uma forte intervenção estatal e protecionismo que lhes permitiu sustentar suas políticas econômicas e desenvolver, ao mesmo tempo, uma base tecnológica própria, apesar de modesta.
>
> Nada disto as impediu, contudo, de sofrer com rigor a crise financeira internacional quando a valorização do yen em 1992 começou a limitar suas exportações para o mercado norte-americano. O yen forte permitiu ao Japão substituir em parte o mercado norte-americano, enquanto a China ocupava o espaço deixado pelo Japão, os "tigres" e os "gatos" asiáticos. A desvalorização do yen no final de 1996 criou uma conjuntura nova. O Japão voltou ao mercado norte-americano e as demais economias exportadoras asiáticas viram-se na necessidade de desvalorizar suas moedas para recuperar seu espaço no mercado norte-americano. Sob o ataque dos especuladores, sua crise se tornou mais dramática e mostrou os limites desses países.

Esta evolução mostra que a agenda colocada na ordem do dia pela teoria da dependência continua a ser de grande atualidade apesar das mudanças fundamentais que ocorreram no período. Estas mudanças seguiram, contudo, as tendências apontadas no final dos anos sessenta.

Com nossos estudos sobre a nova dependência, o surgimento do subimperialismo, o papel da marginalização e da exclusão social antecipamo-nos claramente à evolução dos acontecimentos.

Mas o que ressalta, sobretudo, é a questão metodológica. Mais do que nunca a problemática do subdesenvolvimento e do desenvolvimento tem de ser analisada no processo de evolução do sistema econômico mundial. Nele, persiste a divisão entre um centro econômico, tecnológico e cultural, uma periferia subordinada e dependente e formas de semiperiferia que ganharam grande dinamismo durante a fase depressiva do ciclo Kondratiev (de 1967 a 1993). Tudo indica que se retomou o crescimento econômico a partir de 1994 e novos alinhamentos devem se produzir com a entrada da economia mundial num novo ciclo longo de Kondratiev (ver Dos Santos, 1991, 92, 93, 94, 95, 98).

A queda do socialismo estatizante de forte influência stalinista, o socialismo numa só região do mundo, provocou uma onda de euforia neoliberal que prejudicou muito gravemente a evolução destes países. Tudo indica, contudo, que a população destes países deverá retificar esta aventura altamente custosa em vidas humanas e em bem estar social.

As contradições entre EUA, Europa e Japão encontraram o canal do grupo dos Sete para encaminhá-las. A Rússia (liberada dos seus aliados ou "satélites" europeus e da periferia da antiga União Soviética) foi precariamente integrada neste grupo. Mas a China em pleno crescimento, a Índia e o Brasil, entre outras 18 potências médias, não encontraram ainda seu lugar no sistema mundial pós-guerra fria. A não resolução desta questão crucial terá um alto custo para a paz mundial.

> A separação do mundo em blocos regionais parece ser a forma intermediária que o processo de globalização vem assumindo para resistir ao livre movimento de capitais financeiros ou das empresas transnacionais ou globais. Isto se enquadra também nas previsões da teoria da dependência, inclusive a importância das integrações regionais na América Latina como um caminho mais sólido para a integração regional de todo o continente. O próprio EUA se vê obrigado a buscar um caminho de maior aproximação hemisférica. O NAFTA mostra as dificuldades dessa integração de

> estruturas tão assimétricas e tão desiguais. A proposta da ALCA encontra resistências em todos os lados. A integração exitosa do MERCOSUL reafirma o princípio de que é mais fácil integrar mercados de níveis semelhantes, particularmente de significativo desenvolvimento industrial. Contudo, o ASEAN mostra a possibilidade de uma complementaridade entre um país central que ocupa a função de um polo de acumulação como o Japão e outros periféricos, onde o primeiro organize seu mercado como um consumidor dos produtos dos mercados próximos, com transferência de tecnologia para garantir a qualidade de seus abastecedores. Os EEUU estariam dispostos a gerar uma nova política de boa vizinhança que integrasse as Américas sob sua égide. Se não o fizer a médio prazo talvez encontre já um Brasil consolidado como líder do desenvolvimento regional na América do Sul.

Como vemos, as mudanças teóricas e metodológicas iniciadas na década de 60, como cristalização de um amplo esforço teórico e político anterior, têm um alcance muito maior do que originalmente se pensava. Elas indicaram a necessidade de repensar a questão do desenvolvimento dentro de um contexto teórico muito mais amplo que colocava em questão o paradigma dominante nas Ciências Sociais. É necessário, pois que discutamos o impacto internacional dos estudos sobre a dependência para compreender suas possibilidades e seus limites teóricos.

1. O Debate Sobre a Dependência

Para compreender a evolução da teoria da dependência é necessário tomar em consideração sua enorme difusão e, em seguida, os mais diversos ataques que esta teoria sofreu nas décadas de 70 e 80. Passamos a apresentar um *survey* desta literatura distinguindo as duas décadas.

Na década de 70 uma extensa literatura sobre a TEORIA DA DEPENDÊNCIA deu início ao debate sobre o tema, desde uma perspectiva universal.

O artigo de Suzzane Bodenheimer, "***Dependency and Imperialism***", Politics and Society, nº 5, maio 1970, foi talvez a primeira tentativa de apresentar a teoria da dependência como uma escola de pensamento nova que propunha um paradigma científico alternativo ao "*main stream*" do pensamento social ocidental. Em fevereiro de 1973, The Journal of Interamerican Studies dedicou uma edição especial à teoria da dependência, de conteúdo essencialmente crítico, o qual assumia claramente um ponto de vista conservador. Vários autores levantavam a questão de que a noção de dependência era uma desculpa para explicar o fracasso econômico dos países subdesenvolvidos. Neste mesmo ano, Norman Girvan (1973) procurava aplicar o conceito de dependência à realidade caribenha, exercendo uma particular influência sobre o governo Manley na Jamaica. Na verdade, este trabalho será o ponto de partida da escola caribenha da dependência de língua inglesa (ver Blomstrom e Hettne, 1984, 1990, pp. 128 a 155).

> Na África, a teoria da dependência encontrou uma elaboração teórica em curso sobre o desenvolvimento e produziu-se uma fusão bastante profícua. Samir Amim (1974) convocou uma reunião em Dakar, em 1970, para produzir um encontro entre o pensamento social latino-americano e africano. Quatro anos mais tarde, Abelatif Benachenou chamará à realização de um Congresso de Economistas do Terceiro Mundo em Argel que dará origem a uma Associação Internacional de Economistas do Terceiro Mundo. Anteriormente, em Dar-es-Salam reuniam-se cientistas sociais de todo o mundo que tentavam um caminho teórico alternativo, muito influenciados pelo estruturalismo e pela teoria de dependência. Surge deste esforço o livro de Tamas Sentzes (1971) sobre o desenvolvimento econômico que se converteu num clássico da região. Entre os estudos africanos, surgem os trabalhos de Wallenstein e Giovanni Arrighi que tanto impacto terão posteriormente, com sua fixação no Fernand Braudel Center em Binghanton.

Na Ásia, particularmente na Índia, havia já uma longa tradição de crítica anti-imperialista e de formulação de caminhos próprios de desenvolvimento. Mas estas propostas, apesar de mais abertamente apoiadas no planejamento estatal, não deixavam de partir da disjunção entre tradicional e moderno, entre atraso e desenvolvimento, apesar de reconhecer os aspectos econômico, social e culturalmente positivos da cultura indiana. Gandhi sobretudo havia apoiado sua mobilização de massas anti-imperialista no reconhecimento dos valores da cultura indiana, entre os quais não estava somente a não-violência mas também a produção autônoma e artesanal e a comunidade hindu. Por esta razão, certos setores do pensamento nacional democrático indiano receberam mal uma visão do subdesenvolvimento que o ligava à formação do capitalismo moderno como uma economia mundial. Hettne e Bromstom (1984) insistem na pouca influência da teoria da dependência sobre o pensamento indiano.

No entanto, muitos autores hindus não somente integraram e noção de dependência em suas dimensões teóricas ou apresentações didáticas como assumiram a teoria da dependência como instrumental analítico (ver Baghshi, 19 e Todaro, M.P., 1977). No que respeita ao conjunto da Ásia pode-se ver este impacto no livro organizado por Ngo Man Lan (1984). Por este livro pode-se ver a profunda influência dos estudos sobre a dependência nas regiões mais tipicamente subdesenvolvidas como as Filipinas, a Tailândia e o sudeste asiático em geral, onde se gastava a experiência dos tigres asiáticos.

Na América Latina, o programa da Unidade Popular de Salvador Allende e tendências do governo militar revolucionário peruano incorporavam elementos chaves da teoria da dependência. A teologia da libertação que surgia no Peru com Gustavo Gutierrez tomou a teoria da dependência como sua referência fundamental. Outros autores como Enrique Dussel assumem claramente esta perspectiva analítica integrando-a na sua interpretação teórica do marxismo e do cristianismo. Luigi Bordin procurou demonstrar as relações profundas entre a teoria da libertação no Brasil e na América Latina e absorção teórica da ala marxista da Teoria da Dependência.

Em Cuba, a revista *Pensamiento Crítico* abrira suas páginas ao novo pensamento latino-americano e persiste como uma influência teórica fundamental até a derrota de Che Guevara no debate travado entre ele e Rafael Rodrigues sobre o papel das motivações materiais e das motivações morais no planejamento socialista. O fracasso da Grande Safra dos 10 milhões de toneladas e outros erros da direção revolucionária levaram à adesão do PC cubano às teses do "marxismo-leninismo" ortodoxo soviético, com seus manuais de materialismo histórico e dialético, suas interpretações do imperialismo, da revolução russa, das revoluções de libertação nacional que se restringiam à passagem de sociedades feudais ou pré-capitalista para o capitalismo moderno e a democracia liberal.

As teorias da modernização que buscávamos superar se cristalizavam sob a forma de um marxismo de inspiração positivista, no qual predominava um evolucionismo mecanicista. Cuba voltava a ser um país exportador de cana de açúcar e importador de manufaturados só que agora do campo socialista. O socialismo permitia, contudo, uma utilização dos excedentes desta exportação na implantação do mais avançado projeto educacional, de saúde e de controle popular sobre o Estado. Contudo, mesmo com as deformações burocráticas impostas pelos russos, eles não conseguiram quebrar a espinha dorsal da revolução cubana.

Vania Bambirra protagonizou uma ampla polêmica com a ortodoxia cubana, tanto guevarista como comunista. Num seminário realizado no Centro de Estudos Socioeconômicos, em Santiago do Chile, ela questionou as interpretações correntes da revolução cubana e reivindicou o papel das lutas democráticas, das massas urbanas, da mobilização histórica pela greve geral e até uma boa parte da militância do Partido Comunista Cubano no êxito da revolução. Estas teses foram publicados no seu livro *A Revolução Cubana, uma Reinterpretação* que foi lido por setores da direção política cubana mas não foi divulgado neste país por suas concepções não-ortodoxas. Nele, aplicava-se a teoria da dependência para mostrar não somente as verdadeiras causas do processo revolucionário cubano como também suas dificuldades.

A teoria da dependência ganhava assim uma avassaladora influência na região latino-americana e no Caribe; nos Estados Unidos, na África e na Ásia aprofundava seu campo de influência através da teologia da libertação. Na Europa, a mesma teoria encontrava eco na esquerda revolucionária, na esquerda do socialismo e da socialdemocracia. Ela influenciou pesquisas de grande valor como as realizadas pelo Starnberg Institute, em Starnberg, sobre a nova divisão internacional do Trabalho, por teóricos espanhóis, alemães, franceses e ingleses. Entrou também nos países nórdicos ao influenciar as pesquisas para a paz.

Em 1977, Helena Tuomi fazia um levantamento dos modelos de dependência na pesquisa ocidental sobre desenvolvimento (ver Tuomi, 1977). Ela encontrou naquele ano cinco projetos de pesquisa que tentavam definir as variáveis independentes e dependentes que procuravam medir em períodos de tempo mais ou menos longos as situações de dependências. Com isto ela pretendia definir modelos de explicação do subdesenvolvimento e testá-los empiricamente.[2]

Mas era na América Latina que os estudos sobre a dependência avançavam por toda parte. Na metade dos anos 70 começa, contudo, um movimento de crítica à teoria da dependência. No Congresso Latino-americano de Sociologia de 1975, em Costa Rica, esta discussão tomou grande parte do congresso. Os resultados destes debates foram publicados no livro: *Debates sobre la Teoria da la Dependencia y la Sociologia Latino americana.* EDUCA, San José, 1979, sob a supervisão editorial de Daniel Camacho.

Heraldo Muñoz publicou um dos melhores resumos sobre a teoria da dependência em seu artigo *"El Análisis de la Teoria de la Dependencia en los Centros: Ejemplos de EEUU"* in *Estudios Internacionales,* Vol. 12, nº 45, janeiro-março, 1979, pp, 68-76, e "*Cambio y Continuidade en el Debate sobre la Dependencia y el Imperialismo*" in *Estudios Internacionales,* vol. 11, nº 44, outubro-dezembro, 1978, pp. 88-138. Em 1982 ele editou *From Dependency to Development - Strategies to Overcome Underdevelopment and Inequality*, Estudos Especiais sobre Desenvolvimento Social, Politico Econômico, Editora Westview Press, Boulder, Colorado, 1982.

Veja-se também: Gustavo Rodriquez O., "*De la Cepal a la Teoria de la Dependencia - Un Esquema Descriptivo*", IESE, Cochabamba, 1979, e o capítulo sobre o Marxismo Latino-Americano escrito por Juan Carlos Portantiero para a coleção History of Marxism, dirigida por Eric J. Hobsbawn.

A grande onda de crítica à Teoria da Dependência ampliou-se, sobretudo na segunda metade da década de 70 e começo da década de 80, vinda em parte de autores latino-americanos: Agustín Cueva, *"Problemas y Pespectivas de la Teoria de la Dependencia"*, CELA, UNAM, deu início a uma nova crítica à Teoria de la Dependencia acusando seus autores de superestimar fatores externos em relação a fatores internos e

2 Eram eles Bruce Russet (1975), Kaufman, Chernostky & Geller (1975), Chase-Dunn (1975), Duvall et al. (1976), Alschuler (1976). Entre os nórdicos que discutiram a questão dos modelos da dependência e seu impacto nos estudos sobre a paz, ver Autola, Esko (1976), Galtung, Jojan (1971), Hveen Helge (1973), Tuomi, Helma (1977), Váyrien, Raimo (1976).

de abandonarem a análise das classes sociais. Depois disto ele publicou o livro *El Desarrollo del Capitalismo en América Latina, Siglo XXI*, México, 1978, onde deu continuidade a estas críticas. Posteriormente ele aceitaria o fato de que estava enganado em suas críticas e passou a destacar as conquistas da ala marxista da Teoria da Dependência diante dos ataques que ela receberia do pensamento conservador latino-americano e europeu. Octavio Rodriquez publicou seu *"Informe sobre las Criticas a la Concepción de la CEPAL"*, Secretaria de la Presidencia, México, 1974, onde ele defendia Prebisch e a CEPAL das críticas da Teoria da Dependência. Enrique Semo, *La Crisis Actual del Capitalismo*, ed. de Cultura Popular, México, 1975 apresentou uma crítica baseada no conceito da interdependência como uma tendência da economia internacional. O trabalho de Vania Bambirra intitulado *Teoria de la Dependencia; Una Anticrítica,* Era, México, 1978, responde a grande parte destas críticas. Ela mostra, sobretudo, os equívocos de interpretação que elas continham, atribuindo aos teóricos da dependência posições que eles nunca defenderam, como a ideia de uma tendência à estagnação econômica, uma supervalorização dos fatores externos em relação aos internos etc.

Há também um grupo de críticos da Teoria da Dependência que se autodenominam "marxistas ortodoxos" ou simplesmente "marxistas"[3]. Eles acreditam que a teoria da dependência coloca as determina-

3 Eles consideram "não marxista" buscar estabelecer os elementos estruturais que formam o contexto nacional onde se desenvolve a luta de classes e são incapazes de compreender o sentido histórico dos conceitos de imperialismo e dependência. Nesta linha estão os textos do O'Brien (1975), Kahl (1976), Palma (1978).

Os livros mais globais e sérios publicados sobre o tema na década de 80 foram: Ronald Chilcote, Theories of Development and Underdevelopment, ed. Westview Press, Boulder and London, 1985; Magnus Blomström e Björn Hettne, Development Theory in Trasition, The Dependency Debate & Beyond; Third World Responses, Zed Books, Londres, 1984.

Ronald Chilcote publicou também um livro sobre este debate chamado Dependency and Marxism; Toward a Resolution of the Debate, Westview, Boulder and London, 1982.

Um debate muito sério acerca do impacto teórico e empírico da Teoria da Dependência pode ser encontrado em: Christopher Abel e Colin M. Lewis, Latin America. Economic Imperialism and the State: The Political Economy of the External Connection from Independence to Present, The Athlone Press, Londres, 1985. Se este livro não fosse tão restrito à contribuição de Cardoso, Faletto e Frank, poderia tornar-se uma sólida referência no estudo da história da Teoria da Dependência.

A participação soviética também foi relevante neste debate, particularmente os seguintes artigos e livros: IMEMO – Institute of World Economy and International

ções externas como fundamentais e colocam em segundo plano a luta de classes no interior de cada país. Condenam também qualquer visão crítica do desenvolvimento do capitalismo que, segundo eles, não apresenta diferenças essenciais entre os países dominantes e os dependentes. Esta tendência endogenista acredita que o imperialismo representa um progresso ao desenvolver as forças produtivas em nível internacional. Eles não compreendem em quanto o imperialismo bloqueia o desenvolvimento das forças produtivas das nações colonizadas, decepam seu poder de crescimento econômico, de desenvolvimento educacional, de saúde etc. Não conseguem entender o fenômeno da superexploração e a transferência internacional de excedentes gerados no Terceiro Mundo e enviados para os países centrais.

De fato, ocorrerá uma convergência entre as críticas de Fernando Henrique Cardoso a seus colegas que iniciaram a teoria da dependência e as críticas desses chamados "marxistas" (ver o meu artigo sobre as polêmicas com Cardoso). Estes levam, contudo, sua "ortodoxia" muito longe defendendo a necessidade de analisar os modos de produção no interior de cada economia. São chamados de autonomistas e endogenistas e foram analisados por Marini com rigor e precisão. Uma leitura séria de Marx jamais autorizaria este tipo de interpretação do marxismo. Ele sempre chamou a atenção para o caráter internacional do modo de produção capitalista e considerou o comércio mundial como condição necessária da acumulação primitiva capitalista. Marx não autorizaria jamais uma concepção classista que colocasse em oposição a análise das economias nacionais e o estudo de sua articulação com a economia mundial. Ele sempre entendeu a formação do capitalismo como a dialética entre a economia mundial, como fenômeno independente, e o conjunto de economias nacionais em competição, apoiando-se nos seus Estados nacionais.

As implicações teóricas da teoria da dependência estão ainda por desenvolver-se. Sua evolução na direção de uma teoria do sistema mundial buscando reinterpretar a formação e desenvolvimento do capitalis-

Relations of the Science Academy, Developing Countries: Regularities, Tendencies and Perspectives, editado na Russia em 1978. Kiva Maidánik, El Proceso Revolucionario de America Latina visto desde la URSS, Editora Tailer, C. Por A., Santo Domingo, República Dominicana, 1982. Vladimir Davydov, "Nueva Ronda de Debates Acerca de la Dependencia", América Latina, Moscow, n. 11, 1984 e "Que es la Teoria de la Dependencia?", América Latina, Moscow, n. 12, 1985 e n. 3, 1986.

mo moderno dentro desta perspectiva é um passo adiante neste sentido, como o veremos proximamente[4].

2. A Globalização e o Enfoque do Sistema-Mundo

A teoria da dependência seguia e aperfeiçoava um enfoque global que pretendia compreender a formação e evolução do capitalismo como uma economia mundial. Prebisch já falava, nos anos 50, da existência de um centro e uma periferia mundial, tese que ele aperfeiçoará na década de 70 sob a influência do debate sobre a dependência (ver Prebisch; 1981). A teoria da dependência buscou refinar este esquema ao rever a teoria do imperialismo desde sua formação com Hilferding, Rosa Luxemburgo, Hobson, Lenin e Bukharin. André Gunder Frank (1991) chama a atenção para esta busca de análise do sistema mundial que se desenha, sobretudo no começo da década de 70 com Amin (1974), Frank (1978, 1980 e 1981), Dos Santos (1970 e 1978), mas que ganha realmente um grande alento com a obra de Immamuel Wallerstein (1974, 1980, 1989), que desenvolve a tradição de Fernand Braudel (1979). Tudo isto tem sido objeto de uma ampla discussão[5].

---

4 A literatura sobre a Teoria da Dependência cresce da cada dia em todas as partes do mundo, mesmo depois de vários autores decretarem seu falecimento. André Gunder Frank (1991) escreveu no começo da década de 90 um livro autobiográfico onde ele analisa alguns dos livros sobre o tema, citados no início deste balanço. Devemos, no entanto, acrescentar a esta lista as seguintes publicações mais recentes:

Charles Oman and Ganeshan Wignajara, The Postwar Evolution of Development Thinking, OECD Development Centre, Paris, 1991.

Alvin Y. So, Social Change and Development, Modernization, Dependency and World System Theories, Sage Library of Social Research, Londres, 1990.

David E. iiRethinking Development, Modernization, Dependency and Postmodern Politics, Sage Publications, Londres, 1990.

Richard Peet, Global Capitalism - Theories of Societal Development, Routledge, Londres e Nova York, 1991.

Heintz R. Sonntag, Duda/Certeza/Crisis, La Evolución de las Ciencias Sociales de América Latina, UNESCO - Editorial Nueva Sociedad, Caracas, Venezuela, 1989.

Este último livro integrou o debate sobre a Teoria da Dependência com um novo avanço conceitual estabelecido na década de 70 que relaciona a discussão sobre o desenvolvimento com o debate sobre a teoria do sistema mundo. Este novo avanço é consequência de uma precisão crescente do conceito de economia mundial.

5 O conceito de economia mundial como uma realidade independente foi desenvolvido pela escola de dependência, sobretudo na década de 70:

André Gunder Frank escreveu neste período: World Accumulation, 1492-1789, e

Vários autores reconhecem a relação estreita da teoria do sistema-mundo com a teoria da dependência. Bjorn Hettne traça mesmo um quadro da evolução do debate sobre desenvolvimento e dependência no qual a teoria da dependência tem como resultado de sua evolução a teoria do sistema-mundo, enquanto a tendência estruturalista marcha para a teoria das necessidades básicas encampada pelo Banco Mundial nos anos 70 sob a direção de McNamara. Enquanto isto, a tendência endogenista (que se pretende "marxista" e que ele chama de análise dos modos de produção) se origina, segundo ele, dos modelos marxistas de acumulação de capital e representaria uma terceira vertente teórica.

Segundo Hettne, a teoria da dependência também teria tido esta origem nos modelos marxistas de acumulação, mas teria sofrido a influência da análise econômica estruturalista da CEPAL. As teorias da modernização teriam, por outro lado, mantido seu quadro de análise ocidentalista ou eurocentrista, enquanto sofriam a crítica dos modelos de "outro desenvolvimento" ou desenvolvimento alternativo. Estes últi-

---

Dependent Accumulation and Undervelopment, ambos editados pela Monthly Review Press em 1978. Posteriormente, desenvolveu sua análise em Crisis in the World Economy e Crisis in the Third World, ambos publicados pela Holmes & Meier, Nova York, 1980, 1981.

Samir Amin produziu, durante este período, Accumulation on a World Scale: A Critique of the Theory of Undervelopment, Monthly Review Press, Nova York, 1974.

Theotonio dos Santos desenvolveu o mesmo tema em La Crisis Norte-Americana y América Latina, ed. PLA, Santiago, 1970, bem como em Imperialismo e Dependência, Era, México, 1978.

Este interesse pela economia mundial também manifestou-se no artigo de Fernando Henrique Cardoso "Imperialismo e Dependência na América Latina", Structures of Dependency, F.Bonilla e R. Girling, editores, Stanford, California, Institute of Political Studies, 1973, bem como no artigo de O.Sunkel sobre "Capitalismo Transnacional e Desintegração Nacional na América Latina", Social and Economic Studies, University of West Indies, 22-1, 1973.

Prebisch também orientou-se em direção à economia mundial durante este período, sobretudo em seu livro Capitalismo Periférico, Crisis y Transformación, Fondo de Cultura Económica, México, 1981. Ao mesmo tempo Ruy Mauro Marini escreveu Dialética da la Dependência, confirmando sua tendência para uma análise mais teórica e global, expressada ainda com mais clareza por Orlando Caputo em sua tese sobre "As Teorias da Economia Mundial", defendida por ele quando candidato ao título de doutor na Coordenação de Doutorado em Economia da UNAM, México, 1979 (que infelizmente não foi publicada).

mos terminariam, segundo cremos, influenciando a concepção do desenvolvimento humano do PNUD.

Estas tendências podem ser visualizadas no diagrama apresentado por Bjorn Hettne (1982, p. 140).

Orientações teóricas:

(P) Positivo-formal **(F)**
(N) Normativo-formal **(F)**
(P) Positivo-substantivo **(S)**
(N) Normativo-substantivo **(S)**

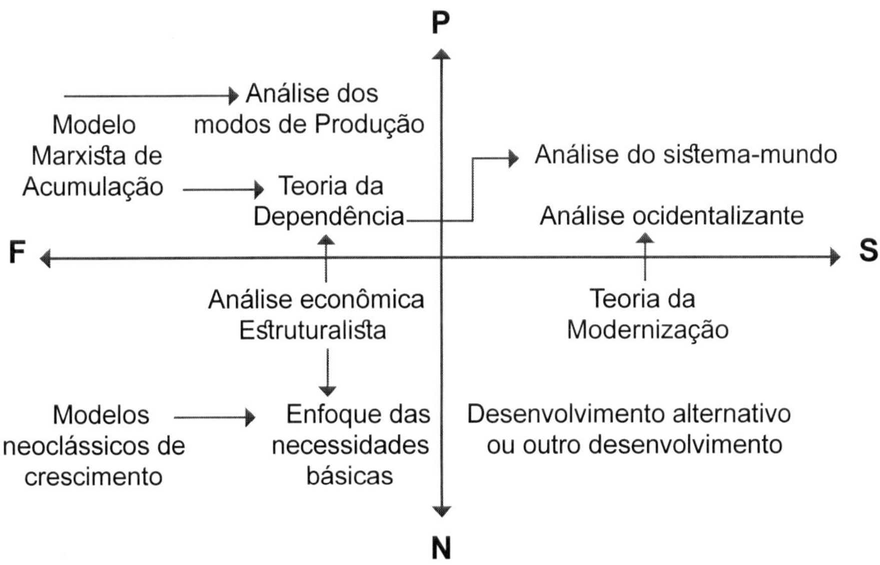

O enfoque do Sistema-Mundo busca analisar a formação e a evolução do modo capitalista de produção como um sistema de relações econômico-sociais, políticas e culturais que nasce no fim da Idade Média europeia e que evolui na direção de se converter num sistema planetário e confundir-se com a economia mundial. Este enfoque, ainda em elaboração, destaca a existência de um centro, uma periferia e uma semiperiferia, além de distinguir, entre as economias centrais, uma economia hegemônica que articula o conjunto do sistema.

Ao mesmo tempo, a teoria do sistema mundo absorveu a noção de ondas e ciclos longos de Braudel (1979) que se diferenciam dos ciclos de Kondratiev. Há, no entanto, tentativas de conciliar os ciclos de Kondratiev de 50 a 60 anos com os ciclos longos, mais ligados ao movimento do capital financeiro e das hegemonias estatais, que encontrou Braudel. Desta forma, a evolução do capitalismo é vista como uma sucessão de ciclos econômicos, articulados com processos políticos, sociais e culturais. Em livro recente, Arrighi (1995) conseguiu ordenar a história do capitalismo como uma sucessão de 4 ciclos longos de acumulação, baseados em quatro centros hegemônicos:

1º) O ciclo genovês (que se articula com as conquistas ibéricas) que se inicia no fim do século XIV e início do século XV, quando se forma a base da acumulação financeira de Gênova, como cidade estado e, posteriormente, como nação dos genoveses, localizada em vários centros financeiros europeus a qual se prolonga até o fim do século XVI e começo do XVII. Este ciclo tem nas monarquias ibéricas seu principal instrumento.

2º) O ciclo holandês que se inicia exatamente no fim do século XVI e no início do século XVII até a metade do século XVIII.

3º) O ciclo britânico que se inicia na metade do século XVIII e que se prolonga até a 1º e a 2º Guerra Mundial.

4º) O ciclo norte-americano que se inicia durante a 1º Guerra e se desenvolve durante a 2º Guerra Mundial até nossos dias, quando há sinais de emergência de um novo ciclo que terá como centro o sudeste asiático, ou algum núcleo de poder supranacional.

Giovanni Arrighi (1995) analisa a relação destes ciclos com os principais centros financeiros que terminaram se transformando em centros hegemônicos aliados com centros comerciais. Tem faltado a estas análises uma aprofundização maior do aspecto produtivo que estabeleça os regimes de produção, a evolução das forças produtivas e das relações sociais de produção para melhor explicar o funcionamento destes ciclos. Neste sentido, Dos Santos (1978) tenta articular a noção de sistema mundial com as grandes estruturas de produção e particularmente com a revolução técnico-científica (Dos Santos, 1983 e 1986), indicando um caminho de pesquisa em parte complementar ao esforço mais global da teoria do sistema mundial, em parte reordenador desse esforço.

Uma característica importante das análises do sistema mundial é a negação das interpretações do mundo contemporâneo baseadas na bipolarização do pós-guerra, vista como uma relação entre dois sistemas econômicos de poder paralelo. Os vários teóricos do sistema mundial insistiram sempre na existência de um só sistema econômico mundial, neste período, de caráter capitalista e sob hegemonia norte-americana. A evolução da economia soviética e do bloco de nações a ela mais ou menos ligadas não havia sido capaz de sair do contexto determinado pelo sistema mundial capitalista. Sempre se esperou que a agudização deste conflito na década de 80 destruiria o modelo de guerra fria que redefiniria as zonas geopolíticas mundiais. Neste sentido ver Dos Santos (1978 e 1993), Wallerstein (1979, 1984) e Frank (1980, 1981).

Os estudos do sistema-mundo se situaram como expressão teórica de um amplo debate sobre as transformações que ocorriam na economia e política mundial dos anos 70. Desde o fim de 1960, surgia uma ampla documentação empírica sobre as corporações multinacionais, sobre as novas direções da economia mundial e sobre a nova ordem econômica mundial proposta pelos não-alinhados nas Nações Unidas. Vários informes sobre a situação econômica mundial se sucederam expressando as várias correntes internacionais e, sobretudo a preocupação crescente com o meio-ambiente ameaçado[6].

6 Esta mudança em direção ao conceito de economia mundial também deu origem a uma literatura crescente sobre as corporações multinacionais e o surgimento de uma análise metodológica da economia mundial por instituições internacionais, sobretudo com a criação, em 1978, da publicação anual do Banco Mundial World Development Report. Na década de 70 se criaram também vários modelos de economia mundial, preparados por organizações internacionais, bem como a publicação, em 1973, de The State of the World, produzida pelo gabinete da presidência norte-americana:

Os estudos clássicos de Vernon nas décadas de 60 e 70 (Raymond Vernon, The Sovereignity in the Bay) são uma referência pioneira para o estudo das corporações multinacionais. Devemos considerar estas pesquisas como uma relevante antecipação da análise da economia mundial. As contribuições de Theotonio dos Santos sobre o tema estão resumidas nos livros Imperialismo y Corporaciones Multinationales, ed. PLA, Santiago, 1973, e Imperialismo y Dependencia, ed. Era, México, 1978. Veja também: "The Multinational Corporations: Cells of Contemporary Capitalism", in Laru Studies, n.6, Toronto, Canadá, 1978, "Big Capital and Structure of Power", "The New Tendencies of Foreign Investments in Latin America", in Petras and Zeitlin, eds, Latin America – Reform or Revolution, ed. Fawcett, Nova York, 1969.

O Centro das Nações Unidas para Corporações Transnacionais foi criado no início da década de 70 e publicou quatro informes gerais com dados empíricos substanciais sobre as corporações multinacionais e o desenvolvimento mundial:

1973 - Multinational Corporations and World Development

1978 - Transnational Corporations in World Development: A Reexamination

1983 - Transnational Corporations in World Development: Third Survey

1988 - Transnational Corporations in World Development: Trends and Propects

Em 1991 inicia-se a publicação do World Investment Report dedicado a The Triad in Foreign Direct Investment, e em 1992 Transnational Corporations as Engines of Growth. Estes estudos foram influenciados por uma visão mais sistemática do capitalismo mundial, que foi muito bem sintetizado por C.A.Michelet em seu livro Le Capitalisme Mondial, P.U.F., Paris, 1985. A partir de 1994 os World Investment Report foram entregues à responsabilidade da UNCTAD.

Veja também: W. Andreff, Les Multinationales, La Découverte, Paris, 1987 e Pierre Groa, Atlas Mondial des Multinationales e L'Espace des Multinationales, Récins-La Documentation Française, Paris, 1990.

A discussão em torno da nova ordem econômica mundial teve seu início devido à proposta do presidente Luis Echeverría da Carta de los Derechos y Deberes Económicos de los Estados, votada nas Nações Unidas em 1973. Posteriormente, em 1975, Boumediènne criou o termo "nova ordem mundial" no Encontro dos Não-Alinhados em Argel. Sob o impacto da crise do petróleo, os países do Terceiro Mundo avançaram consideravelmente no plano internacional com a criação da 'Década de Desenvolvimento', vetada pela Assembléia das Nações Unidas em 1969; com o desenvolvimento da UNCTAD; com o funcionamento do Movimento dos Não-Alinhados e o diálogo Norte-Sul. Vasta literatura foi produzida neste período sobre a 'Nova Ordem Econômica Mundial', que incluía o debate sobre a ecologia, despertado pelo encontro de Estocolmo em 1972. Esta literatura se apoiou principalmente num conjunto de informes internacionais:

Club of Rome, The Limits to Growth, Universe Books, Nova York, 1972;

What Now?, The Dag Hammarskjöid Report to the United Nations, Development Dialogue, 1-2, 1975;

Amilcar Herrera et al., Catastrophe or New Society? A Latin American World Model, IDRC, Ottawa, 1976;

Jean Timbergen (coordenador), Reshaping the International Order, RIO, Report to the Club of Rome, Dutton, Nova York, 1976;

W.Leontief, The Future of World Economy, Nações Unidas, 1977;

Willy Brand Commission Report, North-South: A Programme for Survival, Pan Books, Londres & Sidney, 1980;

The Global 2000 Report to the President of the US, Government Printing Office, Washington, D.C., 1980;

Willy Brand Commission Report, Common Crisis North-South: Cooperation for World Recovery, Pan Books, Londres & Sidney, 1983;

Willy Brand e Michael Mantley, Global Challenge, From Crisis to Cooperation: Breaking the North-South Stalemate, Report of the Socialist International Committee on Economic Policy, Pan Books, Londres & Sidney, 1985;

Olof Palme Commission Report, Common Security: A Program for Disarmament, Pan Books, Londres & Sidney, 1982;

Fidel Castro, The World Economic and Social Crisis, People's Publishing House, Delhi, 1983;

OCDE, Interfuctures, Paris, 1979;

Amilcar Herrera et al., Las Nuevas Tecnologías y el Futuro de América Latina; Siglo XXI, México, 1992.

O Desafio ao Sul - Relatório da Comissão Sul, ed. Afrontamento, 1990.

Durante as décadas de 70 e 80 a ideia de uma ordem mundial leva à criação de informes permanentes sobre a economia mundial:

Desde 1978 o Banco Mundial inicia uma publicação anual chamada World Development Report responsável pela análise de um ou dois temas centrais e publica, também anualmente, seu World Development Indicators.

Desde 1980 o Fundo Monetário Internacional publica seu World Economic Outlook anualmente até 1984, e tornando-se semestral posteriormente.

Desde 1986 as Nações Unidas publica o Report on the World Economy, baseado em informes regionais da Europa, América Latina, Ásia e África através de suas comissões regionais e de organizações especiais das Nações Unidas.

A UNCTAD tem mantido também seus informes anuais de grande valor crítico e excelente fonte estatística.

Em 1991 o UNDP inicia a publicação anual de Human Development Report.

Desde sua fundação em 1961, a OCDE estuda a economia mundial e publica o Economic Outlook, que abrange os seus países membros. A OCDE criou também um modelo econométrico mundial, o INTERLINK.

O WALRAS representa outro modelo multinacional que aplicou um modelo de equilíbrio geral para quantificar a economia internacional.

Durante este período foi criado um grande número de informes privados sobre a situação da economia mundial tais como, L'Etat du Monde, publicado desde 1981 pela editora La Découverte, Paris, e RAMSÉS - Rapport Annuel Mondial sur le Système Économique et les Stratégies, publicado desde 1981 pelo IFRI - Institut Français des Rélations Internationales, bem como The State of The World, da Worldwatch Institute Report, publicado desde 1984, sobre os progressos feitos no sentido de uma sociedade autossustentável.

Dentro desta perspectiva globalizadora[7] é necessário afirmar, sobretudo os seguintes elementos de uma nova síntese teórico-metodológica em processo:

7 A mudança conceitual mais importante relativa à economia mundial relaciona-se com a constituição de uma nova tradição teórica na década de 70, e principalmente na década de 80 baseada na categoria de sistema mundial.

Fernand Braudel desenvolveu seus conceitos de "économie-monde" no terceiro volume de Civilisation Matérielle, Économie et Capitalisme, sob o título Le Temps du Monde, Armand Colin, Paris, 1979. Immanuel Wallerstein apresentou suas ideias sobre sistema mundo em The Capitalist World Economy e The Politics of the World Economy, ambos publicados pela Maison des Sciences de l'Homme, 1979 e 1984. Ele também publicou a síntese de seus conceitos em Le Capitalisme Historique. Sua perspectiva histórica da formação de um sistema mundo está sendo publicada em vários volumes do seu Modern World System, Academic, New York, 1974, 1980 e 1989. As ideias de André Gunder Frank sobre o sistema mundo estão em "A Theoretical Introduction to 5000 years of World System History", in Review, Binghamton, vol. XIII, n.2, pp. 155-248, primavera 1990. Samir Amin, desde sua tentativa de articular um processo de acumulação mundial (1974), vem intervindo sistematicamente no debate. Ver, sobretudo, seus últimos trabalhos de 1993, 1993b, 1995, 1996, 1996ª. Um panorama bem amplo do debate sobre a mundialização do ponto de vista da Teoria do sistema mundial pode ser obtido através do Livro: Los Retos de La Globalización organizado por Francisco Segreras e editado pela UNESCO-Caracas, 1998.

Dois recentes debates metodológicos sobre o conceito de sistema mundo estão em: Olivier Dolphus, "Le Système Monde", in L'Information Géographique, 1992, nº 54, pp. 45-52, e Michel Beaud, "Sur la Connaissance de l'Économie Mondiale", Mimeo, Paris, 1990. Um ensaio sobre as políticas econômicas e como estas se relacionam com a ideia do sistema mundo estão em Kostas Vergopoulos, "Mondialisation et Dispersion", Université de Paris VIII, Mimeo, Paris, 1990. Octavio Lanni tentou uma sistematização no seu Teoria da Globalização, Vozes, 1994, Petrópolis.

Autores norte-americanos relacionam a teoria do capital monopólico de Sweezy e Baran e a escola da teoria da dependência como duas bases importantes da teoria do sistema mundo. Frank aceita esta relação em sua autobiografia. Deve-se destacar, sobretudo, a influência de Paul Baron com sua Economia Política do Crescimento.

A literatura sobre a globalização da economia mundial, o processo de regionalização e a integração regional cresceu em progressão geométrica nos últimos dez anos sendo por demais extensa para ser apresentada aqui. Gostaria de lembrar, no entanto, as instituições mais importantes para o desenvlvimento de uma nova linha teórica de abordagem da economia mundial nestes últimos anos:

O Fernand Braudel Center, de New York State University at Binghamton, é o mais importante centro de estudos do sistema mundial dentro do pensamento de Immanuel Wallerstein.

O CEPII (Centre d'Études, Perspectives et d'Informations Internationales), França, produz uma ampla análise da economia mundial, tendo inclusive seu próprio modelo econométrico.

O WIDER, na Finlândia, parte integrante da Universidade das Nações Unidas, produz um grande número de estudos sobre política econômica de acordo com uma abordagem em escala mundial.

O FAST, em Bruxelas, dedicava-se às previsões do desenvolvimento tecnológico em relação à economia mundial e à sociedade, tendo sido extinto em 1995.

O SPRU, em Sussex, dedica-se ao estudo das relações entre as mudanças tecnológicas e as 'ondas longas' de Kondratiev. Nesta mesma linha temos também o MERIT, Maastrich Economic Research Institute on Innovation and Technology, que não dá a mesma importância às ondas longas.

O Starnberg Institute, em Starnberg, é especializado no estudo da divisão internacional do trabalho, desenvolvimento e corporações transnacionais.

O OCDE Development Studies Center tem inúmeras pesquisas sobre economia--mundo e o papel dos países em desenvolvimento.

O GEMDEV, localizado na Universidade de Paris, reúne todos seus institutos de pesquisa sobre economia mundial e o terceiro mundo e estabeleceu uma Rede de Estudos do Sistema-Mundo.

O IMEMO – Instituto de Economia Mundial e Relações Internacionais da Academia de Ciências da Rússia é a mais antiga instituição dedicada à economia mundial.

O Instituto de Economia Mundial e seus vários Centros da Academia de Ciências Sociais da China é um novo e importante ponto de apoio de um enfoque global.

Um esforço antropológico-ecológico-teórico para produzir-se uma teoria global da civilização mundial foi feito por Tadao Umesao, que organiza, desde 1982, um simpósio anual sobre "A Civilização Japonesa e o Mundo Moderno" no Museu National de Etnologia que ele dirige em Osaka.

No Japão, o Institute of Developing Economies mantém um acompanhamento sistemático dos países em desenvolvimento, particularmente do Sudeste Asiático.

A Escola Francesa de Regulação está cada vez mais interessada na economia mundial. Seguindo a linha de François Perroux e Maurice Byé, Gerard Destanne de Bernis pretende realizar uma abordagem teórica para a economia mundial na forma da escola de regulação em seu tratado sobre Rélations Économiques Internationales, bem como suas pesquisas como diretor do ISMEA, em Paris.

Samir Amin dá seguimento às suas pesquisas sobre a África, bem como seu trabalho teórico sobre o sistema mundo, principalmente dentro do contexto do Third World Forum, no Cairo.

Em Cuba, o Centro de Investigaciones de la Economía Mundial, ligado ao comité Central do PC Cubano, vem produzindo um acompanhamento sistemático da economia mundial.

No México, várias instituições dedicam-se mais ou menos sistematicamente ao tema, como o Instituto de Investigaciones Económicas da UNAM, particularmente a equipe de pesquisa liderada por Ana Esther Ceceña, o Centro de Estudos Interdisciplinares, dirigido por Pablo Gonzales Casanova, o Centro de Estudos da Economia Mundial da Faculdade de Economia da Universidade Autónoma de Puebla e várias outras instituições.

1) A teoria social deve se desprender de sua extrema especialização e retomar a tradição das grandes teorias explicativas com o objetivo de reordenar o sistema de interpretação do mundo contemporâneo.

2) Esta reinterpretação deve superar sobretudo a ideia de que o modo de produção capitalista, surgido na Europa no século XVIII é a referência fundamental de uma nova sociedade mundial. Este fenômeno deve ser visto como um episódio localizado, parte de um processo histórico mais global que envolve a integração do conjunto das experiências civilizatórias numa nova civilização planetária, pluralista e não exclusivista, baseada na não subordinação do mundo a nenhuma sociedade determinada.

3) A formação e evolução do sistema mundial capitalista deve orientar a análise das experiências nacionais, regionais e locais buscando resgatar as dinâmicas históricas específicas como parte de um esforço conjunto da humanidade por superar a forma exploradora, expropriatória, concentradora e excludente em que este sistema evoluiu.

4) A análise deste processo histórico deve resgatar sua forma cíclica procurando situar os aspectos acumulativos no interior de seus limites estabelecidos pela evolução das forças produtivas, relações sociais de produção, justificativa ideológica destas relações e limites do conhecimento humano.

5) Neste sentido, a evolução da ciência social deve ser entendida como parte de um processo mais global da relação do homem com a natureza: a sua própria, a imediata, a ambiental e o cosmos, só aparentemente ausente da dinâmica da humanização. Isto é, ela deve ser entendida como um momento de um processo mais amplo de desenvolvimento da subjetividade humana, composta de indivíduos, classes sociais, etnias, gêneros, instituições e povos que estão construindo o futuro sempre aberto destas relações.

René Dreifuss criou um centro de Estudos Estratégicos na UFF que estuda detalhadamente não somente as estratégias globais como as instituições dedicadas a estudar e agir a nível mundial. Em A Internacional Capitalista – Estratégias e Táticas do Empresariado Transnacional – 1918 a 1986, ed. Espaço e Tempo, Rio de Janeiro, 1987, ele fez um levantamento histórico destas instituições – seu mais recente livro sobre a Globalização, editora Vozes, Rio, 1996, expressa o resultado deste trabalho.

O GREMIMT – Grupo de Estudos sobre a Economia Mundial, Integração Regional e Mercado de Trabalho, que dirijo na Faculdade de Economia da Universidade Federal Fluminense, busca consolidar meus estudos sobre o tema e desenvolve um

Referências Bibliográficas

Amin, Samir, Accumulation on a World Scale: A Critique of the Theory of Underdevelopment, Monthly Review Press, Nova York, 1974.

Amin, Samir, The Challenge of Globalization, Review International Political Economy, RIPE, Vol. 3, N. 2, Summer 1996, Routhedge, Londres, pp. 216-259.

Amin, Samir, La gestion capitaliste de la crise, L'Harmattan, Pris, 1995.

Amin, Samir et al, Mondialisation el accumulation, L'Harmattan, Paris, 1993.

Amin, Samir, Itinéraire intellectuel, Regards sur le demi siècle 1945-1990, L'Harmattan, Paris 1993, sobretudo: Cap. III (La Teoría de la Acumulación), Cap. VII (Critica del Sovietismo), Cap. VIII (La Regulación).

Amin, Samir, Les défis de la mondialisation, l' Harmattan, Paris, 1996, particularmente: Cap. V (Mundialización y cinanciación), conclusion (Retorno al tema de la transición socialista).

Apter, David E., Rethinking Development Modernization, Dependency and Postmodern Politics, Sage Publications, Londres, 1990.

Bagú, Sergio, "Dependencia y subdesarrolo en América Latina, comentarios",

Bambirra, Vania, Teoria de la Dependencia: Una Anticrítica, Era, México, 1978.

Bambirra, Vania, *El Capitalismo dependiente en América Latina,* Siglo XXI, México.

Bambirra, Vania, *La Revolución Cubana: Una reinterpretación,* Ed. Nuestro Tiempo, México, 1974.

Beaud, Michel, "*Sur la Connaissance de l'Économie Mondiale*", Mimeo, Paris, 1990.

Blomstrom, Magnus, Development Theory in Trasition, The Dependency Debate & Beyond; Third World Responses, Zed Books, Londres, 1984.

Blomstrom Magnus and Hettne Bjorn, La Teoría Del Desarrollo en Transicion, F.C.E., México, 1990.

Bodenheimer, Suzzane, "Dependency and Imperialism: The Roots of Latin American Underdevelopment". *NACLA Newsletter, 1970.*

Brand, Willy, Global Challenge, From Crisis to Cooperation; Breaking the North-South Stalemate, Report of the Socialist International Committee on Economic Policy, Pan Books, Londres & Sidney, 1985.

---

balanço anual da conjuntura mundial, ainda em maturação.

Foi criada, em 1998, uma Cátedra UNESCO e uma Rede de Estudos sobre a Economia Global, com o patrocínio da UNESCO e da Universidade das Nações Unidas, sob minha coordenação, que pretende gerar uma sinergia entre estas e outras instituições e pesquisadores voltados para o estudo do tema na expectativa de favorecer um salto de qualidade na análise do Sistema Mundial e seu futuro. .

Braudel, Fernand, "Économie-monde", no 3° volume de Civilisation Matérielle, Économic et Capitalisme, sob o título Le Temps du Monde, Armand Colin, Paris, 1979.

Camacho, Daniel, Debates sobre la Teoria da la Dependencia y la Sociologia Latinoamericana, EDUCA, San José, 1979.

Cardoso Fernando Henrique e Faleto Enzo, Dependência e Desenvolvimento na América Latia, Editora Paz e Terra, 1969.

Cardoso, F. H., Imperialismo e dependência, 1972, mimeo.

Castro, Josué, Geopolítica da Fome, *Editora Brasiliense, São Paulo,* 1951.

Castro, Fidel, The World Economic and Social Crisis, People's Publishing House, Delhi, 1983.

Chilcote, Ronald, Theories of Development and Underdevelopment, ed. Westview Press, Boulder and London, 1984.

Chilcote, Ronald, Dependency and Marxism; Toward a Revolution of the Debate, ed. Westview, Boulder and London, 1982.

Club of Rome, The Limits to Growtn, Universe Books, Nova York, 1972.

Comissão Sul, O Desafio do Sul, Edições Aprontamento, 1990.

Cueva, Agustín, "*Problemas y Perspectivas de la Teoria de la Dependencia*", CELA, UNAM.

Dos Santos, Theotonio, 1970, Dependencia y cambio social. Santiago: Centro de Estudios Socioeconómicos.

Dos Santos, Theotonio, La Crisis Norte-Americana y América Latina, ed. PLA, Santiago, 1970.

Dos Santos, Theotonio, "Structures of Dependency", The American Economic. Review, maio de 1970, New York, pgs. 231-36.

Dos Santos, Theotonio, "El Capitalismo Colonial según Andre Gundher Frank", Monthly Review, ediciones en Castellano, ano V, N. 52, novembro, 1972, Santiago do Chile.

Dos Santos, Theotonio, Imperialismo y Corporaciones Multinationales, ed. PLA, Santiago, 1973.

Dos Santos, Theotonio, Imperialismo y Dependencia, Era, México, 1978.

Dos Santos, Theotonio, La Revolución Histórica y la Crisis del Milagro Economico, México, D.F.: Editorial Nueva Imagem, 1978

Dos Santos, Theotonio, Forças Produtivas e Relações de Produção, Ed. Vozes, 1983.

Dos Santos, Theotonio, O Caminho Brasileiro para o Socialismo, Petrópolis: Vozes, 1986.

Dos Santos, Theotonio, 1991, Democracia e socialismo no capitalismo dependente. Petrópolis: Vozes.

Dos Santos, Theotonio, 1993[a], Economia mundial, integração regional e desenvolvimento sustentável. Petrópolis: Vozes.

Dos Santos, Theotonio, 1994[a], Economia mundial, integração regional e desenvolvimento sustentável. Petróplis: Vozes.

Dos Santos, Theotonio, 1994b, Revolução científico-técnica, divisão internacional do trabalho e sistema económico mundial. Cadernos ANGE: Vitória.

Dos Santos, Theotonio, 1995, A evolução histórica do Brasil: Da Colônia a crise da Nova República. Petrópolis: Vozes.

Dos Santos, Theotonio, "Os Fundamentos Teóricos do Governo Fernando Henrique Cardoso", Ciênciais & Letras. Porto Alegre, 1996.

Dos Santos, Theotonio, "América Latina: Democracia e Ajuste Estrutural", Anos 90, Porto Alegre, 1996-b.

Dreifuss, René, A Internacional Capitalista - Estratégias e Táticas do Empresariado Transnacional - 1918 a 1986, ed. Espaço e Tempo, Rio de Janeiro, 1987.

Duvall, Raymund et al., "A Formal Model of 'dependencia' theory: structure, measurement and some preliminary data", Edimburgh IPSA Congress of August 16-21, 1976.

Frank, André Gunder, El Desarollo del Subdesarrollo - Un Ensayo Autobiográfico, ed. Nueva Sociedad: Caracas, 1991.

Frank, André Gunder, "*A Theoretical Introduction to 5000 years of World System History*", in Review, Binghamton, vol. XIII, n. 2, pp 155-248, primavera, 1990.

Furtado, Celso, *O mito do desenvolvimento econômico.*

Furtado, Celso, Teoria e Política do Desenvolvimento Econômico, Editora Nacional, 1979.

Galtung, Johan, "A Structural Theory of Imperialism", Journal of Peace Research, 2, 1971, pp. 81-117.

Girvan, Norman, "*The Development of Dependency Economics in the Caribbean and Latin America: Review and Comparison*", Social and Economic Studies, XXII, março, 1973.

Herrera, Amilcar, Catastrophe or New Society? A Latin American World Model, IDRC, Ottawa, 1976.

Herrera, Amilcar, Las Nuevas Tecnologias y el Futuro de América Latina. Campinas, Unicamp, 1991.

Hettne, Bjorn, Development Theory and the Three Worlds, 1990.

Hettne, Bjorn e Blomström, Magnus, Development Theory in Trasition, The Dependency Debate & Beyond; Third World Reponses, Zed Books, Londres, 1984. Edição em espanhol por Siglo XXI, 1990.

Hunt, Economic Theories of Development, 1989.

IMEMO - Institute of World Economy and International Relations of the Science Academy, Developing Countries: Regularities, Tendencies and Perspectives, editado na Russia em 1978.

Kahl, Joseph A., Modernization Exploitation and Dependency in Latin America, New Brunswick, New Jersey, 1976.

Kay, Cristobal, Latin American Theories of Development and Underdevelopment, 1989.

Kaufman, Robert, "*A Preliminary Test of the Theory of Dependency*", Comparative Politics, VII, abril, 1975.

Lewis, Colin M., Latin America, Economic Imperialism and the State; The Political Economy of the External Connection from Independence to Present, The Athlone Press, Londres, 1985.

Maidánik, Kiva, El Proceso Revolucionário de America Latina visto desde la URSS, editora Taller, C. por A., Santo Domingo, República Dominicana, 1982.

Marini Ruy Mauro, Dialéctica de la dependencia, ERA, México, 1990, 10° edição (1° edição, 1973);

Muñoz, Heraldo, "*Cambio y Continuidad en el Debate sobre la Dependencia y el Imperialismo*", in Estudios Internacionales, outubro-dezembro, 1978.

Ngo Man Lan, Un real Grouth, Critical Studies in Asian Development, 2 vols., Hindustan Publishing Corporation, Delhi, 1984.

Número Especial sobre "Ciclos Longos". Review, vol. II N. 4, 1979.

O'Brien, Phillip, "*A Critique of Latin American Theories of Dependence*", in Oxgal et al., Beyond the Sociology of Development, Londres, 1975.

O Desafio ao Sul - Relatório da Comissão Sul, ed. Afrontamento, 1990.

Oman, Charles, The Postwar Evolution of Development Thinking, OECD Development Centre, Paris, 1991.

Palma, Gabriel, 1978, "Dependency: A Formal Theory of Underdeelopment or a Methodology for the Analysis of Concrete situations of Underdevelopment", World developmente 6, p. 881-894.

Peet, Richard, Global Capitalism - Theories of Societal Development, Routledge, Londres e Nova York, 1991.

Portantiero, Juan Carlos, "O Marxismo Latino-americano" in History of Marxism, dirigida por Eric J. Hobsbawn, volume.

Prebisch, Raul, Capitalismo Periférico, Crisis y Transformación, Fondo de Cultura Económica, México, 1990.

Semo, Enrique, La Crisis Actual del Capitalismo, ed. De Cultura Popular, México, 1975.

So, Alvin Y., Social Change and Development, Modernization, Dependency and World System Theories, Sage Library of Social Research, Londres, 1990.

Sunkel Oswaldo, "*Capitalismo Transnacional e Desintegração Nacional na*

América Latina", Social and Economic Studies, University of West Indies, 22-1, 1973.

Timbergen, Jean (coordenador), Reshaping the Internacional Order, Rio, Report to the Club of Rome, Dutton, Nova York, 1976.

Todaro, M.P., Economic Development in the Third World, Longman, Londres, 1977.

Tuomi, Helena, "Denpendency Models in Westesn Development Research", in Dependency & Latin American Development, Seminar ou Latin America: A Report, Eeva-Luisa Myllimäkí e Brett Dellinger, ed. Rauhaan Tutkien, Finish Peace Research Association, 1977.

Wallerstein, Immanuel, The Capitalist World Economy, publicado pela Maison des Sciences de I'Homme, 1979.

Wallerstein, Immanuel, The Politics of the World Economy, publicado pela Maison des Sciences de I'Homme, 1984.

Wallerstein, Immanuel, Modern World System, Academic, New York, Vol. I, 1974

Wallerstein, Immanuel, Modern World System, Academic, New York, Vol. II 1980.

Wallerstein, Immanuel, Modern World System, Academic, New York, Vol. III, 1989.

Wignajara, Ganeshan, The Postwar Evolution of Development Thinking, OECD Development Centre, Paris, 1991.

W. Andreff, Les Multinationales, La Découverte, Paris, 1987.

W. Leontief, The Future of World Economy, Nações Unidas, 1977.

Capítulo 8

A TEORIA DO SISTEMA-MUNDO: IMMANUEL WALLERSTEIN NA ECONOMIA POLÍTICA INTERNACIONAL

Bruna Coelho Jaeger[1]
Tiago Nasser Appel[2]

Introdução

A Economia Política Internacional (EPI) surge enquanto vertente analítica nos anos 1970 como resposta aos desafios impostos pelas mudanças no Sistema Internacional, em especial àqueles enfrentados pela política externa dos Estados Unidos (STRANGE, 1988; FIORI, 2005; WOODS, 2008; WALTER; SEN, 2010). A Segunda Guerra Mundial e a Guerra Fria ampliaram o escopo dos temas analisados no âmbito das relações internacionais. Temas como guerra, paz e segurança foram aprofundados e se tornaram o centro da disciplina. Entretanto, mesmo que distintas taxonomias do poder, como em Carr (1939), Morgenthau (1948), Raymond Aron (1966) ou mesmo Kenneth Waltz (1979), incorporem poder econômico como um componente importante do poder nacional, as questões relativas à economia internacional foram historicamente negligenciadas nos estudos de relações internacionais até a década de 1970 (STRANGE, 1970).

---

1 Doutora em Economia Política Internacional (UFRJ), mestra em Estudos Estratégicos Internacionais (UFRGS) e graduada em Relações Internacionais (UFRGS). Atualmente, atua como professora do curso de Relações Internacionais no Centro Universitário Lasalle do Rio de Janeiro (UniLasalle-RJ).

2 Doutor em Economia Política Internacional (UFRJ). Atualmente, atua como professor do curso de Relações Internacionais no Centro Universitário Lasalle do Rio de Janeiro (UniLasalle-RJ).

Esse quadro passa a ser contestado em virtude dos diversos desdobramentos que afetaram a política internacional na década de 1970. Diante dos efeitos da ruptura do padrão dólar-ouro, das crises do petróleo e da alegada crise da hegemonia americana, Susan Strange (1970), uma das fundadoras da EPI, alerta quanto à necessidade de incorporação da economia na análise da ordem internacional, tendo em vista a perspectiva de diminuição relativa do peso do Estado-nação enquanto ator global em detrimento do mercado.

Paralelamente a este debate dentro da EPI, se desenvolveu uma corrente neomarxista a partir do conceito de sistema-mundo, cujo principal expoente foi Immanuel Wallerstein (1930-2019). Preocupado com as disparidades econômicas entre as diversas zonas geográficas, as imposições dos países colonizadores aos colonizados, e a apropriação do excedente em uma rede desigual de centro e periferia, Wallerstein lança em 1974 a obra "O Moderno Sistema-Mundo", uma inovadora interpretação sobre o capitalismo e os ciclos hegemônicos que o caracterizaram como a única economia-mundo estável da história humana, mas nem por isso desprovida de contradições.

Influenciado pela tradição marxista, pela ideia de "longa duração" do historiador francês Fernand Braudel, pela tese "centro-periferia" do economista argentino Raúl Prebisch, pela teoria da dependência de Gunder Frank, entre outras abordagens críticas (VELÁZQUEZ, 2020), Wallerstein realizou uma grande revolução epistemológica na forma de compreensão dos processos históricos, construindo uma totalidade de longa duração e escala no interior da qual conceitos como hegemonia, acumulação, mercado, Estado-nação, entre outros, fazem mais sentido.

Como veremos ao longo deste capítulo, a teoria de Wallerstein contribui para as Relações Internacionais e para a EPI, em particular, ao combinar as dimensões políticas e econômicas do sistema internacional de forma orgânica, ao fornecer uma explicação consistente para as históricas assimetrias de poder e riqueza entre os Estados, e ao fornecer novas explicações para os ciclos hegemônicos e a alegada crise da hegemonia dos Estados Unidos.

Este capítulo está dividido da seguinte forma: na primeira seção apresentamos os debates fundadores da disciplina de EPI, em torno do diagnóstico, à época, de crise da hegemonia norte-americana. Na segunda seção, apresentamos brevemente a vertente marxista da EPI, da qual Wallerstein faz parte. Em seguida, introduzimos ao leitor conceitos fundamentais da obra de Wallerstein, como sistemas-mundo, impérios-mundo e economias-mundo. Na quarta seção, explicamos em detalhes o que o autor entende por centro, periferia e semiperiferia. Já na quinta e penúltima seção apresentamos as contribuições de Wallerstein para o debate em torno dos ciclos hegemônicos. Por fim, concluímos.

1. A Economia Política Internacional: do debate clássico aos neomarxistas

De acordo com Robert Cox (1981), a EPI anglo-saxã nasce das crises da década como uma *Problem-solving theory*[3]. A primeira agenda de pesquisa da EPI foi o suposto declínio da supremacia global dos EUA, a partir de teorias sobre as "hegemonias mundiais" e análises sobre a "ascensão e queda das grandes potências". Ou seja, a EPI surge de um diagnóstico, de uma crise econômica e política de dimensão internacional, que poderia levar a uma conjuntura similar à década de 1930, pós-crise de 1929, a qual culminou na ascensão do nazifascismo e na Segunda Guerra Mundial (FIORI, 2000). A análise acerca do comportamento do hegêmona e da hierarquia que estrutura o Sistema Internacional encontra duas respostas principais na EPI, a Teoria da estabilidade hegemônica e a Teoria do poder estrutural.

Charles Kindleberger (1973), na obra "*The World in Depression (1929-1939)*" aborda o contexto pós-Primeira Guerra Mundial, no qual

3 Segundo Cox (1981), uma teoria pode servir a dois propósitos diferentes. De um lado, pode funcionar, de modo simples, como uma resposta direta, uma espécie de guia capaz de auxiliar a resolver problemas a partir das perspectivas que moldaram o ponto de partida da análise em questão. A esse modelo corresponde a "*Problem-solving theory*", ou teoria de solução de problemas. Essa perspectiva teórica avalia o mundo tal como o encontra, com as hierarquizações sociais e políticas derivadas das históricas disputas por poder, como a estrutura que condiciona o comportamento das unidades. O objetivo desse perfil de perspectiva teórica é contribuir com as discussões sobre como o sistema pode funcionar de modo mais eficiente e como os atores podem lidar com eventuais problemas que apareçam. As teorias clássicas das RI, tais como o realismo e o liberalismo, se enquadram como uma Teoria de Solução de Problemas. De outro lado, entretanto, existem perspectivas teóricas mais reflexivas quanto à teorização em si. A essas correspondem às Teorias Críticas. Essas perspectivas teóricas preocupam-se em questionar como as estruturas sociais e políticas são formadas e não partem de categorias analíticas dadas. Ou seja, os parâmetros das ações das unidades, que para a Teoria de Solução de Problemas já estão estabelecidos, para a Teoria Crítica também são objeto de análise e reflexão teórica.

a Inglaterra, segundo o autor, deixa de exercer um papel estabilizador de hegêmona. Essa conjuntura se soma a uma política externa isolacionista por parte dos EUA, que optaram por se afastar da governança global. Segundo o autor, esse vácuo de poder teria levado à crise de 1930 e à Segunda Guerra Mundial. Gilpin (1975) e Krasner (1976) desenvolveram essa tese, formando um corpo de ideias que Keohane (1984) definiu como "teoria da estabilidade hegemônica": "na ausência de uma potência liberal dominante, a cooperação econômica internacional mostrou-se extremamente difícil de ser alcançada" (GILPIN, 1987, p. 88). A preocupação comum central entre esses autores era a restauração de uma ordem internacional liberal e estável, que só poderia ser alcançada sob a hegemonia dos EUA. Para Gilpin (1975) e Kindleberger (1973), teóricos da estabilidade hegemônica, a hegemonia estaria fundamentada em capacidades materiais através do controle sobre recursos estratégicos, investimento, tecnologia, armas, informação e acesso aos mercados internacionais.

De modo oposto, para os estruturalistas, como Susan Strange (1988), a hegemonia seria definida pelo controle do "poder estrutural", o qual está assentado em quatro pilares: segurança, produção, crédito e conhecimento. É esse controle que dotaria à hegemonia a capacidade de organizar as estruturas do sistema econômico e político global. Por essa mesma perspectiva, não haveria necessidade de existência de um poder hegemônico para estabilidade do sistema internacional.

O equilíbrio de poder seria mais efetivo em controlar as arbitrariedades e imposições de uma autoridade hegemônica, balizando as relações interestatais. Susan Strange (1988) cria o termo "poder estrutural" para definir o tipo de influência que os EUA exercem no sistema, dada sua supremacia política, militar, ideológica e, principalmente, econômica, tendo o dólar como principal moeda na economia mundial. A autora afirma que é através deste poder estrutural que os EUA se mantêm no topo da hierarquia do sistema, controlando os regimes e instituições de acordo com seus próprios interesses expansivos.

Susan Strange (1987), dessa forma, empreendeu uma crítica à teoria da estabilidade hegemônica, ao mostrar que as crises do sistema internacional foram causadas principalmente pelos fatores internos concernentes à economia e à sociedade do país hegemônico, e menos devido à contestação dos demais países que compõem o sistema. Nesse sentido, "demonstra historicamente que na maioria dos casos o comportamento dos países hegemônicos se orientou pelos seus próprios interesses nacionais, por vezes transformando-se mais em obstáculo do que em condição de estabilidade internacional" (FIORI, 2005, p. 62).

Para Gilpin (2001) um hegêmona é uma condição necessária, mas não unicamente suficiente, para o estabelecimento e manutenção de uma ordem econômica liberal no sistema internacional. O autor baseia-se na Teoria dos Cartéis, a partir de Eichengreen (1995), que foi criada para explicar por que um hegêmona teria interesse em facilitar a cooperação em âmbito internacional. O autor apoia-se no exemplo dos cartéis para argumentar que se torna muito mais fácil manter um cartel (ou uma cooperação em determinada área de interesse) quando há uma figura dominante que força os demais a permanecerem cooperando e cumprindo as regras pré-estabelecidas. Na ausência dessa potência dominante, é muito provável que outros atores passem a disputar o papel de organizar o sistema, aumentando o potencial de conflito (GILPIN, 2001; EICHENGREEN, 1995).

Dessa forma, Kindleberger (1973) e Gilpin (1987; 2001) notam que os regimes econômicos seriam incapazes de funcionar sem uma liderança forte ou um hegêmona, pois seria o constrangimento causado pelo hegêmona que compeliria os Estados à cooperação e preveniria o descumprimento de suas normas. Com efeito, segundo Kindleberger (1973, p. 304), cuja tese tinha uma natureza claramente normativa, o bom funcionamento de "uma economia liberal mundial necessita de um só país estabilizador".

O autor estabelece algumas funções essenciais que um hegêmona deve desenvolver para que o sistema econômico liberal siga em pleno funcionamento: (1) manter os fluxos de capital para os países subdesenvolvidos; (2) controlar as taxas de comércio e de câmbio, pelo menos das principais divisas; e (3) estabelecer arranjos macroeconômicos que abarquem todos os Estados envolvidos (KINDLEBERGER, 1973). Seria necessário, portanto, a coordenação de um país sobre o sistema internacional, que provesse "bens públicos" essenciais ao seu desempenho, tais como uma moeda internacional que garantisse o livre-comércio e a coordenação das políticas econômicas (FIORI, 2005). Além disso, em tempos de crise, o hegêmona deveria abrir seus mercados e servir como reserva na falta de suprimentos e ter capacidade para reerguer a economia mundial em caso de uma crise financeira global. Na ausência de um líder com estas capacidades, os efeitos de uma crise poderiam ser muito mais duradouros, conforme Kindleberger (1973).

Nessa linha, Gilpin (2001) cita o exemplo da Grande Depressão para explicar que seus efeitos só alcançaram as proporções que tiveram, porque não havia no momento uma potência forte o suficiente para reerguer o sistema econômico mundial. No entanto, vale ressaltar que, segundo Kindleberger (1973), embora o hegêmona tenha esse papel, não quer dizer que irá exercê-lo benevolentemente ou altruisticamente; o mais provável é que use dessa sua posição como ferramenta de pressão para atingir seus interesses políticos, econômicos e até mesmo militares através do respectivo regime.

Susan Strange (1982) tece uma das principais críticas à teoria dos regimes internacionais[4], apontando que esta perspectiva teórica seria (no ponto mais positivo) uma moda passageira dos anos 1970, e (no ponto mais negativo) um mecanismo que tinha a função de apenas reafirmar e legitimar a dominação dos EUA sobre a economia mundial. Strange afirma isso com o argumento de que mesmo com seu alcance supranacional, os regimes nunca tiveram caráter neutro, e sim, foram criados em favor dos EUA, sejam em termos políticos, econômicos, ideológicos e/ou diplomáticos, e só têm a força que têm graças aos interesses e esforços empenhados pela potência hegemônica em disseminar estes regimes no ambiente internacional. Afirma ainda que grande parte dos problemas econômicos contra os quais os Estados lutam, e para os quais os regimes foram a "solução", são originados justamente nas práticas econômicas predatórias da ordem estabelecidas pelo centro hegemônico.

4 Segundo Haggard e Simmons (1987), a Teoria de Regimes tentou contribuir para o debate sobre instituições internacionais e governança definindo um foco que não era tão amplo quanto a estrutura internacional, nem tão estreito quanto o estudo de organizações/instituições formais. Os teóricos dos regimes assumiram que os padrões de ação do Estado são influenciados por normas, mas que esse comportamento era totalmente convergente com a busca de interesses nacionais. A literatura sobre regimes pode ser vista como uma tentativa de aproximar as tradições idealistas e realistas. Stephen Krasner (1982, p. 186) buscou encontrar um balanço entre "ordem" e compromissos explícitos. Mais do que isso, o autor enfatiza a dimensão normativa da política internacional. Desse modo, Krasner define um regime como "princípios implícitos ou explícitos, normas, regras e procedimentos de tomada de decisão em torno dos quais as expectativas dos atores convergem em uma determinada área das relações internacionais".

A autora critica também a postura muitas vezes parcial dos regimes, que condena práticas como *dumping* e quebra de patentes de propriedade intelectual em quaisquer outros países, mas permite que os EUA as façam sem quaisquer punições[5]. Nesse sentido, segundo a mesma autora, o problema é justamente a ausência de punições a determinados Estados que os descumprem, tornando sua efetividade e existência perfeitamente contestáveis.

No debate da EPI sobre "governança global", portanto, alinharam-se de um lado os realistas ou neorrealistas, que deram início às análises. Pertencentes a esse grupo, Gilpin e Kindleberger discutiram a origem dos Estados hegemônicos. O poder, nessa perspectiva, estaria assentado em capacidades materiais e no controle sobre matérias-primas estratégicas, investimentos, tecnologias, armas e informações. Susan Strange dialoga com essa leitura sobre o poder, reconhecendo a existência de "poderes estruturais globais", cujo controle das potências dominantes permitiria a indução do comportamento dos demais países do sistema sem a necessidade de uso da força.

Já o grupo de autores marxistas ou neomarxistas[6], como Arrighi (1994) e Wallerstein (1974), analisa a história do sistema mundial dos últimos quinhentos anos, concluindo que o elevado grau de competição entre os Estados – especialmente na Europa – somente não engendrou em um caos político e econômico irreversível devido ao comando das suces-

5 Dentre os regimes que se incluem na crítica acerca da assimetria, pode-se incluir o regime de não-proliferação nuclear, materializado através do Tratado de Não-Proliferação Nuclear (TNP). A perspectiva que permeou a estruturação do TNP esteve assentada no congelamento de poder e na definição de um tratado que atribuiu a uns Estados o rótulo de responsáveis, enquanto a outros se impossibilitou o mesmo acesso a tais tipo de artefatos. Independente da discussão sobre o uso ou não de armas nucleares e seus impactos no Sistema Internacional, o regime de não-proliferação é vertebrado a partir de uma perspectiva assimétrica. Assim, corrobora a crítica de Susan Strange.

6 O termo "neomarxismo" é utilizado nas Ciências Sociais para tratar de análises que derivam do pensamento de Karl Marx, mas incluem complementos teóricos, ou incorporam aspectos de outras tradições intelectuais. Em uma perspectiva mais fluida, pertencem a esse campo escolas como a do capital monopolista, os teóricos da dependência e pensadores do Sistema-Mundo. No caso das Relações Internacionais, autores como Robert Cox e Andrew Linklater são expoentes da vertente neomarxista, através da Teoria Crítica – perspectiva teórica que absorve perspectivas marxistas e da Teoria Crítica (CASTRO, 2012; OXFORD, 2021).

sivas potências hegemônicas que foram capazes de organizar e governar o funcionamento desse sistema formado na Europa no século XVI[7].

1.1 A ampliação do debate para o neomarxismo

Nos anos 1980, portanto, o campo se estendeu, englobando autores e autoras fora do *mainstream* que havia desenvolvido uma EPI caracterizada por um "imediatismo pragmático inicial" (FIORI, 2000, p. 208). A nova agenda de pesquisa passou a focar na análise sobre o "ciclo vital" das grandes potências, de forma histórica e comparada. A pergunta que guiava esse novo momento da EPI estava assentada sobre a capacidade desse grupo de países centrais em impor sua hegemonia política e econômica. Nesse sentido, o que havia nascido como um campo que buscava responder a um problema imediato, passou a formar um corpo teórico mais consolidado e ambicioso, visando "esclarecer o processo de nascimento, estabilização e declínio das sucessivas 'ordens político-econômicas mundiais' e explicar por que alguns países conseguem impor e depois perder a supremacia mundial" (FIORI, 2000, p. 208).[8]

Robert Cox (1981) inaugurou a corrente neomarxista da EPI. Cox (1981) baseou suas análises na formação e crises das ordens mundiais, com foco nas dinâmicas interestatais, mas também nos processos de internacionalização da produção, das relações de classe e das estruturas de poder. Para Cox, a novidade da conjuntura pós-Segunda Guerra Mundial era o fato de que os EUA não exerceriam um poder hegemônico como fora a Inglaterra no século XIX, mas sim, um sistema imperial. Segundo Silva (2005, s/p), "cada contexto histórico produzirá uma confi-

7 Arrighi (2003, p. 13) apresentou a discussão do seguinte modo: "Em uma crítica desse uso anacrônico do termo, enfatizei como o estabelecimento da hegemonia dos Estados Unidos depois da Segunda Guerra Mundial erodiu o verdadeiro *explicandum* das teorias clássicas do imperialismo, qual seja, a tendência de a competição intercapitalista transformar-se num estado aberto e generalizado de guerra. A crescente tendência de os processos de acumulação de capital organizarem-se em corporações multinacionais solapou o caráter isolado e mutuamente exclusivo dos estados-nação que as teorias clássicas do imperialismo tinham como premissa. Longe de conduzir os estados capitalistas avançados a um processo de guerra aberta e generalizada, pode-se esperar que essa tendência os conduza rumo ao que o fundador das teorias liberais do imperialismo, John Hobson, chamou de 'federação experimental e progressiva'. "

8 Por exemplo: Keohane, em "After Hegemony: cooperation and discord in the world political economy" (1984) e Kennedy, em "The rise and fall of the great powers" (1988).

guração específica das forças sociais, dos Estados, e da interrelação entre eles que repercutirá como uma ordem mundial particular". Em uma ordem hegemônica, que são estruturas históricas, três categorias de forças interagem entre si: instituições, ideias e capacidades materiais (COX, 1986), incorporando ao debate a visão gramsciana de hegemonia.

O conceito de hegemonia em Gramsci retoma alguns dos elementos centrais na obra de Marx, bem como a linha de continuidade do pensamento e da prática de Lênin. De modo geral, Gramsci trata hegemonia como a capacidade de unificar por meio da ideologia e de manter unido um bloco social que não é homogêneo e que, mais do que isso, é marcado por profundas contradições de classe. Uma classe configura-se como hegemônica, dirigente e dominante até o momento no qual, através de sua ação política, ideológica, cultural, logra manter articulado um grupo de forças heterogêneas, impedindo que o contraste existente entre tais forças irrompa e ocasione, assim, uma crise na hegemonia dominante, o que levaria à recusa de tal ideologia.. Fato este que irá coincidir com as crises políticas no poder. Por essa razão, a manipulação cultural (ideologia, crenças, valores etc.) serve como elo do tecido social (GRUPPI, 1980).

Semelhante a Cox, Giovanni Arrighi (1994), autor da EPI neomarxista e também com influências de Gramsci, define a hegemonia através de três fatores que a compõem de forma interligada e simultânea: os meios de pagamento, ou seja, o capital; o consentimento, traduzido através da liderança moral; e a coerção, que implica o uso da força ou uma ameaça digna de crédito. Nota-se que, para ambos os autores, a hegemonia envolve tanto questões materiais quanto ideacionais.

Wallerstein (1982) e Arrighi (1982) trouxeram outras contribuições à vertente neomarxista da EPI. Segundo Arrighi (1982; 1994; 2003), o sistema-mundo foi o grande responsável pelo milagre capitalista da Europa, cuja origem histórica fez coincidir, com seus dinamismos e contradições, uma economia-mundo capitalista em expansão global e uma superestrutura propícia, com Estados-nacionais independentes e competitivos, em constante busca pela acumulação de capital. Essa disputa constante por riquezas e poder – que já resguardava praticamente o mesmo sentido – leva as unidades interestatais a um estado de guerra permanente, impulsionada pelas assimetrias na distribuição do capital dentro do sistema. Para Arrighi, a completa ruína do sistema, na forma de um eventual caos político e econômico causado por essa conflitividade ininterrupta, só não ocorreu devido à ação de quatro grandes agentes econômicos, que foram capazes de organizar seu funcionamento hierarquicamente: no século XVI, Gênova; no século XVII, as Províncias Unidas; no século XIX, a Grã-Bretanha; no século XX, os Estados Unidos.

Embora tenham tido relativo sucesso em estabilizar o sistema, as hegemonias não foram capazes de eliminar os conflitos e a competição entre os Estados. Por conta disso, de maneira cíclica, o sistema incorre em grandes crises e períodos de transição – momentos de reorganização da base produtiva e substituição do líder hegemônico. Sobre esse ponto, Arrighi identifica três sintomas da crise, que, apesar de independentes, estão relacionados entre si: "a intensificação da competição interestatal e interempresarial, a escalada global dos conflitos sociais e o surgimento intersticial de novas configurações de poder" (ARRIGHI, 2001, p. 38).

A convergência desses sintomas leva à ruptura hegemônica e surgimento de uma nova, uma vez que o caos sistêmico se soma à fragilidade do antigo Estado hegemônico e à reorganização de forças. A guerra permanente entre os Estados só não se tornou um caos incontornável devido à ação do agente hegemônico, responsável por organizar o funcionamento do sistema: "Essa supremacia seria cíclica, alternando momentos de auge e decadência, a qual seria marcada eminentemente pela desmedida expansão financeira e pela consequente crise de superprodução" (OSÓRIO, 2010, p. 1-2).

Wallerstein (1974) contribui com uma abordagem teórica sobre o sistema-mundo moderno como uma estrutura que admite uma hierarquia – essa dividida em centro, periferia e semiperiferia –, abrangendo duas esferas conectadas entre si: a economia-mundo capitalista, erguida sobre a divisão internacional do trabalho, e o sistema interestatal, apoiado na competição. As transformações que o mundo passou a partir da década de 1970 seriam a prova do iminente fracasso do sistema-mundo anglo-saxão. O autor adota a mesma premissa de Arrighi, entendendo o sistema-mundo capitalista como um sistema em expansão contínua. A grande novidade de Wallerstein (1974) é a divisão sistêmica entre centro, periferia e semiperiferia, que veio a ser amplamente utilizada em estudos sobre países emergentes. Esse esquema de Wallerstein é, resumidamente, uma ilustração na qual os países centrais estão em disputa econômica e militar constante, competindo pela exploração dos países periféricos e permitindo, conforme a conveniência, que alguns países – a semiperiferia – sejam mediadores dessas tensões.

2 Introdução ao pensamento de Immanuel Wallerstein

A abordagem conhecida como análise dos sistemas-mundo, de autoria do pensador norte-americano Immanuel Wallerstein (1930-2019), é uma filha de seu tempo. Desenvolvida ao longo dos anos 1970, esta abordagem deve ser primeiramente entendida como uma resposta crítica à chamada Teoria da Modernização, dominante nos departamentos de economia e ciências sociais da Europa e dos Estados Unidos nos anos 1950 e 1960 (WALLERSTEIN, 1998). A Teoria da Modernização argumentava que todas as sociedades passavam pelos mesmos estágios determinados até chegar à modernidade, isto é, à condição de sociedades desenvolvidas. Sua unidade de análise era o Estado, na forma de um membro soberano da comunidade internacional, ou na forma de uma colônia destinada a tornar-se um Estado soberano.

À primeira vista, eram grandes as vantagens epistemológicas da Teoria da Modernização. Com base nela, todas as sociedades poderiam chegar ao desenvolvimento e à modernidade, contanto que adotassem as políticas e instrumentos "corretos", apreendidos pela história daqueles países já industrializados. Mas esta teoria também tinha limitações, a primeira sendo a premissa de que cada Estado operava autonomamente e não era afetado por fatores externos às suas fronteiras. Outra limitação diz respeito à incapacidade de seus defensores demonstrarem empiricamente a existência de estágios bem estabelecidos de desenvolvimento (WALLERSTEIN, 1998).

A análise dos sistemas-mundo partiu da crítica à teoria dominante na época para propor quatro "giros" epistemológicos (WALLERSTEIN, 1998, p. 106-107). O primeiro era a *globalidade*, que defendia que todas as partes do sistema-mundo precisavam ser analisadas em conjunto, que era impossível, por exemplo, compreender os Estados fora das suas ligações com o todo. O segundo era a *historicidade*, que dizia que se os processos relevantes eram sistêmicos, a história de todo o sistema – em oposição à história de suas subunidades, escrita de forma comparativa – deveria ser levada em consideração. O terceiro e o quarto, a *unidisciplinaridade* e o *holismo*, advogavam que estes processos históricos tinham que ser estudados com o auxílio do conhecimento econômico, político e sociocultural, mas que estas próprias divisões acadêmicas, herdadas do século XIX, precisavam ser abandonadas em prol de uma nova ciência social.

Assim, para Wallerstein impõe-se a necessidade de derivar conceitos e instituições menos abrangentes, como classe, Estado, crescimento econômico, guerras, nacionalismo, liberalismo etc., da totalidade sistêmica que lhes confere seus atributos e contornos mais decisivos (ACCO, 2018). Wallerstein chamou a totalidade sistêmica que governa e condiciona estes fatores menos abrangentes desde 1500 de economia-mundo capitalista e dedicou quatro grandes volumes à exploração da evolução deste sistema, das suas origens até o século XX. O hífen em economia-mundo e conceitos correlatos é importante porque ele significa a emergência de um sistema socioeconômico histórico que transcende fronteiras políticas de Estados e Impérios (AGNEW, 2020).

No primeiro trabalho, Wallerstein (1974) focou no surgimento das cadeias mercantis de longa distância na economia-mundo europeia do século XVI. O segundo volume (WALLERSTEIN, 1980) tratou do mercantilismo e da consolidação da economia-mundo entre 1600 e 1750, o terceiro da sua expansão até 1850 (WALLERSTEIN, 1988), e o último concentrou-se em explicar a ideologia liberal dominante do "longo século XIX", entre 1789 e 1914 (WALLERSTEIN, 2011).

Para diferenciar a economia-mundo capitalista de outras totalidades sistêmicas, Wallerstein argumenta (1979a) que ao longo da história humana teriam existido outras modalidades de sistema. Os sistemas mais antigos e simples foram por ele denominados de minissistemas, caracterizados pela limitada divisão do trabalho articulada principalmente pelo princípio da reciprocidade, não pelas trocas de mercado. Os limites físicos destas sociedades de caçadores-coletores e horticultores eram bastante limitados e suas fronteiras econômicas coincidiam com as políticas e culturais. Além disso, estes sistemas normalmente tinham uma vida histórica relativamente curta, desaparecendo após crises climáticas, guerras ou incorporação a sistemas maiores.

Estes sistemas em que a divisão do trabalho não se restringe a uma única unidade cultural foram denominados de sistemas-mundo. Sistemas-mundo não porque eles abarcavam a totalidade do mundo conhecido em determinada época histórica, mas porque eles eram expansivos por natureza e ensejavam um lugar no espaço e tempo maior do que os minissistemas.

Quando os sistemas-mundo tinham apenas um centro político unificado, como as grandes civilizações da China, Egito e Roma, eles eram denominados de impérios-mundo. Estes sistemas abarcavam diferentes culturas, línguas e religiões dentro das fronteiras do mesmo império, e podiam contar com algumas redes de comércio conectando os seus principais centros urbanos, mas segundo Wallerstein (1979a, p. 156), nestes sistemas a maior parte do excedente econômico não era livremente trocado no mercado – restrito principalmente a bens de luxo –, mas era transferido de produtores para administradores através de um sofisticado sistema tributário. Nos impérios-mundo, as desigualdades entre a classe produtora e administradora eram enormes, mas os governantes tinham interesse em prevenir a fome e a destituição extrema dos seus súditos, desta forma tornando o sistema muito mais estável do que os minissistemas predecessores.

Já as economias-mundo são um tipo de sistema fundamentalmente diferente dos impérios-mundo (WALLERSTEIN, 1979a, p. 159). Nas economias-mundo, a divisão do trabalho também perpassa diferentes grupos culturais, mas com a diferença-chave de que nelas não há uma única estrutura política dominante que regula esta divisão do trabalho. Desta forma, nas economias-mundo, o excedente econômico só pode ser redistribuído pelo mercado. É neste sentido que as economias-mundo são também fundamentalmente economias-mundo capitalistas.

Na definição de Wallerstein, o capitalismo é um "modo de produção visando a obtenção de lucros no mercado" (WALLERSTEIN, 2000a, p. 84). Os leitores afeitos à literatura marxista perceberão que esta perspectiva difere da abordagem marxista ortodoxa, que considera que o capitalismo é sobretudo um modo de produção marcado pela generalização da forma assalariada do trabalho. Esta diferença conceitual não é sutil, pois enquanto os marxistas ortodoxos (BRENNER, 1977; WOOD, 1999) vão enxergar a origem do capitalismo na Inglaterra oitocentista, nos movimentos de cercamentos dos campos que vão produzir uma massa de camponeses desprovidos de meios de produção; para a análise dos sistemas-mundo, o feudalismo tardio da Europa Oriental, o comércio atlântico de escravos, a mineração de prata no Peru, e a colonização holandesa da Ásia já eram fundamentalmente capitalistas, muito antes que os operários britânicos começaram a trabalhar nas fábricas da revolução industrial (BABONES, 2015).

Com isso, Wallerstein não quer dizer que qualquer produção para o mercado configura uma relação capitalista. Para ele (2004, p. 23-24), o capitalismo não é a mera existência de pessoas ou firmas produzindo para o mercado em busca de lucro, pois estes empreendimentos sempre existiram, mesmo que em escala reduzida. Tampouco é a existência de mão de obra assalariada, que *contra* Marx, igualmente não é o principal elemento de um sistema capitalista, que também pode conviver com o trabalho escravo ou servil. Para Wallerstein (2004, p. 24), "estamos em um sistema capitalista apenas quando este sistema dá prioridade para a *contínua* acumulação de capital", no sentido de que existem mecanismos estruturais que penalizam aqueles que atuam com outras motivações, e recompensam e eventualmente enriquecem aqueles que atuam com as motivações "adequadas".

Desse modo, as economias dos impérios-mundo não eram capitalistas pois, mesmo que houvesse atividades de comércio de longa distância movidas pelo lucro, elas permaneciam marginais, submetidas à administração central e restritas ao comércio de luxo, não afetando de modo fundamental as sociedades por elas abarcadas. Nestas sociedades, os mercados calcados em mercadorias essenciais, básicas, não eram regidos por considerações de lucro, mas sim pelas necessidades redistributivas-tributárias da burocracia administrativa imperial.

Em contraposição, as economias-mundo e o capitalismo andam junto como irmãos. Como as economias-mundo carecem de uma estrutura política unificadora, o que as sustenta é a eficiência da divisão do trabalho, que por sua vez é uma função da expansão de riqueza que o capitalismo proporciona (WALLERSTEIN, 2004, p. 24). É por isso que até os tempos modernos, os breves ensaios de economia-mundo que surgiam rapidamente se desestabilizavam ou eram transformados *manu militari* em impérios-mundo. Inversamente, o capitalismo só pode funcionar em economias-mundo, pois ele demanda uma relação muito especial entre o poder político e o econômico. Capitalistas precisam de um grande mercado para realizar os seus lucros, mas eles também precisam da existência de uma pluralidade de Estados, pois se um Estado se torna forte demais, transformando-se em um império-mundo, seus interesses vão se sobrepor ao dos capitalistas, e a acumulação incessante de capital deixará de ser prioridade.

Na perspectiva da análise dos sistemas-mundo, portanto, estudar o capitalismo e sua evolução é (i) entender as origens da totalidade sistêmica que rege as nossas vidas desde aproximadamente 1500 e (ii) analisar o *modus operandi* desse sistema, uma vez consolidado. Enquanto o debate da transição do feudalismo para o capitalismo foge do escopo deste breve trabalho[9], é importante notar que se os sonhos imperiais de Carlos V, Luís XIV ou Napoleão tivessem sido realizados, a experiência da economia-mundo capitalista teria sido abortada tão logo a concorrência interestatal tivesse sido interrompida com a vitória de uma só potência unificadora. Já o modo de operação do sistema, uma vez estabelecido, gira em torno de duas dicotomias (WALLERSTEIN, 1979a, p. 162). Uma é a dicotomia de classe, a oposição entre trabalhadores e detentores dos meios de produção. A outra dicotomia, a ser explorada em maiores detalhes na próxima seção, é a hierarquia espacial da especialização produtiva, através da qual excedente econômico é transferido da periferia do sistema em direção a seu centro. Esta segunda dicotomia foi epistemologicamente mais revolucionária na época em que foi apresentada pois, juntamente com a Teoria da Dependência[10], forneceu uma explicação inovadora para a estabilidade do sistema, assinalando que a exploração da periferia podia ser entendida como uma válvula de escape para a pressão advinda da luta de classes nos países centrais.

2.1 Capitalismo e concorrência imperfeita: centro, semiperiferia e periferia

Como vimos acima, Wallerstein conecta o capitalismo diretamente com o desenvolvimento dos mercados, mas ele toma o devido cuidado para não equacionar o capitalismo com os *mercados competitivos*. Para o pensador, ao invés de concorrencial, o capitalismo deve ser compreendido como o sistema-mundo onde vigora a liberdade parcial dos fatores de produção e marcado pelas interferências seletivas dos atores políticos e econômicos no funcionamento do mercado (WALLERSTEIN, 2000b, p. 260). Em outras palavras, o capitalismo inclui arranjos que permitam a algumas pessoas contornar os mercados competitivos, que garantam lucros derivados de monopólios e outros privilégios, assegurados pelo Estado, que façam com que as taxas de lucro se mantenham em níveis suficientemente altos para que o investimento se torne atraente. Se não

9 Para uma discussão sobre o debate marxista da transição, ver Appel (2015).

10 Para uma discussão sobre a Teoria da Dependência, ver o capítulo anterior deste livro.

fosse por estes arranjos, o estímulo à acumulação de capital logo se dissolveria porquanto a competição iria derrubar as taxas de lucro de volta a seus "níveis normais"[11], insuficientemente atraentes (APPEL, 2017).

As iniciativas dos capitalistas para contornar os mercados competitivos e assegurar ganhos de monopólio fazem com que eles se voltem às entidades políticas que de fato têm poder para afetar o mercado – os Estados-Nacionais (WALLERSTEIN, 2000a, p. 85). Na perspectiva dos sistemas-mundo, os Estados-Nacionais não só ajudam a manter o nível de renda dos seus capitalistas domésticos, mas também buscam sufocar o lucro dos capitalistas de Estados rivais. Por uma série de acidentes – históricos, geográficos, ecológicos –, no século XVI, a Europa do Norte estava mais bem situada para diversificar a sua produção agrícola e a ela adicionar determinadas indústrias (como têxtil e naval) do que o resto da Europa (WALLERSTEIN, 2000a, p. 86).

A Europa do Norte emergiu como o *centro* dessa nascente economia-mundo, especializando-se em atividades de valor agregado relativamente maior e no rápido crescimento do trabalho assalariado. A Europa do Leste e as colônias portuguesas e espanholas das Américas tornaram-se áreas *periféricas* especializadas na produção de grãos, metais preciosos, madeira, algodão e açúcar, atividades que privilegiavam o uso do trabalho escravo e servil. Enquanto isso, a Europa do Mediterrâneo surgiu como a *semiperiferia* da economia-mundo, especializada em alguns bens manufaturados de alto custo unitário (como sedas), mas cujo vasto interior ainda era principalmente marcado por atividades agrícolas de subsistência e de baixo valor agregado.

Estas três estruturas da economia-mundo – centro, periferia e semiperiferia – se estabilizaram por volta de 1650 (WALLERSTEIN, 2000a, p. 86) e desde então os países do centro utilizam o seu forte aparato estatal para garantir a "troca desigual" que é forçada sobre os países periféricos. Como o lucro está diretamente relacionado com o grau de monopolização de uma atividade, o centro usa a sua máquina estatal para criar "quase-monopólios", isto é, para impedir que as suas ativida-

11 Daí a famosa distinção que Fernand Braudel (1977, p. 62) traça entre economia de mercado e capitalismo: "há dois tipos de troca, uma é pé no chão, baseada na competição, e é quase transparente; a outra, a forma mais elevada, é sofisticada e dominadora. Nem os mesmos mecanismos, nem os mesmos agentes governam estes dois tipos de atividade, e a esfera capitalista está localizada na forma mais elevada".

des econômicas de maior ganho sejam também exploradas pelos países da periferia. Nesta, portanto, sobram as atividades verdadeiramente concorrenciais.

Quando a troca acontece, os produtos competitivos rendem preços baixos, enquanto os produtos de quase-monopólio rendem preços mais elevados. Desta forma, o capitalismo envolve não apenas a apropriação de mais-valia pela classe capitalista, mas envolve também a apropriação, por parte dos países do centro, de excedente econômico de todo o sistema-mundo. E isso era tão verdade na época do capitalismo agrícola quanto é na época do capitalismo industrial, ou mesmo pós-industrial. O que constitui atividades de alto valor agregado pode mudar, mas o mecanismo continua o mesmo (WALLERSTEIN, 2004, p. 28).

Na perspectiva dos sistemas-mundo, a semiperiferia é mais do que uma gradação intermediária entre os dois outros extremos, pois ela cumpre duas funções cruciais na estabilidade do sistema: uma política e outra econômica (WALLERSTEIN, 1979b, p. 69). Um sistema baseado na troca desigual está sempre suscetível à rebelião dos elementos mais explorados. Deste modo, a existência de um estrato intermediário entre os setores/países de alta renda e os de baixa renda alivia a polarização do sistema. De forma análoga à classe média dentro de uma sociedade de classes, a existência da semiperiferia previne uma resistência unificada ao centro, pois os países intermediários amiúde se enxergam mais na posição de privilegiados em relação à periferia, do que de desfavorecidos em relação ao centro.

Economicamente, a semiperiferia fornece uma fronteira de expansão para o capital do centro quando este exaure as suas oportunidades de investimento em seus países de origem. Posto de outro modo, os salários crescentes dos trabalhadores do centro, acompanhados do excesso de investimento em capital fixo ao longo do tempo, levam a uma redução nas margens de lucro que colocaria o sistema capitalista em crise, não fossem as oportunidades de investimento ensejadas pela semiperiferia.

Nesse sentido, a transferência de capital do centro para outras partes do globo ao longo da história da economia-mundo capitalista está correlacionada com ciclos tecnológicos que alteram o padrão de especialização produtiva de alguns países, mas não alteram o mecanismo da troca desigual. Nos séculos XVI e XVII, por exemplo, a periférica

Polônia trocava o seu trigo pelos têxteis da Holanda, um país central. Já em meados do século XX, exportadores de têxteis eram normalmente periféricos e os países centrais se encarregavam da exportação de eletrônicos. Hoje, os próprios eletrônicos são exportados pela periferia e pela semiperiferia, enquanto os países centrais ainda praticamente monopolizam atividades de química fina, robótica, mecânica de alta precisão, tecnologia espacial etc.

Economicamente, o que distingue os países da semiperiferia da periferia é que os primeiros possuem dois padrões de comércio distintos. Enquanto, por exemplo, compram produtos agrícolas da periferia, vendem produtos industrializados simples para o centro. No entanto, a maior diferença entre os dois tipos de países – ou áreas, já que durante boa parte do moderno sistema-mundo as áreas periféricas ainda não estavam cristalizadas em Estados funcionais – é política (BABONES, 2015).

Enquanto nas regiões periféricas o Estado é fraco ou mesmo ausente, o Estado semiperiférico é por definição um Estado interventor, que procura ativamente promover determinados grupos relativamente a outros na esfera do mercado. Em outras palavras, enquanto na periferia o Estado não é suficientemente forte para interferir no mercado e, portanto, deve aceitar os preços impostos pelo centro, na semiperiferia o Estado necessariamente serve aos interesses das elites econômicas nacionais, que, portanto, entram em conflito pelo controle do aparelho estatal[12].

Assim, uma inovação de Wallerstein foi mostrar que, conquanto no centro o papel do Estado na economia possa ser muito grande – na forma de impostos e gastos, empresas públicas, regulações etc. – é na semiperiferia que o controle explícito do mercado pelo Estado é mais visível. Nas palavras de Wallerstein (1979b, p. 72), na semiperiferia "o

12 A título de exemplo, nos anos 1970 Wallerstein identificava os EUA, Japão e parte da Europa Ocidental como centro, a maior parte da África, Ásia Central e do Sul como periferia e os seguintes países como semiperiferia: Brasil, México, Argentina, Venezuela, Cuba, Chile, Portugal, Espanha, Itália, Grécia, Noruega, Finlândia, a maior parte da Europa Oriental, Argélia, Egito, Arábia Saudita, Israel, Nigéria, Congo, Turquia, Irã, Índia, Indonésia, China, Coreia, Vietnã, Canadá, Austrália e Nova Zelândia (WALLERSTEIN, 1979c, p. 100). Ou seja, os países da semiperiferia variam muito em termos de força econômica e história política, e mesmo países de alta renda como Canadá e Noruega são classificados como semiperiferia por não ter o mesmo impacto nas redes tecnológicas e de comércio que os países do centro.

interesse imediato em controlar o mercado é maior do que no centro ou na periferia, porque os Estados semiperiféricos não podem *nunca* depender do mercado para maximizar, no curto prazo, as suas margens de lucro". Ou seja, enquanto o receituário liberal pode fazer sentido para aqueles países que já estão no centro, ou para aqueles que não tem escolha, muitas vezes é do interesse dos Estados semiperiféricos retirar-se parcialmente do comércio internacional através do protecionismo, para assim aumentar a sua taxa de lucro garantindo uma maior percentagem do seu mercado interno para os seus próprios produtos.

Com efeito, mesmo que nem sempre bem-sucedido, o protecionismo contra os produtos do centro foi instrumento central para que países outrora semiperiféricos como Estados Unidos, Alemanha e Japão ascendessem à posição de centro. Nas palavras de Wallerstein (2000a, p. 87), "a criação de barreiras nacionais - mercantilismo - historicamente foi um mecanismo de defesa de capitalistas localizados em Estados um nível abaixo do ponto de força mais alto do sistema". Foi o caso da Inglaterra contra os Países Baixos em 1660-1715, da França contra a Inglaterra em 1715-1815, da Alemanha contra a Grã-Bretanha no século XIX, e da União Soviética contra os Estados Unidos no século XX (WALLERSTEIN, 2000a, p. 87). Para o sociólogo norte-americano, eventualmente os próprios capitalistas que pressionaram seus governos nacionais em busca de restrições ao comércio passam a achar estas restrições limitantes. Uma vez ricos, os países centrais viram arautos do livre-comércio[13].

O embate econômico entre os países acima citados também foi caracterizado por intensa competição interestatal no plano geopolítico e militar, e alguns Estados particulares alcançaram mais do que a posição de centro, transformando-se em verdadeiras potências hegemônicas do sistema-mundo. Para entendermos estas transformações, precisamos explorar o conceito de hegemonia na análise dos sistemas-mundo.

13 Daí a famosa expressão "Chutando a Escada" que o economista sul-coreano Ha-Joon Chang (2002) emprestou do alemão Friedrich List (1789-1846) para nomear seu livro. Por "chutando a escada" Chang refere-se ao fato de que os países ricos, após adotar uma série de estratégias nacionalistas e desenvolvimentistas para alavancar o seu crescimento, passam a defender posturas e regras de jogo mais liberais. Já que suas empresas já se encontram em posições fortes para competir no mercado mundial, esta defesa ideológica do liberalismo acaba sendo deletéria para os países que ainda não subiram a "escada do desenvolvimento".

2.2 Hegemonia e declínio na obra de Wallerstein

Um dos elementos de funcionamento do moderno sistema-mundo são os ciclos de ascensão e queda de poderes hegemônicos. Para Wallerstein (2000b, p. 255), hegemonia no sistema-mundo refere-se à situação em que "a rivalidade entre as grandes potências é tão desequilibrada ao ponto que uma determinada potência pode impor seus desígnios e regras nas arenas econômica, política, militar e mesmo cultural". Hegemonia não significa dominação completa pois, como vimos acima, uma das características *sine qua non* da moderna economia-mundo é a existência de uma superestrutura política de múltiplos Estados concorrentes. Mas numa situação particular de hegemonia, o balanço de poder tende de tal maneira a uma potência e aos capitalistas nela domiciliados que os Estados aliados se tornam na prática Estados "clientes" e os Estados concorrentes sentem-se frustrados e se colocam na defensiva em relação ao poder hegemônico.

Para o sociólogo norte-americano, só houve na história da economia-mundo três momentos hegemônicos: os Países Baixos em meados do século XVII, o Reino Unido em meados do século XIX, e os Estados Unidos em meados do século XX (WALLERSTEIN, 2000b, p. 256)[14]. Quatro recorrências podem ser discernidas em relação à natureza destes ciclos hegemônicos: 1) Estas três potências conseguiram atingir, à sua época, a primazia nas áreas agroindustrial, comercial e financeira (necessariamente nesta ordem). 2) No alto de seu poder, os hegêmonas tendiam a ser advogados do liberalismo, tanto na defesa do livre-cambismo, como no apoio a instituições parlamentares liberais e direitos civis. 3) Os três hegêmonas eram sobretudo potências navais (aeronaval no último caso), relutantes em desenvolver grandes e dispendiosos exércitos que pudessem ameaçar as liberdades domésticas[15]. 4) Nos três casos, a hegemonia foi garantida após uma espécie de "Guerra Mun-

14 Outros analistas de sistemas-mundo identificaram outras hegemonias, normalmente anteriores aos ciclos propostos por Wallerstein. Como vimos na seção 1.1, o economista italiano Giovanni Arrighi, por exemplo, identifica uma hegemonia genovesa (exercida através do poder espanhol) no século XVI (ARRIGHI, 1994). Adicionalmente, em sua última obra Arrighi (2007) vê a China como um forte candidato a novo centro hegemônico.

15 Na tradição britânica, por exemplo, existe um longo histórico de desconfiança para com os exércitos, associados aos poderes "autoritários" do continente. Já uma marinha poderia ajudar a garantir mercados globais sem ameaçar as instituições britânicas, pois a marinha não pode ser usada para repressão doméstica.

dial de 30 anos", a Guerra dos 30 anos no primeiro caso (1618-1648), as Guerras Revolucionárias e Napoleônicas no segundo (1792-1815), e as duas Grandes Guerras Mundiais no último (1914-1945).

No primeiro embate, os interesses holandeses prevaleceram sobre os espanhóis, no segundo foram os interesses franceses que foram derrotados, e por último, os desígnios alemães que foram frustrados. Além disso, cada um destes períodos de guerra terminou com a reordenação do sistema (Westfália, Concerto Europeu e Nações Unidas) de uma forma coerente com a necessidade de estabilidade por parte do grande hegêmona.

Para Wallerstein (2000b, p. 261), os momentos de hegemonia no sistema são necessariamente curtos porque a estabilidade e o liberalismo ensejados pela situação hegemônica trazem as sementes do seu próprio ocaso. Em primeiro lugar, a defesa do livre mercado e de fronteiras abertas estimula a transferência de tecnologias e capitais, o que com o tempo acaba fomentando novos e concorrentes centros de acumulação. Em segundo lugar, para Wallerstein o liberalismo social também tem um custo econômico interno, pois o aumento dos salários reais e das transferências diretas e indiretas para os variados setores da sociedade acaba corroendo, em última instância, as taxas de lucro, o que também favorece a migração dos capitais. De acordo com o pensador, uma vez que a vantagem no setor produtivo se esvai, mais cedo ou mais tarde as vantagens na área comercial, financeira e militar também acabam se perdendo.

Assim, no século XVIII, o Reino Unido derrubou, sucessivamente, a primazia produtiva, comercial e financeira dos Países Baixos. No final deste século, a França tentou, sem sucesso, quebrar a nascente hegemonia britânica, que resistiu até perder a vanguarda produtiva e comercial para a Alemanha e, principalmente, os EUA, no fim do século XIX. No entanto, a hegemonia financeira britânica sobreviveu por mais tempo, e só no pós-Segunda Guerra os EUA consolidaram-se como verdadeiramente hegemônicos, inclusive na área cultural, posição esta que a União Soviética não conseguiu lhes tirar.

O debate sobre o declínio da última das três hegemonias, a hegemonia norte-americana, ocupou os escritos de Wallerstein desde os anos 1970. Argumentando contra o senso comum que ainda vê os Estados Unidos como claramente hegemônicos, sobretudo nas áreas financeira, militar e cultural, Wallerstein afirma que os EUA se encontram em declínio desde o fim dos anos 1960 (WALLERSTEIN, 2003). Mas para entender a tese de Wallerstein sobre o declínio da grande potência norte-americana, é preciso primeiro entender sua ascensão.

Segundo o pensador, da recessão mundial de 1873 até 1914, Alemanha e EUA foram aos poucos tornando-se os líderes mundiais em diversos setores, como aço, automóveis e indústria química. Na longa "Guerra dos 30 anos" do século XX, a competição pela sucessão hegemônica também se revestiu de um componente ideológico. Nesta batalha ideológica, os EUA assumiram a defesa do liberalismo e entraram em uma aliança estratégica com a URSS contra a Alemanha e seus aliados. Ao fim da Segunda Guerra, os EUA eram a única potência industrial relativamente intacta e se moveram rapidamente para consolidar sua posição. Capitalizando a sua posição de líder do "mundo livre" na batalha incruenta da Guerra Fria, os EUA lançaram esforços massivos de reconstrução da Europa Ocidental, Japão, Coreia do Sul e Taiwan. Esta reconstrução econômica, por sua vez, ajudou a criar obrigações clientelistas por parte das nações que receberam a ajuda americana, o que facilitou a criação de alianças militares e subserviência política na Europa Ocidental e no Leste Asiático. O mesmo aconteceu, em menor grau, no Oriente Médio, no Sudeste Asiático e nas Américas.

No campo econômico, o liberalismo norte-americano do pós-guerras criou uma verdadeira era de ouro para seus aliados, que tiveram acesso privilegiado ao mercado e capitais da então de longe maior economia do mundo. Através da abertura unilateral de seus mercados, da manutenção de taxas de câmbio favoráveis a seus aliados, da tolerância para com o protecionismo, das missões técnicas de ajuda e forte estímulo a parcerias com multinacionais norte-americanas, os EUA produziram o que já foi chamado de "desenvolvimento a convite" (MEDEIROS e SERRANO, 1999), isto é, contribuíram ativamente para o desenvolvimento de seus aliados na luta contra o comunismo. No entanto, segundo o esquema wallersteiniano, a ressurgência da Europa Ocidental e do Japão fez com que os EUA perdessem a própria dianteira econômica e comercial, o que resultou em que o hegêmona abandonasse o padrão-ouro e o próprio liberalismo comercial, que seria característico de líderes autoconfiantes em uma economia de mercado (WALLERSTEIN, 2000a, p. 99). Neste raciocínio, na década de 1970 já haveria uma nova divisão do trabalho em que o excedente mundial seria dividido por uma estrutura quadripartite formada pelos EUA, o Mercado Comum Europeu, o Japão e a URSS.

Para além do relativo declínio econômico, Wallerstein aponta quatro momentos simbólicos importantes que culminaram na criação de uma "superpotência solitária que carece de verdadeiro poder, um líder mundial que ninguém segue e respeita, e uma nação à deriva em meio ao caos global que não pode controlar" (WALLERSTEIN, 2003, p. 17).

O primeiro destes símbolos foi a revolução mundial de 1968, um conjunto de protestos de estudantes e jovens trabalhadores das principais cidades do mundo desenvolvido, bem como em cidades da Europa Oriental, que não mais aceitavam passivamente a divisão do mundo entre Leste e Oeste. Em cidades como Paris e Nova York, estes rebeldes revoltavam-se contra o liberalismo centrista e lançavam novas reivindicações – como os movimentos ambientais e de gênero – que não cabiam na cartilha nem dos liberais conservadores da época, nem nos tradicionais movimentos de esquerda. Teria sido a primeira ruptura no consenso social por trás da "Pax Americana".

O segundo, foram, concomitante Guerra do Vietnã, um conflito extremamente caro que forçou os norte-americanos para fora do padrão-ouro, mas que também representou uma humilhação ao poder hegemônico, e sinalizou uma crescente resistência, por parte da sociedade civil ocidental, em apoiar as incursões militares norte-americanas no exterior, como aconteceu também no Líbano, com Reagan, e na Somália, com Clinton.

O terceiro momento simbólico sinalizador do declínio norte-americano foi a própria *débâcle* da União Soviética. Para Wallerstein, o colapso do rival soviético foi uma verdadeira catástrofe geopolítica para os EUA porque ele eliminou os argumentos que os EUA haviam utilizado para insistir que seus aliados imediatos e o resto do mundo não-comunista seguissem a sua liderança política, porque eles estavam teoricamente alinhados contra um inimigo comum. Nas palavras do autor (WALLERSTEIN, 2003, p. 21), a Guerra Fria era a "única justificativa ideológica para a hegemonia dos Estados Unidos, uma justificativa sustentada pelo opositor ideológico do liberalismo".

Por último, o 11 de Setembro e a consequente Guerra ao Terror representaram a última fratura simbólica no declinante poder norte-americano. Com efeito, depois do fim da Guerra Fria, para Wallerstein nada acelerou mais o declínio da posição dos Estados Unidos do que a tentativa de George W. Bush restaurá-la através do unilateralismo militar (WALLERSTEIN, 2013). A partir de 2005, no mais tardar, as ocupações no Iraque e Afeganistão já tinham se mostrado um fracasso e os gastos militares do que viriam a ser longas ocupações contribuiriam ainda mais, na perspectiva wallersteiniana, para a decadência dos Estados Unidos.

Em um de seus últimos escritos, Wallerstein (2013) nota que a crise do *subprime* de 2007, o consequente grande aumento da dívida pública norte-americana, bem como a emergência de novos centros de acumulação – com destaque aos BRICS (Brasil, Rússia, Índia, China e África do Sul) –, sinalizam uma nova, mesmo que lenta, reordenação do moderno sistema-mundo. Entretanto, ao contrário de outros analistas de sistemas-mundo como Giovanni Arrighi (2007), que vê a China como o mais forte candidato a hegêmona, Wallerstein acredita que estamos próximos não de um novo ciclo hegemônico, mas da crise do sistema-mundo capitalista em si. Para o sociólogo, o sistema exauriu as suas possibilidades de acumulação produtiva, pois não há mais espaço para novas indústrias líderes, e, portanto, já se iniciou um processo de grande contração das margens de lucro, o motor do sistema desde 1500. Com efeito, neste caso a ascensão de novos *players* como os BRICS não compensaria esta tendência declinante de lucros, mas apenas envolveria um maior número de atores disputando o reduzido excedente econômico mundial. Estaríamos, então, indo em direção a um período de caos sistêmico que não convida a fáceis previsões, mas que prenuncia grandes instabilidades.

Considerações Finais

Com o fim da Guerra Fria, o debate sobre os ciclos hegemônicos e suas transições perdeu força, substituído pelos problemas da nova configuração do poder e riqueza mundial. Em seu artigo de 1995, Strange alerta que a negligência mútua entre a economia e a política internacional ainda não havia sido superada. Que o campo da EPI, apesar dos avanços, teve sua agenda de pesquisa pautada na manutenção da hegemonia norte-americana e na vitória sobre a União Soviética. Ou seja, a EPI ainda não havia logrado superar a esfera dos fatos e avançar mais para o âmbito das ideias. "Como a autora diz, os fatos variaram através das décadas, mas, neste tempo, quem agendou a pesquisa foram as dificuldades e impasses da política externa norte-americana, cujo norte, em última instância, foi sempre a vitória na Guerra Fria" (FIORI, 2000, p. 209).

Com as mudanças advindas do fim da URSS, o capitalismo abre uma nova fase de aceleradas transformações, que para Arrighi seria a crise terminal do capitalismo e da hegemonia americana. No entanto, para Fiori (2017, p. 71) "a história destes últimos vinte e cinco anos [...] encarregou-se de contradizer [...] a previsão e a estratégia propostas por esta 'teoria da estabilidade hegemônica' [...]". Nos anos 1990, apesar da conjuntura de unipolaridade dos EUA, que organizava os regimes internacionais através de uma ordem liberal, pautada na globalização dos investimentos, no alargamento do comércio mundial e no desarmamento de aliados e adversários, o capitalismo adentrou em uma fase de "prolongada instabilidade sistêmica" (FIORI, 2000, p. 210).

Para Wallerstein e Arrighi, todavia, os fatores ideacionais também importam, o projeto dos Estados Unidos está falindo e a imposição de valores por meio do unilateralismo militar apenas acentua a falta de legitimidade do hegêmona. Por sua vez, para os neomarxistas a crise dos valores norte-americanos é reflexo de uma crise estrutural do capitalismo liderado pelos Estados Unidos, que como todo sistema histórico tem data de início, meio e fim. Assim, mesmo que a tese de Wallerstein sobre as taxas de lucro declinantes e o fim das possibilidades de acumulação produtiva pareça inverossímil, a leitura destes autores dos sistemas-mundo é fundamental para nos ajudar a não negligenciar a economia política por trás das movimentações recentes do sistema internacional.

Dessa forma, o objetivo central deste capítulo foi o de apresentar as bases para o entendimento da perspectiva de Wallerstein sobre o sistema-mundo, no escopo da Economia Política Internacional. Ainda que o debate tenha perdido força, a atualidade da teoria se mantém, e abre espaço para diferentes aplicabilidades espaço-temporais. Por exemplo, como questionamentos que podem dar início a uma pesquisa, abrem-se: como podemos pensar a divisão centro, periferia e semiperiferia para o atual contexto da quarta revolução industrial? Além disso, a crise da hegemonia americana, na verdade, ao invés de uma crise terminal, poderia ser lida como próprio modelo de exercício do poder dos EUA e de manutenção do *status quo*? Tendo em vista que as transformações movem o capitalismo, por quais mudanças o capitalismo tem passado e como reforçam a hegemonia americana? De forma complementar, qual o papel da China e das economias emergentes no atual sistema-mundo e na atuação centro, periferia e semiperiferia? Estas são algumas reflexões possíveis em que podemos aplicar a perspectiva wallersteiniana e um convite aos estudantes e pesquisadores do campo das Relações Internacionais a aprofundarem seus estudos a partir de lentes neomarxistas de EPI.

Referências Bibliográficas

ACCO, Marco Antônio. *Os Estados, o sistema-mundo capitalista e o sistema interestatal: uma leitura crítica das contribuições de Immanuel Wallerstein*. Revista de Economia Política, v. 38, n. 4 (153), pp. 708-730, 2018.

AGNEW, John. *Immanuel Wallerstein, the "modern world-system", and radical human geography*. Human Geography, 00(0), pp. 1–13, 2020.

APPEL, Tiago. *Por que não houve capitalismo na China Imperial? Uma contribuição neomarxista*. Tempo Social, v. 27, n. 2, 2015.

APPEL, Tiago. W*hy was there no capitalism in Early Modern China?* Brazilian Journal of Political Economy, vol. 37, n. 1 (146), pp. 167-188, 2017.

ARON, Raymond. Peace and War: A Theory of International Relations. Garden City, NY: Doubleday & Company, 1966.

ARRIGHI, Giovanni. "The Crisis of Hegemony". In: AMIN, Samir; ARRIGHI, G.; Frank, André. G. Dynamics of The Global Crisis. London: Macmillian Press, 1982.

ARRIGHI, Giovanni. *Globalização e Macrossociologia Histórica*. Revista de Sociologia Política, Curitiba, 20, p. 13-23, jun. 2003.

ARRIGHI, Giovanni. O Longo Século XX. Rio de Janeiro: Contraponto, 1994.

ARRIGHI, Giovanni. Adam Smith in Beijing: Lineages of the Twenty-First Century. Londres: Verso, 2007.

BABONES, Salvore. *What is world-system analysis? Distinguishing theory from perspective*. Thesis Eleven, v. 127(1), pp. 3–20, 2015.

BRAUDEL, Fernand. Afterthoughts on material civilization and capitalism. Londres: Johns Hopkins University Press, 1977.

BRENNER, Robert. T*he origins of capitalist development: a critique of neo-smithian Marxism*. New Left Review, 104 (1), pp. 25-92, 1977.

CARR, E. H. Twenty Years' Crisis: An Introduction to the Study of International Relations. Basingstoke: Palgrave MacMillan, 1939.

CASTRO, Edna. *Expansão da fronteira, megaprojetos de infraestrutura e inte-*

gração sul-americana. Caderno CRH. Salvador, v. 25, n. 64, p. 45-61, jan./abr., 2012.

CHANG, Ha-Joon. Kicking Away the Ladder: Development Strategy in Historical Perspective. Londres: Anthem, 2002.

COX, Robert W. "Social Forces, States and World Orders". In: KEOHANE, Robert. Neorealism and Its Critics. Nova Iorque: Columbia University Press, 1986.

COX, Robert W. *Social Forces, States and World Orders: Beyond International Relational Theory*. Millenium - Journal of International Studies, 1981, v. 10, n.2.

EICHENGREEN, Barry. "Multilateral and bilateral trade policies in the world trading system: an historical perspective". In: MELO, Jaime De.; PANAGARIYA, Arvind. New Dimensions in Regional Integration. Centre of Economic Policy Research, New York: Cambridge University Press, 1995.

FIORI, J. L. (org.). Estados e Moedas no Desenvolvimento das Nações. Petrópolis/RJ: Vozes, 2017.

FIORI, José Luís. *Sobre o poder global.* Novos Estudos, 73, nov. 2005.

FIORI, José Luís. *Maria Conceição Tavares e a hegemonia americana.* Lua Nova, n. 50, 2000, pp. 207-242.

GILPIN, Robert. Global Political Economy: understanding the international economic order. Princeton: Princeton University Press, 2001.

GILPIN, Robert. The political economy of the international relations. Princeton: Princeton University Press, 1987.

GILPIN, Robert. U.S. Power and the Multinational Corporation: The Political Economy of Foreign Direct Investment. Nova Iorque: Basic Books, 1975.

GRUPPI, Luciano. O Conceito de Hegemonia em Gramsci. Rio de Janeiro: Graal, 1980.

HAGGARD, Stephan.; SIMMONS, Beth A. *Theories of international regimes.* International Organization, v. 41, no. 3: 491-517, 1987.

KENNEDY, Paul. The Rise and Fall of The Great Powers: economic change and military conflict from 1500 to 2000. London: Unwin Hyman, 1988.

KEOHANE, Robert. After Hegemony: Cooperation and Discord in the World Political Economy. Princeton University Press, 1984.

KINDLEBERGER, Charles. The world in depression, 1929-39. Berkeley: University of California Press, 1973.

KRASNER, Stephen D. *State Power and the Structure of International Trade.* World Politics 28, no. 3 (April): 317–47, 1976.

KRASNER, Stephen D. *Structural Causes and Regime Consequences: regime as intervening variables.* International Organization, vol. 36, nº 2, Spring 1982.

MEDEIROS, Carlos; SERRANO, Franklin. "Padrões Monetários Internacionais e Crescimento". In: FIORI, José Luís (org.). Estados e Moedas no Desenvolvimento das Nações. Petrópolis: Vozes, 1999.

MORGENTHAU, Hans. Politics Among Nations: The Struggle for Power and Peace, New York: Alfred A. Knopf, 1948.

OSÓRIO, Luiz Felipe Brandão. O Sistema Mundo no Pensamento de Arrighi, Wallerstein e Fiori: um estudo comparativo. IV Colóquio Brasileiro de Economia Política dos Sistemas Mundo, Florianópolis, 2010.

OXFORD. Neo-Marxism. Oxford Reference, 2021. Disponível em: https://www.oxfordreference.com/view/10.1093/oi/authority.20110803100228337. Acesso em: 12 jul. 2021.

SILVA, Marco Antônio de Meneses. *Teoria Crítica em Relações Internacionais.* Contexto Internacional, vol.27, nº.2, Rio de Janeiro, July/Dec. 2005.

STRANGE, S. States and Markets: An Introduction to International Political Economy. London: Pinter, 1988.

STRANGE, Susan. *Cave! Hic Dragones: a critique of regime analysis.* International Regimes, Vol. 36, N. 2, 1982.

STRANGE, Susan. *International Economics and International Relations: a case of mutual neglect.* international affairs (Royal Institute of International Affairs 1944-), 46(2): 304-315, 1970.

STRANGE, Susan. *The persistent myth of lost hegemony.* International Organization, vol. 41, n. 4, 1987.

VELÁSQUEZ, Roide Orlando Alfaro. *In Memoriam: Immanuel Wallerstein.* Historia y Grafía, Universidad Iberoamericana, v. 27, n. 54, pp. 301-307, 2020.

WALLERSTEIN, Immanuel. *The rise and future demise of world-systems research.* Review, 21(1), pp. 103–112, 1998.

WALLERSTEIN, Immanuel. "Crisis as a Transition". In: AMIN, Samir; ARRIGHI, G.; Frank, André. G. Dynamics of The Global Crisis. London: Macmillian Press, 1982.

WALLERSTEIN, Immanuel. "A world-system perspective on the social sciences". In: WALLERSTEIN, Immanuel. The Capitalist World-Economy (pp. 152-164). Cambridge: Cambridge University Press, 1979a.

WALLERSTEIN, Immanuel. "Dependence in an interdependent world: the limited possibilities of transformation within the capitalist world-economy". In: WALLERSTEIN, Immanuel. The Capitalist World-Economy (pp. 66-94). Cambridge: Cambridge University Press, 1979b.

WALLERSTEIN, Immanuel. "Semiperipheral countries and the contemporary world crisis". In: WALLERSTEIN, Immanuel. The Capitalist World-Economy (pp. 95-118). Cambridge: Cambridge University Press, 1979c.

WALLERSTEIN. Immanuel. "The Rise and Future Demise of the World Capitalist System: concepts for comparative analysis". In: WALLERSTEIN, Immanuel. The Essential Wallerstein (pp. 71-105). New York: The New Press, 2000a.

WALLERSTEIN. Immanuel. "The three instances of hegemony in the history of the Capitalist World-Economy". In: WALLERSTEIN, Immanuel. The Essential Wallerstein (pp. 253-263). New York: The New Press, 2000b.

WALLERSTEIN, Immanuel. The Decline of American Power: The US in a Chaotic World. New York: WW Norton, 2003.

WALLERSTEIN, Immanuel. World-Systems Analysis: An Introduction. Durham, NC: Duke University Press, 2004.

WALLERSTEIN, Immanuel. The Modern World System I: Capitalist Agriculture and the origins of the European World-Economy in the Sixteenth Century. New York: Academic Press, 1974.

WALLERSTEIN, Immanuel. The Modern World-System II: Mercantilism and the Consolidation of the European World Economy, 1600– 1750. New York: Academic Press, 1980.

WALLERSTEIN, Immanuel. The Modern World-System III: The Second Era of Great Expansion of the Capitalist World Economy, 1730– 1840s. New York: Academic Press, 1988.

WALLERSTEIN, Immanuel. The Modern World System: Centrist Liberalism Triumphant, 1789–1914. Berkeley: University of California Press, 2011.

WALLERSTEIN, Immanuel. "Structural crisis or why capitalists may no longer find capitalism rewarding". In: WALLERSTEIN, Immanuel (ed.). Does Capitalism Have a Future? New York: Oxford University Press, 2013.

WALTER A.; SEN, G. Analyzing the Global Political Economy. Princeton, NJ: Princeton University Press, 2010.

WALTZ, Kenneth. A Theory of International Politics. Reading, MA: Addison Wesley, 1979.

WOOD, Ellen Meiksins. The Origin of Capitalism. New York: Monthly Review, 1999.

WOODS, N. "International Political Economy in an Age of Globalization". In: J. BAYLIS, P. OWENS; S. SMITH (Eds.). The Globalization of World Politics: An Introduction to International Relations (pp. 242-262). New York: Oxford University Press, 2008.

Capítulo 9

O CONSTRUTIVISMO

Christiane Itabaiana Martins Romeo[1]
Débora Sol Ferreira Freire[2]

Introdução

A transição dos anos 80 para os anos 90 consistiu em uma época de grandes transformações nas Relações Internacionais, consubstanciadas por novas práticas no interior das instituições, pela ascensão de novos atores a um maior protagonismo no cenário internacional, assim como pelo surgimento de novos temas na agenda política internacional que terminaram por tornar cada vez mais evidente as limitações das perspectivas racionalistas. O neorrealismo e o neoliberalismo institucional se mostravam incapazes de explorar essas novas realidades que se afirmavam, plenas de desafios não satisfatoriamente respondidos pelo *mainstream* da disciplina.

Além de todas essas novas manifestações nas Relações Internacionais, houve também uma grande ruptura sistêmica ao fim da Guerra Fria (1989), que permitiu uma reorganização do debate teórico em curso, abrindo caminho para a gênese de novas abordagens (REUS-SMIT, 2005).

O construtivismo surge em 1989, com o livro *World of Our Making*, de Nicholas Greenwood Onuf. Também neste ano, John Ruggie questionou a inabilidade da teoria tradicional de RI em lidar com mudanças históricas. Seguindo este caminho, Rey Koslowski e Friedrich Kratochwil dedicam-se a mostrar como as mudanças normativas no

---

1 Graduada em Ciências Sociais (UFF) e Direito (PUC-RIO), Mestre em Ciência Política (IUPERJ) e Doutora em Ciência Política (IUPERJ). Atualmente é professora do departamento de Relações Internacionais no IBMEC-RJ.

2 Graduada em História e Direito (PUC-RIO), Mestre em Relações Internacionais (IRI/PUC-RIO) e Doutoranda em Direito (PUC-RIO). Advogada e Professora.

mundo comunista transformaram o sistema internacional em fins de 1980 (KOSLOWSKI e KRATOCHWIL, 1994).

O construtivismo já trazia na sua origem sua principal característica, enquanto uma forte influência da teoria social, contrapondo-se ao racionalismo hegemônico do *mainstream*, para assumir o posicionamento ontológico de que a realidade é socialmente construída. Ao partir dessa premissa, essa nova abordagem se torna capaz de compreender uma pluralidade de temas incompatíveis com o positivismo dominante na disciplina de Relações internacionais, fornecendo novos instrumentos de análise que permitirão se apropriar de muitos novos temas, como a questão das subjetividades, da cultura, do papel das ideias na política internacional, dentre muitos outros.

Essa ampliação do escopo de análise das Relações Internacionais com o construtivismo ocorreu graças à superação do positivismo, enquanto premissa que sustenta que há um mundo lá fora e que o papel da ciência do internacional seria criar instrumentos de análise que permitam investigar o que é esse mundo e como ele funciona. Em contraposição, o construtivismo irá se inspirar na teoria social para negar esse postulado. A partir da compreensão da realidade como uma construção social, não há mais um mundo pronto e objetivamente posto à disposição dos observadores que buscam analisá-lo.

Em contrário, a realidade, o mundo lá fora, resulta das práticas dos agentes que agem sobre esse mundo, transformando-o e a si mesmos nesse processo. Essas práticas dos agentes sobre o mundo, por sua vez, derivam da sua compreensão desse mundo, que também pode se alterar. Em outras palavras, uma premissa central da agenda de pesquisa de neorrealistas e neoliberais, conformando o chamado debate neo-neo do *mainstream* da disciplina de Relações Internacionais nos anos 80, consistia na existência da anarquia internacional, que condicionava o comportamento dos Estados.

A partir da concepção da realidade internacional como socialmente construída, a anarquia internacional só existe pelo fato de os Estados se comportarem uns em relação aos outros como se ela existisse. Ou seja, só existe pelo fato de os Estados compreenderem as Relações Internacionais dessa forma e agirem de acordo. Isso abre enormes oportunidades de análise, permitindo inclusive que a mudança fosse concebida de uma forma inédita no interior do campo.

Essa compreensão da anarquia internacional corresponde ao título de uma contribuição seminal do construtivismo para as Relações Internacionais, feita por Alexander Wendt, no artigo "*Anarchy is What States Make of it*" (Anarquia é o que os Estados fazem dela).

Isso equivale a dizer que, ao contrário do racionalismo, que sustenta a antecedência ontológica da estrutura sobre os agentes (existe um mundo lá fora), o construtivismo postulará que não existe antecedência ontológica entre agentes e estrutura, ou seja, os dois se relacionam mediante uma relação de co-constituição, sendo assim co-constituídos. (RUGGIE, 1998a; REUS-SMIT, 2005). Ninguém veio antes, nem depois. Agentes e estrutura só existem e podem ser compreendidos se concebidos sempre juntos e vinculados um ao outro.

Enquanto os racionalistas utilizavam a teoria da causalidade para entender a estrutura do sistema internacional, os construtivistas entendem esse mesmo fenômeno a partir da teoria da co-constituição. A teoria da causalidade assume basicamente que, na afirmação que "X causa Y": (1) X e Y existem independentemente do outro, (2) X precede temporariamente Y e (3) se não fosse X, Y não ocorreria. As duas primeiras assertivas, (1) e (2), são proposições válidas somente para a teoria da causalidade e não para a co-constituição. Porém, Wendt (1999), por exemplo, ataca principalmente a terceira afirmação (3), pois acredita que é impossível prever a causalidade com total certeza. O problema é que não há como saber todos os motivos que podem levar a um determinado evento. Para Wendt, a causalidade está intimamente ligada à natureza e não à lógica. Os padrões de regularidades documentados são importantes para aumentar a nossa capacidade de previsibilidade, porém eles não são capazes de explicar o porquê dos acontecimentos e nem conferir certezas, de modo que, basear-se nessas suposições é assumir riscos muito altos, como fazem os realistas (WENDT, 1999, p. 77)

Se o contexto foi determinante para a emergência do construtivismo nas Relações Internacionais, essa abordagem foi profundamente inspirada na teoria social, principalmente pela sociologia, pela teoria da linguagem, pelo interacionismo simbólico, incorporando às Relações Internacionais, para além da ideia de construção social da realidade, a análise do mundo social, a partir da relação entre agentes e estrutura, o papel das ideias e dos pensamentos na compreensão e construção da realidade.

Conceitualmente, o nome "construtivismo social" foi adotado por Onuf em1989, incorporando-se às Relações Internacionais desde então. No entanto, o sociólogo Anthony Giddens empregava a nomenclatura "teoria da estruturação", de forma bastante próxima ao seu emprego pelo projeto construtivista. Assim, empregava-se o termo para referir-se a uma abordagem em que a estrutura não exerceria uma influência direta e unívoca sobre o comportamento dos agentes, mas, ao invés disso, incorporava-se à relação entre agente e estrutura, a mediação de entendimentos e significados intersubjetivos, abrindo a possibilidade para que, a despeito da estrutura exercer constrangimento sobre os agentes, estes sejam também capazes de transformar a estrutura através das práticas e das ideias (JACKSON; SØRENSEN, 2013).

Ao se afastar do racionalismo e do materialismo subjacente a esta perspectiva, o construtivismo buscou combinar o mundo material às ideias e crenças dos agentes. As estruturas normativas equivalem às estruturas materiais em relevância. Não obstante, para os construtivistas a estrutura normativa, como as ideias e os valores devem ser ressaltados e assumir proeminência na análise e formulação de conhecimento (NOGUEIRA; MESSARI, 2005).

Desse modo, o construtivismo aborda aspectos materiais como recursos físicos e poder, como também pensamentos, ideias, identidades, crenças, discursos, significados, sinalizações, atos de fala etc. Ressalte-se um grande papel atribuído às ideias, configurando uma perspectiva tida por muitos como ideacional, pois as ideias sempre são relevantes, afinal são elas que estabelecem os significados atribuídos ao poder material. Assim, conceitos chave como identidades, interesses, expectativas e significados não se configuram simplesmente como construções sociais, mas, sobretudo, como conceitos intersubjetivos que necessitam de generalizada disseminação para adquirirem relevância (JACKSON; SØRENSEN, 2013).

Ao passo que, para os racionalistas, as identidades e os interesses dos agentes se configuram exogenamente (externamente às interações que possam ocorrer entre eles), pois a anarquia é um dado da realidade ao qual esses agentes precisam se adaptar, não lhes restando escolha; para os construtivistas, tanto identidades quanto interesses dos Estados são dados endogenamente (estabelecem-se mediante suas interações, como decorrência delas).

Enquanto os racionalistas analisam a forma como os Estados se comportam (adaptam) aos condicionantes permanentes do ambiente internacional anárquico, os construtivistas insistem na compreensão da forma como as estruturas normativas influenciam as identidades assumidas pelos agentes, ao passo que as identidades são responsáveis por determinar os interesses e, consequentemente, as práticas dos agentes. (REUS-SMIT, 2005).

Segundo Finnemore e Sikkink (2001), apesar de o construtivismo possuir algumas premissas em comum entre os autores que assim se caracterizam, não há uma uniformidade maior ou consensual em torno de um programa de pesquisa, como seria esperado em se tratando das escolas teóricas que habitam a esfera do racionalismo em política internacional. Podem se distanciar, assim, metodologicamente, analiticamente ou quanto às problemáticas de pesquisa. Desse modo, o construtivismo não se configura como uma teoria, no sentido estrito, mas muito mais como uma abordagem filosófica e teoricamente inspirada acerca da forma de condução de análises empíricas, uma estrutura analítica (REUS-SMIT, 2005).

Em suma, para os construtivistas vivemos em um mundo que construímos, como seus principais protagonistas, consistindo a realidade no produto das nossas próprias escolhas. Este mundo em permanente construção é construído pelos agentes. O mundo tal qual se apresenta não consiste em um dado, predeterminado, pois podemos transformá-lo, por meio de nossas praticas, ainda que haja constrangimentos, restrições ou diferentes possibilidades de alteração em cada conjuntura (NOGUEIRA E MESSARI, 2005).

1. O Construtivismo como via média entre o Racionalismo e o Pós-positivismo.

Em 1987, Alexander Wendt introduziu o problema da agência-estrutura na disciplina de RI e, em seguida, publicou o artigo considerado como o responsável por popularizar esta nova abordagem – *Anarchy Is What States Make Of It* (1992). Vale destacar que este artigo se tornou o mais citado no campo da teoria das Relações Internacionais, superando o também famoso livro de Kenneth Waltz, *Theory of International Politics*, de 1979 (FIERKE e JORGENSEN, ed., 2001, p. 6).

O construtivismo começou a influenciar o debate teórico entre "racionalistas"[3] (especialmente realistas, neorrealistas e institucionalistas neoliberais) e defensores de epistemologias interpretativistas (pós-modernos e pós-estruturalistas, teóricos críticos no sentido da escola de Frankfurt e teóricas feministas). Tal debate estava pautado na discussão sobre a natureza da realidade internacional (ou sobre sua *ontologia*[4]) e sobre como os estudiosos deveriam construir conhecimento dessa realidade (ou sobre *epistemologia*[5]) (ADLER, 1999, pp. 201-202).

A abordagem construtivista se desenvolveu e se firmou na disciplina de RI ao longo dos anos 90. Em 1998, Katzenstein, Keohane e Krasner, autores relacionados, respectivamente, às teorias construtivista, institucionalista e neorrealista, afirmaram que o debate entre construtivistas e racionalistas era o mais importante da área de RI. Para os autores, o construtivismo apresentado por Wendt, desenvolvido em bases científicas, havia conseguido estabelecer um diálogo com o racionalismo.

De fato, este era o objetivo de Wendt: tornar o construtivismo uma "via média" entre positivistas e pós-positivistas. Posteriormente, Peter Katzenstein acompanhou Wendt nesta busca, como mostrou a publicação de *The Culture of National Security* (1996). Segundo Adler (1999, pp. 206-207), o construtivismo representa a primeira oportunidade real de produção de uma teoria sintética das relações internacionais desde o chamado primeiro debate, definido por Edward Hallett Carr como sendo aquele entre idealistas e realistas.

No entanto, a busca de Wendt por uma posição intermediária foi bastante criticada por vários autores construtivistas, como Karin M. Fierke e Maja Zehfuss. Em 1994, em um *workshop* na Universidade de Minnesota, vários acadêmicos, entre eles Jutta Weldes, Mark Laffey e Raymond Duvall, autodefiniram-se como "construtivistas críticos", por acreditarem que o construtivismo não deveria aproximar-se tanto dos

---

3 Realistas, neorrealistas e institucionalistas neoliberais compartilham uma abordagem racionalista dos Estados, vistos como "agentes *goal-seeking* que buscam realizar seus interesses frente a um ambiente externo caracterizado pela anarquia e pelo poder de outros Estados" (CAPORASO, 1992, p. 605 *apud* ADLER, 1999, p. 201).

4 *Ontologia* significa a natureza ou a essência da vida social, aquilo que existe independente de qualquer intervenção.

5 *Epistemologia* refere-se à teoria do conhecimento; o que somos capazes de conhecer; como devemos construir conhecimento. *Metodologia* é o procedimento (ou o caminho) utilizado para acessar aquilo que se quer conhecer (o objeto de estudo).

racionalistas, mas sim de uma análise crítica (FIERKE e JORGENSEN, eds, 2001, p. 7).

Percebe-se, então, que "construtivismo" é uma denominação genérica para designar um grupo de autores que partilham certas premissas, embora conservem diferenças significativas. Pode-se dizer que todos os construtivistas concordam com três pressupostos, apresentados aqui inicialmente de maneira bem simplificada, a saber:

1) A defesa de que o mundo não é predeterminado, mas sim construído socialmente. Ele é o resultado das escolhas dos atores e, portanto, pode ser transformado.

2) A negação de qualquer antecedência ontológica aos agentes e à estrutura. O construtivismo propõe, a partir da Teoria da Estruturação desenvolvida por Anthony Giddens, na Sociologia, superar a dicotomia entre estrutura e agente, salientando que ambos são co-constituídos, e nenhum tem precedência sobre o outro.

3) A realidade material existe, mas só adquire significado a partir de estruturas intersubjetivas. Nesse sentido, eles aceitam a noção de que há um mundo real (ou um "mundo lá fora"), mas acreditam que este não é inteiramente determinado pela realidade física (ADLER, 1999, p. 208).

2. Principais autores do construtivismo

A seguir serão desenvolvidos os principais argumentos de três autores fundamentais para o nascimento e afirmação do construtivismo em Relações Internacionais: Friedrich V. Kratochwil, Nicholas Onuf e Alexander Wendt. O objetivo é expor os elementos que unem os trabalhos dos três autores, como também salientar suas especificidades.

2.1. Friedrich V. Kratochwil

O livro *Rules, Norms and Decisions*, publicado em 1989, contribuiu de forma expressiva para a afirmação do construtivismo nos estudos das Relações Internacionais. Kratochwil (1984) estava preocupado em apresentar uma solução para o que ele chamou de "pobreza epistemológica em RI". Para tanto, ele se inspirou em estudos de Linguística, Direito e na Teoria Crítica, especialmente em Habermas.

Kratochwil examina o papel que normas e regras[6] desempenham no processo de tomada de decisões. A pergunta que norteia toda a obra é: por que os atores, tanto na arena internacional como na doméstica, recorrem às normas? Vale esclarecer que o autor define como atores internacionais os Estados e como atores domésticos os indivíduos ou grupos.

Para Kratochwil (1989, p. 6), é preciso reconhecer que o mundo social está intrinsicamente ligado à linguagem. Sendo a linguagem governada por regras, estudá-la pode fornecer um ponto de partida para a investigação sobre a função das normas na vida social.

A virada linguística sinalizou a transição de uma visão positivista da linguagem, como um espelho da realidade objetiva, para a linguagem como constitutiva de um mundo social (FIERKE e JORGENSEN, eds, 2001, p. 4). A partir da obra de Wittgenstein e da Teoria dos Atos de Fala, Kratochwil afirma que a linguagem não é meramente um reflexo da ação, mas a própria ação.

Ele explica que a Teoria dos Atos de Fala distingue a dimensão locucionária da força ilocucionária de um pronunciamento. A dimensão locucionária refere-se ao simples ato de dizer alguma coisa. Já a força ilocucionária é identificada quando o fato de dizer alguma coisa realiza uma ação (KRATOCHWIL, 1989, p. 8).

É importante exemplificar para que este ponto fique claro. O que Kratochwil (1989, p. 7) expõe é que os discursos que utilizam palavras como pescar, lavar, comer e andar, por exemplo, estão relacionados com ações que acontecem independentemente de nos referirmos a elas por linguagem.

Mas existem discursos que utilizam palavras de outra categoria, como exigir, alertar, apostar, afirmar, prometer, proibir, criticar, sugerir, autorizar, convencer[7], entre outras, que não se estão referindo a uma ação, mas realizam a própria ação. Isto é, discursos que utilizam tais palavras possuem uma força ilocucionária porque ao mencioná-las o locutor pretende realizar uma ação (KRATOCHWIL, 1989, pp. 7-8).

6 Importante observar que Kratochwil não distingue muito bem "regras" de "normas" neste livro, usando-as como sinônimos. Ele apenas afirma que, "enquanto todas as regras são normas, nem todas as normas exibem características de regra" (KRATOCHWIL, 1989, p. 10).

7 Segundo Kratochwil (1989, p. 7), Austin (1962) sugeriu que há mais de mil palavras desta categoria em inglês.

Em relação às palavras desta última categoria, Kratochwil (1989, p. 7) declara que elas possuem um componente normativo. Só faz sentido autorizar, proibir, ordenar, classificar, prometer ou apostar porque existem normas que fornecem o significado dessas ações.

Por exemplo, o pronunciamento do "sim" em uma cerimônia de casamento é a realização de uma ação; é uma promessa. Esta ação só ganha significado porque ela está situada em um contexto intersubjetivo de normas e regras que informa que o "sim" do casamento é um comprometimento que engloba várias expectativas (KRATOCHWIL, 1989, p. 7).

A linguagem "não reúne apenas nossa habilidade para comunicar através do uso de conceitos abstratos, mas também nos liberta da preocupação com o aqui e agora, tornando o planejamento possível" (KRATOCHWIL, 1989, p. 6, tradução nossa). Por isso, Kratochwil (1989, p. 10) afirma que uma das funções mais importantes das regras e normas é a redução da complexidade nas situações em que os atores precisam fazer escolhas.

Desse modo, Kratochwil (1989, p. 11) afirma ser possível explicar, em geral, as ações dos atores a partir das normas. Não todas as ações. Por exemplo, para explicar o ato de comer quando se está com fome, não é necessário fazer referência às normas.

Contudo, se o objetivo for analisar a razão pela qual alguém se comporta de determinada maneira à mesa ou explicar sua escolha por certos alimentos em detrimento de outros, será essencial pensar nas regras de boas maneiras, nas regras de uma boa alimentação e nas regras gerais de cortesia (KRATOCHWIL, 1989, p. 11).

As normas dão significado à ação não apenas fornecendo uma orientação aos atores, mas sendo "os meios que permitem que as pessoas busquem suas metas, compartilhem significados, se comuniquem umas com as outras, critiquem afirmações e justifiquem ações" (KRATOCHWIL, 1989, p. 11, tradução nossa).

Os atores não são apenas orientados por regras e normas, mas reproduzem e mudam, através de suas práticas, as estruturas normativas pelas quais eles são capazes de agir (KRATOCHWIL, 1989, p. 61). Se, por um lado as normas deixam o ator livre para decidir suas metas – inclusive para quebrar as regras –, por outro, garantem as condições de coexistência social (KRATOCHWIL, 1989, p. 70).

Segundo Zehfuss (2002, p. 96), os atores referem-se ao contexto de normas e regras para dar significado às suas ações, e este mesmo contexto permite ao analista, pelo menos parcialmente, entender o que está acontecendo.

Kratochwil (1996, pp. 217-218 *apud* ZEHFUSS, 2002, p. 96) ressalta que entender uma ação em termos de significado é um ato de interpretação e não de empatia, uma vez que o significado existe apenas em relação a um contexto intersubjetivo, baseado em normas e regras.

Este contexto intersubjetivo fornece critérios para a classificação e avaliação da ação dos atores. À vista disso, é possível avaliar, por exemplo, o que qualifica um caso de intervenção em vez de assistência legal; ou o que é um caso de autodefesa e uma situação de uso não autorizado da força (KOSLOWSKI e KRATOCHWIL, 1994, p. 225).

No artigo intitulado *Understanding Change in International Politics* (1994), Kratochwil, juntamente com Rey Koslowski, mostra como atores, através de suas práticas, podem transformar o sistema internacional.

De acordo com eles, "em todas as políticas, doméstica e internacional, atores reproduzem ou alteram sistemas através de suas ações" (KOSLOWSKI e KRATOCHWIL, 1994, p. 216, tradução nossa). Eles analisam a transformação dentro do bloco soviético em fins de 1980 e tratam isso como um estudo de caso de mudança do sistema internacional.

Para Koslowski e Kratochwil (1994, pp. 222-223) é importante distinguir entre dois processos caracterizados como mudança: 1) quando ocorre dentro de uma estrutura de convenções estabelecidas sem modificar os parâmetros do sistema como, por exemplo, mudanças na balança de poder; 2) quando as práticas e as convenções constitutivas de um sistema social são alteradas.

Preocupados em examinar o segundo processo, eles declaram que "mudanças fundamentais ocorrem no sistema internacional quando atores, através de suas práticas, mudam as regras e as normas constitutivas da interação internacional" (KOSLOWSKI e KRATOCHWIL, 1994, p. 216, tradução nossa).

Portanto, tais mudanças acontecem "quando crenças e identidades de atores domésticos são alteradas e, assim, também alteram regras e normas que são constitutivas de suas práticas políticas" (KOSLOWSKI e KRATOCHWIL, 1994, p. 216, tradução nossa).

Os autores criticam a teoria sistêmica de Waltz, afirmando que a mudança internacional é um fenômeno multinível em que não se pode atribuir precedência *a priori* à estrutura doméstica nem à internacional. Ao revés, é necessário analisar sistematicamente a interação da estrutura doméstica e da internacional (KOSLOWSKI e KRATOCHWIL, 1994, p. 224).

Neste artigo, Koslowski e Kratochwil (1994, p. 227) se concentram nas mudanças normativas dentro do bloco soviético para explicar por que e como as convenções da política internacional mudaram muito mais rapidamente do que a distribuição de capacidades.

Os autores argumentam que a deslegitimação do comunismo no Leste Europeu e o esvaziamento do Pacto de Varsóvia resultaram no colapso do Império Soviético formal, cuja morte confirmou o fim da Guerra Fria. Dessa forma, as mudanças no ambiente normativo e no contexto político, ou seja, nas convenções e práticas políticas do mundo comunista, resultaram na alteração das regras que governavam o conflito entre as superpotências e, assim, das normas que sustentavam o sistema internacional (KOSLOWSKI e KRATOCHWIL, 1994, p. 215).

Em conclusão, Kratochwil, nas duas obras, busca mostrar a significância das normas e regras para a análise da política, salientando o caráter regulatório e constitutivo que elas possuem. Normas e regras não apenas criam ordem social, como permitem que os atores, através de suas práticas, renegociem continuamente a realidade em que eles operam.

2.2. Nicholas Onuf

Regras. Esta é a palavra-chave para entender a proposta construtivista de Nicholas Onuf, que tem como base a Filosofia da Linguagem, o Direito e a Teoria Social. Wittgenstein, Habermas e Anthony Giddens são algumas de suas principais referências. Onuf aprofunda algumas questões apresentadas por Kratochwil e realiza uma análise detalhada sobre as relações de poder.

Onuf (1998, p. 59; 1989, p. 37) considera que o mundo é o que nós fazemos dele, a partir das matérias-primas que a natureza fornece, de acordo com as nossas atitudes uns com os outros e com o que dizemos uns aos outros. Nesse contexto, o autor entende que a anarquia é uma construção social e pode ser modificada a qualquer momento a partir da interação entre agentes e estrutura.

A partir da influência da Teoria da Estruturação de Giddens (1979), Onuf (1989, pp. 29, 36-43, 58-65) considera que pessoas e sociedades se constroem, ou se constituem, uns aos outros. Isto é o mesmo que dizer que os agentes humanos e as instituições sociais são co-constituídos e que nenhum tem primazia causal ou temporal.

No livro *World of Our Making: Rules and Rule in Social Theory and International Relations* (1989), Onuf preocupa-se em demonstrar como ocorre a relação entre agentes e estrutura. Para ele, as regras (em inglês *rules*) são fundamentais para as interações entre os indivíduos, e é através delas que os agentes transformam ou reproduzem a estrutura. Mas o que são regras? Onuf esclarece que regras são atos de fala (ou *deeds*, em inglês).

As regras se estabelecem na interação entre as pessoas através da linguagem. Assim como Kratochwil, Onuf foi inspirado pela virada linguística proposta por Wittgenstein. A partir desse estudo, ele salienta que é por meio da linguagem, a partir dos atos de fala que produzem regras, que agentes e estrutura se constituem mutuamente. Entretanto, Onuf ressalta que nem todo ato de fala constrói uma regra, já que existem inúmeros tipos de discursos.

Através da Teoria dos Atos de Fala, Onuf (1989, p. 82) destaca que a linguagem é tanto representativa como performativa. Ao reconhecer o aspecto performativo da linguagem, ele confirma que o ato de fala que produz uma regra é uma ação. Discurso é prática.

A linguagem assume poder constitutivo da realidade social. Dessa forma, Onuf afirma que *saying is doing*, ou seja, dizer é fazer (ONUF, 1998 p. 59). Se falar é agir, as regras também estabelecem limites de ação, já que o descumprimento delas implica sempre consequências.

O ato de fala produz uma regra dependendo dos verbos utilizados pelo locutor e dos efeitos que as frases enunciadas querem produzir (ONUF, 1989, p. 86). Onuf (1989, pp. 87-88) classifica três categorias de atos de fala que constroem regras:

1) **Assertivos:** são atos de fala que ditam uma crença, uma direção moral, do que é certo e errado. Frase típica: "Eu afirmo que [...]". Os atos de fala assertivos podem produzir **regras de instrução**, que informam como as coisas são e funcionam. Um bom exemplo é quando os pais dizem aos filhos que eles não podem mentir.

2) **Diretivos:** são atos de fala que têm intenção de demanda e solicitação. Frase típica: "Eu solicito que [...]". Os atos de fala diretivos podem gerar **regras de direção** – que são imperativas, de comando e ordem. A obediência é requerida através da coerção, a partir de uma relação hierárquica. Por exemplo, quando um chefe ordena que seu funcionário cumpra uma tarefa em um prazo definido, caso contrário poderá ser demitido.

3) **Compromisso** (*commissive*): são atos de fala que envolvem promessas e recompensas. A aceitação da oferta constitui em um comprometimento. Frase típica: "Eu prometo que [...]". Atos de fala de compromisso podem produzir **regras de compromisso** – que, da mesma forma, envolvem promessas e recompensas, direitos e deveres. Regras de compromisso são contratos – que podem ou não serem amparados pela lei. Segundo Onuf (1989, p. 91), a lei normalmente entra como suporte em circunstâncias altamente institucionalizadas. Como exemplo, pode-se pensar em uma pessoa que ao receber dinheiro emprestado de um amigo diz: "Prometo que lhe pagarei na segunda-feira".

Em resumo, os atos de fala **assertivos**, **diretivos** e de **compromisso** são regras. Eles constroem regras de **instrução**, **direção** e de **compromisso** respectivamente. Fundamental salientar que um ato de fala só produz uma regra se a intenção do locutor ao proferi-lo for aceita pelo receptor.

A relação entre locutor e receptor é sempre intersubjetiva, racional e assimétrica. Intersubjetiva porque uma regra se estabelece a partir da interação entre indivíduos. Racional porque, para Onuf (1998, p. 60), os seres humanos sempre agem visando atingir metas. Ele afirma que, mesmo que os objetivos não estejam totalmente claros de início, sempre somos capazes de identificá-los.

Por fim, a relação é assimétrica porque as regras determinam quais atores são os agentes de dada estrutura, pois há sempre aquele que fala e outro que aceita. Segundo Onuf (1989, p. 22), as regras não são neutras, sempre favorecem alguns atores em detrimento de outros.

Como as regras produzem sempre uma relação desigual de poder entre os indivíduos (aqueles que realizam o ato de fala e aqueles que aceitam), elas também resultam em formas de domínio político (em inglês *rule*). Para Onuf (1989, p. 22, grifo nosso, tradução nossa), "a inevitabilidade das regras (*rules*) – e da política – é a persistência das relações sociais assimétricas, entendidas como a condição do domínio (*rule*)".

Cada domínio (*rule*) está relacionado à prevalência de um tipo de regra em dado sistema social, o que se caracteriza, segundo Onuf (1989, pp. 196-197), um paradigma[8] de regra. Os domínios configuram a assimetria material de um sistema ou de áreas de um sistema social, organizando-os a partir de um princípio generalizado de conduta. Onuf ressalta como a assimetria material configura o sistema e como ela é apropriada e construída.

A partir de uma releitura da obra de Weber, Onuf categoriza três tipos de domínios: hegemonia, hierarquia e heteronomia. A **Hegemonia** decorre das **regras de instrução**, e "refere-se à promulgação e manipulação de princípios e instruções pelos quais os atores superordenados monopolizam o significado que é então absorvido passivamente pelos atores subordinados" (ONUF, 1989, p. 209, tradução nossa).

Os locutores (ou *rulers*, em inglês) dos **atos de fala assertivos** são imperceptíveis aos indivíduos que aceitam e obedecem a tais regras. Eles se tornam invisíveis. O conceito aqui é bastante próximo do entendimento de Gramsci sobre as características particulares da hegemonia:

> Dada as relações de produção vigentes, a classe superordenada alcança e protege sua posição com sucesso representando tanto seus interesses de classe como os interesses gerais da sociedade como um todo. [...] os governados aceitam sua posição subalterna como natural e inevitável (ONUF, 1989, p. 211, tradução nossa).

A hegemonia pode ser entendida como a "capacidade de unificar através da ideologia e de conservar unido um bloco social que não é homogêneo, mas sim marcado por profundas contradições de classe" (GRUPPI, 1978, p. 70).

As pessoas incorporam as instruções como se fossem suas próprias escolhas. A ordem social se torna naturalizada e quase inquestionável. Os valores da classe dominante se tornam práticas sociais; constituem a realidade social, limitando a capacidade da classe subordinada de imaginar e buscar alternativas que possam ameaçar esta dinâmica (GRAMS-

8 Cf. ONUF, 1989, pp. 12-27; KUHN, 1970.

CI, 1971, pp. 12, 181, 238-239 *apud* ONUF, 1989, pp. 210-211). Onuf (1989, p. 211) afirma que a hegemonia é um domínio bastante estável, por haver pouco espaço para condutas divergentes.

A **Hierarquia**, como um arranjo de **regras diretivas**, está relacionada a um tipo de relação de comando e ordem, de superordenação e subordinação, que se dá através da coerção. Para Onuf (1989, p. 211), a hierarquia é o paradigma de regra mais fortemente associado a Weber, pois é instantaneamente reconhecido como burocracia.

Um sistema organizado pelo princípio da hierarquia implica sempre ordem e obediência em uma cadeia sucessiva, onde há um último chefe[9]. Predominam normas impessoais e institucionalizadas. Mas também envolve, sobretudo, a necessidade do reconhecimento de que a fonte da ordem é legítima (ONUF, 1989, p. 211).

O ambiente empresarial, onde as relações burocráticas predominam, é um ótimo modelo para exemplificar este domínio. É o lugar onde as atividades são guiadas por regras diretivas descendentes dos postos superiores (ONUF, 1989, p. 211).

Em uma empresa, cada Departamento é tanto subordinado a algum acima quanto superordenado aos que ficam abaixo. Cada comando de um Departamento (a partir de regras diretivas) encontra seu fundamento de validade no Departamento que lhe é diretamente superior, até uma primeira validação, fonte dos comandos, ser atingida (ONUF, 1989, p. 211).

Esta primeira validação, fundamento de toda a empresa, é o Departamento (e seu respectivo chefe), que está acima de todos e tem a responsabilidade formal por todas as atividades realizadas no escritório (ONUF, 1989, p. 211).

A **Heteronomia** é um conceito que Onuf (1989, p. 212, tradução nossa) adota a partir de Kant, definindo-o como "a condição de não ter autonomia". Este paradigma de regra não é reconhecido por Weber. As **regras de compromisso** "formalizam promessas como deveres [...] *e* correspondentes aos deveres há os direitos ao que foi prometido" (ONUF, 1989, p. 214, tradução nossa). Assim, a heteronomia organiza um sistema a partir da produção de compromissos.

Contudo, Onuf (1989, p. 214, tradução nossa) ressalta que as relações sociais baseadas na negociação dos enunciados ocorrem a partir da ilusão da autonomia dos agentes: "Regras que postulam autonomia

9 Cf. KELSEN, 1998.

nas relações reforçam a assimetria de tais relações". Apesar da aparente igualdade de posições entre os agentes, já que ambos devem cumprir com deveres e devem gozar de direitos, como é típico das relações contratuais, as consequências de tais acordos serão sempre assimétricas (ONUF, 1989, p. 214).

Neste tipo de domínio (*rule*), os locutores (*rulers*) não podem ser identificados pela descoberta dos autores das regras (ONUF, 1989, p. 217). A vantagem de uma parte em detrimento da outra não é óbvia. Ao revés, esconde-se no meio de um modelo moral que é naturalizado, como se fosse vantajoso para todos. Por isso, para Onuf (1989, p. 219, tradução nossa), "a hegemonia legitima a heteronomia [e] a heteronomia fornece a base material para a hegemonia", apesar de ambos os domínios serem distintos no nível da análise.

Segundo o autor, o sistema internacional é ordenado predominantemente pelas regras de compromisso, mas possui áreas com domínio hegemônico e hierárquico. Ao contrário das perspectivas tradicionais que consideram a anarquia o principal atributo a caracterizar as relações internacionais, Onuf acredita ser mais correto afirmar que a sociedade de que fazem parte os Estados é uma sociedade heterônoma (ONUF, 1989, pp. 223-224).

Onuf (1989, p. 184) salienta que todas as sociedades políticas são experiências mistas, que envolvem regras das três categorias em proporções únicas, definidas pela história. A tabela abaixo tem a função de organizar os principais conceitos apresentados por Onuf, de forma a facilitar a compreensão da dinâmica entre eles:

Tabela

Atos de fala	Regras (*rules*)	Domínio (*rule*)
Assertivos → Ditam uma crença, uma direção moral	Instrução → Informam como as coisas são e funcionam	Hegemonia → Monopólio do significado por atores dominantes
Diretivos → Possuem intenção de demanda e solicitação	Direção → São imperativas, de comando e ordem	Hierarquia → Ordem e obediência
Compromisso → Envolvem promessas e recompensas	Compromisso → Direitos e deveres	Heteronomia → Produção de compromissos

Fonte: Christiane Romêo e Débora Sol

Em síntese, as regras (*rules*) são produzidas pelos atos de fala e praticadas pelos indivíduos de forma constante até se estruturarem e se transformarem em *rule*, ou seja, no princípio ordenador de dado sistema social. Assim, as regras dominantes (*rules*) orientam as interações sociais cotidianas de um sistema social.

Ao mesmo tempo, como há o pressuposto do indivíduo racional e reflexivo em toda interação social, há a possibilidade de um dos atores – a partir de estratégias – mudar as regras do jogo. Para Onuf, os sujeitos têm capacidade de refletir sobre seu lugar naquela relação, de forma que são capazes de mudá-la. Ele se aproxima de Giddens (1979) ao destacar o *self* reflexivo.

Por exemplo, uma relação entre sujeitos que acontece com base em regras de direção pode transformar-se em regras de instrução. Dependendo da continuidade dessa prática, o domínio (*rule*) que organiza determinado ambiente social pode mudar de hierarquia para hegemonia. A partir dessa perspectiva, nenhum sistema de valores é estático, mas sempre passível de mudança.

Segundo Onuf (1989, p. 52, tradução nossa), "quando os seres humanos utilizam as regras, eles geralmente o fazem no nível da reflexão autoconsciente. Eles sempre o fazem no nível de uma 'consciência prática', tal como Anthony Giddens o entenderia [...]".

Para Giddens (1984, p. 90 *apud* ONUF, 1989, p. 59, tradução nossa), "consciência prática consiste em conhecer as regras e as táticas pelas quais a vida social cotidiana é constituída e reconstituída através do tempo e do espaço". Dessa maneira, "os atores humanos são capazes [...] de monitorar suas próprias atividades e as de outros na regularidade da conduta diária" (GIDDENS, 1979, p. 34, tradução nossa).

Giddens entende que os seres humanos sabem o que estão fazendo quando eles seguem regras – "eles escolhem seguir ou não uma regra dependendo da avaliação que fazem das consequências de cada escolha" (ONUF, 1989, p. 59, tradução nossa).

Onuf inspira-se no modelo desenvolvido por Giddens para afirmar a capacidade dos indivíduos de reposicionar as regras a cada interação social. Importante salientar, contudo, que há uma diferença entre Giddens e Onuf: enquanto Giddens entende que as regras são propriedades estruturais, Onuf vê as regras como uma propriedade material.

Portanto, segundo Onuf, está nas regras o poder de agência dos indivíduos e o lugar onde se realiza a dualidade da estrutura. Para ele, as regras (*rules*) são sempre constitutivas (ou seja, transformadoras) e reguladoras (ou seja, reprodutoras) de uma ordem social (*rule*). Pode-se dizer, então, que há uma "co-constituição de fenômenos de níveis micro e macro [...] porque regras (*rules*) se transformam em domínio (*rule*), e domínio (*rule*) em regras (*rules*)" (ONUF, 1989, p. 29, tradução nossa).

2.3. Alexander Wendt

Reconhecido como aquele que popularizou o construtivismo, Wendt buscou firmar-se como uma "via média" dentro do amplo debate entre realismo e liberalismo. Ele apresenta o construtivismo como uma teoria baseada no "idealismo estrutural", no intuito de distanciar-se, por um lado, dos idealistas mais radicais (que argumentam que somente as ideias importam) e, por outro, de autores puramente materialistas (que explicam o mundo apenas em função de fatores materiais).

No que tange ao debate agência-estrutura, Wendt segue a mesma linha de Onuf ao propor o desenvolvimento de uma nova abordagem adaptada dos trabalhos dos "teóricos da estruturação", em Sociologia, entre os quais se destaca Anthony Giddens. Uma das principais características desta abordagem é a proposta de superação da dicotomia entre estrutura e agente, uma vez que ambos são problematizados e postos como "variáveis dependentes". Assim, agentes e estruturas possuem *status* ontológico semelhante.

Wendt (1987, p. 337-338, tradução nossa) entende que o problema da agência e da estrutura tem sua origem em duas evidências sobre a vida social:

> 1) os seres humanos e suas organizações são atores intencionais cujas ações ajudam a reproduzir ou transformar a sociedade em que eles vivem;
>
> 2) a sociedade é feita de relações sociais que estruturam as interações entre esses atores intencionais.

Em seu artigo "The Agent-Structure Problem in International Relations Theory", de 1987, Wendt faz uma análise crítica das concepções dominantes da teoria estrutural, especialmente do neorrealismo. Para ele, os neorrealistas incorporam uma ontologia individualista por definirem a estrutura do sistema internacional a partir dos atributos materiais dos Estados – a "distribuição de capacidades" (WENDT, 1987, pp. 335-336).

A partir da construção de Waltz (1979), Wendt (1999, pp. 145-157) entende que a estrutura de qualquer sistema social, incluindo o sistema internacional, deve ser organizada em dois níveis distintos: o micro e o macro. As microestruturas se referem às interações entre as unidades do sistema e as macroestruturas dizem respeito ao sistema como um todo.

A relação entre micro e macroestruturas é de superveniência, ou seja, as macroestruturas não podem ser reduzidas às microestruturas, mas dependem destas para sua existência. Em resumo, isto quer dizer que é possível, em termos de análise, identificar regularidades e padrões gerais de um sistema que não são redutíveis às propriedades e interações das unidades, apesar de dependerem delas para existirem (WENDT, 1999, p. 155-156).

Para o neorrealismo, o comportamento dos Estados é totalmente constrangido pela estrutura (WENDT, 1987, p. 342), uma vez que ela altera e ajusta os interesses e preferências estatais, afetando o resultado de suas interações. No entanto, para Wendt (1995, p. 72), a teoria neorrealista ignora que as estruturas também podem constituir as identidades estatais e os interesses. Ele apresenta uma diferença central entre as duas teorias: os neorrealistas consideram que a estrutura é composta apenas da distribuição de capacidades materiais, enquanto construtivistas acreditam que ela também é formada de relações sociais (WENDT, 1995, p. 73).

Segundo Wendt (1995, p. 73), estruturas sociais têm três elementos: entendimento (ou conhecimento) compartilhado, recursos materiais e prática. Detendo-se no primeiro elemento, é necessário frisar que, dependendo dos entendimentos e das expectativas compartilhadas, as relações entre os atores podem ser tanto de natureza cooperativa como de natureza conflituosa.

É pela dependência da estrutura social com respeito às ideias que se afirma que o construtivismo tem uma visão idealista da estrutura. O que faz com que essas ideias, ou estruturas, sejam "sociais" é a qualidade intersubjetiva (WENDT, 1995, p. 73). Mas as estruturas sociais também incluem recursos materiais, como ouro e tanques. Wendt (1995, p. 73) argumenta que, para os construtivistas, os recursos materiais apenas adquirem significado para a ação humana através da estrutura do entendimento compartilhado no qual eles estão imbuídos.

Por exemplo, segundo Wendt (1995, p. 73), as armas nucleares britânicas são menos ameaçadoras aos Estados Unidos do que as armas nucleares da Coreia do Norte porque a Inglaterra é amiga dos Estados Unidos e os norte-coreanos não, e amizade e inimizade são funções de entendimentos compartilhados.

Portanto, as capacidades materiais sozinhas não explicam nada; seus efeitos pressupõem estruturas de entendimentos compartilhados, que variam e não são redutíveis às capacidades (WENDT, 1995, p. 73). Além disso, Wendt (1995, p. 74) ressalta que as estruturas sociais existem nas práticas, são "reais e objetivas, não apenas 'conversa'". Todavia, essa objetividade depende de um entendimento compartilhado. Elementos como poder e interesse não possuem efeitos separados do entendimento compartilhado que os constituem como tais.

Por exemplo, a Guerra Fria, segundo ele, era uma estrutura de entendimentos compartilhados que governou as relações das grandes potências por quarenta anos. Contudo, uma vez que eles pararam de agir nessas bases, o Muro de Berlim caiu (WENDT, 1995, p. 74). Com isso, Wendt (1995, pp. 71-72, tradução nossa) conclui que a política mundial é socialmente construída, o que envolve mais dois pressupostos:

> 1) que as estruturas fundamentais da política internacional são sociais em vez de estritamente materiais (este argumento se opõe ao materialismo); 2) e que essas estruturas moldam as identidades e os interesses dos atores, em vez de apenas o comportamento (opõe-se ao racionalismo).

Analisar a construção social da política internacional, segundo Wendt (1995, p. 81, tradução nossa), é analisar como "os processos de interação produzem e reproduzem as estruturas sociais - cooperativas ou conflituosas - que moldam as identidades e interesses dos atores e o significado de seus contextos materiais".

O autor propõe explicar de maneira endógena a construção de identidades. Ao contrário do realismo que entende interesse nacional como algo previamente determinado, ele afirma que para defini-lo é preciso definir as identidades que o precedem (WENDT, 1999, p. 233). Wendt (1999, pp. 224-230) apresenta quatro tipos de identidade que não são definitivas nem únicas, quais sejam:

1) **Pessoal ou corporativa** (em caso de organizações): Identidade vinculada à base material de uma pessoa ou de organizações, como o Estado. No caso das pessoas, a base material é o corpo, enquanto para o Estado as bases são os vários corpos que o compõem e o seu território. Não há possibilidade de transformação na identidade pessoal ou corporativa, pois ela está relacionada com as propriedades essenciais, que existem pré-interação (WENDT, 1999, pp. 224-225). Muitos autores criticam Wendt neste ponto, por ele não problematizar o próprio processo de formação do Estado.

2) Tipo: É a identidade relacionada às características compartilhadas socialmente, que tenham conteúdo ou significado social, como idiomas, valores, atitudes, conhecimento, opiniões, experiência, entre outros (WENDT, 1999, pp. 225-226).

3) Papel: A identidade de papel só pode ser definida em relação a outros agentes. Ela é alcançada quando se ocupa uma posição em uma estrutura social e seguem-se normas de comportamento em relação aos outros. Ninguém pode desempenhar identidades de papel por si mesmo. É o que acontece na relação do professor com o estudante. O estudante se reconhece como tal a partir da figura do professor e vice-versa (WENDT, 1999, p. 227).

Para Wendt, é essencial ressaltar que o que importa na definição das identidades de papéis não é a institucionalização, mas o grau de interdependência entre o Eu e o Outro. Quando a interdependência é alta, como no caso do conflito árabe-israelense, as identidades de papel não são uma questão de escolha que possam ser facilmente descartadas, mas sim posições forçadas. Nessa situação, mesmo que um Estado queira abandonar um papel, ele pode ser impossibilitado porque o Outro deseja manter essa identidade (WENDT, 1999, p. 228).

Segundo Wendt, a soberania é uma identidade de papel, com direitos substanciais e normas de comportamento, porque é reconhecida pelos outros Estados. Esta visão é contrária ao que afirma o neorrealismo, que pressupõe que a soberania estatal é uma identidade corporativa, ou seja, nada mais que uma característica inerente a ser um Estado (WENDT, 1999, p. 228).

4) **Identidade coletiva:**[10] É formada quando ocorre uma identificação entre o Eu e o Outro. A identificação é normalmente relacionada a alguma questão específica e raramente é uma identificação total (apesar de se aproximar disso, segundo Wendt, no caso do amor e do patriotismo). Os atores definem o bem-estar do Outro como parte do Eu, de forma altruística (WENDT, 1999, p. 229).

Em "Anarchy Is What States Make of It: The Social Construction of Power Politics", publicado em 1992, Wendt critica a visão realista da anarquia. Para ele, a caracterização do sistema internacional como anárquico – devido à ausência de uma autoridade soberana – não leva automaticamente ao sistema de autoajuda. Ao revés, a lógica da guerra de "todos contra todos" é constituída por ideias compartilhadas que formam determinada estrutura social (WENDT, 1995, p. 73).

Wendt (1995, p. 77) propõe pensar que a anarquia adquire significado por meio do processo de interação entre os seus agentes. Como resultado, ela tanto pode ser baseada no sistema de autoajuda como pode assumir outros significados. Tendo em vista a lógica da reciprocidade, o que os Estados fazem uns com os outros afeta a estrutura social em que eles estão inseridos.

Quando uma estrutura social é composta de entendimentos intersubjetivos em que Estados são tão pouco confiáveis, que eles supõem que a intenção dos outros é sempre a pior, identidades e interesses definem-se em termos egoístas. Se alguns Estados se militarizam, os outros se sentirão ameaçados e também se armarão, criando um dilema de segurança (WENDT, 1995, p. 77). Em contraposição, uma comunidade de segurança é uma estrutura social formada de um entendimento compartilhado em que Estados confiam uns nos outros para resolver disputas sem a necessidade de recorrer à guerra (WENDT, 1995, p. 77).

Wendt defende que a anarquia pode gerar um mundo hobbesiano, a partir de uma lógica baseada na maximização de poder, na competição e no autointeresse. Mas também pode implicar cooperação, identificação e confiança. Como explicita o título do artigo de 1992, "a anarquia é o que os Estados fazem dela". Com base nesta definição, muitos críticos consideram que o construtivismo de Wendt é centrado nos Estados.

Entretanto, Wendt ressalta que dizer que as estruturas são socialmente construídas não é garantia de que serão mudadas. Ele afirma que

10 Cf. WENDT, 1994.

às vezes as estruturas sociais constrangem tanto a ação, "que as estraté gias transformadoras são impossíveis" (WENDT, 1995, p. 80, tradução nossa). Isto porque a mudança estrutural depende da mudança de um sistema de expectativas que pode ser mutuamente reforçado.

No livro *Social Theory of International Politics*, de 1999, Wendt (pp. 246-312) apresenta três culturas possíveis em um ambiente anárquico: hobbesiana, lockeana e kantiana. A cultura diz respeito aos entendimentos compartilhados.

A **cultura hobbesiana** é caracterizada pela inimizade. O Outro é visto como uma ameaça permanente. Segundo Wendt (1999, p. 260), representar o Outro como inimigo significa não o reconhecer como dotado do direito de existir como um ser autônomo. Em vista disso, justifica-se o uso ilimitado da violência.

A lógica prevalecente nessa cultura é a da autoajuda. É um jogo de soma zero, em que o imperativo é a segurança, ou seja, a sobrevivência. Isto significa que os Estados estão sempre em iminência de guerra, mesmo que ela não aconteça de fato. A sobrevivência dos Estados depende somente de seu poderio militar, o que significa que aumentar a segurança de A necessariamente reduz a de B (WENDT, 1999, p. 265).

Para Wendt (1999, p. 262), a representação do Outro como inimigo tende a ter, no mínimo, quatro implicações para a postura e comportamento da política externa de um Estado, o que gera uma lógica particular de interação: 1) em uma situação de conflito, a resposta ao inimigo terá o intuito de destruí-lo ou conquistá-lo; 2) as decisões serão orientadas pela espera do pior cenário; 3) o poder torna-se a chave para a sobrevivência, tornando essencial o fortalecimento das capacidades militares; 4) no caso da eclosão de uma guerra, o recurso ao uso da força tende a ser ilimitado.

Essa estrutura, segundo Wendt (1999, pp. 265-266), gera quatro "tendências": 1) um estado de guerra endêmico e ilimitado; 2) a eliminação de atores que não se adaptam ao ambiente hobbesiano, ou seja, aqueles não adaptados ao estado de guerra ou muito fracos militarmente para competir, o que leva a uma alta taxa de eliminação de Estados; 3) balança de poder entre os Estados mais fortes; 4) pouco espaço para movimentos de não alinhamento ou neutralidade. O autor observa que nas anarquias hobbesianas há a prevalência de guerras constitutivas, quando o tipo e a existência das unidades estão em jogo.

Wendt (1999, p. 261) localiza na história períodos em que a cultura hobbesiana prevaleceu, isto é, quando Estados se posicionaram como inimigos, dentre os quais se destacam o Holocausto e a Guerra Fria. Em uma **cultura lockeana**, a lógica prevalecente é a rivalidade. Esta estrutura leva a quatro tendências (WENDT, 1999, pp. 283-285), quais sejam:

1) O estado de guerra é simultaneamente aceito e limitado. Por um lado, a guerra é aceita como normal e legítima. Por outro, a guerra tende a ser limitada, não no sentido de inibir a morte de pessoas, mas sim de Estados. Como guerras de conquista são raras, quando elas ocorrem outros Estados tendem a agir coletivamente para restaurar o *status quo* (por exemplo, Segunda Guerra Mundial, Guerra da Coreia, Guerra do Golfo). Nas anarquias lockeanas, dominam as guerras configurativas, quando as unidades são aceitas pelas partes, que lutam por território e vantagem estratégica (WENDT, 1999, pp. 283-284).

2) Um estado de guerra limitado sustenta uma segunda tendência, que é a estabilidade dos Estados. Isso não se aplica àqueles cuja soberania não é reconhecida. Os Estados sobrevivem por razões sociais e não materiais. Wendt (1999, p. 280) quer dizer com essa afirmação que a soberania se torna um "direito" apenas quando outros Estados reconhecem isso (WENDT, 1999, p. 284).

3) A tendência à balança de poder, mas como efeito de um reconhecimento mútuo de soberania. Se os Estados sabem que os outros reconhecem sua soberania, então a questão da sobrevivência não é central, nem a preocupação com o poder relativo. Wendt salienta que a instituição da soberania contém a tendência hobbesiana à concentração de poder (WENDT, 1999, p. 284).

4) Por fim, há o reconhecimento do *status* de neutralidade ou não alinhamento (WENDT, 1999, p. 285).

Para Wendt, essas quatro tendências sugerem que a anarquia representada por Waltz é, na verdade, um sistema lockeano e não hobbesiano:

> [**Afinal**], sua analogia com os mercados, que pressupõe instituições que asseguram que atores não matam uns aos outros, sua ênfase no equilíbrio, sua observação que os Estados-Modernos têm taxa baixa de eliminação, e sua suposição de que os Estados buscam a maximização da segurança e não de poder, são todas as características associadas com a cultura lockeana relativa-

> mente autocontrolada, não com a guerra de todos contra todos (WENDT, 1999, p. 285, tradução nossa).

Por último, a **cultura kantiana** é baseada na amizade. A norma é a não violência e o jogo de equipe. A amizade é uma estrutura de papel dentro da qual os Estados esperam um do outro que observem duas regras simples:

> 1) disputas serão realizadas sem guerras ou ameaças de guerra (a regra é a não violência);
>
> 2) os Estados lutarão como uma equipe se a segurança de qualquer um deles for ameaçada por uma terceira parte (a regra é a ajuda mútua)" (WENDT, 1999, pp. 298-299, tradução nossa).

Em uma cultura kantiana, a guerra não é considerada uma forma legítima de realizar disputas. Wendt (1999, p. 300) exemplifica observando a relação entre os Estados Unidos e o Canadá. Embora ambos os países tenham uma variedade de conflitos no âmbito do comércio e da pesca, por exemplo, os Estados Unidos não consideram a violência como um meio plausível, apesar de seu enorme poderio militar.

A amizade existe quando Estados esperam que cada um observe as duas regras. Wendt vê, todavia, uma distinção entre amizade e aliança. Espera-se que uma relação baseada na amizade perdure. Já a aliança é uma condição de amizade temporária, em virtude de alguma circunstância que pode acabar. Aliados podem tornar-se inimigos ou rivais no futuro (WENDT, 1999, p. 299).

Segundo Wendt (pp. 266-279), nas três culturas de anarquia são possíveis três níveis de internalização: por força, por autointeresse e por legitimidade. A internalização por força – considerada a mais instável – acontece quando os atores aderem a uma cultura de anarquia porque eles são coagidos ou obrigados.

A internalização pelo autointeresse ocorre quando a aderência ou não de uma cultura de anarquia depende de um cálculo de custos e benefícios dos atores. Por último, há internalização por legitimidade – considerada a mais estável – quando existe um convencimento entre os atores de que uma determinada cultura de anarquia deve prevalecer. Neste caso, os atores se identificam com as expectativas dos outros, relacionando-as como parte deles mesmos.

Em suma, Wendt pressupõe que as estruturas fundamentais da política internacional são sociais e não estritamente materiais e que essas estruturas moldam as identidades e os interesses dos atores e não apenas o seu comportamento. Dessa forma, ele se opõe tanto à visão materialista, que entende que as forças materiais por si determinam a vida internacional; quanto à visão da escolha racional, que afirma que a interação não muda as identidades e interesses (WENDT, 1995, pp. 71-72).

Ao mesmo tempo, ao tentar se colocar no meio-termo entre racionalistas e pós-positivistas, Wendt não lida com o discurso como uma categoria central de sua análise e faz uma série de concessões metodológicas que o aproxima das correntes tradicionais (ZEHFUSS, 2002, p. 5).

Considerações Finais

Este capítulo buscou oferecer uma ampla compreensão das bases do construtivismo social, partindo de uma visão geral dessa abordagem e do seu impacto sobre o desenvolvimento da disciplina de Relações Internacionais, para expor com maior facilidade de compreensão para os discentes as contribuições individuais dos três autores mais fundamentais e associados ao surgimento dessa perspectiva. Assim, cabe-nos agora, à título de conclusão, ressaltar algumas distinções fundamentais entre eles.

A análise das obras de Kratochwil, Onuf e Wendt permite concluir que dentro do termo construtivismo cabem diferentes interpretações. Kratochwil – tal como Onuf – encontra em Wittgenstein e no conceito de ato de fala um importante ponto de partida. Ambos os autores partilham a ênfase no discurso e nas normas, entendendo que a linguagem não é apenas um instrumento para ação, mas a própria ação. A partir desse pressuposto, Onuf faz uma análise das relações de poder.

Todavia, a virada linguística não ganha importância na obra de Wendt, que, por sua vez, prefere chamar a atenção para o conceito de identidade. Tal conceito não é mencionado por Onuf, por exemplo. Mas, em contrapartida, Wendt e Onuf tratam da co-constituição de agentes e estrutura como uma questão essencial de suas análises. Wendt fornece instrumentos analíticos endógenos para explicar a construção das identidades. Contudo, o construtivismo de Wendt é desenvolvido em bases científicas, no intuito de estabelecer um diálogo com o racionalismo.

Wendt busca consolidar o construtivismo como um meio-termo entre racionalistas e pós-positivistas. Zehfuss (2002, p. 5, tradução nossa), no entanto, argumenta que "o famoso caminho do meio está mais perto do racionalismo do que dos pós-positivistas", o que resulta no enfraquecimento da visão crítica das relações internacionais. A autora também critica a obra de Onuf, que apesar de aprofundar a análise dos discursos que criam verdades, ainda aceita a realidade como limite (ZEHFUSS, 2002, pp. 195, 246).

Desse modo, Fierke e Jorgensen (2001, p. 5) afirmam existir uma divisão dentro desta abordagem: aqueles autores que foram inspirados por Berger, Luckman e Giddens, entre outros, denominados construtivistas convencionais, e aqueles que se definem como construtivistas mais radicais, inspirados por pensadores pós-modernos como Foucault, Lyotard ou Derrida.

No entanto, não há um consenso sobre o lugar do construtivismo, se situado mais próximo dos racionalistas ou dos pós-modernos. Mas é possível concluir que esta abordagem, ao optar pelo diálogo com outras áreas das Ciências Sociais, abriu muitos caminhos para autores que buscavam superar as limitações impostas pelas teorias dominantes e a inabilidade destas para compreender as transformações na política internacional.

Referências Bibliográficas

ADLER, Emmanuel. "O construtivismo no estudo das Relações Internacionais". *Lua Nova*, n. 47, p. 201-246, 1999.

AUSTIN, J.L. *How to Do Things with Words.* Cambridge, Mass: Harvard University Press, 1962.

CAPORASO, James A. "International Relations Theory and Multilateralism: The Search for Foundations". *International Organization*, V. 46, pp. 599-632, 1992.

FIERKE, K. M. e JORGENSEN, Knud Erik, eds. *Constructing International Relations:* The Next Generation. Armonk, NY: M.E. Sharpe, 2001.

FINNEMORE, Martha; SIKKINK, Kathryn. Taking Stock: The Constructivist Research Program in International Relations and Comparative Politics. *Annual Reviews of Political Science*, V. 4, p. 391-416, June 2001.

GIDDENS, Anthony. *Central Problems in Social Theory:* Action, Structure and Contradiction in Social Analysis. Berkeley: University of California Press, 1979.

GIDDENS, Anthony. *The Constitution of Society:* Outline of the Theory of Structuration. Cambridge: Polity Press, 1984.

GRUPPI, Luciano. *O conceito de hegemonia em Gramsci.* Rio de Janeiro: Edições Graal, 1978.

JACKSON, Robert; SORENSEN, George. *Introduction to International Relations:* Theories and Approaches. Oxford: Oxford University Press, 2013. p. 208-230.

KATZENSTEIN, Peter; KEOHANE, Robert; KRASNER, Stephen. International Organization and the Study of World Politics". *International Organization,* V. 52, 1998.

KATZENSTEIN, Peter (org). *The Culture of National Security:* Norms and Identity in World Politics. New York: Columbia University Press, 1996.

KELSEN, Hans. *Teoria pura do direito.* Tradução João Baptista Machado. 6ª ed. São Paulo: Martins Fontes, 1998.

KOSLOWSKI, Rey e KRATOCHWIL, Friedrich. "Understanding change in international politics: the Soviet empire's demise and the international system". *International Organization,* Vol. 48, N. 2, pp. 215-247, 1994.

KRATOCHWIL, Friedrich V. "Is the Ship of Culture at Sea or Returning?" In: YOSEF, Lapid e KRATOCHWIL, Friedrich, eds. *The return of Culture and Identity in IR Theory.* Boulder: Lynne Rienner, 1996.

KRATOCHWIL, Friedrich V. *Rules, Norms, and Decisions. On the conditions of practical and legal reasoning in international relations and domestic affairs.* Cambridge: Cambridge University Press, 1989.

KRATOCHWIL, Friedrich V. "Errors Have Their Advantage". *International Organization,* Vol. 38, N. 2, pp. 305-320, 1984.

KUHN, Thomas S. *The Structure of Scientific Revolutions,* 2ª ed. Chicago: University of Chicago Press, 1970.

NOGUEIRA, Joao Frankling Abelardo Pontes; MESSARI, Nizar. *Teoria das Relações Internacionais:* Correntes e Debates. Rio de Janeiro: Elsevier, 2005.

ONUF, Nicholas. "Constructivism: A User's Manual". In: KUBALKOVA, V.; ONUF, N.; KOWERT, P. *International Relations in a Constructed World.* Armonk, New York, M. E. Sharpe, 1998.

ONUF, Nicholas. *World of our Making:* rules and rule in social theory and international relations. Columbia: University of South Carolina Press, 1989.

REUS-SMIT, Christian. Constructivism. In: BURCHILL, Scott et all. *Theories of International Relations.* Bangsinstoke: Palgrave Mcmillan, 2005. p. 188-212.

RUGGIE, John. "International Structure and International Transformation: Space, Time and Method" In: ROSENAU, James N. e CZEMPIEL, Ernst-Otto Czempiel, eds. *Global Changes and Theoretical Challenges.* Lexington, MA: Lexington Books, 1989.

RUGGIE, John. *Constructing the World Polity:* Essays on International Institutionalization. Londres: Routledge, 1998.

RUGGIE, John. What Makes the World Hung Together? Neo Utilitarianism and the Social Constructivist Challenge. *International Organization*, v. 52, nº 4, p. 855-885, autumn 1998a.

WALTZ, Kenneth. *Theory of International Politics*. New York: McGraw Hill, 1979.

WENDT, Alexander. *Social Theory of International Politics*. Cambridge: Cambridge University Press, 1999.

WENDT, Alexander. "Constructing International Politics". *International Security*, Vol. 20, nº 1, pp. 71-81, 1995.

WENDT, Alexander. "Collective Identity Formation and the International State". *American Political Science Review*, V. 88, nº 2, pp. 384-396, 1994.

WENDT, Alexander. "Anarchy is what States Make of it: The Social Construction of Power Politics". *International Organization*, Vol. 46, nº 2, pp. 391-425, 1992.

WENDT, Alexander. "The Agent-Structure Problem in International Relations Theory". *International Organization*, Vol. 41, nº 3, pp. 335-370, 1987.

ZEHFUSS, Maja. *Constructing International Relations – The Politics of Reality*. Cambridge: Cambridge University Press, 2002.

Capítulo 10

O PÓS-MODERNISMO NAS RELAÇÕES INTERNACIONAIS

Bruno Rosi[1]

Introdução

O pós-modernismo foi uma das correntes filosóficas de maior relevância no final do século XX. Intimamente relacionada com o pós-estruturalismo e o desconstrucionismo, esta corrente teórica estabeleceu conceitos que ultrapassaram em muito sua influência para além do meio estritamente acadêmico. Prova disso é o amplo uso de conceitos ou frases como "conhecimento é poder", "não existe verdade absoluta", "discurso" e "metanarrativa". Embora o pós-modernismo seja uma abordagem de menor expressão em Relações Internacionais, considerando sua popularidade ou número de análises, sua influência sobre a disciplina não pode ser desconsiderada.

Esta influência se deu principalmente a partir da década de 1980, no contexto do chamado Quarto Grande Debate, também chamado de Debate Pós-positivista. Desta forma, dentro do campo de Relações Internacionais, o pós-modernismo consiste em uma das correntes teóricas chamadas de pós-positivistas, como e o caso de alguns construtivistas, teóricos críticos, marxistas, dentre outros. Assim como ocorre com estas últimas abordagens, o pós-modernismo se insurge contra as abordagens positivistas da disciplina, principalmente em relação ao neorrealismo de Kenneth Waltz, assim como demais autores que pretendem formular um conhecimento com grande rigor científico nas Relações Internacionais.

---

1 Bacharel e licenciado em Historia (UFF), Mestre em Relações Internacionais (PUC-RIO), Mestre em Divindade (Westminster Theological Seminary), Doutor em Ciência Política (IESP/UERJ).

Assim, o pós-modernismo tem sido definido como "uma incredulidade' a respeito de metanarrativas (Lyotard, 1998). Metanarrativas, por sua vez, são explicações abrangentes a respeito do mundo ao nosso redor. Neste sentido, a principal metanarrativa criticada pelo pós-modernismo é a própria modernidade, com sua promessa de progresso através da libertação dos indivíduos pelo uso da razão. No campo mais especifico das Relações Internacionais, o pós-modernismo critica aquelas teorias que supõem serem capazes de apresentar a realidade de forma objetiva, racional e neutra.

Entre os autores pós-modernistas mais citados em Relações Internacionais estão Richard Ashley (1988), Robert Walker (1993), Michael Joseph Shapiro (1989) e James Der Derian (1987). Neste capítulo iremos conhecer as origens do pós-modernismo, seus principais teóricos, principais conceitos, influência na teoria de Relações Internacionais, principais contribuições, bem como algumas críticas que tem sido endereçadas ao pós-modernismo. O que se conclui é que o pós-modernismo representou uma crítica relevante para as correntes teóricas já estabelecidas na disciplina, principalmente aquelas amparadas no positivismo. No entanto, o pós-modernismo também apresenta fragilidades, ironicamente dentro de seus próprios pressupostos.

1. As origens do pós-modernismo, o Existencialismo

Em parte, o pós-modernismo tem sua origem no existencialismo dos séculos XIX e XX. O teólogo e filósofo dinamarquês Søren Kierkegaard (1813-1855) é geralmente apontado como o primeiro existencialista. Embora não seja citado com muita frequência por autores pós-modernistas de Relações Internacionais, conhecer um pouco de seu pensamento ajuda a entender o pós-modernismo. Além disso, Kierkegaard foi uma das principais influências de Martin Heidegger (1889-1976), um dos mais importantes filósofos do século XX. A característica mais importante de sua filosofia e sua reflexão sobre a existência humana, assim como a forma como esta se diferencia de outras existências. Mais exatamente, Kierkegaard se opôs ao pensamento hegeliano, dominante no círculo intelectual de seu tempo, para afirmar que nossas ações determinam nossa existência.

Kierkegaard teve sua vida profundamente marcada pelo rompimento de um noivado e por seu incômodo com as formalidades da

Igreja (Luterana) da Dinamarca. Em seu entendimento (assim como de outros da época, dentro de um movimento conhecido como pietismo, influente principalmente na Alemanha, mas com forte precedência sobre o metodismo inglês de John Wesley) a teologia luterana havia se tornado excessivamente intelectual, marcada por um "escolasticismo protestante". Kierkegaard se incomodava com o fato de ter se tornado fácil ser um cristão na Europa do século XIX.

O escolasticismo foi antes deste período um ramo da teologia católica, cujo principal representante foi Tomás de Aquino (1225-1274). Tomás de Aquino argumentou contra a teoria da dupla verdade, defendida por teólogos muçulmanos de seu tempo. Segundo esta teoria, algo poderia ser verdade na religião e não ser verdade nas ciências empíricas. Ele defendeu um conceito clássico de verdade, já utilizado séculos antes por Agostinho de Hipona (354-430), para afirmar que a verdade não podia ser assim dividida. Em outras palavras, Tomás de Aquino entendia que a fé cristã era perfeitamente coerente com os ditames da razão. Embora concordasse a respeito da racionalidade da fé cristã, Martinho Lutero (1483-1546) fez muitas críticas a Tomás de Aquino e ao escolasticismo. Ironicamente a precisão metodológica do teólogo medieval acabou sendo bastante influente na teologia luterana dos séculos XVIII e XIX. Na Alemanha e nos países nórdicos (Dinamarca, Finlândia, Islândia, Noruega e Suécia) o luteranismo tornou-se a religião de estado após a Reforma Protestante do século 16, e ser o pastor de igrejas em cidades importantes como Berlim e Frankfurt tornou-se um respeitado e cobiçado cargo público.

É contra este intelectualismo e esta facilidade de ser cristão que Kierkegaard se revoltou. Na Dinamarca do século XIX todos nasciam dentro da Igreja Luterana e ser cristão era a posição mais socialmente aceita. Kierkegaard apontava que em séculos passados ser cristão não era fácil, podendo envolver, inclusive, risco de vida. Em face disso ele reclamava por um cristianismo que envolvesse uma decisão individual contra todas as evidências empíricas e racionais. Em um de seus textos mais famosos ele faz uma exposição da história em que o patriarca Abraão é solicitado por Deus a matar Isaque, seu filho único. Kierkegaard imagina um cenário em que Abraão não entende as razões de Deus, mas acaba obedecendo cegamente. Nas palavras de Kierkegaard, Abraão dá "um salto de fé".

Este conceito de salto de fé, indo contra todas as evidências e contra a própria razão, é central no pensamento de Kierkegaard, e acabou se tornando muito influente no cristianismo do século XX e mesmo em outras religiões estabelecidas no ocidente. Para além do aspecto estritamente religioso, Kierkegaard marcou o pensamento ocidental com a noção de que algumas coisas podiam ser verdade em algumas áreas do conhecimento, mas não em outras. Além disso, sua influência pode ser observada na noção de que o indivíduo precisa tomar decisões sobre como pretende existir, a despeito das regras da sociedade ou de todas as evidências racionais e empíricas.

Outro importante filósofo existencialista do século XIX foi o alemão Friedrich Nietzsche (1844-1900). Assim como Kierkegaard, Nietzsche também foi criado dentro do luteranismo, mas se tornou ateu em sua vida adulta. Também como Kierkegaard, Nietzsche se tornou um crítico das convenções sociais de seu tempo, especialmente as convenções religiosas. Nietzsche é particularmente famoso pela frase "Deus está morto". Esta frase aparece em um de seus textos mais famosos, no qual o Deus cristão comparece a uma reunião com os outros deuses e afirma que é o único deus. Diante desta afirmação os outros deuses morrem de rir. O Deus cristão torna-se efetivamente o único deus. Porém, mais tarde, o Deus cristão morre de pena por ver seus seguidores na Terra tornando-se pessoas sem coragem. O que Nietzsche queria observar com esta história era a forma como a sociedade ocidental tendia a se tornar secularizada, ou seja, isenta da influência direta da religião (neste caso do cristianismo).

Nietzsche era particularmente crítico da forma como o cristianismo de seu tempo valorizava características que ele considerava fracas, chamando-as de virtudes, e condenava características que ele considerava fortes, chamando-as de vícios (ou mais precisamente de pecados). Desta forma, o cristianismo valorizava o que Nietzsche considerava uma moralidade de escravos. O que ele queria dizer é que para o escravo, um indivíduo sob dominação, elevar traços como humildade e mansidão à categoria de virtudes seria uma forma de justificar metafisicamente sua condição, em lugar de efetivamente lutar para mudá-la. Esta observação de Nietzsche não se reduz ao cristianismo. Nietzsche também criticou a filosofia clássica de Sócrates, Platão e Aristóteles, colocando-se ao lado dos sofistas. De forma sarcástica, o filósofo alemão afirmou que Sócrates valorizou comportamentos como bondade, humildade e generosidade simplesmente porque era feio. Mais especificamente, Nietzsche questionou por que os filósofos clássicos defenderam Apolo, considerado o deus da sabedoria, e criticaram Dionísio, considerado o deus da devassidão.

Na mitologia greco-romana Dionísio (ou Baco, como era conhecido pelos romanos) era o deus das festas, do vinho e da insânia, simbolizando tudo que é caótico, perigoso e inesperado. Assim, Nietzsche questionou a aparente arbitrariedade da defesa da racionalidade e ordem de Apolo contra a irracionalidade e imprevisibilidade de Dionísio. A seu ver, a força da civilização grega estava na mistura destes extremos. Ao optar por um em detrimento do outro, os filósofos teriam cooperado para o enfraquecimento e declínio da civilização clássica.

A filosofia de Nietzsche valoriza a coragem e o voluntarismo, o impulso de ir contra o "comportamento de manada" e tornar-se um "super-homem", ou seja, uma pessoa que vai contra os ditames da sociedade para criar suas próprias regras. Ou seja, embora tenha ido numa direção religiosa diferente de Kierkegaard, Nietzsche concordou com o teólogo dinamarquês a respeito da necessidade do indivíduo ir contra as convenções e a razão para ditar as regras de sua própria existência. Outra característica de Nietzsche que deve ser mencionada aqui é sua hermenêutica da suspeita: desconfiar das intenções do autor ao interpretar um discurso. Nietzsche acreditava que aqueles que defendiam as virtudes cristãs, por exemplo, não necessariamente o faziam por amor a estas virtudes, mas sim por acreditar que poderiam colher benefícios em uma sociedade que abraçasse estas virtudes.

Na segunda metade do século XX o existencialismo tornou-se uma corrente filosófica influente, representada por pessoas como Jean-Paul Sartre (1905-1980), Simone de Beauvoir (1908-1986) e Albert Camus (1913–1960). Assim como seus predecessores do século XIX, estes existencialistas valorizavam a tomada de decisão pelo indivíduo, apesar da aparente absurdidade da vida. Desta forma, um dos temas recorrentes na literatura existencialista é a forma como o indivíduo atribui sentido a sua existência pelas suas ações, mesmo que estas estejam indo contra os ditames racionais e sociais. Além disso, os filósofos existencialistas ampliaram sua influência para além do universo puramente acadêmico por adotar a literatura, o teatro e outras mídias como forma de divulgar suas ideias.

2. Estruturalismo

Conforme brevemente mencionado na introdução deste capítulo, o pós-modernismo está intimamente ligado com o desconstrucionismo e o pós-estruturalismo, sendo estas três correntes filosóficas praticamente idênticas. Assim, não é estranho que outra corrente filosófica precursora do pós-modernismo tenha sido o estruturalismo, ou seja, a corrente filosófica que antecede o pós-estruturalismo.

O estruturalismo tem sua origem na área da Linguística, mais especificamente no trabalho de Ferdinand de Saussure (1857-1913). Uma das contribuições centrais de Saussure é a observação de que não há qualquer ligação necessária entre os símbolos linguísticos (as palavras que usamos) e os objetos que eles identificam (as coisas no mundo ao nosso redor). Em outras palavras, não há nenhuma ligação necessária entre a palavra gato e aquele animalzinho que tem bigodes, caça ratos e faz miau. Os símbolos linguísticos são plenamente aleatórios, e não à toa, mudam de um idioma para o outro. Outra contribuição da linguística de Saussure é a observação de que a língua possui estruturas básicas que não mudam, e que fazem referência somente a si mesmas. O que Saussure quer dizer com isso é que nossa forma de nos expressar é limitada pela língua, ou pelos conceitos linguísticos que conhecemos. Em outras palavras, estamos presos em uma estrutura linguística que em última análise não possui nenhuma ligação necessária com o mundo ao nosso redor.

O estruturalismo também foi influente em outras áreas das ciências humanas na virada do século XIX para o século XX. Na História esta influência pode ser observada na Escola dos Annales, especialmente em autores como Marc Bloch (1886-1944), Lucien Febvre (1878-1956) e Fernand Braudel (1902-1985). Todos estes autores se afastaram da História tradicional do século XIX (chamada de positivista), fortemente caracterizada pela biografia de grandes líderes e pelo uso de fontes oficiais (produzidas pelo estado). Em lugar disto, a Escola dos Annales optou por uma história social, marcada pela percepção de que as ações individuais são influenciadas por estruturas sociais, e que assim a autonomia de indivíduos para controlar processos históricos é, na melhor das hipóteses, muito limitada. Esta percepção pode ser observada na escolha dos Annales de não escrever a respeito de grandes líderes da Idade Media francesa, mas, sim, sobre estruturas sociais como o feudalismo.

Na antropologia o estruturalismo aparece principalmente em Claude Lévi-Strauss (1908-2009). Influenciado por Émile Durkheim (1858-1917) e Marcel Mauss (1872-1950), Lévi-Strauss observou que, assim como ocorre na língua, na visão de Saussure, a cultura é feita de estruturas que são invariáveis e produzem significados. Desta forma, tanto uma cultura "primitiva" quanto uma cultura "avançada" compartilham das mesmas estruturas básicas. Estas estruturas, por sua vez, dependem fortemente de dicotomias, ou oposições binárias, como natureza e cultura, cru e cozido, falado e escrito, masculino e feminino e assim por diante. A antropologia de Lévi-Strauss possui uma forte inclinação relativista: para ele não existem culturas melhores ou piores, uma vez que todas as culturas possuem as mesmas estruturas básicas. Porém, a teoria de Lévi-Strauss também possui uma simpatia pelas culturas pré-modernas, vistas como menos alienadas da natureza. Neste sentido, Lévi-Strauss ecoa o mito do "bom selvagem" elaborado séculos antes por Jean-Jacques Rousseau (1712-1778). Esta simpatia pelas culturas pré-modernas foi fortemente influente nas décadas de 1960 e 1970, como pode ser visto em muito da cultura popular da época.

De modo geral o estruturalismo, seja na Linguística, na História ou na Antropologia, colocou em cheque a autonomia do indivíduo almejada pelos existencialistas. De forma bastante resumida, o existencialismo afirma que indivíduos não são livres. Ao invés disso somos produto de estruturas sobre as quais temos pouca influência. Neste sentido o estruturalismo colocou em cheque não apenas o existencialismo, mas também o liberalismo clássico do século XIX que serve de base para o Liberalismo e em alguma medida o Realismo em Relações Internacionais.

3. Principais teóricos pós-modernos e seus principais conceitos

Conforme também brevemente exposto na introdução deste capítulo, o pós-modernismo tem sido definido como "uma incredulidade a respeito de metanarrativas". Metanarrativas são grandes narrativas ou grandes histórias, explicações abrangentes a respeito da realidade ao nosso redor. O cristianismo e outras religiões são exemplos de metanarrativas, mas também o são o cientificismo e especialmente o positivismo da história intelectual mais recente. De maneira mais específica, o pós-modernismo questiona que haja uma verdade lá fora que pode ser encontrada objetivamente pelo pesquisador. Em outras palavras, o pós-

-modernismo questiona a existência de uma realidade externa objetiva, assim como a distinção entre o sujeito que estuda esta realidade e objeto de estudo (a realidade em si), e, consequentemente, a possibilidade de uma ciência social livre de valores (ou pressupostos), neutra.

Para entender a distinção entre objetivo e subjetivo, pense numa sala com o ar-condicionado ligado. A temperatura na sala é de 21º. Esta informação é objetiva, pois diz respeito ao objeto (a temperatura na sala). Mas esta temperatura é agradável? Está muito frio (ou pouco frio)? Esta é uma informação subjetiva, pois diz respeito ao sujeito que experimenta a temperatura. É somente da experiência do sujeito que se pode tirar a conclusão sobre a temperatura ser agradável ou não. De maneira semelhante, o pós-modernismo questiona nossa habilidade como cientistas sociais de fazer afirmações objetivas (e, portanto, universalmente válidas) a respeito da realidade que estudamos.

Um dos principais teóricos do pós-modernismo (ou do desconstrucionismo, para ser mais exato) foi Jacques Derrida (1930-2004). Derrida observou que a história intelectual ocidental foi, desde os tempos mais antigos, uma constante busca por um Logos. O Logos é um conceito da filosofia clássica de onde derivamos a palavra lógica. Diz respeito a uma ordem, ou lógica, por trás do universo, trazendo ordem (cosmos) para o que seria de outra forma um caos. O conceito de Logos foi inclusive apropriado pelo cristianismo quando o evangelista João afirmou que "No princípio era o Logos, e o Logos estava com Deus e o Logos era Deus", identificando o Logos com Jesus Cristo. Desta forma, este conceito é sem dúvida um dos mais influentes na história intelectual do ocidente.

Derrida, no entanto, observou que esta busca por identificar um *logos* (seja um princípio espiritual abstrato, a pessoa de Jesus Cristo ou a própria razão) implica na formação de dicotomias, ou oposições binárias, semelhantes àquelas identificadas por Lévi-Strauss, onde um dos elementos da oposição binária está mais próximo do Logos do que o outro, mas com os dois se anulando em última instância. Desta forma, a cultura ocidental tendeu a valorizar o masculino sobre o feminino, o adulto sobre a criança, a razão sobre a emoção, entre outros exemplos. Porém, conforme Derrida observa, estas preferências são escolhas aleatórias, somadas ao fato de que não é possível conceber o masculino sem o feminino, o adulto sem a criança, e assim por diante. A proposta de

Derrida é identificar e desconstruir estes binários, demonstrando como nossas concepções são gratuitas e aleatórias.

Michel Foucault (1926-1984) desenvolveu um sistema filosófico semelhante ao de Derrida. No início de sua carreira ele esteve inserido no ambiente intelectual francês do pós-Segunda Guerra Mundial, profundamente influenciado pelos existencialistas, de Nietzsche a Sartre, Beauvoir e Camus. Eventualmente Foucault procurou se diferenciar destes pensadores, embora a influência de Nietzsche possa ser observada em toda a sua carreira. Um dos temas recorrentes na produção literária de Foucault é a ligação entre conhecimento e poder. Inicialmente identificado como um historiador da medicina (e mais precisamente da psicanálise), ele procurou demonstrar como comportamentos identificados como patologias pelos médicos psiquiatras eram simplesmente aquilo que desviava dos padrões aceitos pela sociedade. Desta forma, Foucault procurou demonstrar principalmente como as verdades científicas elaboradas pelos médicos eram apenas imposições autoritárias. Numa esfera mais ampla ele identificou como o conhecimento produzido por indivíduos e instituições revestidas de poder tornam-se verdade e definem as estruturas em que os demais indivíduos devem se inserir.

Neste ponto pode ser observada em Foucault a mesma hermenêutica da suspeita que aparece em Nietzsche: desconfiar das intenções de quem profere um discurso. Nem sempre as intenções por trás de um discurso são aquelas explicitadas. Outra contribuição de Foucault foi sua discussão a respeito do panóptico, um tipo de prisão originalmente imaginado pelo filósofo utilitarista inglês Jeremy Bentham (1748-1832) no qual os encarcerados nunca têm certeza se estão sendo vigiados ou não. A consequência é que os encarcerados precisam se comportar como se estivessem sendo vigiados constantemente. Foucault imaginou isto como um mecanismo de controle aplicado para todos na sociedade moderna. Estamos sendo constantemente vigiados, e cobrados para nos adequar a determinados padrões.

Em resumo, o pós-modernismo questiona as Metanarrativas e nossa capacidade de identificar verdades absolutas. A verdade torna-se relativa e qualquer tentativa de identificar a verdade torna-se uma imposição de poder sobre os demais. Neste sentido as bases da ciência moderna, especialmente em sua vertente positivista, são questionadas. O pós-modernismo afirma ainda que "não há nada fora do texto", ou seja, nossa linguagem não possui nenhuma relação objetiva com uma realidade externa a ela mesma. De forma semelhante, existe uma "morte do autor" após a enunciação de um discurso: é impossível identificar o sentido de um discurso pela intenção do autor ao escrevê-lo, uma vez que o texto faz referência somente a si mesmo, e não é capaz de carregar qualquer sentido presente na intenção de seu autor. Desta maneira, discursos devem ser analisados não por sua relação com uma realidade externa a eles ou pela intenção do autor, mas sim em sua intertextualidade.

4. O pós-modernismo e a teoria de Relações Internacionais

Conforme pode ser observado até aqui, o pós-modernismo não teve suas origens na disciplina de Relações Internacionais. Para ser exato, esta corrente filosófica influenciou muitas áreas das Ciências Sociais e humanas antes de ser valorizada pelos teóricos de RI. No entanto, desde a década de 1980, teóricos como Richard Ashley (1988), Robert Walker (1993), Michael Joseph Shapiro (1989) e James Der Derian (1987) têm oferecido abordagens em RI sob a influência do pós-modernismo.

O principal alvo das críticas pós-modernas em Relações Internacionais foi o positivismo ou behaviorismo, e mais exatamente o Neorrealismo de Kenneth Waltz. Waltz foi um dos teóricos mais influentes da disciplina de Relações Internacionais, principalmente durante a década de 1980, e tentou formular uma teoria positiva, isto é, científica, de Relações Internacionais com base no behaviorismo. O objetivo dele era criar uma teoria de Relações Internacionais tão simples, elegante e precisa quanto as teorias já desenvolvidas nas ciências naturais, como a Química e a Física. Influenciados pela filosofia de Derrida, Foucault e outros, teóricos pós-modernos procuraram demonstrar as inconsistências da teoria de Waltz.

Robert Walker (1993) procurou demonstrar que a teoria de Relações Internacionais não é descritiva das relações internacionais, mas sim constitutiva desta. Em outras palavras, ao fazer teoria de RI o teórico está na verdade fazendo relações internacionais. Colocando de outra forma ainda, ao insistir em uma determinada linguagem para descrever um mundo supostamente objetivo o teórico acaba por reforçar determinadas estruturas de dominação. O principal exemplo disto nas relações internacionais é a insistência em um conceito específico de soberania.

Segundo Walker, a soberania estatal, conforme definimos hoje, é um conceito produzido em um momento histórico específico, de transição da Idade Média para a Idade Moderna, e permitiu naquele contexto a solução para um problema espaço-temporal de particularidade versus universalidade. No entanto, alguns séculos depois, este conceito tornou-se inadequado em face das mudanças do sistema internacional. A soberania interna do estado se opõe à anarquia externa presente no sistema internacional, formando uma dicotomia ou oposição binária entre dentro e fora do estado.

Seguindo o raciocínio de Derrida ou Foucault, Walker entende que a anarquia só existe por causa da soberania e vice-versa, em um frágil equilíbrio. Seguindo mais especificamente Foucault, ele observa que o discurso pretensamente objetivo dos teóricos positivistas de Relações Internacionais acaba por impor uma verdade às relações internacionais. Walker acredita que o mundo está passando por uma rápida transformação rumo ao enfraquecimento do estado nação moderno, algo que pode ser exemplificado pelo rápido processo de integração da Europa. Além disso, o processo de globalização e o choque de culturas acabam demonstrando que conceitos como paz, justiça, razão, humanidade não são universais, e, sim, produtos da modernidade ocidental.

Outra contribuição de Walker é afirmar que o idealismo, e não o realismo, é a corrente central da disciplina de Relações Internacionais. Para chegar a esta conclusão ele faz uma leitura pouco usual de Nicolau Maquiavel (1469-1527), afirmando que o teórico italiano era um idealista, e não um realista, como é tradicionalmente interpretado em Relações Internacionais e na Filosofia Política em geral. Ainda nesta linha, Walker interpreta que tanto liberais quanto realistas são no fundo idealistas ou universalistas, discordando apenas a respeito da extensão geográfica deste universalismo e do tempo necessário para alcançá-lo: liberais enxergam o universalismo como uma consequência inevitável a ser alcançada em todos os lugares. Realistas diferem dos liberais apenas na medida em que consideram que o universalismo só pode ser alcançado de forma restrita, no espaço interno dos Estados. Neste sentido, sua descrição do espaço internacional como anárquico e ameaçador serve para legitimar a proteção do espaço interno ordeiro do estado.

Richard Ashley (1988) considera que tanto o neorrealismo quanto o neoliberalismo são discursos e partes de um discurso mais amplo da modernidade, especialmente em sua pretensão de produzir conhecimento cientifico, de forma neutra e objetiva. Para ele é necessário desconstruir estes discursos, demonstrando suas incoerências internas. Ashley observa que as principais teorias de RI dependem do binário soberania/anarquia, contrastando o ambiente controlado no interior do estado e o ambiente caótico do sistema internacional. Mais do que isso, Ashley observa que o estado precisa exercer uma "prática heroica" para sobreviver no mundo anárquico descrito pelos principais teóricos da disciplina. Ou seja: prática heroica e anarquia são apenas os dois elementos de um binário, e dependem da existência um do outro para se justificar.

Dentro deste mesmo quadro, ele também questiona a falta de um "ponto arquimediano" de onde as teorias possam julgar os extremos da anarquia e da soberania. Neste sentido ele considera que as teorias convencionais são contraditórias, mas especialmente o neoliberalismo de Robert Keohane. Keohane reconhece a anarquia internacional como um empecilho à cooperação entre os estados (como fazem os neorrealistas, seguindo Waltz), mas ao mesmo tempo tem uma postura reticente em relação ao Estado. Estas contradições, segundo Ashley, são particularmente nocivas por não dar conta de um mundo em transformação, caracterizado principalmente pelo declínio do estado-nação. Diante deste cenário os teóricos convencionais precisam explicar como pode haver ordem no sistema internacional na ausência de um ordenador.

Michael Joseph Shapiro (1989) se baseia fortemente em Derrida e Foucault para observar que a linguagem que utilizamos para nos referirmos à realidade não representa esta realidade diretamente. Ao invés disso, a linguagem opera por meio de práticas linguísticas, práticas textuais e modos de representação para criar narrativas que no caso das relações internacionais definem espaços. A metáfora utilizada por Shapiro para explicar isto é que nossa linguagem é opaca, e não transparente. Em outras palavras, mais do que fazer referência direta a uma realidade exterior a ela, nossa linguagem esconde em si formas de dominação. Ou seja: nossa relação com o mundo é mediada por práticas textuais.

A tarefa do teórico crítico é, portanto, enxergar além dos discursos dominantes que definem quais são as prioridades nas relações internacionais, estabelecendo políticas do medo por meio das crenças dominantes. Em resumo, o teórico crítico deve adotar uma hermenêutica da suspeita (nos mesmos moldes de Nietzsche ou Foucault) para enxergar além dos textos as práticas de dominação por trás de discursos aparentemente neutros.

James Der Derian (1987) segue a mesma proposta dos autores já citados ao adotar a desconstrução como metodologia de sua análise de relações internacionais. Além disso, ele chama atenção para o fato de que a disciplina de Relações Internacionais é particularmente propicia para este tipo de análise, uma vez que na base das teorias convencionais está a divisão entre o doméstico e o internacional, ou o organizado e o anárquico. No entanto, Der Derian observa que a complexidade, ambivalência e indeterminação das relações humanas não cabe em uma única teoria de relações internacionais. Ele prossegue sua análise apontando que vivemos em um mundo em transformação, marcado por uma crise da modernidade. Neste contexto pós-moderno muitos discursos competem por aceitação. Além disso, a adoção de novas tecnologias torna mais difícil o controle do internacional pelos estados.

É importante observar que, nem todos os pesquisadores, de Relações Internacionais, que buscam no pós-modernismo uma lente teórica, adotam todos os pressupostos e os postulados aqui apresentados.. Uma das principais contribuições do pós-modernismo para a disciplina de Relações Internacionais é sua mudança de foco, de dados quantitativos para a análise de discurso. Considerando isto, outras abordagens teóricas enfatizam esta mesma metodologia, destacando-se o construtivismo. Neste sentido, as fronteiras entre o construtivismo e um pós-modernismo moderado podem ser bastante fluidas (Weldes et al, 1999).

5. Principais contribuições do pós-modernismo à teoria de Relações Internacionais

O pós-modernismo nas Relações Internacionais possui o mérito de colocar em dúvida algumas certezas oferecidas pelo positivismo e pelo behaviorismo que influenciaram a disciplina, especialmente o neorrealismo e o neoliberalismo, desde o pós-Segunda Guerra Mundial. O positivismo pode ser definido da seguinte maneira: somente aquilo que é empiricamente comprovado é verdadeiro. No entanto, faz-se impossível comprovar que somente aquilo que é empiricamente comprovado e verdadeiro. Assim, o positivismo é inconsistente com seus próprios princípios. Ao questionar as certezas cientificas que o positivismo procura trazer à disciplina de Relações Internacionais o pós-modernismo nos faz pensar melhor sobre como podemos produzir um conhecimento válido.

Outra contribuição positiva do pós-modernismo em Relações Internacionais é chamar atenção para mecanismos de dominação legitimados pelas principais correntes teóricas da disciplina. Realmente, conforme apontam os defensores do pós-modernismo, teorias na disciplina de Relações Internacionais podem ser distintas da política internacional, mas não separadas. Desta forma, é legitimo afirmar que as teorias elaboradas no ambiente acadêmico interagem com a realidade externa das relações internacionais, e nem sempre de forma produtiva e emancipadora para os seres-humanos envolvidos.

Finalmente, o pós-modernismo possui o mérito de chamar a atenção para os pressupostos que acompanham nossas teorias. Teóricos adeptos do positivismo almejam construir postulados neutros, que reflitam a realidade das relações internacionais de forma objetiva, sem qualquer interferência dos valores do observador. No entanto, esta busca se revela epistemologicamente e metodologicamente inconsistente. Teóricos adeptos do positivismo e mesmo de abordagens tradicionais como a Escola Inglesa, o Liberalismo e Realismo clássicos estão no mínimo pressupondo a validade da razão, uma confiança básica na percepção sensorial e na capacidade da linguagem de transmitir conhecimento de forma mais ou menos neutra, nem opaca em transparente, simplesmente confiável. Nada disto é necessariamente um problema, mas é importante observar que muitos teóricos nem sempre parecem conscientes destes e de outros pressupostos. Desta forma, mesmo teóricos que almejam a formulação de teorias ligadas à modernidade (ou à pré-modernidade) podem se beneficiar de algumas questões levantadas pelo pós-modernismo em sua busca por uma ciência social epistemologicamente mais consistente.

6. Algumas críticas ao pós-modernismo

Apesar de suas contribuições, o pós-modernismo também é alvo de numerosas críticas. Uma das mais recorrentes é sua tendência ao niilismo, ou seja, ao prazer pelo nada. A desconstrução pós-moderna pode ser eficiente em demonstrar a aleatoriedade de muitos de nossos conceitos, mas pode nos levar a um ponto onde não temos nada além da desconstrução. Constatamos que o mundo é feito de dicotomias ou oposições binárias que se anulam, sem nenhum *logos*, nos deixando com um imenso vazio.

Outro ponto fraco do pós-modernismo é seu relativismo. Na ausência de uma verdade absoluta que possa ser identificada objetivamente fica-se com opiniões subjetivas. Há uma expectativa de teóricos pós-modernos de que isto leve a níveis mais elevados de tolerância, mas ironicamente ocorre justamente o contrário. Sem verdades objetivas os indivíduos ficam isolados em suas opiniões subjetivas, o que representa uma divisão das pessoas, e não uma aproximação. Além disso, o pós-modernismo leva a uma preocupação de que todas as afirmações possam ser tentativas de usurpação de poder.

Porém, o principal ponto fraco do pós-modernismo é sua inconsistência interna. Conforme já mencionado algumas vezes neste capítulo, o pós-modernismo pode ser definido como uma incredulidade a respeito de metanarrativas. No entanto, não seria o próprio pós-modernismo uma metanarrativa? Por que esta metanarrativa estaria acima da crítica? Outra forma de definir o pós-modernismo é por sua afirmação de que não existe verdade absoluta. Mas esta não é uma verdade absoluta? Não é uma verdade absoluta, segundo o pós-modernismo, que não existe verdade absoluta? Este raciocínio circular e contraditório acaba demonstrando a fragilidade interna do pós-modernismo. Finalmente, o que acontece caso a hermenêutica da suspeita seja voltada contra o próprio pós-modernismo? O que nos dá garantia de que autores pós-modernos não tenham eles mesmos uma agenda política secreta escondida por trás de seus discursos?

De forma mais específica para a disciplina de Relações Internacionais, John Mearsheimer (1994-1995) fez algumas críticas não apenas ao pós-modernismo, mas a outras teorias críticas como o construtivismo e a teoria crítica neomarxista. Segundo ele, estas teorias afirmam que é impossível encontrar verdades objetivas, sendo nossas teorias apenas discursos sem conexão com a realidade. Porém, estas mesmas teorias não respondem satisfatória ou coerentemente o que determina a vitória ou derrota de discursos no campo das ideias. Contraditoriamente teóricos pós-modernos fazem recurso a fatores objetivos para explicar este ponto.

Outro problema observado por Mearsheimer no pós-modernismo é sua intolerância com o realismo e simpatia com outros discursos. Se estes são apenas discursos, o que determina o maior apreço por alguns em detrimento de outros? Finalmente, a persistência do realismo (supostamente como um discurso dominante) ao longo de mais de 700 anos, com o mundo passando por inúmeras mudanças (por exemplo, do feudalismo para o mercantilismo e depois para o capitalismo, ou mais recentemente da Guerra Fria para uma Nova Ordem Mundial) é uma evidência empírica problemática para os pós-modernos.

Stephen Walt (1991) também criticou o pós-modernismo, afirmando que o campo das Relações Internacionais na década de 1980 estava sendo seduzido por "um discurso prolixo e autoindulgente que é divorciado do mundo real e que é mais crítica do que teoria". De forma semelhante, James Der Derian em tempos mais recentes (2000) tem se afastado do pós-modernismo, frustrado com a contínua desconstrução e rara produção, e buscado uma abordagem mais pragmática, que permita entender melhor as rápidas transformações da política internacional.

É possível que pós-modernistas não se sintam realmente afetados por este tipo de crítica, caso sejam coerentes com a percepção de que não há um mundo real lá fora, ou de que "não há nada fora do texto", e sim de que a realidade é produzida pelos discursos. Ou seja: teóricos convencionais procuram uma verdade que corresponda à realidade. Pós-modernistas se perguntam que tipo de realidade discursos são capazes de criar. Neste sentido, seguindo uma abordagem inspirada em Thomas Kuhn (1997), Yosef Lapid (1989) pode estar certo ao interpretar que vivemos numa era de paradigmas teóricos incomensuráveis. Outra possibilidade, prevista por Robert Keohane, (1988), é que mais teóricos busquem alguma forma de compromisso intermediário, o que de fato tem acontecido com o crescimento do construtivismo dentro da disciplina.

Considerações Finais

Elaborado principalmente na Linguística e na Filosofia, sob influência do existencialismo e do estruturalismo, o pós-modernismo estendeu sua influência à disciplina de Relações Internacionais a partir da década de 1980. Desde então esta corrente teórica manteve-se pequena em número de adeptos, mas cresceu em sua influência sobre a produção teórica em Relações Internacionais. As principais características do pós-modernismo em RI são avaliar as teorias pretensamente cientificas (principalmente o neorrealismo de Kenneth Waltz) como discursos ou Metanarrativas, e prosseguir com uma desconstrução destes discursos, demonstrando suas incoerências internas e mecanismos de dominação. Neste sentido, o pós-modernismo demonstra uma incredulidade com o que chama de metanarrativas e não acredita na possibilidade de uma ciência social positiva, isto é, neutra, objetiva e livre de valores. Em lugar disso o pós-modernismo procura demonstrar como nossos discursos produzem resultados reais de dominação, alienando ao mesmo tempo alternativas emancipacionistas.

O pós-modernismo em RI possui o mérito de questionar algumas certezas não tão bem fundamentadas presentes principalmente em teóricos que abraçam uma versão positivista de teoria de Relações Internacionais. Porém, o pós-modernismo também possui pontos fracos. O principal deles é não estar à prova de suas próprias críticas. Certamente é possível que teorias de relações internacionais pretensamente neutras sejam na verdade parte da política internacional que pretendem estudar de forma objetiva, produzindo discursos que reforçam estruturas injustas de dominação. No entanto, não fica claro porque o pós-modernismo estaria acima desta mesma crítica. Além disso, embora critiquem a linguagem, teóricos pós-modernos utilizam as estruturas convencionais de linguagem para se comunicar, aparentemente com sucesso.

Concluindo, uma solução para o conflito entre positivistas e pós-positivistas está em considerar que sim, nossas teorias não são neutras, ou seja, isentas de pressupostos. Todas as teorias possuem pressupostos, e muitas vezes esses pressupostos não são explícitos nem mesmo para os próprios teóricos. Porém, a solução não está em abandonar os pressupostos, mas sim em entender que uma posição plenamente neutra não é possível e finalmente buscar adotar pressupostos que nos levem a teorias consistentes internamente e que corretamente reflitam a realidade que queremos estudar.

Referências Bibliográficas

ASHLEY, Richard. “Untying the Sovereign State: A Double-Reading of the Anarchy Problematique”. Millennium, vol. 17, nº 2, 1988. (pp. 227-262).

BEAUVOIR, Simone de. *O Segundo Sexo*. Rio de Janeiro: Nova Fronteira 2000.

CAMUS, Albert. *A Peste*. Rio de Janeiro: BestBolso, 2008.

DERIAN, James Der. “Virtuous War/Virtual Theory”. In: International Affairs (Royal Institute of International Affairs 1944-), Vol. 76, N. 4. (Oct., 2000), pp. 771-788.

DERIAN, James Der. *On Diplomacy: A Genealogy of Western Estrangement*. Oxford: Basil Blackwell, 1987.

DERRIDA, J. *Gramatologia*. São Paulo: Perspectiva, 1973.

FOUCAULT, Michel. *Vigiar e punir: nascimento da prisão* 36ª ed. Petrópolis: Vozes, 2009.

KEOHANE, Robert O. “International Institutions: Two Approaches”. In.: *International Studies Quarterly*, Vol. 32, N. 4 (Dec., 1988), pp. 379-396.

KIERKEGAARD, Sören Aabye. *Temor e Tremor* (Coleção os Pensadores). Tradução Maria José Marinho. São Paulo: Abril Cultural, 1979.

KUHN, Thomas S. *A estrutura das revoluções científicas*. 5. ed. São Paulo: Perspectiva, 1997.

LAPID, Yosef. “The Third Debate: On the Prospects of International Theory in a Post-Positivist Era”. In.: International Studies Quarterly 33(3), 1989: 235-254.

LYOTARD, Jean-François. *A Condição Pós-Moderna*. Rio de Janeiro: José Olympio. 1998.

MEARSHEIMER, John. “The False Promise of International Institutions”. In.: International Security, Vol. 19, No. 3 (Winter, 1994-1995), pp. 5-49

NIETZSCHE, Friedrich. *Assim Falou Zaratustra: Um Livro Para Todos e Para Ninguém*. São Paulo: L&PM, 2015.

SARTRE, Jean-Paul. *A Náusea*. São Paulo: Nova Fronteira 2016.

SAUSSURE, Ferdinand. *Curso de linguística geral*. 26ª ed. Tradução de Antônio Chelini, José Paulo Paes e Izidoro Blikstein. São Paulo: Cultrix: 1995.

SHAPIRO, M. J. “Textualizing Global Politics”. In: International/Intertextual Relations: Postmodern Readings of World Politics. New York, Lexington Books, 1989.

WALKER, R. B. J. (1993). *Inside/Outside: International Relations as Political Theory*. Cambridge, Cambridge University Press.

WALT, Stephen M. “The Renaissance of Security Studies”. In: International Studies Quarterly, Vol. 35, No. 2 (Jun., 1991), pp. 211-239.

WELDES, JE; LAFFEY, M; GUSTERSON, H; DUVALL, R. *Cultures of Insecurity: states, communities, and the production of danger*. University of Minnesota Press, 1999.

Capítulo 11

A TEORIA CRÍTICA NAS RELAÇÕES INTERNACIONAIS

Lier Pires Ferreira[1]

Introdução

O presente capítulo aborda a Teoria Crítica a partir de dois de seus autores cardinais: Robert Cox e Andrew Linklater. Seu propósito fundamental é permitir ao leitor uma compreensão geral dessa vertente teórica das Relações Internacionais a partir dos principais temas e questões abordados pelos referidos autores.

Não se trata de uma empresa fácil. Robert Cox e Andrew Linklater são pouco lidos em língua portuguesa e, por se tratarem de pensadores contemporâneos, cujas obras estão em construção, ainda não há um quadro determinado sobre o conteúdo de suas reflexões, diferentemente do que ocorre com clássicos como Norman Angel e Hans Morgenthau. Outrossim, também é importante ressaltar que a Teoria Crítica ou Teoria Radical é uma novel vertente das Relações Internacionais, cujos contornos ainda não estão plenamente fixados. Dessa forma, diversamente do que ocorre com os grandes paradigmas dos estudos internacionais,

1 Pós-Doutor em Direito (Universidade de Salamanca). Doutor em Direito (UERJ); Mestre em Relações Internacionais (PUC/RJ); Bacharel em Direito (UFF); Bacharel e Licenciado em Ciências Sociais (UFF). Professor do IBMEC e do CP2. Pesquisador do LEPDESP/UERJ e do NUBRICS/UFF. Advogado. Consultor Jurídico e Educacional. Palestrante em eventos nacionais e internacionais, com presença em países como México, Espanha, Chile, Eslováquia, Uruguai e Áustria. Autor/organizador, dentre outras obras, de *Curso de Ciência Política* (2013); *Direito Internacional, Petróleo e Desenvolvimento* (2011); *Direito Internacional Ambiental e do Petróleo* (2009) e *Estado, Globalização e Integração Regional* (2003). Membro da Comissão de Direito Internacional da OAB/RJ.

Considerando o caráter didático do presente capítulo, todas as referências em língua estrangeira foram livremente traduzidas. Essas traduções são de exclusiva responsabilidade do autor.

em particular o Liberalismo e o Realismo, a própria Teoria Crítica ainda enseja dificuldades compreensivas, quer para jovens acadêmicos, quer para profissionais mais experientes.

Em que consiste, pois, essa nova expressão teórica? A Teoria Crítica emerge ao longo dos anos 1980, estando inscrita no âmbito do neomarxismo (em suas diferentes expressões) e das epistemologias pós-positivistas. No momento em que a ordem internacional bipolar dava seus primeiros sinais de agonia, a Teoria Crítica surge tecendo uma aguda avaliação dos grandes paradigmas existentes e, visando a superar suas principais limitações, particularmente no que se refere a pensar as mudanças que se avizinhavam, logra inserir novas dimensões epistemológicas num debate acadêmico então polarizado entre neorrealistas e neoliberais. Em seus aspectos fundamentais a Teoria Crítica denuncia o caráter conservador das teorias dominantes e constrói uma ciência emancipatória, de matriz social e histórica, liberta dos cânones do cientificismo positivista e comprometida com processos efetivos de mudança social.

Neste sentido, impende gizar que a fundamentação marxista da Teoria Crítica foge da dogmática imposta pelas interpretações oficiais que então emanavam principalmente da antiga URSS e da China continental, bem como dos principais partidos comunistas do ocidente. Em verdade, a dogmática marxista foi desde logo desconsiderada pelos próceres da Teoria Crítica em favor de uma interpretação essencialmente política e dialética do legado de Marx, a qual se denomina neomarxismo. Por isso, os eixos dinâmicos da Teoria Crítica são privilegiadamente a Escola de Frankfurt e o pensamento de Antônio Gramsci, cujas leituras de Marx valorizam muito mais as dimensões políticas e filosóficas, de caráter superestrutural, do que as esferas econômicas e produtivas, típicas da infraestrutura.

Desse modo, em sua composição, o capítulo em tela inicia por apresentar os fundamentos epistemológicos da Teoria Crítica, situando-a no contexto do pensamento marxiano, para, em seguida, projetar-se para uma investigação sumária da Escola de Frankfurt e do pensamento gramsciano. Considerando o vasto espectro do pensamento frankfurtiano, opta por projetar um breve olhar sobre o pensamento de Max Horkheimer e Jürgen Habermas, considerados, respectivamente, como as principais influências sobre as ideias exaradas por Robert Cox e Andrew Linklater. Em seguida, declina para uma análise específica de cada um desses autores, para, ao final, tecer algumas considerações finais, nas quais aspectos importantes da Teoria Crítica são recuperados.

De plano, contudo, é importante destacar que a Teoria Crítica constrói uma base alternativa de reflexão, a partir da qual elementos como hegemonia, ética, ideologia, emancipação, identidade e cultura, historicamente relegados pelo debate acadêmico, passaram a ser prestigiados e a contribuir para a compreensão dos grandes temas então emergentes nas Relações Internacionais, dentre os quais estão a globalização, a problemática ambiental e a superação da pobreza. Por isso, compreender a Teoria Crítica é uma tarefa assaz relevante para todos aqueles que, afeitos aos estudos internacionais, buscam interpretar as novas realidades que, a cada dia, descortinam-se diante de um mundo perplexo.

1. Fundamentos Epistemológicos

Em seus próprios escritos Marx não deixou um legado sistemático para o estudo do Estado e do poder em nível internacional. Ocupado com a crítica das sociedades capitalistas, abarcando, nesse esforço, desde sua gênese até sua derradeira superação, Marx não realizou uma interpretação metodologicamente ordenada sobre o surgimento, o desenvolvimento e a natureza do Estado, não havendo, igualmente, uma reflexão acurada sobre o "bom governo", sobre "as finalidades ideais do Estado" ou sobre sua "expressão internacional".

A inexistência de uma teoria do "Estado e das relações internacionais", comparável à análise que realiza sobre a Economia Política, contudo, não significa uma real desatenção de Marx à questão da política e do poder. Tal como fixado por Martin Carnoy, a ênfase dada por Marx às relações objetivas a partir das quais os homens produzem e reproduzem suas condições materiais de existência não somente supre essa eventual lacuna, mas, acima de tudo, a justifica teoricamente na medida em que o Estado e suas múltiplas relações estão diretamente relacionadas ao conjunto mais amplo das relações de produção. (CARNOY, 1990: 89).

Nesse sentido, para que se possa adequadamente apreender a abordagem de Marx em relação ao Estado e à dimensão internacional do poder é importante que se prospecte o espectro geral de sua vasta produção teórica. Somente investigando o conjunto de seus escritos pode-se ver o Estado não somente como instrumento de classe, mas, fundamentalmente, como elemento central na perpetuação das relações de exploração, alienação e dependência que caracterizam as modernas sociedades capitalistas, quer no âmbito de suas vidas domésticas, quer no plano de suas relações exteriores.

Em termos esquemáticos é possível afirmar que a Teoria Crítica apoia-se menos em obras de cunho pedagógico ou "panfletário", como o *Manifesto Comunista* (1848) e *Trabalho Assalariado e Capital* (1949), nos quais o direcionamento doutrinário é evidente, e mais em trabalhos como os *Manuscritos Econômicos e Filosóficos* (1844), o *18 Brumário* (1852) e a *Guerra Civil na França* (1871), nos quais a interação complexa entre economia e política desautoriza análises simplistas, como a que configura o Estado como mero comitê executivo da burguesia.

De todo modo, a despeito das leituras que se possa fazer da obra de Marx, é certo que em seu conjunto a perspectiva marxiana abriu um vasto campo de estudos políticos e econômicos para as Relações Internacionais. De Lênin a Samuel Wallerstein, passando pelas diferentes expressões da Teoria da Dependência, Marx e o marxismo possuem um lugar de destaque no acervo teórico-metodológico e ideológico dos estudos internacionais. A partir dos anos 1980, esse acervo foi gradualmente ampliado e robustecido pela Teoria Crítica das Relações Internacionais, cujos fundamentos repousam em duas importantes variáveis do pensamento marxista: a Escola de Frankfurt e o pensamento de Antônio Gramsci.

1.1. A herança intelectual da Escola de Frankfurt

A Escola de Frankfurt designa o conjunto de pensadores reunidos em torno do Instituto de Pesquisas Sociais de Frankfurt (IPSF), fundado por Carl Grünberg em 1923 a partir dos esforços empreendidos no ano anterior por Felix Weil. O desenvolvimento teórico e metodológico da Escola de Frankfurt está particularmente associado aos trabalhos de Max Horkheimer, que assumiu sua direção de 1930 até seu exílio. Horkheimer foi responsável por agregar à Escola de Frankfurt alguns de seus membros mais renomados, dentre os quais Theodor Adorno, Herbert Marcuse e Walter Benjamin. Hoje, Jürgen Habermas, pertencente à segunda geração da escola, é tido como o maior representante da herança intelectual frankfurtiana, à qual também estão vinculados outros importantes teóricos contemporâneos, como Axel Honneth.

Partindo do plano geral da obra de Marx (e de outros autores marxistas) Horkheimer forja seu pensamento e, por extensão, o da escola que dirige, contrapondo-se àquilo que denomina "teoria tradicional". Para Horkheimer a teoria tradicional, de matriz cartesiana, constrói uma ciência positivista, essencialmente dedutiva, na qual todas as proposições relativas a um determinado objeto estariam ligadas por uma ordem de subordinação. Nesta ordem de subordinação, as premissas maiores condicionariam as premissas menores, construindo princípios gerais que muitas vezes formam verdadeiros axiomas. Para o autor, lastreada em sua vasta aplicabilidade prática, a teoria tradicional constrói uma ciência rígida e matematicamente disciplinada, na qual os elementos constitutivos estão interligados de modo linear e não contraditório.

O marxismo, a contrário senso, teria como essência não fixar perspectivas concludentes da totalidade, ocupando-se do desenvolvimento conjunto da relação entre teroia e práxis. Nessa acepção (muitas vezes deturpada por diferentes autores e militantes marxistas), os construtos teóricos do materialismo histórico e dialético seriam antes veredas epistemológicas para investigações continuadas, respaldadas na própria realidade, do que um conjunto rígido de conceitos e categorias que conformariam essa mesma realidade.

Sem negar a contribuição da teoria tradicional para a "domesticação" da natureza e sua conversão em "força produtiva imediata", Horkheimer denuncia a alienação da ciência positivista, evidenciando a desvinculação existente entre o trabalho do pesquisador/cientista e os demais segmentos relacionados à produção das condições materiais de existência. Para o autor, a teoria tradicional limita-se a explicar e organizar a realidade que lhe serve de objeto sem, contudo, problematizá-la ou interligá-la com o conjunto das relações sociais nas quais é produzida.

Horkheimer afirma que no âmbito da ciência tradicional a atividade do cientista nada mais é do que "a tarefa de registro, modificação da forma e racionalização total do saber a respeito dos fatos". (HORKHEIMER, 1983: 131). A toria tradicional e seu desdobramento histórico, a ciência positivista, vivem, pois, um verdadeiro paradoxo, já que o rigor dos seus procedimentos, ao mesmo tempo em que visam alcançar graus cada vez maiores de universalidade e aplicabilidade, têm como consequência o afastamento crescente do sujeito cognoscente do seu objeto de conhecimento, tornado-os cada vez mais abstratos, subjetivos e estranhos à própria realidade na qual inexoravelmente se inserem. (HORKHEIMER, 1983: 131).

Esse amplo conjunto de limitações deveria ser dialeticamente superado por uma nova proposição teórica e prática. Tal como formulada por Horkheimer, a Teoria Crítica, conquanto experimental e inacabada, possibiltaria ao homem superar o subjetivismo e o (pseudo) realismo da ciência cartesiana. Com interesses universais, assumiu desde sempre a proposta de transformar a realidade, denunciando igualmente o caráter especulativo, parcial e mesmo inútil da teoria tradicional. Revolucionária e lastreada nas dimensões superestruturais da realidade, a Teoria Crítica propugnada por Horkheimer e outros autores da Escola de Frankfurt é essencialmente emancipatória. Por isso, Horkheimer afirma estar "totalmente convencido de que a vontade humana é livre e de que o fim da nossa existência não é a felicidade, mas apenas ser digno dela". (HORKHEIMER, 1983: 145).

A força das primeiras formulações teóricas da Escola de Frankfurt catalisou a atenção de diversos autores ao longo das últimas décadas. Mas é importante ratificar que essas formulações não foram exauridas com os intelectuais da primeira geração, como Horkheimer e Adorno. O marxismo cultural propugnado pelos primeiros próceres da Escola de Frankfurt possui diferentes expressões que, tendo perpassado o século XX, projetam-se com imensa vitalidade nas primeiras décadas do século XXI. É o caso do pensamento de Jürgen Habermas.

O pensamento habermasiano é marcado pela introdução de uma nova visão sobre a relação entre linguagem e sociedade. Antigo assistente de Theodor Adorno no IPSF, entre 1956 e 1959, Habermas superou o pessimismo que marcou os autores da primeira geração da Escola de Frankfurt ao resgatar o potencial emancipatório da razão a partir da *ética comunicativa* de Karl Otto Apel. Tal como consignado pelo autor: "Eu me esforcei em analisar o conceito de racionalidade adotando como princípio básico a capacidade das enunciações de serem criticadas e justificadas, dando papel chave à racionalidade procedimental tal como ela se manifesta na prática da argumentação. (HABERMAS, 2001: 41).

Habermas concebe a razão comunicativa (e, por extensão, a própria ação comunicativa) como uma alternativa à razão instrumental e à razão iluminista. Sua teoria da argumentação assume o caráter de metafilosofia, propiciando à ciência novos horizontes epistemológicos: "a teoria da argumentação reivindica aqui uma significação especial, posto que a ela compete a tarefa de reconstruir as pressuposições e condições pragmático-formais do comportamento explicitamente racional" (HABERMAS, 1987: 16). Por argumentação, Habermas compreende o "tipo de fala em que os participantes tematizam as pretensões de validade que se tornam duvidosas e tratam de aceitá-las ou recusá-las por meio de argumentos". (HABERMAS, 1987: 37). Nessa dinâmica, os participantes revelam sua racionalidade na medida em que agem e respondem de uma forma ou de outra aos argumentos que lhe são apresentados, numa dialética na qual as emissões ou manifestações racionais são susceptíveis de críticas e aprimoramentos, numa dimensão tipicamente pedagógica. Para Habermas, "as argumentações tornam possível um comportamento que pode ser considerado racional num sentido especial, a saber: o de aprender com os erros na medida em que eles são identificados" (HABERMAS, 1987: 43).

Habermas distingue três níveis do discurso argumentativo: o plano lógico dos produtos, o plano dialético dos procedimentos e o plano retórico dos processos. O primeiro diz respeito à produção de argumentos razoáveis em virtude de suas propriedades intrínsecas, ou seja, das estruturas que determinam a construção dos argumentos e as relações que estabelecem entre si. O segundo visa a constituir uma interação submetida a uma regulação especial, numa estrutura ritualizada que busca selecionar os melhores argumentos. A terceira e útlima, de matriz perelmaniana, objetiva a garantir as condições universais de diálogo, focando as estruturas de uma situação ideal de comunicação e linguagem, imune à repressão e à desigualdade. (HABERMAS, 1987).

Em sua proposta filosófica, de grande repercussão nas Ciências Sociais, no Direito e nas Relações Internacionais, Habermas fixa as bases para a defesa da democracia e do diálogo no âmbito das sociedades contemporâneas. Nesse sentido, em que pesem as inovações inerentes ao seu pensamento, que muitas vezes lhe afastam das formulações primígenas do marxismo, Habermas permanece fiel à dimensão crítica e emancipatória que historicamente assinalou a heterogênea produção intelectual da Escola de Frankfurt e, em sentido ideal, do próprio marxismo.

1.2. Aspectos gerais da obra de Antônio Gramsci

O pensamento gramsciano é o segundo grande fundamento da Teoria Crítica de Relações Internacionais. Se Marx não desenvolveu uma teoria política sistemática e abrangente, Gramsci foi verdadeiramente capaz de propor uma teoria marxista do Estado e da ação política. No contexto da Itália fascista, o autor acolheu a noção de "hegemonia" em Marx e converteu-a na pedra angular de seus escritos políticos, salientando o papel da superestrutura na perpetuação do *status quo*.

Avançando sobre as formulações vestibulares do marxismo, Gramsci inovou ao projetar a sociedade civil, "conjunto de organismos designados vulgarmente como privados" (GRAMSCI, 2001: 20), para o plano superestrutural, retirando-a, pois, do plano estrutural no qual estivera classicamente alocada. Para Gramsci a sociedade civil é uma das faces do próprio Estado, considerado em sentido *lato*, tendo como contraface a sociedade política, compreendida como o conjunto dos meios pelos quais a classe dominante detém o monopólio legal da repressão e da violência, materializado no controle das burocracias executivas e no comando das forças policiais e militares.

Em sua obra, preponderantemente desenvolvida no cárcere, Gramsci subverteu a lógica economicista da teoria marxista ao enfatizar a autonomia (ou mesmo supremacia) das superestruturas sobre a infraestrutura, bem como a predominância dos consensos sociais que são produzidos e reproduzidos no âmbito da sociedade civil sobre as meras manifestações de força emanadas pelos operadores da ordem. Em sua visão, mais do que a estrutura econômica, é o conjunto mais amplo das relações ideológicas, morais, pedagógicas e culturais que ocupam o epicentro da vida social.

Daí a centralidade da hegemonia enquanto categoria epistemológica e *práxis* social. É ela que permite com que no âmbito da sociedade (civil e política) as classes dominantes imponham-se tanto aos seus aliados quanto aos seus antagonistas. No que tange aos aliados, a hegemonia permite com que a burguesia exerça sua ampla liderança social, representando, nas palavras do autor, "uma relação pedagógica que se verifica não apenas no interior de uma nação, entre as diversas forças que a compõem, mas em todo campo internacional e mundial, entre conjuntos de civilizações nacionais e continentais". (GRAMSCI, 1978, p. 37). Ao mesmo tempo a hegemonia afigura-se enquanto uma relação de classes, a partir da qual a burguesia utiliza sua liderança para impor sua visão singular de mundo como a única e legítima mundivisão da própria sociedade, moldando, dessa forma, as necessidades, os interesses e a própria consciência das classes subalternas.

Portanto, longe de ser uma categoria estática e linear, a hegemonia se reifica no conjunto das instituições, práticas, ideologias e atores que sustentam os valores dominantes numa sociedade. Essa percepção é fundamental para que se possa compreender a noção de "bloco histórico" proposta pelo autor. Bloco histórico é a unidade social e política que controla as estruturas sociais e, por conseguinte, dirige a própria sociedade. Nas palavras de Gramsci, bloco histórico é a "unidade entre a natureza e o espírito (estrutura e superestrutura), unidade dos contrários e dos distintos" (GRAMSCI, 2000: 26).

É nítido, pois, que ao contrário do que se verifica com outros grandes nomes da tradição marxista, em Gramsci o *ethos* político, moral e cultural está posto no centro do desenvolvimento histórico da sociedade capitalista. Daí que a ação revolucionária deve ser sempre uma ação contra-hegemônica, capitaneada por sujeitos históricos educados e circundantes ao próprio aparelho de Estado. São estes sujeitos que poderão enfrentar os aparelhos hegemônicos do Estado e/ou conduzi-los a uma crise, num movimento dialético que reforça e amplia a relação entre infraestrutura e superestrutura.

2. Robert Cox e a crítica aos paradigmas dominantes

O canadense Robert W. Cox (1926-2018), foi professor emérito de Ciência Política na Universidade de York, em Toronto. Formado em História pela Universidade McGill, de Montreal, a partir de 1947 passou a compor o *staff* da Organização Internacional do Trabalho (OIT), na qual permaneceu por aproximadamente 25 anos, tendo atuado também como diretor do Instituto Internacional de Estudos do Trabalho (IIET). Ao retirar-se da OIT, em 1972, foi designado professor na Universidade de Columbia, em Nova Iorque, na qual permaneceu até 1977. Retornando ao Canadá assumiu como professor de Ciência Política na Universidade de York, função que exerceu até 1992.

Robert Cox é justamente incensado como um dos principais nomes da Nova Escola Britânica de Economia Política Internacional, pautando sua carreira acadêmica pelo desafio constante às ortodoxias e por uma abordagem histórica que lhe permite transitar por temas tão díspares quanto multilateralismo, ordem global e sociedade civil. Em três de suas obras mais importantes, a saber, *Social Forces, States and World Orders*, originalmente publicada em 1981, *Production, Power and World Order*, de 1987, e *Approaches to World Order*, de 1996, escrita em parceria com Timothy Sinclair, a força do pensamento frankfurtiano e das reflexões gramscianas são ressignificadas e interagem com outras importantes influências do autor, como os pensamentos de Giambattista Vico, Fernand Braudel e Karl Polanyi. Dessa combinação, resulta uma crítica consistente das concepções teóricas e metodológicas que, típicas da ciência tradicional, positivista, encontram-se indistintamente presentes no *mainstream* das Relações Internacionais, a saber: o (neo) realismo e o (neo)liberalismo (HOFFMAN, 1987).

Partindo da máxima de que a "teoria é sempre algo para alguém e para um propósito" (COX, 1981: 207), o autor estabelece dois pontos iniciais para sua análise das relações internacionais: por um lado, as forças e os processos sociais devem ser pensados em suas relações inequívocas com o Estado; por outro, a teoria nunca deve ser autorreferenciada, mas constantemente confrontada com realidades em constante mutação e baseada em contínuos estudos históricos de natureza empírica. E alerta: "quando uma teoria apenas representa a ela mesma, é mais importante examiná-la como ideologia e buscar revelar sua perspectiva oculta". (Idem).

Em nível metodológico, Cox afirma que toda teoria está associada a uma perspectiva, a um contexto histórico concreto, objetivo. Para o autor, "o mundo é sempre visto a partir de um ponto de vista definido em termos de nação ou classe social, de dominância ou subordinação, de ascensão ou declínio do poder, de um senso de imutabilidade ou de crises, de experiências passadas ou de esperanças no futuro". (Idem).

Os enlaces metodológicos inerentes à obra de Robert Cox projetam inúmeros desafios aos operadores das relações internacionais, bem como àqueles que perante elas se defrontam na qualidade de analistas. Há pelo menos três grandes desafios que não devem ser negligenciados em uma abordagem didática do autor.

O primeiro diz respeito à relação entre o sujeito cognoscente e o objeto do conhecimento. Com gênese na Escola de Frankfurt e num vasto debate que, pontificando no plano da Filosofia e das Ciências Sociais, projeta-se para o escopo teórico das Relações Internacionais, Cox compartilha a perspectiva de que o conhecimento é, ao mesmo tempo, construto e construtor da realidade, de modo que o pesquisador sempre interage, consciente ou inconscientemente, com aquilo que se propõe a conhecer. Nesse sentido, toda teoria é ao mesmo tempo um instrumento para que se possa conhecer os múltiplos aspectos da realidade e uma lente a partir da qual essa mesma realidade é ou pode ser percebida. A teoria resulta tanto do confronto do pesquisador/cientista com a realidade que lhe serve de objeto e na qual está inserido, como antecede à própria concepção da realidade, que deve ser essencialmente percebida como construto e não como *data*. Não haveria, pois, uma racionalidade teleológica pura, tal como inicialmente proposta por Descartes e considerada por inúmeros filósofos racionalistas modernos, dentre os quais Karl Popper e Imre Lakatos.

Essa perspectiva, válida para o plano das Ciências da Natureza, é ainda mais consistente quando se projeta para o campo das Ciências Humanas e/ou Sociais. Nelas o cientista é parte inseparável do seu objeto de estudos. Para Cox, como para Horkheimer, o conhecimento é mediado pelas perspectivas e vivências do pesquisador. Por isso, conquanto a boa teoria tenha verdadeiramente um caráter transcendente, sendo capaz de ampliar suas próprias bases e problemas, o ponto de partida estará sempre presente em qualquer teoria e será sempre relevante para sua explicação.

O segundo desafio refere-se aos propósitos de uma teoria. Segundo Cox, pode haver dois propósitos fundamentais para uma teoria. O primeiro é "ser um guia para a solução de problemas postos em termos de uma perspectiva particular que lhe serve como ponto de partida". (COX, SINCLAIR, 1996: 88). São as "teorias de solução de problemas". Já o segundo, de matriz crítica, diz respeito à sua capacidade "de propor um mundo alternativo". (Idem). Essa é a Teoria Crítica; uma teoria da história, uma teoria sobre o "processo contínuo de mudança histórica". (COX, SINCLAIR, 1996: 89).

Para Robert Cox as teorias de solução de problemas possuem caráter não histórico ou anistórico, motivo pelo qual trabalham com categorias rígidas que privilegiam as permanências e repousam num presente artificialmente continuado. Cox não nega a utilidade dessas teorias. Elas possuem indiscutível valor técnico e validade científica, dentro da racionalidade à qual estão submetidas. Outrossim, por operarem no plano das regularidades, privilegiando os elementos supostamente perenes da realidade, contribuem adequadamente para explicar estruturas ou sistemas relativamente estáveis como o sistema neocolonial europeu ou a ordem bipolar pós-1945. O neorrealismo de Kenneth Waltz (tal como exposto em *Theory of International Politics*, de 1979), ao sustentar a continuidade da gestão do sistema internacional pelas grandes potências como a melhor garantia para a estabilidade do *status quo* mundial, revela-se plenamente como uma teoria da ordem, uma teoria conservadora, uma teoria de solução de problemas.

Algo distinto ocorre com a Teoria Crítica. Atuando no âmbito de uma realidade em constante mutação, ela é instada permanentemente a ajustar seus conceitos e suas categorias para melhor adequá-los aos objetos mutáveis aos quais busca compreender e explicar. Por isso, a Teoria Crítica adota sempre um viés demolidor em relação aos enlaces conservadores que assinalam as teorias que estão postas no plano raso da mera solução de problemas, quer sirvam aos interesses de nações, grupos ou classes sociais.

O terceiro e último desafio alude ao *status* de cientificidade de uma teoria que assume explicitamente estar pautada em interesses. Esse, contudo, não parece um problema para Robert Cox, mas, antes, uma questão ontológica: toda teoria está vinculada a determinados posições e interesses. Mesmo a teoria realista, objeto privilegiado de seu diálogo epistemológico, não pode ser considerada neutra. De fato, ao naturalizar a essência humana e a anarquia, bem como elevar o interesse ao patamar de categoria universal da ordem política internacional, o realismo assume um papel agudo na própria preservação da ordem mundial tal como ele mesmo a constrói e explica. Nesse sentido, a reivindicação da neutralidade é uma falácia com a qual a Teoria Crítica não se coaduna.

Robert Cox afirma categoricamente que "a teoria crítica permite uma escolha normativa em favor de uma ordem social e política diferente daquela prevalecente". (COX, SINCLAIR, 1996: 90). Isso possui pelo menos dois desdobramentos significativos. Primeiro, implica em dizer que a Teoria Crítica não somente visa a conhecer a realidade sobre a qual se debruça, mas pretende verdadeiramente transformá-la. Segundo, explicita uma utopia emancipatória que tanto evidencia seu propósito demolidor das epistemologias tradicionais e da própria realidade, quanto desmascara os diferentes construtos teóricos que visam precisamente ao contrário, ou seja, preservar o *status quo* ou nele impingir pequenos reparos que não alterem sua substância.

Essa é, por exemplo, a feição assumida pelo embate atual entre neorrealistas e liberal-institucionalistas (neoliberais). Para Cox, esse embate continua a reproduzir o debate setecentista entre a filosofia civil de Hobbes e a teoria do direito natural de Grotius. Antagônicos em suas perspectivas sobre a natureza humana, o Estado e mesmo sobre a sociedade ou o sistema internacional, neorrealistas e neoliberais estariam travando um debate de termos mutuamente excludentes, na medida em que se fixam em *corners* opostos do pensamento social. Assim posicionados, eles reificam uma realidade objetiva (ou objetivada) e não operam quaisquer parâmetros éticos e políticos que visem a transformá-la.

Uma alternativa teórica a essa polaridade setecentista teria sido apresentada no século XVIII por Giambattista Vico, para quem a natureza do homem e das instituições não deveria ser pensada em termos de uma natureza estática, desprovida de sentido histórico, mas essencialmente como criação continuada de novas formas, padrões e condutas sociais, num movimento historicamente condicionado. Transcendendo aos parâmetros estáticos, de alguma forma presente em autores clássicos como Maquiavel, Hobbes e Locke, Vico propõe uma natureza mutável, social e histórica, afastada das ontologias simplistas e das oposições quase infantis entre "bem" e "mal", entre "força" e "direito".

É nesse momento que a ruptura epistemológica de Robert Cox com o (neo)realismo (e particularmente com a obra de Waltz) se torna mais evidente. Cox estabelece quatro pontos críticos para o debate com esse que, para inúmeros autores, é o paradigma dominante nas Relações Internacionais.

O primeiro ponto diz respeito à questão da dialética. Cox afirma que, tal como o marxismo histórico, os realistas também trabalham com a questão do conflito. Contudo, ao passo em que na abordagem realista o conflito conduz a uma posição conservadora na ordem internacional, já que enseja a tese de que todos os atores devem assumir basicamente os mesmos padrões de comportamento; no âmbito do marxismo histórico que sustenta a Teoria Crítica o conflito é visto essencialmente como oportunidade de transformação das estruturas de poder existentes.

O segundo ponto concerne à introdução – pela Teoria Crítica – de uma dimensão vertical de poder no plano da política mundial, no qual os realistas somente consideram relações horizontais, baseadas nas diferentes capacidades de Estados juridicamente soberanos. Essa dimensão vertical, cujos fundamentos estão na teoria do imperialismo de Lênin, ressalta as relações de "dominação e subordinação da metrópole sobre as possessões coloniais (*hinterland*), do centro sobre a periferia" (COX, SINCLAIR, 1996: 96), dentre outras, que marcam o conjunto das relações internacionais.

O terceiro ponto refere-se aos limites da relação entre Estado e sociedade civil tal como pensada pelos realistas. Na tradição realista a sociedade civil não é muito mais do que um elemento de constrangimento sobre o Estado ou uma imposição de interesses particulares sobre a "razão do Estado". Na acepção coxiana, o (neo)realismo teria muito a ganhar se reconhecesse as relações entre infraestrutura e superestrutura tal como consignadas por Gramsci. Isso lhe permitiria, por exemplo, reconhecer as novas possibilidades históricas que se afiguram na nova ordem mundial após o fim do bipolarismo.

O quarto e último ponto destacado por Robert Cox refere-se ao fato de que os realistas praticamente ignoram o processo produtivo no âmbito das relações internacionais, vendo-o essencialmente como expressão do poder nacional. Ignoram, dessa forma, o papel das estruturas produtivas na construção e na reconstrução histórica das relações internacionais, do qual a globalização é uma das evidências mais expressivas, bem como seu potencial na diversificação das relações entre Estado e sociedade civil, gerando novas forças político-sociais dentre as quais caberia destacar a própria sociedade civil internacional.

É evidente, pois, o esforço de Robert Cox em construir uma visão ao mesmo tempo abrangente e dinâmica das relações internacionais. Lastrado no pensamento de Antônio Gramsci, em particular no conceito de hegemonia, Cox minimiza (sem desconsiderar) categorias centrais do (neo)realismo, tais como interesse e poder, valorizando (sem sacralizar) outras como domínio, liderança e legitimidade. Dessa forma, opera um construto teórico denso e original, dotado de historicidade e cientificidade, capaz de articular coerente e dialeticamente diferentes elementos como classes sociais, cultura, produção material, Estado e sociedade civil. Nessa proposição, que se afasta dos dogmatismos que existem inclusive no campo do marxismo, as estruturas históricas constituem o quadro diretor no qual as forças políticas que atuam concretamente na vida social.

A figura a seguir, proposta por Cox, ilustra adequadamente o quadro referencial das forças políticas que interagem com as grandes estruturas sociais:

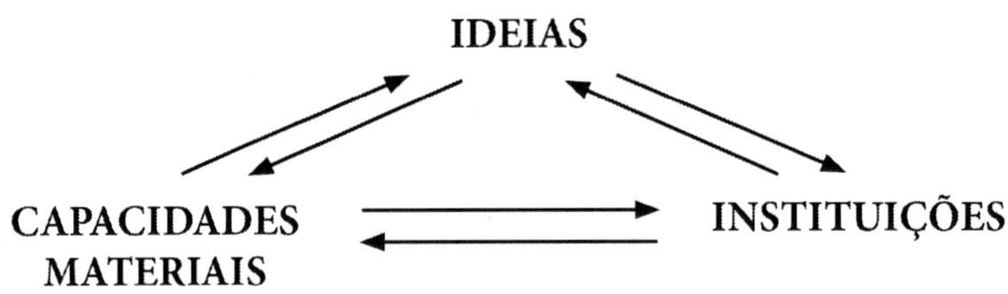

(COX, SINCLAIR, 1996:144)

Dispostas de modo não hierárquico, numa relação de mútua determinação cujos conteúdos concretos só podem ser historicamente identificados, essas forças não podem ser atomizadas ou isoladas no contexto dos estudos empíricos que venham a ser feitos no âmbito das Relações Internacionais. Cox deixa isso patente ao elucidar os elementos de base que as constituem.

As capacidades materiais são forças potencialmente produtivas ou destrutivas, podendo ser expressas tanto por elementos imateriais, como tecnologias e capacidades organizacionais, quanto por elementos materiais, como recursos naturais, indústrias de armamentos etc. Já as ideias podem ter caráter intersubjetivo, estando vinculadas a diferentes concepções sobre as relações sociais, ou podem ser imagens coletivas, atinentes às múltiplas visões passíveis de serem produzidas por diferentes grupos sociais. Por fim, as instituições são meios da superestrutura pelas quais ordens particulares são hegemonizadas, ou seja, estabilizadas e perpetuadas.

Para Cox (1996: 100), o método das estruturas é uma expressão possível daquilo que se pode chamar de "totalidades limitadas". Em sua acepção, a estrutura histórica não representa toda a realidade internacional, mas uma esfera particular das atividades humanas em uma totalidade historicamente localizada. No âmbito da discussão que enseja, Robert Cox propugna que o método das estruturas históricas pode ser aplicado a pelo menos três níveis ou esferas de atividades: a organização da produção, mais particularmente no que tange as forças sociais engendradas pelo processo produtivo; a relação entre as formas de Estados e as diferentes expressões da sociedade civil; e às ordens mundiais, ou seja, as configurações particulares que definem a problemática da paz e da guerra. Tal como as forças que atuam sobre as estruturas históricas, esses níveis de atividades também são esquematicamente apresentados pelo autor:

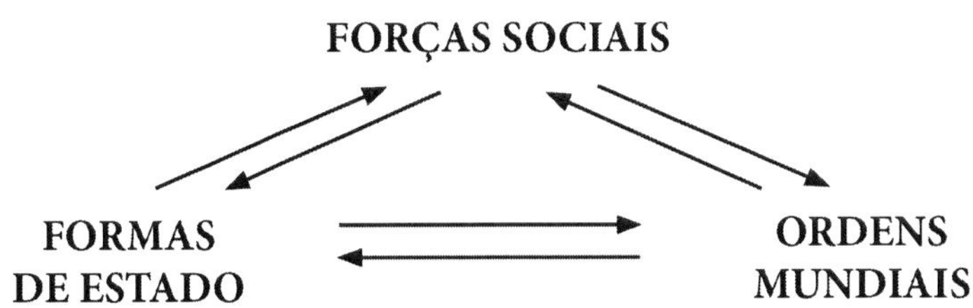

(COX, SINCLAIR, 1996:101)

Mais uma vez, a exposição coxiana rejeita quaisquer precedências ou hierarquias, sendo certo de que se trata de uma relação de mútua determinação. Os níveis de atividade se intercomunicam da mesma forma que as forças anteriormente estudadas. Igualmente, forças e níveis de atividades projetam-se dialeticamente sobre as estruturas históricas, modificando-as e sendo por elas modificadas. Em um plano meramente exemplificativo Robert Cox consigna que o stalinismo foi a resposta histórica às ameaças patentes à soberania soviética em uma ordem internacional hostil à sua existência; da mesma forma que o complexo industrial-militar dos países centrais justifica sua influência a partir de uma concepção conflituosa da ordem internacional.

Um exemplo claro da aplicação do seu método deu-se em *Production, Power and World Order*, de 1987. Nessa obra, Cox propõe uma explicação histórica e sociológica para os diferentes tipos de forças sócias vinculadas às estruturas político-institucionais do ocidente e do eixo Rússia-China entre 1945 e 1980. Opondo-se frontalmente às construções neorrealistas, que afirmavam a existência de limitações estruturais que impediam a ocorrência de grandes câmbios nos processos produtivos e nas forças sociais que atuam em nível global, Cox negou a existência dessas amarras e, se não antecipou a *débâcle* do Socialismo Real, ao menos não cometeu o erro de negar sua possibilidade.

Apartando-se de quaisquer linearidades e ontologias rígidas, Robert Cox constrói uma teoria da estrutura política mundial muito mais rica e flexível do que aquela que se faz presente nos estudos realistas, como nas obras de Kenneth Waltz, Robert Gilpin ou John Mearsheimer. Tendo como eixo o conceito gramsciano de hegemonia, logra verificar, dentre outros aspectos significativos, os modos pelos quais as ordens mundiais se constituem e se modificam, a dinâmica das forças sociais e as formas pelas quais estas influenciam o próprio poder estatal, além da crescente internacionalização do Estado e da própria produção capitalista (COX, 1987). Sua abordagem permite a investigação de temas pouco afeitos aos paradigmas tradicionais dos estudos internacionais, tais como globalização, coalizões de classes e dinâmicas contra-hegemônicas que, mais ou menos apartadas dos mecanismos globais de dominação, encontram-se heterogeneamente presentes em diversos países do mundo.

Nesse sentido, desde seus primeiros trabalhos Cox denuncia o poder crescente do capital financeiro internacional, sua dificuldade em lidar com a pobreza e seu medo das revoltas populares. Desse modo, em suas visões de futuro o autor concebe três possibilidades para uma nova organização de poder mundial, sem negar a plausibilidade de outros arranjos.

A primeira, baseada em estruturas globais de poder, exige a ampliação contínua do processo de internacionalização da produção e de enfraquecimento relativo do Estado, considerando, em sua gramática, vetores como estabilidade macroeconômica, controle da moeda e liberalização comercial, em detrimento de fatores como redução da pobreza, distribuição de renda e garantia do poder de compra dos salários. Elementos como a crise de 2008, cujos efeitos ainda se fazem sentir principalmente na União Europeia (UE) e nos Estados Unidos, ou os esforços estatais no combate a pandemia da Covid-19, indicam que essa alternativa talvez enfrente dificuldades fáticas no presente-futuro, uma vez que as políticas anticrise parecem basear-se antes numa prática interventiva do Estado em favor dos grandes grupos econômicos do que numa dimensão típica de mercado. Nesse sentido, o discurso neoliberal, privatista e livre cambista, parece antes ocultar uma prática maquiavélico-hobbesiana sob um manto kantiano-wilsoniano. Em outras palavras, o discurso neoliberal seria uma expressão daquilo que a sabedoria popular resume no brocardo "faça o que eu digo, mas não faça o que eu faço".

A segunda, não hegemônica, arvora a possibilidade de ascensão de conflitos entre polos de poder a partir de alianças comerciais que interliguem diferentes interesses políticos e econômicos, particularmente nos países centrais. Seu caminho mais provável envolveria a ascensão de novas coalizões mercantis capazes de unir, em diferentes nações-pivôs mundiais, capital nacional e segmentos laborais num projeto próprio de poder cujo alcance poderia nacional ou plurinacional. Antiliberais (mas não anticapitalistas), essas alianças privilegiariam elementos como bem-estar e poder nacional, em detrimento de outros como estabilidade macroeconômica e equilíbrio fiscal. Eventos como a aliança transatlântica e a aliança transpacífica, bem como a emergência do bloco sino-asiático, somados à ascensão de diferentes polos regionais de poder, tais como China, Rússia, Brasil, Índia, África do Sul (parceiros no BRICS) e Coreia do Sul indicam a plausibilidade dessa visão. Outrossim, os impasses do multilateralismo (Rodada Doha da OMC, questão ambiental etc.) e a diminuição relativa da confiança entre velhos e novos parceiros políticos (evidenciada pelas redes clandestinas de espionagem e monitoramento ilícito das redes mundiais de comunicação) também podem concorrer para a configuração dessa visão de mundo.

Por fim, Cox engendra a possibilidade de um cenário contra-hegemônico, caracterizado por uma aliança das nações do "terceiro mundo" contra a dominação econômica e política dos países centrais. Esse cenário, conflitivo, abriria novas possibilidades para projetos nacionais-desenvolvimentistas, estabelecendo fraturas significativas nas estruturas internacionais de dominação e dependência construídas nos últimos séculos. Contudo, essa possibilidade, que amplia a autonomia dos Estados e dos setores mais nacionalistas da sociedade civil, parece fora do horizonte imediato das relações internacionais.

Enfim, tendo produzido uma obra capaz de impor-se sem reservas no atual debate acadêmico da disciplina (o chamado terceiro debate), Robert Cox constrói uma matriz teórica e metodológica que convida seus leitores a pensar sobre as novas hegemonias e realidades que moldam e remoldam a cada momento a história da humanidade. Em sua gnosiologia, as totalidades não são reducionistas nem estão enquadradas em esquemas reflexivos monolíticos. Ao contrário. Elas exigem do pesquisador/cientista, bem como daqueles que operam diariamente no contexto internacional, contínuo esforço reflexivo para desvendar o porvir sempre contingente das esferas políticas, econômicas e sociais que constituem, na história, o conjunto mais amplo das relações internacionais.

3. Andrew Linklater e os novos rumos da Teoria Crítica

Andrew Linklater é professor na cátedra *Woodrow Wilson* de Política Internacional na Universidade de Aberystwyth. Graduado em Filosofia pela Universidade de Oxford, Mestre pela Universidade de Aberdeen e PhD pela *London School of Economics*, Linklater iniciou sua carreira lecionando na Universidade da Tasmânia, de 1976 a 1981, após o que se transferiu para a Universidade Monash, na qual permaneceu por aproximadamente 10 anos. Em 1993 tornou-se professor de Relações Internacionais na Universidade Keele, na qual atuou até 1999. Em 2000, ano no qual ingressou no Departamento de Política Internacional de Universidade de Aberystwyth, Linklater foi ranqueado no *Martin Griffith's Fifty Key Thinkers in International Relations.* Tornou-se membro da *Academy of Learned Societies in the Social Sciences* em 2001 e ingressou na Academia Britânica em 2005.

Juntamente com Robert Cox, Linklater é um dos pilares sobre o qual se assenta a Teoria Crítica nas relações Internacionais. Em *The Achievements of Critical Theory*, um de seus artigos de maior repercussão, Linklater (1996: 279) afirma que a "Teoria Crítica vem alargando os horizontes epistemológicos da disciplina e revelando como os esforços de reconstrução do materialismo histórico oportunizaram novos horizontes às Relações Internacionais num contexto intelectual pós-positivista". Em sua análise, desde o alvorecer dos anos 1980 a Teórica Crítica vem consignando pelo menos quatro grandes realizações:

a) Questiona as teorias positivistas, argumentando que o conhecimento não surge a partir de disciplinas neutras, sem compromisso com a realidade objetiva, mas reflete propósitos sociais e interesses pré-existentes;
b) Opõe-se às vertentes empíricas que afirmam que as estruturas existentes no mundo social são imutáveis;
c) Identifica e supera as deficiências inerentes ao marxismo, destacando, nesse movimento, a importância do pensamento de Habermas;
d) Julga os arranjos sociais pela sua capacidade de estabelecer diálogos abertos com todas as outras vertentes teóricas, contemplado novas formas de comunidade política que rompam com exclusões injustificadas. (LINKLATER, 1996: 279-280)

Há que se considerar, contudo, que a perspectiva coxiana é tão somente uma plataforma para as formulações de Linklater, não seu ponto de chegada. Tendo aceito, como Cox, a subversão gramsciana segundo a qual a superestrutura desempenha um papel tão importante (ou mesmo maior) quanto o da infraestrutura na organização da vida social e política, Andrew Linklater avança para uma dimensão habermasiana na qual o paradigma da produção tende a ser dialeticamente superado pelo paradigma da linguagem. Nesse contexto, seu trabalho pretende ultrapassar os limites epistemológicos do (neo)realismo e do próprio marxismo, priorizando o plano das ideias, valores, ideologias e interesses.

Em sua obra, Linklater afirma que o marxismo teria fracassado enquanto projeto emancipatório e, sacralizado enquanto doutrina, elidido sua natureza dialética. Seus maiores equívocos teriam sido privilegiar os conflitos de classes e subestimar a importância do Estado, do nacionalismo e da política internacional na dinâmica de produção e reprodução do capitalismo. Por seu turno, o realismo e sua expressão contemporânea, o neorrealismo, insistiriam em uma visão estadocêntrica, anistórica, atemporal e mesmo apolítica, que, parametrizada por categorias rígidas como anarquia, egoísmo, interesse etc., seria incapaz de pensar os processos de mudança que marcam cotidianamente a vida dos indivíduos, das comunidades e da própria sociedade internacional.

Sua proposta, então, é retomar a perspectiva universalista que assinala o pensamento de autores como Marx e, numa outra perspectiva,

Immanuel Kant, (re)afirmando valores éticos e morais capazes de superar as clivagens e conflitos que marcam a história da humanidade. Para tal, postula o desenvolvimento de novos elementos teóricos que sejam capazes de superar os limites do Estado nacional (e de outras expressões do particularismo) no contexto de um mundo fragmentado em nível social, político, econômico e cultural. Em seu trabalho Linklater (1996) tece um crítica radical ao estatismo e às perpectivas estadocêntricas, lançando as bases para uma teoria social da política mundial.

Nessa teoria, teleologicamente emancipatória, uma das bases é a noção de moralidade, tal como percebida por Habermas. Para Linklater, a quem se deve a introdução do pensamento habermasiano no contexto das relações internacionais, o pensador alemão identifica três formas de moralidade, a saber:

a) Moralidade Pré-Convencional: existe quando os atores obedecem as normas porque temem que a não-obediência será sancionada por uma autoridade superior;
b) Moralidade Convencional: existe quando as normas são observadas porque os atores são leais a um grupo específico;
c) Moralidade Pós-Convencional: existe quando os atores deixam para trás estruturas de autoridade e grupos de pertencimento e questionam se estão obedecendo a princípios que possuem aplicabilidade universal (1996: 285).

Essa última forma de moralidade seria superior às demais na medida em que enseja uma moralidade refelexiva na qual a dimensão comunicativa assume papel central. Para Linklater, como para Habermas, o agir comunicativo é essencialmente um mecanismo procedimental, não uma técnica ou meio para se prescrever soluções para problemas éticos: "o discurso ético afirma que a validade dos princípios deve ser estabelecida mediante uma forma de diálogo no qual os seres humanos se esforçam para chegar a um acordo. Nenhuma pessoa e nenhuma posição moral podem ser excluídas de antemão". (1996: 286). O discurso ético é, pois, uma construção dialógica, de caráter responsivo, na qual o alcance de um acordo é substancialmente diverso de um consenso total.

A partir dessa perspectiva, Linklater vai discutir as implicações desse discurso para a política. Para desenvolver melhor essa relação, o autor identifica quatro formas básicas de compreensão do discurso ético. São elas:

> a) Compreensão Antropológica: cujo objetivo é compreender as diferenças tendo o outro como referência;
> b) Compreensão Estratégica: que tem o objetivo de compreender as aspirações, interesses e intenções do outro com a intenção de controlar seu comportamento ou de despistar [suas próprias intenções] e melhor manobrar esse outro, concebido como adversário;
> c) Compreensão Socrática: na qual os atores suspendem suas convicções singulares sobre a verdade e adentram verdadeiramente no diálogo com o propósito de alcançar a verdade;
> d) Compreensão Política: essa forma de compreensão possui duas dimensões: a tentativa de entender a pluralidade das visões morais com o objetivo de construir acordos válidos sobre os princípios de inclusão e exclusão; e a tentativa de entender as regras de coexistência na qual os atores podem aceitar que falharam em alcançar um consenso. (1996: 292).

Dessas diferentes compreensões, apenas a estratégica é essencialmente contraditória ao projeto emancipatório almejado pela Teoria Crítica. Tal ocorre na medida em que visa a controlar ou manipular outros atores, bem como ao fato de que se opõe ao aprendizado moral-prático, à dimensão pedagógica implicitamente presente no pensamento do autor. Vê-se, portanto, que para Linklater a comunidade política é essencialmente dialógica e democrática. Em nível ideal, todos os membros da comunidade (independente de sua posição social, política, econômica etc.) são livres para expor suas ideias e argumentos: todos possuem "direito ao púlpito" e todas as posições morais são passíveis de questionamento. Não há regras que definam aprioristicamente o conteúdo do diálogo. Nessa dimensão habermasiana do discurso, o diálogo tem valor em si e visa à produção de consensos socialmente válidos ou legítimos.

Segundo Andrew Linklater é a partir da comunicação que se pode aprender a transitar do particular (individual ou comunitário/nacional), para uma dimensão universal. É a apartir da comunicação que a moralidade reflexiva pode evitar uma representação depreciativa do "outro" e que o Direito pode avançar do internacionalismo westfalianao para uma dimensão cosmopolita, de matriz kantiana. Em outras palavras, é através da tolerância e do diálogo que os participantes (homens ou mulheres, nacionais ou estrangeiros, burgueses ou proletários, cristãos ou muçulmanos etc.) de um determinado espaço ou "arena" (qualquer que seja o objeto ou o caráter da disputa) podem alcançar consensos válidos sobre a verdade dos argumentos exarados ou sobre a imperatividade das normas de conduta (Direito) que regem (ou se aplicam a) uma dada dimensão comunitária (local, nacional, internacional etc.).

No plano fático das relações internacionais esse horizonte emancipatório se expressa na proposição de novos problemas de pesquisa - por exemplo, Linklater (1996: 288-289) pleiteia que mais importante do que saber como os diferentes Estados nacionais ou comunidades se relacionam, é saber como as fronteiras são inicialmente construídas - e na expansão de diálogos alteros e morais entre diferentes comunidades, elidindo, tanto quanto possível, as clivagens nacionais e/ou civilizacionais em favor de acordos universais ou pelo menos universalizáveis. Nesse sentido a emancipação tem tanto uma dimensão construtiva, na medida em que avança para um ideal de universalidade; quanto destrutiva, no sentido de que supera velhos consensos (éticos e morais) que tradicionalmente definiram (ou ajudaram a definir) esferas e identidades locias, nacionais etc.

No mérito, a proposta de Andrew Linklater (1998) converge para a (re)construção de um universalismo moral que elide as diferentes formas de exclusão. Para o autor, a exclusão tanto possui um conteúdo singular, oposto à inclusão, quanto plural. Nessa última acepção, Linklater diferencia a discriminação visível (que perpetra uma repartição não equitativa de recursos, poder etc.), da oculta (aquela que nega, escamoteia, marginaliza ou mitiga falaciosamente as diferenças). No âmbito das relações internacionais, no qual questões como nacionalidade, raça, religião e outros possuem peso superlativo, Linklater é enfático ao afirmar que a teoria social da política mundial não pode prescindir de investigar as múltiplas formas de exclusão que permeiam as diferentes expressões do singularismo ou do particularismo.

Portanto, ao intelectual apresenta-se, ao mesmo tempo, uma tarefa de caráter normativo-filosófico, uma de feição histórico-sociológica e outra de natureza eminentemente política (1998). A primeira insita o pesquisador a refletir sobre os critérios que legitimam os múltiplos mecanismos e barreiras que definem inclusão e exclusão no interior das comunidades. A segunda chama ao estudo das origens, reprodução e mudanças nos elementos axiológicos (éticos e morais) que permeiam as práticas de inclusão e exclusão social. Por fim, a terceira busca encontrar uma medida socialmente justa entre inclusão e exclusão, entre universalismo e particularismo.

É importante frisar que em sua obra Andrew Linklater (1998) não aponta idealmente para o fim das diferentes manifestações ou formas de exclusão (étnico-racial, sociocultural, enconômico etc.). O que pretende afirmar é a necessidade de ampliação dos canais e práticas democráticas (abertas e dialógicas) de debate, de modo que a exclusão, caso ocorra, seja socialmente legitimada. Em sua teoria, um dos elementos que permitem visualizar essa permanente tensão entre particularismo e universalismo, inclusão e exclusão, bem como a própria perspectiva de formação dos consensos sociais é o *harm principle.*

Em *The English School of International Relations: a contemporary reassessment*, Linklater afirma que, em sua essência, tal como consignado por autores como John Stuwart Mill, o *harm principle* ou "princípio do dano" impõe a cada indivíduo (ou comunidade) o dever de evitar danos a terceiros, cuidando para que suas ações não prejudiquem os outros (LINKLATER, 2006). Trata-se de uma clara premissa moral, vinculante, a partir da qual se estrutura a própria noção de moralidade e de sociedade civil, em oposição a um estado de ilegalidade ou de natureza hobbesiana. Por essa premissa, o interesse ou a necessidade individual, egoística, fica (ou deve ficar) subsumida a imperativos coletivos, universais ou universalizáveis. Em síntese, o *harm principle* expressa o velho fundamento liberal segundo o qual a liberdade de um indíviduo termina quando se inicia a do seu próximo; embora haja momentos nos quais o dano a terceiros seja justificável (como a legítima defesa) e as ações altruistas devam ser limitadas (por exemplo, ninguém está obrigado a fazer enormes sacrifícios pessoais em benefício de terceiros).

Fundamental no plano das diversas comunidades ou grupos nacionais, o *harm principle* é igualmente importante no plano da política internacional ou, numa acepção mais ampla, das relações internacionais. O ponto de partida dessa essencialidade é a seguinte questão, proposta genericamente por autores como Pufendorf, Vattel e Kant: como a compulsoriedade moral inscrita no *harm principle* pode ser observada no contexto de um mundo dividido entre Estados nacionais que, diferentemente do espaço doméstico, não possuem qualquer autoridade jurídica ou política que refreie sua conduta? (LINKLATER, 2006: 171-172).

Para além da visão estóica, de caráter ético, esposada por autores como Cícero, segundo a qual ninguém tem o direito de proteger seus interesses causando danos ou prejuízos a terceiros, Linklater identifica três razões (ou domínios) pelas quais o *harm principle* tem um papel importante na Teoria Crítica. São elas:

a) As evidências históricas indicam que a propensão a inflingir danos a outras pessoas tem sido uma característica central - senão a característica central - da relações entre comunidades políticas independentes nos últimos cinco milênios. Dissuadir Estados a usar seu "poder de agredir" - mais do que encorajá-los a se tornarem mais caridosos ou altruístas - tem sido o problema mais perene nas relações internacionais;
b) Na maior parte desse período [cinco milênios] a humanidade tem sido identificada por comunidades políticas territorialmente limitadas;
c) Ao longo da história sociedades e indivíduos têm competido e frequentemente produzido visões irreconciliáveis sobre a "boa vida" [ou bem comum]. Esses valores em conflito fazem com que nem sempre seja possível promover ou viabilizar acordos sobre a necessidade de eliminar ou controlar as ações que podem causar danos a terceiros. (2006: 177).

Estimulado por essa reflexão, Linklater afirma que "o propósito principal da abordagem crítica da sociedade internacional é analisar as condições para o desenvolvimento de convenções cosmopolitas sobre o dano nos domínios acima considerados" (2006: 185). Dessa assertiva deflui que as convenções sobre danos e as instituições a partir das quais se materializam, ou seja, ONU, OEA etc., quer tenham caráter essencialmente cosmopolita, tal como essa categoria é pensada por Kant, quer tenham caráter internacional, na velha acepção grotiana do Direito Internacional Público (DIP), dependem em grande medida do consentimento daqueles (indivíduos, grupos sociais e particularmente Estados) que são mais afetados por elas ou que por elas nutrem particular interesse.

Portanto, parece claro que o *harm principle* opera no contexto e/ou favorece a consolidação de uma sociedade internacional mais democrática e dialógica (e, assim considerando, cosmopolita), na qual indivíduos e comunidades não-governamentais possam exercer o direito de lutar contra violações que lhes imputem danos ou prejuízos. As instituições cosmopolitas ou internacionais, ou seja, instiuições que em maior ou menor medida possuem alcance global, têm como uma de suas grandes responsabilidades garantir a afluência dessas vozes minoritárias ou marginalizadas na agenda política internacional, dando visibilidade a atores que, de outra forma, seriam sumariamente excluídos de qualquer forma de participação ou debate. Nesse sentido, a universalização das práticas, políticas, vivências etc., seriam fruto do engajamento dos diversos membros da comunidade, uns com os outros e todos com cada um, numa dinâmica de responsabilidades que entreleça os diferentes indivíduos e esses com os variados grupos existentes numa dada realidade social.

Não é difícil perceber a complexidade e vitalidade da obra de Andrew Linklater. Em sua gnoseologia, de forte influência habermasiana, o autor vem construindo uma síntese tão original quanto significativa entre o marxismo e o realismo, cujos eixos são os processos de mudanças da sociedade internacional e os fluxos de inclusão e exclusão que impactam os vínculos sociohistóricos que unem os diferentes indivíduos dentro de cada Estado nacional. Tais vínculos constroem e reconstroem as identidades que separam esses indivíduos daqueles que habitam sob outras soberanias, estruturando forças muitas vezes incontroláveis tais como nacionalismo, xenofobia e etnocentrismo.

Para Linklater a Teoria Crítica, mais do que um novo paradigma, é "um convite a todos os cientistas sociais para que reflitam sobre os interesses e pressupostos normativos que presidem a investigação, o que não significa que, a partir de agora, todas as atividades de investigação devam ser teórico-crítica" (LINKLATER, 1992: 91). Nesse sentido, seu trabalho não representa uma "nova etapa teórica" das Relações Internacionais, tal como consignado por Mark Hoffman (1987) e outros comentaristas, mas, verdadeiramente, a apresentação de novos horizontes epistemológicos e/ou de novos problemas investigativos, configurando uma "nova onda" nas contribuições marxistas à Teoria das Relações Internacionais, logo após a Teoria do Imperialismo, de Lênin; a Teoria da Dependência, de pensadores como Fernando Henrique Cardoso, Enzo Faletto, Ruy Mauro Marini e Theotonio dos Santos; e a Teoria do Sistema Mundo, de Immanuel Wallerstein.

Considerações Finais

A Teoria Crítica ou Teoria Radical das Relações Internacionais surgiu nos anos 1980 como contraponto ao debate, então dominante, entre neorrealistas e neoliberais. Para os pensadores críticos, o debate em tela, ainda preso a cânones setecentistas, realizava uma análise limitada das relações internacionais, em particular no que tange aos elementos de câmbio e transformação da ordem global.

Em seu diálogo com as teorias dominantes nas Relações Internacionais a Teoria Crítica realiza uma análise particularmente ácida da Escola Realista, caracterizando-a como uma vertente positivista e cientificista, que atende antes ao *status quo* do que a uma compreensão cientificamente válida da vida sociopolítica e econômica mundial. Na perspectiva crítica, o realismo estrutura sua ciência e sua mundividência a partir de uma perspectiva limitada de poder, interesse e segurança, fixando, do ponto de vista do conhecimento, um sistema estadocêntrico e anárquico. Segundo a abordagem crítica os próceres do (neo) realismo induzem artificialmente o comportamento dos Estados e do sistema internacional, teoricamente composto por unidades independentes, egoístas e racionais, gerando as condições que irão perpetuar as próprias realidades empíricas sobre as quais sua ciência está fixada e as quais busca idealmente conhecer.

A primeira grande expressão da Teoria Crítica foi o artigo *Social Forces, States and World Orders: beyond international relations theory*, de Robert Cox. Nele, o autor preconiza que "toda teoria é para algo e para alguém", asseverando que qualquer construto teórico expressa uma determinada posição política e social, estando temporal e espacialmente situado. Neste sentido, ao contrário do que asseveram as teorias cientificistas, de caráter positivista, inexistem construtos teóricos sem conteúdo normativo. Ao definir seus problemas de análise, bem como seus objetos, hipóteses, objetivos e metodologias, uma determinada teoria está necessariamente escolhendo as lentes pelas quais irá construir sua ciência e sua visão de mundo.

Diferentemente das teorias tradicionais, que repousam sobre bases absolutistas ou liberais-conservadoras, a Teoria Crítica está estribada numa leitura não ortodoxa do marxismo, cujas principais influências são a Escola de Frankfurt e o pensamento de Antônio Gramsci. Ao contrário das teorias positivistas, que se supõem neutras, a Teoria Crítica assume sem falsos pudores seu caráter normativo e sua teleologia libertadora. Nesse sentido, Robert Cox constrói uma tipologia original, na qual as diferentes matrizes teóricas são divididas em função dos seus propósitos, manifestos ou não. Haveria dois tipos básicos de teorias: as teorias de solução de problemas e as teorias críticas.

As teorias de solução de problemas são aquelas que focam o mundo como ele supostamente é. Para abordar essa realidade objetiva (ou quiçá objetivada) as teorias de solução de problemas delimitam o escopo de sua análise e separam artificialmente seus objetos. A partir daí, buscam fixar padrões e regularidades empiricamente observáveis, evidenciando as relações de causa e efeito que lhes seriam pertinentes.

Já as teorias críticas rejeitam a reificação da ordem social, quer em nível doméstico, quer no plano internacional, questionando-se como e por quais motivos essa ordem assumiu o conteúdo e a forma a partir dos quais se pode (re)conhecê-las em um determinado tempo e lugar. Voltada para a compreensão da complexidade social e política da realidade que lhe serve de objeto, busca compreendê-la em sua totalidade, sem perder de vista suas singularidades. Metodologicamente, a perspectiva crítica estranha e desnaturaliza a realidade, relacionando-se dialética e dialogicamente como o (des)construtivismo pós-modernista.

A obra de Andrew Linklater é outro pilar sobre o qual se apoia a Teoria Crítica das Relações Internacionais. A ele se deve, sem dúvida, a introdução do pensamento de Jürgen Habermas na teoria das Relações Internacionais. Coerente com o projeto emancipatório que defende e ajuda a construir, Linklater deixa claro que a emancipação da sociedade internacional está diretamente relacionada com a supressão das barreiras morais entre as diferentes comunidades políticas, numa clara alusão ao cosmopolitismo moral e jurídico kantiano. Direcionando seu foco para as diferentes formas de inclusão e exclusão vivenciadas no contexto das relações internacionais, propugna um universalismo moral capaz de, tanto quanto possível, superar todas as formas de exclusão.

Considerando os limites explicativos dos grandes paradigmas das Relações Internacionais, Linklater expande os horizontes epistemológicos da Teoria Crítica, consolidando e diversificando uma nova alternativa teórica nas Relações Internacionais.

Seu projeto emancipatório, diretamente vinculado com a noção de democracia deliberativa construída por Habermas, implica numa razão comunicativa somente alcançável por práticas abertas de diálogo. Os acordos daí resultantes, necessariamente intersubjetivos e amalgamados por diferentes imagens e ideias, são as bases para a legitimação das organizações comunitárias, quer em nível doméstico, quer no plano mais amplo da sociedade internacional. São, também, os motores dos processos de mudança e transformação social, elementos fulcrais para a emancipação do homem quer enquanto indivíduo quer enquanto membro de uma dada comunidade política.

Em síntese, é certo asseverar que a partir das obras de Robert Cox e Andrew Linklater a Teoria crítica vem construindo um sólido contraponto às teorias dominantes, em particular o (neo)realismo e o (neo) liberalismo. Compartilhada também por autores como John Burton, Richard Falk e Johan Galtung, sua coerência e alcance, em particular no âmbito da Economia Política Internacional, a faz respeitada inclusive por seus críticos. Conquanto tenha reduzida aceitação por parte dos formuladores de políticas estratégicas, quer em nível dos Estados, quer em nível das diferentes organizações internacionais, seu sucesso teórico vem permitindo com que novos temas e abordagens venham sendo considerados nos debates acadêmicos, ao mesmo tempo em que potencializa e legitima a participação de novos atores nas diferentes arenas da política mundial. Sua visão dialógica de democracia e suas reflexões sobre estruturas, mudanças, identidades, inclusão e exclusão, dentre outras categorias, abrem o leque epistemológico das ciências e legitimam a presença de novos temas e agentes no complexo, fascinante e cada vez mais sofisticado cenário das relações internacionais.

Referências Bibliográficas

CARNOY, Martin. Estado e teoria política. 3. ed. Campinas: Papirus, 1990.

COX, Robert. "Social Forces, States and World Orders: Beyond International Relations Theory". *Millennium*, vol. 10, n. 2, 1981, pp. 126-155.

COX, Robert. Production, Power and World Order: Social Forces in the making of History. New York: Columbia University Press, 1987.

COX, Robert; SINCLAIR, Timothy J. Approaches to world order. Cambridge: Columbia University Press, 1996.

GRAMSCI, Antonio. Concepção dialética da história. Rio de Janeiro: Civilização Brasileira, 2ª edição, 1978.

GRAMSCI, Antonio. Cadernos do Cárcere. Rio de Janeiro: Civilização Brasileira, vol. 3, 2000.

GRAMSCI, Antonio. Cadernos do cárcere. Rio de Janeiro: Civilização Brasileira, vol. 2, 2. Ed., 2001.

GRAMSCI, Antonio. Cadernos do cárcere. Rio de Janeiro: Civilização Brasileira, vol. 1, 3. Ed., 2004.

HABERMAS, Jürgen. Teoría de la acción comunicativa I: Racionalidad de la acción y racionalización social. Madrid: Taurus, 1987.

HABERMAS, Jürgen. Vérité et justification. Paris: Gallimard, 2001.

HORKHEIMER, Max. *Teoria tradicional e teoria crítica.* In: BENJAMIN, W., HORKHEIMER, M., ADORNO, T.; HABERMAS, J. Textos escolhidos (Coleção Os Pensadores, Vol. XLVIII). São Paulo, Abril Cultural, 1983.

HOFFMAN, M. Critical Theory and the Inter-Paradigm Debate, Millennium, 16, 1987, p. 231-249.

LINKLATER, Andrew; SUGANAMI, Hidemi. The English School of International Relations: a contemporary assessment. Cambridge: Cambridge University Press, 2006.

LINKLATER, Andrew. The Transformation of Political Community. Oxford: Polity Press, 1998.

LINKLATER, Andrew. *The Achievements of Critical Theory.* SMITH, S.; BOOTH, K.; ZALEWSKI, M. (Orgs.). International Theory: positivism and Beyond. Cambridge, Cambridge University Press, 1996.

LINKLATER, Andrew.*The Question of the Next Stage in International Relations Theory: a critical-theoretical point of view*, Millennium, 21, 1992, p. 77-98.

LINKLATER, Andrew. *Beyond Realism and Marxism: Critical Theory and International Relations*, MacMillan Press, 1990.

Capítulo 12

O PÓS-COLONIALISMO

Marcos Vinicius Mesquita Antunes de Figueiredo[1]

Introdução

Aparentemente o prefixo "pós", acrescido ao substantivo "colonialismo", somado à realidade política contemporânea na qual vivemos hoje – num mundo de Estados soberanos onde não mais existem colônias políticas –, pode levantar dúvidas sobre a relevância teórica do pensamento pós-colonialista numa política internacional marcada pela globalização do sistema internacional de Estados. Que formas de poder e de dominação poderiam se dar num mundo de entidades políticas independentes? À primeira vista, a reposta seria "a forma econômica", o tradicional modo de dominação extra-político a operar nos tempos modernos, típico da visão marxista. Embora essa resposta esteja parcialmente correta, há outras formas de exercício do poder num mundo pós-colonial, reveladas em grande parte graças à influência das teorias pós-modernas no movimento pós-colonialista.

Apesar da diversidade intelectual dos autores do pensamento pós-colonial, pode-se dizer que eles têm como traço comum a denúncia ao fato de que a "mentalidade colonialista" não terminou com o fim da colonização territorial. Essa nova perspectiva só se torna possível com a adoção de um conceito de política e identidade que extrapolam as visões teóricas positivistas da Ciência Política e da Disciplina de Relações Internacionais (RI). Essa última, aliás, só recebeu a influência do movimento pós-colonialista de forma tardia, após a virada reflexivista (ver Keohane, 1988 & Darby, 1997). A origem dessa tradição de pensamento pós-colonialista encontra-se nos estudos literários e culturais da aca-

1 Graduado em Direito (UCP), Mestre e Doutor em Relações Internacionais (PUC-RIO). Atualmente é professor de Relações Internacionais no IBMEC-RJ.

demia norte-americana, tendo no clássico *Orientalismo: o oriente como invenção do ocidente*, de Edward Said, sua obra fundadora.

O teórico pós-colonialista Robert Young (2004) nos mostra, em seu livro *White Mythologies*, que são duas as principais influências teóricas exercidas sobre o pensamento pós-colonial: de um lado, a chamada Teoria Crítica e, de outro lado, os pensadores conhecidos como pós-estruturalistas. Young aponta a importância da primeira no sentido de que ela teria sido responsável por promover uma crítica ao Iluminismo, ao tentar entender o porquê de sua busca pela razão ter levado a uma modernidade em crise, no início do século XX, apesar de sua promessa de progresso. Como consequência dessa crise estariam as duas Guerras Mundiais, os regimes totalitários de diversas vertentes, como Nazismo, Fascismo, (o Comunismo) e a bomba atômica.

Quanto à segunda influência, Young identifica sua relevância pelo fato de que seus principais pensadores reconhecerem que a dominação exercida pelos europeus no pós-Segunda Guerra sobre os povos de suas colônias não foi muito diferente da violência que os nazistas promoveram no holocausto durante a Segunda Guerra Mundial (Young, 2004: 40-1). A essas duas correntes de pensamento apontadas por Young, pode-se acrescentar a influência do teórico marxista Antônio Gramsci, particularmente seu conceito de *hegemonia*, como combinação de coerção e consentimento, e *subalternidade*, como condição hierarquicamente inferior de um grupo dentro de um dado sistema econômico marcado pela hegemonia e pela desigualdade.

Os pós-estruturalistas, em particular, tem enorme influência sobre o marco teórico pós-colonialista. Além de apontarem o papel totalitário da razão ocidental, a forma como ela pode levar a práticas excludentes, eles também questionam a centralidade do sujeito moderno na história. E, ao pensarem as identidades como dotadas de significado somente dentro da estrutura, não fora dela, abrem espaço para sua *desessencialização*, movimento especialmente importante no pensamento do pós-colonialista Homi Bhabha. Dentre os autores pós-estruturalistas que assumem esse viés crítico, influenciando o pensamento pós-colonial tanto sobre o papel totalizante do racionalismo etnocêntrico, como sobre a ideia mais fluida de identidade, merecem destaque o intelectual francês Michel Foucault e o franco-argelino Jacques Derrida, respectivamente.

A primeira influência pós-estruturalista se dá basicamente por sua concepção ampliada de poder, sua descrença em relação à ciência moderna e sua ideia basilar de que o conhecimento encontra-se entrelaçado em relações políticas, o que se manifesta em diferentes *discursos de poder*[2]; seu impacto sobre os pensadores pós-colonialistas se dará tanto nas teses de construção e dominação dos orientais, contida na obra de Edward Said, como na aplicação do conceito de discurso de poder para desmobilizar o historicismo[3] eurocêntrico, criticado em diversas abordagens pós-coloniais, dentre as quais destaco o membro do *Grupo de Estudos Subalternos*[4], Dipesh Chakrabarty.

Quanto à segunda influência pós-estruturalista, ela ocorre porque as implicações de suas ideias dão substância não somente à noção de inexistência de identidades de fora da estrutura, mas especialmente em seus *binarismos*[5], o que possibilitou que autores pós-colonialistas desestabilizassem a noção fixa de identidade e questionassem também o caráter hierárquico dessas relações binárias. Elas não existiriam por si só, mas somente em relação a outro, sendo definida apenas na interação social.

É seguindo essas principais influências que estruturo este capítulo. Como a tradição pós-colonial é bastante ampla, envolvendo diversos trabalhos de diferentes autores ao redor do mundo, excederia ao escopo deste capítulo abordar cada uma delas detalhadamente. Assim, foram selecionados autores canônicos das principais vertentes dentro dessa tradição, elegendo-se aquilo que se considera suas principais contribui-

2 Conceito central na obra do pensador francês Michel Foucault, refere-se a uma estrutura de linguagem coerente, com significados que lhe são próprios, atravessada por relações de poder, pela qual um grupo de indivíduos enxerga o mundo. Foucault desenvolve este conceito mais detidamente em suas obras *Arqueologia do Saber* e *Vigiar e Punir* (Said, 1978: 29).

3 Concepção progressista da história como dotada de fim e sentido.

4 O *Grupo de Estudos Subalternos* é uma Escola de Pensamento pós-colonial que tem como inspiração a teoria crítica de Antônio Gramsci e sua ideia de subalternidade, para estudar o lugar dos povos do sul da Ásia na História Mundial. Seu objetivo é exatamente este: dar voz aos excluídos na história moderna. Fundada na Índia por Ranajit Guha, é composta predominantemente por pensadores pós-colonialistas desse continente, como o próprio Guha, Partha Chaterjee, Dipesh Chakrabarty, Gayatri Spivak, entre outros.

5 Termo bastante presente tanto em estudos pós-estruturalistas como pós-coloniais, refere-se à oposição de dois termos como civilizado/bárbaro, por exemplo, que tem implicações recíprocas para seu significado e afetam a forma como os indivíduos percebem a realidade.

ções. Alguns já foram desenvolvidos de forma inicial em trabalhos anteriores do presente autor. Após tecer explicação sobre as mais relevantes correntes de teoria política contemporânea que influenciaram o pós-colonialismo, discuto a clássica obra *Orientalismo*, de Edward Said, vista por muitos como a fundadora desse campo de estudos. Depois, dentro dos intelectuais do *Grupo de Estudos Subalternos*, discorro sobre o livro *Provincializing Europe* de Dipesh Chackrabarty (2000), que descentraliza o papel da Europa na história mundial.

Em seguida, trato da obra síntese de Homi Bhabha *O Local da Cultura* (1998), com múltiplas influências do pós-estruturalismo e da psicanálise freudiana e lacaniana, focando em seus conceitos-chave de *hibridismo*, *mímica* e *ambivalência*. Por último, apresento um autor pós-colonialista de dentro da disciplina de Relações Internacionais contemporânea, o que faço mediante o trabalho representativo de Phillip Darby (1997) em *At The Edge of International Relations*. Concluo o capítulo com reflexões sobre as contribuições do marco teórico pós-colonialista para a política internacional contemporânea, assim como para a agenda de pesquisa em RI e seu ensino.

1. As Influências Teóricas dos Pós-colonialistas[6]

Os autores do marco teórico pós-colonialista compartilham a crítica central da Escola de Frankfurt sobre o pensamento iluminista e o ocidente. A ideia de que a razão não é dotada de neutralidade, que possui uma dimensão por vezes autoritária e que tem graves efeitos políticos sobre os indivíduos é compartilhada pelos autores pós-colonialistas. Esses últimos entendem que a lógica linear e progressiva da história, que confere à Europa centralidade na Geografia e na História mundiais, tal como concebida pelo projeto iluminista, não é nem infalível, tampouco universalizável. Ao contrário. Ela se mostrou frequentemente perigosa e equivocada no século XX, o que abre espaço para se pensar uma nova forma de História que descolonize a centralidade hegemônica do sujei-

6 Este tópico tem por referência trabalho desenvolvido por este autor em *paper* apresentado no I Simpósio de Relações Internacionais do Programa de Pós-graduação em Relações Internacionais (PPGRI) da UERJ, de 2011, intitulado "Psiquiatria a Serviço do Racismo na Antiga Argelia Francesa: uma visão foucauldiana do saber colonial".

to europeu. Os binarismos colonizador/colonizado e civilizado/bárbaro são vistos como arbitrários e sujeitos a profunda desestabilização.

Semelhante crítica à razão ocidental é feita pelos teóricos pós-estruturalistas franceses do Pós-Guerra, sendo que esses estão especialmente voltados para como o "ocidente" oprimiu, de diferentes formas, os povos colonizados na periferia do sistema internacional moderno. Essa corrente, também chamada de Pós-Moderna, tentou desvendar principalmente as formas alternativas de poder que permitem identificar a dominação do "outro", tão frequente em todas as formas de relações sociais. Por isso, uma das contribuições mais importantes que Michel Foucault legou à Teoria Política Contemporânea e que tanto influenciou o pensamento pós-colonial foi sua concepção alargada de poder político.

O poder para Foucault não se restringe a sua forma estatal. Sua manifestação também ocorreria de maneira disciplinar, por exemplo, onde o conhecimento seria entendido como relacionado nos mecanismos de exercício desse poder (Foucault, 1988). A ciência e outras formas de "saber" poderiam ser usadas como forma de controle sobre indivíduos, sem que o poder jurídico do Estado propriamente dito fosse utilizado. Foucault defende que "no pensamento político, ainda não se cortou a cabeça do Rei" (Foucault, 1988: 86). Para ele, é necessário pensar outras maneiras em que o poder se manifesta, para além de sua forma estatal tradicional. O poder, por ele chamado de micropoder, é exercido frequentemente de forma difusa, nas capilaridades do tecido social (Foucault, 2008).

Esta concepção é incorporada pelos os estudos pós-coloniais, pois possibilita identificar-se uma forma de controle dos antigos colonizadores sobre os ex-colonizados exercida não como classicamente se pensava, pela autoridade territorial metropolitana, mas sim pelas relações de saber/poder que existem na construção do conhecimento sobre o passado colonial no presente mundo globalizado. É precisamente aí que se encontra a principal contribuição de Foucault ao pós-colonialismo. O pensamento foucauldiano possibilita pensar *a política da verdade e do saber* sobre as sociedades, à revelia da relação metrópole/colônia.

Em sua visão de *poder disciplinar*[7], as Ciências Sociais têm um papel importante como produtoras de uma verdade histórica que, para Foucault, é política. Para ele, as verdades não são imparciais[8], mas sim um conhecimento situado num jogo de poder e dominação, que exerce controle sobre os indivíduos, constituindo suas subjetividades. O poder difuso estaria comprometido com a produção de "verdade" num dado discurso, mas não o poder político-jurídico do Estado, e sim um poder disciplinador sobre aqueles que na suposta "verdade" acreditam. Foucault afirmava que seu caminho na reflexão política era oposto ao de Hobbes. Em vez de pensar como os indivíduos criam o poder do Estado, ele se propõe a averiguar como este poder se dispersa pela sociedade, atuando em suas capilaridades (Foucault, 2008: 183).

Já a influência de Jacques Derrida se dá especialmente no que se refere a seus conceitos de *metafísica da presença*, *logocentrismo* e *desconstrução* (Derrida, 2008). A primeira se caracterizaria pela forma de pensamento basilar do ocidente, desde a Antiguidade Clássica, segundo a qual seria possível haver fundamento e estabilidade no conhecimento humano. Para Derrida a história do ocidente sempre se caracterizou pela falácia de que isso seria possível, o que ele denominou de logocentrismo (Dickens, 1994: 189).

O autor objetivava descontruir essa ideia, propondo que os significados das palavras possuem sentido apenas em relação às demais, nunca se referindo, portanto, a um significado absoluto. Nessa rede textual, todas as palavras só possuem sentido na diferença entre si, e, portanto, são desprovidas de fundamentos ontológicos próprios. Daí a importância de, para ele, identificar-se as relações intertextuais, particularmente os binarismos discursivos, como moderno/atrasado, que revelam hierarquias arbitrárias de poder. Uma particular implicação da obra de Derrida está exatamente em nos mostrar como nossa linguagem estrutura-se em binarismos como dentro/fora, branco/preto, de modo que os termos sejam interdependentes e o primeiro seja tido como superior ao segun-

7 É a forma de poder no pensamento de Foucault que não opera como o poder jurídico político, que tem sua base na jurisprudência, mas sim o poder de normalização, tendo como fundamento o saber clínico (Foucault, 2008).

8 Em *História da Sexualidade*, Foucault propõe uma "história política da verdade", pois sua produção encontra-se, segundo ele, inteiramente infiltrada nas relações de poder (Foucault, 1988: 60).

do. Para Derrida, isso indica que o sentido das palavras se revela na estrutura e que não há significado fora desse binarismo, essa estrutura de dupla oposição. Ele considera que esses termos binários não devem ser tomados como naturais.

Já que esse logocentrismo é próprio da linguagem, pois, para ele, não há nada fora da linguagem (Dickens, 1994: 188), o autor sugere a *desconstrução desses binarismos*, a qual deve ser entendida como a desnaturalização de significados e identidades produzidos linguística e historicamente, não possuindo razão para serem cristalizados de forma imutável. Essa teoria permitirá que pensadores pós-colonialistas questionem, por exemplo, a estabilidade dos conceitos e das identidades culturais, substituindo-os por uma noção mais fluida dos mesmos, articulação que fica bem clara na obra de Homi Bhabha. A influência de Derrida tem um papel importante na análise de discurso colonial, favorecendo a desconstrução de binarismos tradicionais da história colonial, como, por exemplo, branco/negro, ocidente/oriente etc.

O psicanalista francês Jacques Lacan, conhecido por combinar a teoria psicanalítica freudiana com o estruturalismo linguístico de Ferdinand Saussure, também teve repercussão importante no pensamento pós-colonial, mediante uma noção um tanto diferente de binarismo, ao propor que essa dialética atua sobre a formação do psiquismo dos indivíduos. Seu legado mais relevante sobre o pensamento pós-colonial consiste em mostrar como o "eu" se forma mediante a percepção do "outro". Na concepção lacaniana de desenvolvimento humano, o *self* se constitui pela descoberta de sua imagem no espelho, etapa que Lacan denominou de "fase do espelho" (Ashcroft, Griffiths and Tiffin, 2000: 204).

Por fim, outro pensador crítico que teve influência expressiva no pensamento pós-colonial foi o teórico marxista italiano Antônio Gramsci. Esse repercutiu particularmente no conceito de *Orientalismo* proposto por Edward Said, pois essa prática dos ocidentais seria dotada de uma dimensão hegemônica, assim como intuía Gramsci, mas aplicada à dimensão cultural da política global. Como será mostrado mais adiante, Gramsci também teve grande repercussão no *Grupo de Estudos Subalternos*, inspirando uma reinterpretação da história a partir da visão dos subalternos, aqueles que estão à margem do capitalismo mundial. Vejamos, a seguir, de maneira mais detida, o modo como cada um dos pensadores pós-colonialistas articula essas influências teóricas contemporâneas para formar seus próprios sistemas de pensamento pós-colonial.

2. Edward Said: Orientalismo e o Nascimento dos Estudos Pós-Coloniais

A obra seminal de Edward Said, *Orientalismo: o oriente como invenção do ocidente*, publicada pela primeira vez em 1978, praticamente iniciou o debate pós-colonialista contemporâneo. Seu subtítulo sucintamente resume o argumento central do autor: que tanto o oriente como o ocidente não existem por si, sendo o primeiro uma criação do segundo e a identidade do ocidente construída e reforçada pela criação do oriente. A ideia de um oriente inventado pelos ocidentais, se é que continuou sendo possível usar esses termos de forma segura e estável depois da obra de Said, por si só é inovadora, mas ela possui algo ainda mais inquietante. Essa criação se deu entremeada em relações de poder com o propósito de os ocidentais dominarem o oriente. A influência de Foucault em seu pensamento é clara nesse ponto. A segunda influência central no Orientalismo encontra-se na ideia gramsciana de hegemonia como uma combinação de coerção e consentimento.

Dois elementos se destacam na tese central de Said: poder e dialética. A importância do poder fica clara a partir do momento em que o autor denuncia a ausência de isenção e neutralidade desse processo de invenção do oriente. De fato, esse processo é altamente político e visa criar uma "verdade" – no sentido que Foucault emprega esse termo – sobre os orientais, a fim de dominá-los. Já a dialética se revela na medida em que o próprio ocidente se descobre apenas na relação com o oriente, o que desestabiliza sua própria originalidade. Assim, o objetivo de Said não é apenas mostrar o quanto esse oriente é produto de uma invenção histórica altamente politizada no contexto da colonização tanto do século XIX e início do século XX, como da segunda metade do século passado, no Pós-Guerra. A primeira etapa do colonialismo Said chamou de *orientalismo anglo-francês moderno*, sendo que a segunda ele denominou de *recente orientalismo americano* (Said, 1978). A finalidade de Said também é demonstrar o quanto o próprio ocidente carece de significado próprio, necessitando da figura do "outro oriental" para se constituir como "ocidental" e civilizado.

Said não é apenas legatário do conceito de poder de Foucault. Ele também se inspira no conceito de *representação* proposto por esse autor e soma ambas essas categorias à ideia de *hegemonia* de Antônio Gramsci, formando assim o constructo teórico bastante complexo que consiste em sua concepção de orientalismo. Representação, para Said, significa simplesmente que não há uma correspondência ontológica objetiva entre o oriente "concreto" e as descrições que os orientalistas dele fazem. Se, por um lado, a imagem do oriente não se trata de uma invenção aleatória do orientalista, por outro lado, ela sempre consiste numa distorção subjetiva e inexata do que os ocidentais entendem por "oriente", sendo que essa distorção é sempre desfavorável a esse último, a fim de exercer poder sobre ele. Já a ideia de hegemonia gramsciana consiste na forma de atuação do *orientalismo*.

Como ressaltado por Said na introdução do livro *Orientalismo*, segundo Gramsci, há uma distinção entre sociedade política, que exerce o poder pela via da coerção, a e sociedade civil, onde isso se dá pelo consentimento. O *orientalismo*, por ser um modo particular de exercício de poder pelo conhecimento, uma manifestação cultural do imperialismo, opera pela via do consentimento (Said, 1978: 34). Isso é interessante porque, como destacamos anteriormente, em vez de estar atrelado aos aparelhos clássicos estatais e imperiais, baseadas na noção de império territorial, geralmente destacados pelos historiadores modernos centrais ao período colonial, o *orientalismo* de Said se revela original exatamente por chamar atenção para uma forma de exercício do poder extrajurídico, que, por isso, pode subsistir apesar da emancipação política das antigas colônias territoriais.

O orientalismo apresenta, contudo, algumas importantes variações. Segundo as duas famosas citações de Karl Marx[9] e Benjamin Disraeli[10] usadas por Said na epígrafe do livro, o orientalismo possui duas características elementares: ele tem como função representar o oriente pelo ocidente, pois o primeiro não seria capaz de representar a si próprio; e o ocidente exerce seu papel não apenas através de um discurso de poder, mas por um discurso que se dá mediante uma carreira, uma linhagem de profissionais hermenêuticos responsáveis por interpretar

9 "Eles não podem representar a si mesmos, devem ser representados". Karl Marx, O 18 Brumário de Luís Bonaparte.

10 "O oriente é uma carreira". Benjamin Disraeli, Tancredo.

os orientais segundo o discurso de saber/poder da modernidade europeia (Said, 1978).

Esse poder do *orientalismo* se expressa de duas formas. Mediante aquilo que Said denominou de *orientalismo latente*, nas palavras do próprio Said "quase inconsciente (e com certeza intangível)" (Said, 1978: 279), que forma um conjunto consensual de ideias, preconceitos e assertivas sempre disponíveis no imaginário do ocidental para representar o oriente de forma pejorativa. E, em segundo, por intermédio do que ele denominou de *orientalismo manifesto*, encarnado nas visões abertas e desveladas que o ocidente concretamente possui sobre o oriente nas formas exemplificadas por Said como "línguas, literatura, história, sociologia orientais e outros tópicos afins" (*Ibidem:* 279). São basicamente dois níveis no qual o discurso opera, sendo o primeiro abaixo do plano consciente, porém, mais estável e constante, tratando-se de um conteúdo simbólico sempre disponível a qualquer ocidental para julgar o oriente. Já o segundo seria uma manifestação mais deliberada da prática, do conhecimento e da política orientalista, mediante instituições oficiais de saber, usadas pelos Estados do ocidente para representar o oriente mediante seus próprios termos. Ambos, contudo, baseiam-se na ideia de poder e dominação.

Outra importante distinção que atravessa toda a obra do autor é mais de natureza temporal e histórica. O próprio Said já estabelece no início de seu trabalho que ele não se propõe a analisar todo o "mundo" não-ocidental através da história moderna. Ele delimita seu estudo ao que ele define como *o oriente dos árabes e do islã*, basicamente as experiências anglo-francesa e americana quanto a essa porção particular do globo que ele define como *oriente*. Trata-se, como dito, do que ele denominou de *orientalismo anglo-francês moderno* e o *orientalismo mais recente*, o americano. O que fundamenta a distinção entre esses dois períodos são as mudanças na hegemonia do sistema internacional percebida nos dois últimos séculos. O que se tem são duas formas dotadas de características diversas, mas que o autor supõe possuir uma coerência discursiva que permite enxergá-las como um todo coeso (Said, 1978).

Num primeiro momento do período abordado por Said, o início do século XIX, a Grã-Bretanha está consolidando sua ascensão como grande potência do sistema internacional e sua visão sob o oriente, baseada nos trabalhos de seus eruditos sobre o tema, torna sua percepção predominante. No último quarto do século XIX, em particular por causa da derrota francesa na Guerra Franco-Prussiana, em 1870, quando, segundo Said, a França se revela compelida a rivalizar com o Reino Unido na corrida imperial, o que se tem é a contribuição da visão orientalista francesa ao *orientalismo moderno* (Said, 1978). Apesar das diferenças que se tenta identificar quanto a essas duas abordagens, onde supostamente os britânicos teriam uma visão mais técnica e os franceses mais humanitaristas, o que realmente parece importar para o autor é que, comum às duas perspectivas imperiais, observa-se no *orientalismo* desse período a tentativa de buscar autoridade epistemológica nos saberes das disciplinas humanas como forma de legitimar o conhecimento do orientalista (Said, 1978). O método objetivo e positivista dos tempos modernos lhe é incorporado.

Já o recente orientalismo americano se dá com a ascensão dos Estados Unidos como ator hegemônico nas relações internacionais contemporâneas do pós-Segunda Guerra (Said, 1978: 380). O objetivo central desse "novo" *orientalismo*, que é dominar seu objeto de conhecimento por sua autoridade interpretativa, permanece o mesmo, mas algumas nuances devem ser observadas. O antigo *orientalismo* europeu moderno agora desemboca numa disciplina mais poderosa e coerente no contexto da academia americana com seus contornos de Ciências Sociais positivas a serviço das políticas do governo americano e de seus homens de negócio (Said, 1978: 381). A erudição do período clássico cede lugar a uma abordagem bem mais pragmática. O orientalista é, agora, como lembra Said, um "estudioso de área" (1978) que tem mais conhecimento sobre os escritos produzidos por outros orientalistas do que por suas viagens e pesquisas realizadas na própria terra oriental. E o positivismo supostamente objetivo e privilegiado pelos estudiosos estadunidenses desumaniza ainda mais a figura do oriental, carregado em representações frias, impróprias e inexatas de origem puramente acadêmica. O objetivo da dominação pela via do conhecimento e do monopólio da representação pelo ocidental, porém, permanece intocado.

O impacto da obra de Said nas Ciências Sociais foi enorme. Não apenas *Orientalismo* foi tido como obra fundadora dos estudos pós-coloniais como o centro de sua crítica teve uma repercussão muito grande sobre a consciência dos diferentes grupos marginalizados em torno da figura eurocêntrica do "homem ocidental" e sua hegemonia representativa na porção do mundo que se convencionou chamar de oriente. A contribuição de Said reside em conscientizar os povos à margem do ocidente acerca de outras formas de domínio político, como a hegemonia cultural, abrindo a possibilidade de resistência contra as representações autoritárias e pejorativas que seriam impostas pelo ocidente.

3. O Grupo de Estudos Subalternos e o lugar dos Subalternos na História

Como visto, o Grupo de Estudos Subalternos é uma abordagem pós-colonial inspirada principalmente na teoria crítica de Antônio Gramsci e sua ideia de subalternidade, visando compreender o lugar dos povos do sul da Ásia na história mundial. Nota-se também entre os autores desse grupo uma influência foucaultiana dado seu reconhecimento das relações entre poder/saber na história moderna. No trabalho de Gayatri Spivak pode-se reconhecer também uma influência derridiana por causa de sua defesa a uma abordagem desconstrucionista do discurso colonial, ademais de inegáveis influências do pensamento feminista.

O projeto do grupo está basicamente ligado à preocupação com a agência dos excluídos na história moderna, que pode ser bem sintetizado no título do famoso ensaio de Spivak *Can the Subaltern Speak?* (Pode o Subalterno Falar?). O grupo foi fundado por Ranajit Guha, na Índia, contando com a participação de renomados pensadores pós-colonialistas asiáticos, como o próprio Guha, Partha Chaterjee, a mencionada Gayatri Spivak, o autor ora em debate Dipesh Chakrabarty, entre outros.

Neste capítulo, elegeu-se em caráter representativo o trabalho de Chakrabarty por sua famosa tentativa de pensar a visão do "homem europeu" como apenas uma dentre as possíveis perspectivas da história moderna, em vez de enxergá-la como a única possível[11]. A contribuição de seu trabalho consiste, dentro da tônica gramsciana de dar espaço às margens na história ocidental, em identificar o poder hegemônico, sua forma de atuação e os meios de se reconstruir um conhecimento histórico alternativo ao ocidental, que dê espaço à emergência de sub-

11 A parte deste tópico que se refere ao pensamento de Dipesh Chakrabarty já foi inicialmente desenvolvida por este autor na comunicação de um paper apresentado no II Simpósio de Relações Internacionais do Programa de Pós-graduação em Relações Internacionais (PPGRI) da UERJ, de 2012, intitulado "Uma Visão Pós-colonialista da Operações de Paz da ONU".

jetividades periféricas, deslocando a centralidade geográfica e histórica do ocidente. Assim, não somente os povos marginalizados do sistema internacional, mas também os grupos periféricos dentro dessas sociedades, poderiam contar sua própria história de vida. Como sugerido por Spivak, é preciso indagar se os subalternos podem falar, embora ela não seja muito otimista quanto à possibilidade de isso acontecer com sucesso. Autores do Grupo de Estudos Subalterno, como Chakrabarty, contudo, tentam tornar isso possível.

Em seu livro *Provincializing Europe: post colonial thought and historical difference, Dipesh Chakrabarty* propõe que a Europa seria uma representação política construída socialmente pelos povos colonizadores, durante o processo de consolidação da modernidade, e aceita pelos povos colonizados. Isso implica possibilidade de "descentrar" a história do mundo moderno (Chakrabarty, 2000: 4), uma vez que toda ela se baseia na ideia de que seu principal sujeito é o "indivíduo" europeu e que os demais, de outras origens culturais, étnicas e geográficas, estariam fadados a se tornarem semelhantes àqueles com o desenrolar da história. Ele abre a possibilidade para não se perceber o antigo continente europeu como uma "realidade objetiva", acima de qualquer problematização, o que possibilitaria sua desconstrução e poderia emancipar os subalternos.

A filosofia da história tem papel central no argumento de Chakrabarty. Como outros autores ligados ao Grupo de Estudos Subalternos, ele considera que o historicismo – corrente de estudiosos que concebe a história como dotada de evolução "em estágios" (Chakrabarty, 2000: 9) cria uma forma artificial e arbitrária de se dividir a humanidade. Essa divisão se dá entre os grupos de indivíduos que já alcançaram o estágio pleno desse processo evolutivo, a modernidade, adquirida primeiramente pelos europeus, e os demais povos não-europeus, que ainda deveriam aguardar a conquista dessa etapa maior. Segundo Chakrabarty, a estrutura do tempo histórico mundial, baseada nessa diferença, "primeiro na Europa, depois em outros lugares" (2000: 7), é totalmente historicista. O que o autor faz, então, é identificar nesse historicismo e em suas divisões hierárquicas, como moderno/antigo, por exemplo, um "discurso de poder" que deve ser revelado e questionado, para possibilitar emancipação dos povos subalternos. Esse discurso não é supra-histórico, embora se pretenda assim. Ele foi criado pela modernidade e para a modernidade com objetivo de legitimar a suposta condição superior do sujeito europeu nesse processo histórico, ao mesmo tempo em que justificou a violência da colonização, fundamentada na diferença hierárquica entre metrópole e colônia.

Chakrabarty considera que o saber historicista relega os povos não-europeus a posição secundária na história, algo que não deve ser de forma alguma aceito por eles. Ao estabelecer uma rígida diferença entre modernizados e os "ainda-não-modernizados", o historicismo também assume que a Europa é sinônimo de Modernidade e que, portanto, as sociedades europeias seriam um modelo para os povos não-europeus. Isso cria, na expressão do próprio Chakrabarty, uma espécie de "sala de espera da história" (2000: 9), o que ocorre não somente porque essa visão historicista concebe essa história em estágios, mas também porque, nessas fases, a Europa sempre se encontra dotada de papel pioneiro, precursor, que deve ser imitado.

Há uma série de implicações importantes nessa concepção historicista e "estagista" da história denunciada por Chakrabarty. Além de forçosamente se estabelecer um papel protagonista do europeu na evolução da história, o que coloca os não-ocidentais na "sala de espera" desse processo, como diz Chakrabarty, cria-se também a ideia de que a única forma de modernização possível é a experimentada na Europa do século XIX. Isso perigosamente significa que outras formas experimentadas por países não-europeus no século XX, caso do sudeste asiático, estudado pelo Grupo de Estudos Subalternos, não são suficientes ou legitimamente modernas. Para se obter a modernização nos moldes ocidentais, alcançando-se o "fim da história"[12], é necessário criar um "Estado-nação" baseado na ideia de cidadania capitalista liberal, acompanhado de uma visão antropocêntrica, secularista e racional do mundo. Em síntese, a incorporação plena do Iluminismo. Isso arbitrariamente exclui as particularidades dos demais processos de "modernização" ocorridos fora do antigo continente.

A historiografia marxista é a principal variação do historicismo que Chakrabarty aponta em sua crítica pós-colonial. Essa historiografia

12 Expressão de cunho hegeliano popularizada pelo cientista político norte-americano Francis Fukuyama. Refere-se à ideia de que, se a História consiste na luta pelo reconhecimento do indivíduo mediante a forma de governo ideal, isso teria se dado com o fim da Guerra fria e o ocaso do socialismo real, o que permitiu a difusão da democracia representativa pelo mundo através da década de 1990 (Fukuyama, 1992).

contém nitidamente não apenas uma concepção evolucionista da sociedade, mediante um processo de industrialização alavancado por uma classe burguesa, mas também a ideia de que esse seria um modelo geral e universal a ser aplicado em todas as sociedades de forma indistinta. O autor considera que é precisamente essa noção universal de ser humano, capitalismo e modernidade, a qual ele reconhece como uma herança iluminista no pensamento de Marx, que possibilita o apagamento da diversidade histórica, da diferença cultural e da ideia de pertencimento nas variadas experiências modernizadoras ocorridas fora da Europa (Chakrabarty, 2000).

Para esclarecer as diferenças entre a história universal e abstrata, em contraposição à história específica e concreta, Chakrabarty cria a seguinte alegoria: ele divide teoricamente a História em "História 1" e "História 2". A primeira categoria designa "a lógica universal e necessária do capitalismo" (2000: 71) enquanto a segunda categoria representa a modificação da História 1 nas diversas formas de concretização histórica onde a experiência particular se realiza. Essa diferença é central no argumento de Chakrabarty. As especificidades históricas podem então ser reconhecidas, uma vez que se admite a possibilidade de outras experiências históricas que não necessariamente se dão segundo a fórmula universal da História 1. As sociedades não-europeias do sul asiático podem, assim, contar sua própria história sem que essa seja traduzida pela linguagem ocidental da história que tem como fim o capitalismo, a cidadania e o Estado nacional, juntamente com uma visão secularista do mundo. Essa é uma forma de tentativa de obtenção da subjetividade pós-colonial, pois possibilita interpretações e realizações na história das sociedades periféricas onde o modelo europeu não é central para seu entendimento.

Esse movimento somente é possível com a incorporação por Chakrabarty de algumas ideais da corrente pós-moderna. Ao propor postura de incredulidade frente às meta-narrativas, tal como definido por François Lyotard (Chakrabarty, 2000: 88), os autores pós-modernos se recusam a aceitar todo projeto de construção dessas "grandes narrativas", porque as consideram não isentas e portadoras de um projeto de poder. A variação marxista do historicismo, com sua pretensa qualidade universal, é percebida como uma dessas tentativas de se construir uma grande narrativa que tem como efeito ofuscar, silenciar ou apagar, segundo Chakrabarty, o papel das sociedades não-europeias como sujeitos da história. Para a grande narrativa historicista, o sujeito moderno não apenas é o propulsor da modernização histórica que resultou na colonização, mas também é a única fonte dos signos mediante os quais a história das sociedades não-europeias pode ser interpretada.

O autor apresenta, porém, uma visão bastante ambígua perante o legado dessa influência europeia e a forma eurocêntrica como as sociedades não-europeias enxergam a história e a política. Ele as considera tanto indispensáveis quanto inadequadas. Isso ocorre porque, por um lado, esse legado se encontra tão presente nas culturas desses povos que se torna praticamente impossível perceber o mundo sem sofrer sua influência. Todavia, por outro lado, isso implica uma espécie de tradução da experiência histórica periférica sempre em termos estritamente europeus, o que promove uma visão totalmente distorcida dessa experiência em si mesma.

Segundo Chakrabarty, da mesma forma que seria confusa uma interpretação da história francesa em signos puramente indianos, também deve ser vista como incerta, embora, segundo ele, inevitável, uma interpretação da Índia em termos puramente ocidentais. Daí a ambiguidade em seu argumento. As sociedades não-europeias estariam, portanto, aproximando-se da superação de sua condição subalterna ao tentarem reinterpretar sua história segundo seus próprios termos, embora não fique claro até onde isso seja possível. Isso porque, segundo Chakrabarty, a história da modernidade política no sudeste asiático, em geral, e na Índia, em particular, não pode ser uma simples importação dos modelos de capitalismo e nacionalismo disponíveis ao marxismo ocidental, mas elas estão tão impregnadas do modelo europeu que não sabem como se desligar dele. O desafio, então, é viabilizar uma interpretação genuína da história que venha dos próprios grupos marginalizados.

Chakrabarty reconhece tanto as limitações da abordagem historicista moderna como os desafios da perspectiva anti-hegemônica proposta pelo Grupo de Estudos Subalternos. Mas ele não considera que isso seja motivo para se desistir de uma reinterpretação da história pelas margens. Apesar das dificuldades encontradas por uma abordagem não historicista da história, o autor considera que esta é preferível às perspectivas totalizantes das grandes narrativas modernas. Ele entende que, se algo deve ser incorporado pelos estudiosos recentes da inclusão das minorias na história da nação, é que isso se trata de algo muito mais complexo do que simplesmente aplicar um método pré-estabelecido a uma série de condições diversas, dotada de suas próprias especificidades históricas, culturais, políticas e econômicas.

Em especial, a primeira parte de seu supracitado livro intitulada de *Historicism and The Narration of Modernity* é um texto em que Chakrabarty demonstra seu argumento central, criticando o historicismo ocidental, em particular sua vertente marxista, como uma "grande narrativa" da história responsável por colocar as sociedades europeias não apenas no centro do sistema internacional, mas também como modelo a ser seguido pelos povos não-europeus. Sua proposta consiste em descentrar essa história ocidental, dando voz àqueles que se encontram às margens do internacional, tanto do sistema mundial como da nação. Chakrabarty reconhece, contudo, que esta reinterpretação é dotada de limites, mas que, apesar disso, deve-se rejeitar totalmente qualquer tentativa de se compreender uma cultura mediante os signos pretensamente universais de outra.

4. Homi Bhabha: Ambivalência, Hibridismo e Mímica

O trabalho de Homi Bhabha é amplamente reconhecido na escola de estudos culturais e pós-coloniais, particularmente pela "análise de discurso colonial". Sua elaboração teórica é influenciada por uma vasta gama de tradições filosóficas. De um lado, o autor recebeu a usual influência dos pós-estruturalistas, na ideia de análise de discurso, especialmente na desconstrução das identidades culturais fixas. Seu trabalho tem o mérito de mostrar, de forma libertadora, o caráter fluído e socialmente construído dessas identidades, o que ganha forma em sua famosa noção de hibridismo.

Por outro lado, o autor traz uma contribuição da psicanálise, não somente lacaniana, ao mostrar como os sujeitos coloniais são construídos de forma binária, mas também da perspectiva freudiana, com a noção de ambivalência, que possui grande relevância em seu trabalho por desestabilizar o poder e a identidade do colonizador. Bhabha inova em uma abordagem pós-colonial que sugere a possibilidade de as relações de poder não serem unilaterais, como em Said, pois oferece possibilidade mais concreta de resistência do colonizado. A ideia de mímica, também central em sua obra, abre portas para essa possibilidade de resistência.

Como sua obra é extremamente complexa e diversificada do ponto de vista teórico, a análise de seu trabalho é aqui realizada mediante esses três conceitos-chave (hibridismo, mímica e ambivalência) do sistema geral de ideias do autor. A noção de hibridismo repercutiu enormemente nos estudos culturais e pós-coloniais contemporâneos. Inspirada numa ideia pós-moderna e pós-estruturalista de identidade, como mostradas anteriormente nas reflexões de Derrida e Lacan, a base dessa perspectiva é que não existe fundamentação concreta para conceitos linguísticos e identidades culturais, os quais têm base somente no sistema de diferenças e contrastes com os demais, nunca tendo uma âncora ontológica, o que os torna todos fluidos. Não apenas as identidades sociais existem somente na interação social, histórica e geograficamente contingentes, como elas também não possuem uma origem fundadora.

A noção de hibridismo está ligada à ideia de que não é possível identificar um momento fundador e uma pureza de identidade, pois todas se formam da mistura, da hibridização. Nenhuma poderia, portanto, reivindicar superioridade sobre as demais. Para Bhabha, o local da cultura, o lugar da enunciação, é exatamente o "entre-lugar" (Bhabha, 1998). Já a ideia de ambivalência está intimamente ligada ao conceito de mímica. Para o autor, em sua inspiração psicanalítica, há uma tensão recíproca no encontro colonial e não simplesmente uma relação de poder unívoca do colonizador para com o colonizado, como visto em Said. O contato de ambos os polos produz um colonizado que é a cópia inexata do colonizador, um homem caricato, "branco, mas não o bastante", nos famosos dizeres do autor (Bhabha, 1998). Segundo Bhabha, essa cópia ou mímica desestabiliza a própria identidade do colonizador, ameaçando-o, o que gera uma crise no espaço colonial.

O interessante é que, na visão de Bhabha, a relação colonizador/colonizado tem repercussões sobre o colonizador de modo que ele já não é mais tão sujeito de si. O binarismo do encontro colonial reverbera de forma tensa também sobre o protagonista da colonização (Ashcroft, Griffiths & Tiffin, 2000: 10).

O pensamento de Bhabha sugere que essa mímica, a qual emerge num contexto de forte ambivalência, uma tensa ambiguidade de simultâneo desejo e repulsa entre os dois extremos da estrutura imperial, pode funcionar como uma forma de resistência e, portanto, de agência, para o colonizado. Nesta interpretação psicanalítica da relação colonial, ao menos se percebe uma condição em que o colonizado, o subalterno, pode falar. Ele obtém voz ou agência na medida em que produz uma própria representação híbrida de sua subjetividade, desestabilizando, por sua vez, a subjetividade hegemônica do colonizador.

O grande mérito do trabalho de Homi Bhabha encontra-se na defesa poderosa e altamente corroborada pelas experiências culturais e políticas contemporâneas de que, pelo fato de a identidade de um grupo social se revelar na interação social com o outro, num esquema de diferenciação social sempre relativo a algo não-fixo, nenhum conteúdo identitário pode, portanto, reivindicar fixidez, pureza e superioridade. Todos são fluidos. O conceito de hibridismo de Bhabha não possibilita que se imagine histórias nacionais e étnicas que possuam um marco fundador inicial absoluto, pois toda identidade é constantemente construída da composição de diversas outras que desconhecem seu marco original, a não ser que isso seja artificialmente arbitrado por forças políticas na história.

5. O Pós-colonialismo na disciplina de Relações Internacionais: o Pensamento de Phillip Darby

Como visto, a tradição de pensamento pós-colonial nasce dos estudos culturais e literários, especialmente da percepção de que existe uma hegemonia da língua e de autores anglo-saxões na literatura moderna. Com a obra fundadora de Edward Said, o Orientalismo, revela-se que o saber do ocidente sobre o oriente ajuda a constituir ambas as identidades de um modo bem particular, onde o primeiro exerce domínio sobre o segundo. Ainda assim, num primeiro momento, o que há é uma análise ampla nas Ciências Sociais sobre as teorias e os conceitos pós-colonialistas nas ciências humanas em geral, de fora da disciplina de RI. Com a introdução (tardia) da influência do pensamento pós-colonial na disciplina propriamente dita, após a virada reflexivista (Keohane, 1988), abre-se espaço para uma compreensão mais específica sobre como a visão da periferia afeta conceitos clássicos da disciplina de RI, como soberania, anarquia, dependência etc.

Neste capítulo, a incorporação do pensamento pós-colonial na disciplina de RI será mostrada pela obra *At the Edge of International Relations*, organizada por Phillip Darby. Trata-se de um livro escrito com a finalidade de atender a duas audiências: os estudantes de relações internacionais e os estudantes de políticas pós-coloniais que estejam preocupados com questões de dependência, gênero e cultura. O objetivo dos autores nos diversos capítulos do livro é reunir abordagens alternativas e episódios da política mundial e discutir como eles são interpretados. A obra encontra-se na fronteira ou no limite, segundo o autor, por duas razões. Em primeiro lugar, porque ela está envolvida em debates sobre o terceiro mundo.

O principal foco do livro, que perpassa todos os temas específicos desenvolvidos pelos respectivos autores, é a relação norte-sul, centro e periferia, tema de importância relativamente pequena na disciplina de RI, em contraste com sua enorme relevância na agenda política internacional. Em segundo lugar, o livro objetiva repensar a utilidade de novas formas de compreender as relações políticas norte-sul. Ao forçar os limites das tradicionais divisões políticas, como as esferas externa e interna, recorreu-se a um instrumento nem sempre utilizado nas relações internacionais, qual seja, a literatura imaginativa.

Abstraindo esta última, o objetivo aqui é ater-se ao primeiro aspecto referente às relações norte-sul. A justificativa para desafiar as tradicionais concepções políticas da modernidade se dá pelo fato de que seriam exatamente essas que contribuiriam para a perenidade da posição subordinada que o "terceiro mundo" se encontra com relação ao "primeiro mundo". Essas categorias discursivas reproduziriam essa condição hierárquica, inibindo a própria possibilidade de "mudança sistêmica" (Darby, 1997: 2). Por isso, é importante, segundo o autor, tomar categorias genéricas como "terceiro mundo", "não-Europeus" ou "sul", como altamente problemáticas e submetê-las a constante crivo do questionamento político. Para Darby, além dessas categorias – em particular "terceiro mundo" – estarem embebidas num viés fortemente etnocêntrico de poder, elas tenderiam também a homogeneizar povos e países dotados de suas próprias especificidades históricas e culturais.

Essas nomenclaturas inevitavelmente se encontram atreladas a associações históricas que fazem com que haja uma interpretação preconceituosa relativamente aos países que nela se enquadram. A expressão "terceiro mundo" está marcadamente ligada à ideia de atraso socioeconômico e não alinhamento aos antigos blocos da Guerra Fria. É extremamente oportuna a observação de Darby de que é possível e interessante observar essas categorizações sob as lentes pós-coloniais, que, sob influência do pós-estruturalismo, questionam divisões binárias que criam categorias como nós/outros, dentro/fora etc. Desse ponto de vista, tais categorizações discursivas modernas fazem parte de um projeto de poder que visa a perpetuar as subordinações contidas, ainda que implicitamente, nestes binarismos da esfera internacional.

A dicotomia entre metrópole e colônia era de tal forma tida como dada e seu discurso de poder era tão eficaz que as relações imperiais não eram tidas como relações internacionais. Desse modo, de forma bastante impressionante, na própria história da disciplina de RI, podemos perceber que as questões ligadas às relações metrópole/colônia não eram vistas como objeto ontológico relevante para as discussões das RI. E, ainda mais relevante, somente passaram a sê-lo após a aquisição de soberania pelas antigas colônias, o que reificou a ideia de que a disciplina de RI tem como objeto de estudo somente as relações entre Estados soberanos.

Essas fronteiras disciplinares criam amarras ainda mais fortes. Como nesse discurso de poder somente os Estados soberanos são chamados a falar, operou-se uma série de exclusões para que ele se reproduza, o que fez com que os estudos culturais fossem, até pouco tempo, tidos como impertinentes para as RI, algo surpreendente em tempos de globalização. Darby aponta dois exemplos contrapostos dessa nova tendência: de um lado, o esforço de Samuel Huntington para trazer o elemento "cultura" (civilização) para o centro da política de poder[13]; de outro lado, o que demonstra o reacionarismo da disciplina de RI, foi a não incorporação da obra Orientalismo de Edward Said ao debate da mesma inicialmente[14]. Com razão, Darby pensa que as RI ainda man-

13 Em *The Clash of Civilizations?* Samuel Huntington defende que o fim da Guerra Fria, acompanhado pelo declínio da importância das ideologias na política internacional, possibilitou a emergência de novas identidades nas relações internacionais. A mais importante delas é a "civilização", que seria mais ampla que as identidades nacionais, mas necessariamente mais restrita que a humanidade, sendo baseada numa filosofia e/ou religião clássica. A ordem mundial do pós-Guerra Fria, para Huntington, seria multipolar, tendo como principal foco de aliança as identidades relativas às civilizações (Huntington, 1993).

14 De fato, a obra Orientalismo de Edward Said teve uma importância apenas lateral na disciplina de RI. Ela é discutida de certa maneira, de fora, somente por aqueles

têm o compromisso de estudar a política internacional em uma perspectiva global ou sistêmica, de cima para baixo.

Em comum a todos os capítulos do livro organizado por Darby está o fato de que o conhecimento deve ser produzido de uma perspectiva externa à hegemonia de poder ou às margens do discurso dominante das Relações Internacionais. Isso teria como objetivo realizar o projeto de diversos autores pós-colonialistas - principalmente os ligados ao Grupo de Estudos Subalternos, como Partha Chatterjee e Dipesh Chakrabarty - voltado para responder à questão da "agência subalterna" ou, na conhecida indagação de Spivak, "se o subalterno pode ou não falar?".

Considerações Finais

Como Ashis Nandi defendeu de forma oportuna em *The Intimate Enemy - Loss and Recovery of the Self Under Colonialism*, a colonização não se deu somente sobre territórios, mas também sobre as mentes dos colonizados (Nandi, 1983). O peso dessa afirmação é enorme se considerarmos que também o poder disciplinar e não apenas o poder jurídico exerceram suas influências sobre as sociedades coloniais. É sobre esse ponto que Nandi mais intensamente chama a atenção de seus leitores. Para ele, após a conquista da independência política das antigas colônias afro-asiáticas, agora seria o tempo de as sociedades pós-coloniais voltarem-se para essa outra forma de colonização, mais sutil, porém, não menos eficaz em seu exercício de dominação. É ela que transforma o ocidente de uma entidade temporal e geográfica, em suma, numa categoria psicológica. Isso faz com que o ocidente e seus valores estejam em todos os lugares, seja dentro ou fora do próprio mundo ocidental; ou seja, nas estruturas e nas mentes dos indivíduos (Nandi, 1983: XI).

Esse convite a se pensar em outras formas de poder, como fizeram os autores pós-colonialistas que se dedicaram ao "oriente islâmico", a exemplo de Said, ou ao sul da Ásia, como os estudiosos do Grupo de Estudos Subalternos indiano, ainda precisa ser pensado na América-la-

---

que se dedicam especificamente aos estudos pós-coloniais. Mas os principais autores e debatedores da disciplina não a incorporaram ao cerne do debate da disciplina propriamente dita. Ou seja, ela é debatida por autores pós-colonialistas das RI, mas não por toda a disciplina, o que teve como resultado que uma obra de tamanha importância para a Ciências Sociais não foi incorporada ao debate mais amplo das RI.

tina de forma mais elaborada, apesar dos trabalhos de Arturo Escobar e Walter Mingolo[15]. Por ter passado por um processo de emancipação política não muito recente, experimentando a soberania na sociedade internacional há dois séculos, a América Latina vivenciou desde seus primórdios a experiência do colonialismo econômico britânico e depois o americano. Isso fez com que sua identidade periférica se manifestasse mais em signos econômicos e marxistas, especialmente interpretados com as chaves da Escola da Dependência, ao longo da Guerra Fria. Em que pese o fato de o marxismo ter uma relevância teórica importante para a história da região, ele acabou ofuscando pesquisas teóricas que evidenciassem outras formas de poder na mesma. Caber-nos-ia, então, perguntar, por exemplo, quais são os discursos de saber presentes na história da América Latina e sua relação com os centros hegemônicos? Como a região latino-americana é representada pelos centros de poder mundial? São perguntas de pesquisa já feitas no "oriente" que precisam ser desenvolvidas sobre a América Latina com mais propriedade, de forma complementar à perspectiva marxista, predominantemente economicista e que perdeu força relativa na região com o fim da Guerra Fria.

Referências Bibliográficas

Ashcroft, B; Griffiths, G. & Tiffin, H. Post-Colonial Studies – the key concepts. Routledge Taylor & Francis Group, Second Edition, 2007.

Bhabha, H. O Local da Cultura. Belo Horizonte, Editora UFMG, 1998

Chakrabarty, D. *Provincializing Europe: post-colonial thought and historical difference.* Princeton University Press, 2000.

Darby, P. *The Edge of International Relations: post-colonialism, gender and dependency.* Pinter, New York, 1997.

Derrida, J. Gramatologia. São Paulo, Perspectiva, 2008.

Dickens. D. R. & Fontana, A. *Post-modernism and Social Inquiry.* UCL Press, 1994.

Escobar, A. *Encountering Development: the making and unmaking of the Third World.* Princenton, N. J. Princeton University Press, 1995.

Figueiredo. M.V. Psiquiatria a Serviço do Racismo na Antiga Argélia Francesa:

15 Como exemplo dessa visão dos estudos pós-coloniais sobre a América Latina alternativa à marxista clássica ver Walter Mingolo "Histórias Locais/Projetos Globais: colonialidade, saberes subalternos e pensamento liminar" assim como Arturo Escobar "*Encountering Development: the making and unmaking of the Third World.*

uma visão foucauldiana do saber colonial. I Simpósio de Relações Internacionais do Programa de Pós-Graduação em relações Internacionais (PPGRI) da UERJ de 2011.

Figueiredo. M.V. Uma Visão Pós-colonialista da Operações de Paz da ONU. II Simpósio de Relações Internacionais do Programa de Pós-graduação em Relações Internacionais (PPGRI) da UERJ de 2012.

Foucault, M. História da Sexualidade. Vol I - Vontade de Saber. Edições Graal Ltda, Rio de Janeiro, 1999.

Figueiredo. M.V. Microfísica do Poder. Edições Graal Ltda, Rio de Janeiro, 2008.

Figueiredo. M.V. Vigiar e Punir - História da Violência nas Prisões. Editora Vozes, 1987.

Fukuyama, F. *The End of History? The National Interest, Summer*, 1989.

Lyotard, J.F. Condição Pós-Moderna. Edições Loiola. Trad. Ricardo Corrêa Barbosa, 16 a edição, José Olímpio Editora, Rio de Janeiro, 2015.

Huntington, S. P. *The Clash of Civilizations? Foreign Affairs; Summer*, 1993.

Keohane, R. International Institutions: two approaches. International Studies Quarterly, Vol. 32, nº 4 (Dec. 1988) pp. 379-396.

Lloyd, M & Thacker, A. *Strategies of Transgression: The Impact of Michel Foucault on The Social Sciences and the Humanities* (Basingstoke, Macmillan, 1997).

Mignolo, W. D. Histórias Locais/Projetos Globais: colonialidade, saberes subalternos e pensamento liminar. Belo Horizonte, Editora UFMG, 2003.

Nandy, A. *The Intimate Enemy - loss and recovery of the self under colonialism*. Delhi: Oxford, 1983.

Said, E. Orientalismo - O Oriente como invenção do Ocidente. Editora Schwarcz Ltda, 2008, São Paulo, Companhia das Letras, 2007.

Spivak, G. C. *Can The Subaltern Speak?* In: C. Nelson e L. Grossberg (Ed.) Marxism and the interpretation of culture. Urbana: University of Ilinois Press, 1988. 27

Young, R. *White Mythologies: writing history and the West*. London; New York: Routledge, 2004.

Capítulo 13

O DEBATE SOBRE FEMINISMO NAS RELAÇÕES INTERNACIONAIS

Leonardo Paz Neves[1]

Introdução

O Feminismo enquanto debate acadêmico, dentro da disciplina de Relações Internacionais (RI), começa a ganhar projeção a partir do final do da década de 1980 com alguns trabalhos seminais como o '*Bananas, Beaches, and Bases: Making Feminist Sense of the International Politics*' de Cynthia Enloe em 1989.

Muitos desses trabalhos remontam as primeiras iniciativas de emancipação das mulheres, que foram, sobretudo, em busca de uma maior participação política e garantias de direitos civis. O voto foi um dos primeiros objetivos políticos do movimento Feminista, desde o início do século XX. Apesar das mulheres terem conseguido conquistar o direito do voto já em 1918 e 1920 no Reino Unido e nos Estados Unidos, respectivamente (já no Brasil, as mulheres ganharam direito ao voto em 1932), foi apenas depois da II Guerra Mundial que esse direito começou a se estender por todos os continentes. Atualmente o voto é franqueado as mulheres em quase todos os países que conduzem eleições, ainda que alguns como a Arábia Saudita tenha permitido apenas acesso limitado.

Apesar da luta pelo voto ter sido a faceta mais visível da emancipação política do Feminismo, as mulheres também buscaram expandir suas demandas de outras maneiras e em outros níveis. Duas mulheres, em particular, merecem destaque por serem pioneiras neste movimento. A primeira é Simone de Beauvoir[2], escritora e ativista política, que fi-

1 Cientista Político, Pesquisador do Núcleo de Inteligência Internacional da Fundação Getúlio Vargas e Professor do Departamento de Relações Internacionais das Faculdades Ibmec.

2 Simone-Lucie-Ernestine-Marie Bertrand de Beauvoir

cou famosa pelos seus romances e obra *'Le Deuxième Sexe'*[3], de 1949 que é considerado um dos textos seminais do Feminismo contemporâneo. A segunda é Eleanor Roosevelt, esposa do ex-presidente norte-americano Franklin D. Roosevelt, que ganhou destaque por sua luta em prol dos diretos humanos - especialmente em sua tentativa de incluir a questão do gênero na Declaração dos Direitos Humanos de 1949. Entretanto, apesar do insucesso, A Comissão do Status das Mulheres, das Organizações das Nações Unidas, logo logrou êxito em instituir a Convenção dos Direitos Políticos das Mulheres (1952), instrumento pelo qual as Nações Unidas buscaram fomentar a expansão dos direitos ao voto internacionalmente.

Em 1979, as Nações Unidas estabeleceram a Convenção para a Eliminação de Todas as Formas de Discriminação Contra a Mulher (CEDAW), esta iniciativa foi particularmente importante para dar visibilidade, não apenas a questão da discriminação em geral, mas também a uma série de crimes cometidos contra o gênero feminino, como a prostituição e o tráfico. Criada em 2006, a *United Nations Entity for Gender Equality and the Empowerment of Women*, também conhecida com o *UN Women*, passou a coordenar todas as iniciativas relativas à questão da mulher dentro do sistema ONU, como por exemplo, o *United Nations Development Fund for Women* e o *Office of the Special Adviser on Gender Issues and Advancement of Women*.

A "primeira geração" dos Direitos Humanos (1950's), focou fundamentalmente nos direitos políticos e legais. E foi justamente nessas esferas onde as mulheres tiveram maior êxito. A segunda geração, que compreendeu as décadas de 1960 e 70, estenderam suas preocupações para direitos econômicos, e sociais. A ideia básica por traz deste movimento era de que todos, inclusive as mulheres, deveriam se beneficiar do desenvolvimento econômico em progresso da época.

Conscientes de que estavam à margem dos benefícios do desenvolvimento econômico do período, as mulheres começaram a se organizar em uma série de redes internacionais para discutir e denunciar tal discriminação. A pressão destes movimentos acabou por gerar uma grande proliferação de Conferências patrocinadas pela ONU e alguns governos e organizações não governamentais. O resultado prático deste movimento foi um grande aumento de políticas e ações direcionado especi-

3 BEAUVOIR, Simone. Le Deuxième Sexe: Les Faits et les Mythes. Gallimard, 1949.

ficamente para as mulheres e seu desenvolvimento. No final da década de 1980, praticamente todas as agências especializadas da ONU tinham algum tipo de programa focado exclusivamente para as mulheres.

Já na década de 1990, a questão da mulher era amplamente considerada uma questão de Direitos Humanos. Esta mudança de paradigma foi consolidada na Conferência Mundial de Direitos Humanos de Viena em 1993. Este período pode ser também reconhecido como a terceira geração dos Direitos Humanos. Até o momento as duas primeiras gerações haviam lidado com questões que basicamente lidavam com esfera pública. Agora, as atenções estavam voltadas para a esfera privada. Começava a transparecer os abusos e violências cometidas contra as mulheres (e meninas) dentro de seus próprios lares, a violência doméstica e cotidiana passou a ganhar mais destaque nas iniciativas internacionais em prol das mulheres.

1. As mulheres nas Relações Internacionais

Este breve histórico de como as mulheres, ao longo do século XX, conseguiram não apenas dar visibilidade para suas lutas e conquistas, mas também alcançar algumas significativas vitórias, tanto internacionalmente como no seu cotidiano, tem como objetivo fazer um pano de fundo para ilustrar o desenvolvimento do Feminismo dentro da disciplina das RI. As questões de gênero foram ganhando notoriedade nas ciências humanas de maneira geral ao longo do século passado e nas Relações Internacionais não foi diferente, ainda que mais tardio.

Pode-se dizer que o ponto de partida para o debate feminista neste campo está ancorado na flagrante desigualdade em relação aos homens e as mulheres e seus impactos na esfera internacional. É possível suportar tal premissa através de algumas reveladoras estatísticas. Peterson e Runyan (1993), por exemplo, destacam alguns dados que indicam que as mulheres ganhavam apenas um décimo de toda a renda salarial; apenas 5% dos Ministros e Chefes de Estado são mulheres; e oito em cada dez refugiados são mulheres. Apesar de termos percebido avanços, ainda em 2020 é possível identificar um palpável *gap* salarial, no qual mulheres ainda ganham em média 84% do salário dos homens, como aponta o Pew Research[4].

4 Pew Research, Gender Pay Gap Facts 2020.

Ainda, é importante ressaltar que a narrativa dominante destaca que as causas de tal desigualdade não têm razões biológicas ou naturais e sim culturais, ou seja, há um componente social que estabelece, desde cedo, expectativas em relação ao papel social dos homens e das mulheres. Segundo a abordagem feminista[5] é possível explicar a manutenção das mulheres em situação desprivilegiada em função do atual modelo político econômico que reproduz tal *status*. Essa reprodução se dá em larga medida em função de uma divisão do trabalho, em que aqueles desempenhados pelos homens são mais visíveis e bem pagos, enquanto os reservado as mulheres são "invisíveis" e muitas vezes não remunerado.

O argumento da "invisibilidade" da mulher nas relações internacionais é abordado inicialmente por' Cynthia Enloe. Em seu livro '*Bananas Beaches, and Bases*' (1989), Enloe dá destaque ao debate relacionado às mulheres[6] enquanto atores políticos nas relações internacionais. Inspirada pelo famoso *slogan* dos anos 1960 "*the personal is political*", Cynthia Enloe expande essa ideia para "*the international is personal*". Seu principal objetivo era demonstrar que se por um lado a vida cotidiana das pessoas era moldada pelas forças econômicas globais, por outro, a condução das relações internacionais eram influenciadas pelo relacionamento privado das mulheres com os homens. Seja no papel de esposas, secretárias, empregadas, acompanhantes, ou outras, as mulheres desenvolvem um papel invisível na condução das políticas internacionais. Seu trabalho ainda chama a atenção para limitações que muitas mulheres encontram em sua trajetória profissional.

De maneira geral, as poucas mulheres que se encontravam nas agências ou instituições internacionais não tinham acesso aos principais cargos, sendo a elas reservados espaços de segundo plano e de baixa remuneração. O trabalho de Enloe tem grande significado, sobretudo, para o discurso que afirma que não há espaços exclusivos dos homens, apenas há papeis invisíveis para as mulheres.

---

5 Mais adiante veremos como este movimento, apesar de partir de algumas premissas semelhantes, não deve ser considerado homogêneo.

6 Ainda que não tenha sido o primeiro, o Livro de Cynthia Enloe é considerado um dos livros mais influentes no debate do Feminismo nas Relações Internacionais. Tanto pela criatividade de sua abordagem, quando pelo número de trabalhos subsequentes que ele inspirou.

A questão da desigualdade de gênero tem ainda outras consequências. É possível encontrar alguns geógrafos especializados em estudos de populações[7] que afirmam que o baixo desenvolvimento das mulheres tem graves impactos no crescimento vegetativo da população. Estudos nessa linha indicam que quanto maior for à diferença de desenvolvimento e nas funções entre homens e mulheres, maior será o crescimento da taxa de crescimento populacional – a ideia que perpassa por essa teoria é de que mulheres mais pobres e com menos instrução tem menor acesso e conhecimento de métodos contraceptivos – indicando "uma forte correlação inversa entre a taxa de alfabetização feminina e a de fertilidade"[8].

Em última análise, uma perspectiva sensível ao gênero, explica Jackson e Sorensen (2007), objetiva compreender a situação desprivilegiada no sistema político-econômico e como ele opera no sentido da reprodução dessa desigualdade. Tendo em vista essas preocupações, Jackson e Sorensen desenvolvem algumas perguntas, que podem ser tomadas como ponto de partida de qualquer análise Feminista. Para os autores, estudar a questão do gênero nas RI deve ter um foco mais claro do seu propósito, da sua possível contribuição para o campo. A resposta a perguntas como "quais as consequências da questão do gênero para os problemas centrais de RI?"[9] podem não apenas dar *insights* em relação à problemática das mulheres como também, segundo Robert O. Keohane[10] (1989), podem oferecer às teorias tradicionais das RI uma perspectiva mais inclusiva que abarca outra minoria e grupos tradicionalmente marginalizados.

2. Feminismo na teoria das Relações Internacionais

Uma das tarefas mais difíceis nas Ciências Sociais de maneira geral é o estabelecimento de conexões entre diferentes matizes teóricas. *Bridge-Builders* são aqueles que, segundo Christine Sylvester (1994), tentam traduzir e, portanto, neste caso, relacionar as teorias das Relações Internacionais às teorias do Feminismo.

7 KENNEDY, P. *Preparing for the Twenty-First Century.* Nova Yorque, Vintage, 1993.

8 Kennedy 1993 em Jackson, R. e G. Sorensen, 2007.

9 Jackson and Sorensen, 2007.

10 Neste ponto Keohane defende uma "aliança" entre a abordagem do *Standpoint Feminism* em esforço concertado com o Institucionalismo Neoliberal – duas matizes críticas ao Neorrealismo.

Neste ponto é interessante fazer uma importante observação em relação aos caminhos tomados pelas Feministas. Inicialmente um grande número de Feministas assumiram as principais premissas e suposições do *mainstream* das teorias das RI. Foram dessas primeiras iniciativas que nasceram as principais correntes como o Feminismo Liberal, Feminismo Radical e Feminismo Marxista (essas correntes serão melhor apresentadas mais adiante). Contudo, convencidas de que essas primeiras iniciativas não haviam tido êxito suficiente para influenciar o "*malestream*"[11] das RI, surgiu uma série de iniciativas que passam a não apenas oferecer novas perspectivas (como Sylvester), como também a questionar alguns conceitos e premissas das teorias das Relações Internacionais.

Antes de apresentar algumas das correntes mais importantes do Feminismo nas Relações Internacionais, é oportuno chamar a atenção para esta última crítica recém-mencionada, do questionamento de conceitos e premissas das RI. Para autoras com Gillian Youngs (2004), a teoria das RI reflete a expressão histórica do poder estabelecido dos homens, em detrimento de uma visão mais compreensiva que também abarque as perspectivas das mulheres. Segundo Gillian e outras autoras, essa premissa pode ser corroborada pela sobrevalorização de valores tradicionalmente ligados aos homens. Importante notar que suas críticas não vão apenas na direção de valores como força, coragem e bravura, mas sim de conceitos que até pouco tempo era considerados "neutros". Poder, Soberania, Segurança e Estado são conceitos que refletem a dominância do universo masculino – dessa forma, umas das principais tarefas das correntes Feministas, segundo Gillian é justamente a de desconstruir para reconstruí-los.

Poder - O conceito de poder, como tradicionalmente é referido na disciplina das Relações Internacionais, remete ao 'controle de um homem sobre as mentes e ações de outro' (Morgenthau); outra famosa abordagem define o poder como a 'noção de que um agente pode ser poderoso o suficiente para afetar mais aos outros, do que ser afetado por eles' (Waltz). Contudo, ainda que em teoria esses autores estivessem se referindo ao gênero humano e tentando por tais, desenvolver conceitos generalizantes, segundo a crítica Feminista essa abordagem

11 Termo utilizado, frequentemente, por Feministas critica as correntes principais das Relações Internacionais.

apenas mostra como as suposições usadas para a concepção de termos como esse partem de perspectivas presentes no universo masculino. Joan Scott argumenta que conceitos como poder são '*gender based*', pois eles estabelecem uma importante priorização da esfera do poder público, justamente uma esfera que foi quase que completamente vetada as mulheres até muito recentemente.

Soberania - Um dos conceitos centrais das Relações Internacionais pode ser definido, segundo a leitura tradicional, como 'internamente como supremacia sobre todos os demais e externamente como independência de todos os outros' (Bull 1977). Outra corrente definição seria a 'ideia de que existe uma autoridade final e absoluta dentro de uma dada comunidade' (Hinsley 1966). A ideia que perpassa essas definições, segundo a crítica Feminista, é da necessidade de controle absoluto e indivisível, de uma determinada perspectiva (a masculina) sobre as demais. Em função dessa visão, para algumas Feministas, como Gillian Youngs, a soberania pode ser considerada um dos pilares da distorção masculina em relação ao que dever ser considerado a natureza da política. Para radicais como John Hoffman (2001), a soberania estatal faz referência à questão do gênero, na medida em que ela determina a 'liderança política enquanto monolítica, hierárquica e violenta'. Tais críticas podem e devem explicar a associação direta dessas suposições a dominação exercida dos homens pelas mulheres. Contudo, é interessante notar argumentos como o de Keohane (1989), que mostram que o conceito moderno de soberania prevaleceu sobre uma das instituições mais patriarcais existentes, o Papado – dessa forma, outras formas de manifestação da soberania devem ser abordadas pelas Feministas, como a ideia de soberania enquanto reciprocidade de Martin Whight (1977).

Estado - O principal ator das Relações Internacionais (ainda que mais recentemente, para muitos, tenha perdido o protagonismo absoluto) tem atenção especial na crítica Feminista, pois é visto por muitas como um dos principais mecanismos de reprodução das desigualdades entre homens e mulheres. Essa visão pode ser identificada de trabalhos como o de Charlotte Hooper (2001) '*Manly states: masculinities, international relations and gender politics*'. Para Hooper o Estado é produto da subjetividade masculina e reflete seus valores. A história da formação dos Estados é marcada pela centralização do poder político e da institucionalização da exploração de classe e gênero, segundo algumas correntes Feministas. Isto pode ser explicado a partir da definição da preponderância da esfera pública sobre a privada, por um lado e da clara divisão de papeis entre homens e mulheres por outro. A relegação da mulher a esfera privada, apenas serviu para naturalizar esse processo e despolitizá-lo, tornando a questão de gênero invisível.

Segurança - Outro dos principais temas das Relações Internacionais, o campo da Segurança Internacional foi um dos mais visitados pelas correntes Criticas Feministas. Diversos conceitos dentro desse campo foram exaustivamente trabalhados por diversos autores e por tal, é uma das facetas mais visíveis da contribuição Feminista as RI. Neste caso, parte dessas contribuições está associada a tentativas de abertura do campo de estudos da Segurança Internacional, que tradicionalmente se preocupou com questões de conflitos interestatais e temas militares. Para as Feministas, essas abordagens refletem em grande maioria as preocupações masculinas nas relações internacionais. Da perspectiva Feminista, outras formas de violência devem fazer parte do conjunto de preocupações do campo, principalmente por serem mais frequentes e impactantes no cotidiano das mulheres. Dessa forma, a perspectiva Feminista tende de adentrar as fronteiras do Estado, ultrapassar a dicotomia do homem-protetor e mulher-vulnerável e revelar um novo conjunto de preocupações mais abrangentes e por muito tempo subvalorizadas.

Como citado anteriormente, a clareza de que há uma flagrante desigualdade entre os homens e as mulheres em diversas esferas da vida política e econômica é o principal ponto de partida para a maior parte das Feministas. Contudo, como analisar esse fenômeno e, mais importante, como responder a ele é causa de grande debate e disputa. Essa falta de consenso pode ser exemplificada pelo número de correntes teóricas desenvolvidas pelos movimentos Feministas para explicar e dar respostas as suas demandas. Neste ponto serão apresentadas algumas das mais proeminentes correntes teóricas Feministas, que de certa forma buscaram inspiração nas principais correntes teóricas das RI para a organização do seu pensamento.

Feminismo Liberal - Esta corrente advoga, sobretudo, a igualdade de direitos entre homens e mulheres. A histórica discriminação sofrida pelas mulheres afeta diretamente o acesso aos direitos básicos liberais, como direto à vida, liberdade, propriedade e à felicidade. Também foi limitado o acesso aos direitos políticos e econômicos das mulheres, não permitindo que elas tivessem as mesmas oportunidades de desenvolver política e economicamente como os homens. As abordagens contemporâneas dessa corrente têm focado na representação das mulheres, sobretudo na esfera política. Boa parte de sua pesquisa é corroborada por uma ampla coleção de dados empíricos que exaltam a desproporção da representação das mulheres e dos papéis por elas desempenhados. Assim, o principal objetivo é responder; perguntas como: 'existem mulheres dentro das principais esferas decisórias da política?', caso não, 'por quê?'; caso sim, 'elas estão devidamente representadas?'; e, 'quais são as consequências de sua participação?'. Para as Feministas Liberais, as mulheres não apenas estão pouco presentes nas principais instituições políticas, como quando conseguem fazer partes de tais instituições, poucas conseguem chegar aos principais cargos. De maneira geral, as mulheres acabam por desempenhar cargos administrativos e de baixa remuneração. Dessa forma, a corrente Feminista Liberal tenta entender o porquê as mulheres quase não estão presentes nos principais círculos de poder, quando estão são sempre sub-representadas e quais são as barreiras que impedem sua ascensão.

Feminismo Radical - Se por um lado, as Feministas Liberais focam mais na igualdade entre os Homens e as Mulheres, a corrente teórica do Feminismo Radical foca nas diferenças. Essa abordagem reconhece que há diferenças fundamentais entre os gêneros – que os homens geralmente são associados a agressividade, competitividade e menos capazes de se expressar de forma emotiva, enquanto as mulheres têm tendência a serem mais compreensivas, holísticas e menos violentas. Independente de essas diferenças terem raízes biológicas ou sociais, elas possibilitam as mulheres a oferecerem uma visão completamente diferente das dos homens. Segundo as autoras dessa corrente, a maneira pela qual a sociedade está organizada, prioriza a perspectiva masculina em detrimento da feminina, e a institucionalização dessa preponderância é conhecida como patriarcalismo. Dessa forma, para as Feministas Radicais, a presença das mulheres nos foros políticos é essencial não apenas pela igualdade de direitos que deveria também ser inerente a elas, como as Liberais acreditam, mas, principalmente, por que as mulheres podem oferecer uma perspectiva diferente da masculina. Uma das principais tarefas das adeptas dessa corrente é a revisitação de diversos conceitos das Relações Internacionais, com o intuito de reconstruí-los segundo uma visão que parte dos valores mais associados às mulheres.

Feminismo Marxista - Também conscientes e preocupadas com a discriminação sofrida pelas mulheres dentro das estruturas política e socioeconômica, as Feministas Marxistas se debruçam em argumentos desenvolvidos por Friedrich Engels em "*As origens da família, da propriedade privada e do Estado*" que apontam na direção de que o capitalismo instituiu uma divisão entre o trabalho remunerado das fábricas e o trabalho não remunerado (invisível) da esfera doméstica. A relegação desse trabalho de 'segunda classe' das mulheres perdura até hoje, de certa forma, em função das estruturas do patriarcalismo – que define uma vida familiar centrada e dominada pelos homens, oferecendo poucas oportunidades para as mulheres saírem dessa opressão. Deste modo, para as Feministas Marxistas, o único modo de romper com esse modelo seria pelo fim do sistema capitalista e patriarcalista.

Feminismo Pós-colonial - As teóricas do Feminismo Pós-colonial defendem que grande parte das identificações e verdades hoje estabelecidas tem raízes nos processos coloniais e imperialistas. Ainda, esta corrente se posiciona de forma crítica as próprias correntes Feministas. Isso porque, as principais suposições elaboradas pelas Feministas "tradicionais", são na realidade a visão de mulheres provenientes do 'Primeiro Mundo' ou 'Ocidente' e por tal, essa visão não representa todo o conjunto das mulheres. Uma das principais tarefas dessa matiz é justamente 'desconstruir e reconstruir' as principais premissas das "primeiras" Feministas (mais notadamente, as Liberais e Radicais) de forma a recriar um conjunto de conhecimento mais abrangente e que inclua experiências mais universais. Essa corrente tem fortes ligações com grupos como as Feministas Africanas (*Black Feminism*). Essas últimas têm sido vocais com o intuito de mostrar, por um lado, que as mulheres africanas se encontram dentro de uma estrutura de poder diferente do que as mulheres brancas/ocidentais. Pelo outro, ela tem lutado para diferenciar suas posições das do movimento negro tradicional – buscando dar contornos específicos às suas demandas.

Feminismo Pós-modernista - A corrente Pós-modernista é essencialmente cética e trata a questão do gênero com um constructo social, dessa forma, toda 'verdade' apresentada, mesmo pelas correntes Feministas estaria sempre parcialmente correta – pois não há uma única verdade universal. Partindo dessa premissa, o principal objetivo desta corrente é de desconstruir e/ou rejeitar as suposições que são naturalmente aceitas e tentar identificar os impactos criados. Marysia Zalewski (2000) ilustra o pensamento da corrente Pós-modernista, quando afirma que 'qualquer visão ou verdade é na realidade uma afirmação de poder, que relega ou subjuga outras perspectivas que tem maiores dificuldades de se adequarem às práticas tradicionais.'

Feminismo e segurança internacional - A inserção do Feminismo no campo da Segurança Internacional merece destaque particular, pois se deu de forma paradoxal e difícil. Da mesma forma que os estudos de Segurança Internacional tem um lugar privilegiado nos estudos das Relações Internacionais, ele também, desde cedo, ganhou grande destaque entre as mulheres que buscavam explorar mais amplamente a questão do Feminismo. O campo da Segurança é um dos ambientes onde a desproporção entre homens e mulheres é mais flagrante, seja na academia/universidade como nas instituições que lidam com o tema, como as Forças Armadas e Polícias. Se por um lado os primeiros teóricos do campo imaginavam que estavam fazendo algo neutro, que deveria se aplicar a todos os "homens" (gênero humano) e Estados, as mulheres tentavam mostrar que não apenas essas visões refletiam um conjunto de valores masculinos, mas também que a guerra, o conflito e a violência se manifestavam de forma diferente em relação às mulheres (e crianças). Dessa forma, apesar de ter havido uma grande resistência à inserção da perspectiva Feminista no campo de Segurança Internacional, essa foi uma das áreas nas quais é possível destacar um grande número de contribuições desta corrente.

Uma expressão dessa "vitória" das mulheres, na inclusão de suas perspectivas na agenda da Segurança Internacional é Resolução 1325 '*Women, Peace and Security*' no Conselho de Segurança das Nações Unidas, no ano de 2000. Essa Resolução tinha como objetivo institucionalizar a visão que o conflito armado tem impactos diferenciados nas mulheres e meninas, do que em relação aos Homens e meninos. Desse modo, considerou-se necessária a inclusão de uma "perspectiva de gênero" no âmbito das Operações de Paz.

Uma crítica comum entre as primeiras Feministas, como já mencionado, era que as análises feitas pelas correntes mais tradicionais das Relações Internacionais não focavam nos indivíduos, mas sim em Estados ou no máximo grupos armados – e por tal consideravam um campo neutro, no que tange gênero. Contudo, segundo as críticas, essa abordagem era particularmente danosa à causa Feminista, pois ela "escondia" o drama particular vivido pelas mulheres. Mesmo quando alguns analistas rompiam a barreira das abordagens mais tradicionais e inseria o elemento humano, ele, de maneira geral, focava nas experiências dos homens.

Ao longo da década de 1990 e pelos anos 2000, um grande número de instituições ligadas, sobretudo, aos Direitos Humanos começou a dedicar-se com mais atenção à questão da mulher dentro do contexto dos conflitos armados. Esse conjunto de iniciativas foi de extrema importância para lançar luz sobre uma serie de impactos e consequências desses conflitos nas mulheres e meninas de forma geral. Foram identificados e sistematicamente estudados uma série de crimes que são cometidos quase que exclusivamente contra mulheres. De maneira geral, mais vulnerável nos conflitos, as mulheres ficam mais expostas a uma ampla gama de violência que não deriva diretamente do conflito em si. Muitas vezes ainda são vítimas de ações perpetradas por aqueles mesmos que as deveriam defender (há registros de casos de violência sexual cometidos pelas próprias forças de defesa ou até *peacekeepers*).

A violência sexual traz consigo uma série de crimes cometidos contra as mulheres, que em situações de conflito deflagrados se tornam quase que expressões naturais dos combatentes. Estupros, Tortura Sexual, Escravidão Sexual, Prostituição, Tráfico de Mulheres e Mutilação de Genitálias são alguns dos principais exemplos. Ainda, em determinados casos, tais crimes são cometidos de maneira tão difundida, sistemática e, muitas vezes, bem documentada que sugere a sua utilização como 'arma de guerra'. Tanto no Tribunal Criminal Internacional para a Iugoslávia, como no de Ruanda a prática sistemática de crimes sexuais foi considerada como Crimes de Guerra, confirmando assim uma nova *rationale* para a Corte Criminal de Justiça.

Apesar da importância da conscientização da utilização de práticas sistemáticas de violência sexual em situações de conflito, e do continuo fluxo de informações e análises de como tais crimes tem impactado as mulheres, o foco em relação a essas questões tem sido quase que estritamente, também orientado por gênero, mas dessa vez, ao reverso. Melhor dizendo, há uma difundida ideia de que as mulheres são mais vulneráveis a violência sexual e há dados empíricos que confirmam que elas são quase que exclusivamente os alvos de tais práticas. Ou seja, quando se pensa em violência sexual, se pensa em mulher. Ocorre que esse foco desproporcional no gênero feminino acaba por eventualmente camuflar e tirar a atenção de situações nas quais homens e meninos são também vítimas de violência sexual.

Segundo alguns pesquisadores como Natais e Lee (1989), sobretudo quando se lida com prisioneiros é possível perceber a grande diferença de como o tema é abordado em relação aos gêneros. Pois, quando uma mulher não reporta que sofreu violência sexual no cativeiro, seu testemunho é visto com alguma descrença. Enquanto que no caso dos homens, raramente eles são questionados se sofreram algum tipo de abuso sexual. O crime sexual contra os homens também pode se dar de forma sistemática e também pode ser utilizado como arma de guerra. Neste contexto o objetivo é basicamente desmoralizar o adversário, atentando contra sua masculinidade. Estupros, Tortura Sexual e Mutilações são particularmente frequentes no caso dos homens.

Apesar dos impactos do conflito armado nas mulheres (na condição de vítima) serem a faceta mais visível dessa questão, um número crescente de pesquisadoras, muitas inspiradas pelo trabalho de Cynthia Enloe, buscam analisar os demais papéis da mulher no conflito. Desde trabalhos invisíveis (secretárias, mensageiras ou informantes) passando pela presença delas nas fileiras de combate como soldados até na política, o papel das mulheres tem crescido de forma sustentável, ainda que ainda haja uma grande discrepância entre homens e mulheres.

Por fim, umas das formas mais instigantes de se estudar um determinado tema, é através dos debates realizados entre consagrados autores. O 'embate de ideias' nos permite ampliar nosso horizonte e examinar outras perspectivas. No campo dos estudos de gênero nas Relações Internacionais não é diferente. Para ilustrar essa última parte, destacamos um exemplo de um debate entre dois autores. Inicialmente Francis Fukuyama publicou um artigo na renomada Revista Foreign Affairs intitulado '*Women and the Evolution of World Politics*'[12]. Em resposta, J.

12 Para ler o texto de Francis Fukuyama acesse: http://www.metu.edu.tr/~utuba/Fukuyama.pdf

Ann Tickner, uma das mais importantes Feministas no campo das Relações Internacionais publica o artigo '*Why Women Can't Run the World: International Politics According to Francis Fukuyama*'[13].

Em seu texto, Fukuyama, tenta provar seu argumento de que há diferenças fundamentais entre homens e mulheres, contudo essas diferenças não devem ser entendidas como culturais, ou melhor, socialmente construídas. Para ele, tais diferenças são na realidade biológicas. Para provar seu ponto Fukuyama, apresenta alguns exemplos, como o que ele parte de uma análise comportamental de macacos, mostrando como basicamente cabe aos machos o trabalho da violência e da construção de coalizões que irão defender o grupo não apenas dos predadores, mas também irão competir com outros grupos da mesma espécie. Ainda usando os macacos como exemplo, Fukuyama, afirma que no caso das fêmeas, os vínculos são formados por razões emocionais. Para resumir, Fukuyama afirma que "*In other words, female chimps have relationships; male chimps practice realpolitik*".

Sua linha de pensamento caminha na direção de comprovar que os homens são orientados biologicamente para atitudes relacionadas à violência, poder e status – enquanto as Feministas julgam que tal comportamento é resultado de uma cultura patriarcal. Por consequência, caberia às mulheres serem mais predispostas a valores e atitudes emocionais e menos competitivas.

Dessa forma, para o autor, um mundo regido por um paradigma matriarcal seria menos propenso ao conflito e mais conciliador e cooperativo. Contudo, ainda que isso seja desejável e já esteja ocorrendo nos países de economias mais desenvolvidas, na opinião do autor – a maior parte do mundo ainda será, por um longo tempo, dominada por uma lógica masculina de força e poder. Por tal, os homens (ou mulheres que consigam 'vencer no jogo dos homens', como Margaret Thatcher[14] ou Golda Meir[15]) continuaram dominando a política internacional.

Ann Tickner, por sua vez, inicia seu argumento tentando desmistificar uma retórica comum, que é a de que mulheres são mais propensas a atitudes sensíveis e emocionais enquanto os homens possuiriam um caráter mais agressivo. Segundo a autora, essa concepção, extremamente

13 Para ler o texto de J. Ann Tickner acesse: http://web.centre.edu/lorihm/tickner.pdf
14 Primeira Ministra do Reino Unido entre 1979-1990.
15 Primeira Ministra de Israel entre 1969-1974.

difundida, tem na realidade atrapalhado muito as mulheres por colocá-las em situação de 'não terem' os requisitos para lidarem com situações de crise. Segundo Tickner, a associação das mulheres a valores pacíficos às determina como tendo atitudes inerentemente "*soft*", enquanto os homens, associados a agressividade e violência, tendem a ser associados a atitudes "*hard*".

Ideias ancoradas em argumento biológicos, como o de Fukuyama, para a autora são, de maneira geral, conservadoras e apenas funcionam para manter o *status quo* da disparidade entre homens e mulheres, na medida em que características biológicas são mais difíceis de se modificar do que características culturais.

Dessa forma, na opinião da autora, essas analogias não apenas tendem a representar as mulheres como menos capacitadas a lidar com certas circunstâncias como ainda tem um papel importante em tirar o foco dos principais temas da agenda Feminista. Ou seja, há uma grande 'desperdício' de energia em se determinar quais são as características inerentes de cada gênero e discutindo vantagens e desvantagens de cada um. Para a autora esse debate acrescenta pouco a discussões como na inserção da mulher na política, Direitos Humanos, violência sexual, refugiados etc. Temas que de fato fazem parte da agenda Feminista para as Relações Internacionais.

Considerações Finais

Durante as últimas décadas, pudemos notar um significante avanço das mulheres nas mais diversas frentes. Elas não apenas conquistaram seus direitos políticos em quase todos os países do mundo, mas também tem conseguido cada vez mais penetrar no mercado de trabalho e ocupar lugares de destaque tanto no setor privado quanto público. Na academia não é diferente, não apenas vemos o número de mulheres aumentar entre alunas, professoras e pesquisadoras, como também é fácil identificar um sensível incremento na sua produção intelectual. Para além dessas conquistas, no campo das Relações Internacionais, o tema do feminismo tem ganhado um significante protagonismo nos círculos acadêmicos, bem como as teorias que estudam o fenômeno tem gradativamente conquistado mais adeptas e ganhado mais solidez.

O trajeto percorrido por essa peça, buscou lançar luz sobre alguns dos principais pontos dessa caminhada, sem naturalmente exaurir o tema, dado o seu volume e sua riqueza. Começando pelas conquistas políticas, econômicas e sociais, o texto tenta mostrar sua cronologia e contextualizar o processo pelo qual elas se deram. Em seguida, buscamos destacar alguns dos principais eventos no entorno do processo de avanço do feminismo no âmbito do campo das teorias das Relações Internacionais. Para abordar essa parte, tentamos tratar de alguns dos conceitos basilares do campo e oferecer a perspectiva da crítica feminista a própria construção desses conceitos. Em seguida tentamos descrever, brevemente, algumas das mais conhecidas correntes teóricas do Feminismo nas Relações Internacionais, de modo a oferecer uma visão não generalizante e uniforme do Feminismo, mostrando apenas uma parte da sua diversidade e riqueza. Por fim, discutimos o papel do Feminismo dentro de um dos principais subcampos das Relações Internacionais, o da Segurança Internacional.

A peça, como dito anteriormente, não tem o objetivo de exaurir o debate sobre o Feminismo, ao contrário. Consciente da percepção que a peça apenas lida brevemente com algumas das principais questões com as quais o campo se debruça, o objetivo aqui é o de apenas oferecer subsídios para instigar leituras posteriores mais aprofundadas pelo tema.

Referências Bibliográficas

BEAUVOIR, Simone. Le Deuxième Sexe: Les Faits et les Mythes. Gallimard, 1949

BULL, Hedley. The Anarchical Society: A Study of Order in World Politics. New York, Columbia University Press, 1977.

BUZAN, Barry e HANSEN, Lene. The Evolution of International Security Studies. New York, Cambridge University Press, 2009.

ENGELS, Friedrich. As origens da família, da propriedade privada e do Estado, primeiro publicado em 1884.

ENLOE, Cynthia. Bananas, Beaches, and Bases: Making Feminist Sense of the International Politics. Berkeley, University of California *Press,* 1989.

FUKUYAMA, Francis. Women and the Evolution of World Politics. Foreign Affairs, 77, N. 5, pp 24-40, 1998.

GOLDSTEIN, Joshua S. IR Theory and Feminism(s): can we talk?. Mershon International Studies Review, vol. 39, n. 1, pp 167-169, 1995.

HINSLEY, F.H. Sovereignty. London, C.A. Watts. 1966.

HOFFMAN, John. Gender and Sovereignty: Feminism, the State and International Relations. Palgrave Macmillian, 2001.

HOOPER, Charlotte, Manly States: masculinities, international relations and gender politics. New York, Columbia University Press, 2001.

JACKSON, Robert e SORENSEN, Georg. Introdução às Relações Internacionais. Rio de Janeiro, Jorge Zahar, 1a. edição brasileira, 2007.

KENNEDY, P. Preparing for the Twenty-First Century. New York, Vintage, 1993.

KEOHANE, Robert O. International Relations Theory: Contributions of a Feminist Standpoint. Millennium, Journal of International Studies, vol. 18, N. 2 pp 245-253, 1989.

LINKLATER, Andrew. Three Commentaries on Gillian Youngs' 'Feminist International Relations'. International Affairs, 80, pp 89-97, 2004.

MORGENTAHU, Hans. Politics Among Nations: the struggle for power and peace. New York, McGraw-Hill, 6a. Edição, 1985.

NATAIS, Cynthia and LEE, Martha F. Women in United States Military: protectors or protected? The case of prisioner Melissa Rathbun-Nealy. Journal of Gender Studies, 8 pp 181-191, 1999.

PETEROSN, V.S. e RUNYAN, A.S. Global Gender Issues, Boulder, Westview Press, 1993.

SIQUEIRA, Tatiana. Joan Scott e o papel da história na construção das relações de gênero. Revista Ártemis, vol. 8, pp 110-11. 2008.

SYLVESTER, Christine. Feminist Theory and International Relations in a Postmodern Era. New York, Cambridge University Press, 1994.

TICKNER, Ann. Gender in International Relations: Feminist Perspectives on Achieving Global Security. New York, Columbia University Press, 1992.

TICKNER, Ann. Why Women Can't Run the World: International Politics According to Francis Fukuyama. Presented in International Studies Association (ISA) in 1999.

WALTZ, Kenneth. Theory of International Relations. Reading, Addison-Wesley, 1979.

WIGHT, Martin. Systems of States. Leicester, Leicester University Press, 1977.

WILLIAMS, Paul. Security Studies: an introduction. New York. Routledge, 2008.

YOUNGS, Gillian. Feminist International Relations: a contradiction in term? why women and gender are essential to understand the world 'we' live in. International Affairs, 80, pp. 75-87, 2004.

ZELEWSKI, Marysia. Feminism After Post-modernism: Theorizing Thought Practice. London Routledge, 2000.